KB079415

리학 심학 논쟁, 연원과 전개 그리고 득실을 논하다

이 저서는 2009년 정부(교육부)의 재원으로 한국연구재단의 지원을 받아 수행된 연구임
(NRF-812-2009-2-A00197)

연구총서 42

리학 심학 논쟁, 연원과 전개 그리고 득실을 논하다
Controversy betwwen Li-xue(理學) and Xin-xue(心學): The origin, development, and benefits and losses

지은이 황갑연
펴낸이 오정혜
펴낸곳 예문서원

편집 유미희
인쇄 및 제본 주) 상지사 P&B

초판 1쇄 2014년 7월 25일

출판등록 1993년 1월 7일(제307-2010-51호)
주소 서울시 성북구 안암동 4가 41-10 건양빌딩 4층
전화 925-5914 | 팩스 929-2285
홈페이지 http://www.yemoon.com
전자우편 yemoonsw@empas.com

ISBN 978-89-7646-319-7 93150

YEMOONSEOWON #4 Gun-yang B.D 41-10 Anamdong 4-Ga Seongbuk-Gu Seoul KOREA 136-074
Tel) 02-925-5914 Fax) 02-929-2285

값 32,000원

연구총서 42

리학 심학 논쟁, 연원과 전개 그리고 득실을 논하다

황갑연 지음

예문서원

이 책을 저술하면서

리학과 심학의 논쟁, 아마 유학과 관련된 일에 종사한 사람이라면 한 번 정도는 관심을 가진 주제일 것이다. 성즉리와 심즉리로 대표되는 리학과 심학은 유가철학 발전사에서 보편적인 주제 중의 하나로서 학자들에게 가장 많이 회자되는 소재이다. 그러나 리학과 심학의 논쟁을 단순히 유학이라는 학술 범주에서 발생한 하나의 사건으로 인식하기에는 그것이 갖고 있는 의미가 너무나 크다.

주지하고 있는 바와 같이 송대에 부활한 신유학자의 사명은 불로佛老에 점유된 학술의 주도권을 되찾는 것이었다. 불로, 그중에서도 선학禪學으로부터 학술의 주도권을 회복하는 것이야말로 송명유학자의 공통된 시대정신이었고, 시대적 사명이었다. 이러한 현상은 주희와 육구연, 즉 리학자와 심학자를 불문하고 그들의 어록에 동일하게 나타난다. 이 점을 증명할 수 있는 하나의 소재가 있는데, 그것은 바로 송명리학자를 비롯한 조선의 성리학자의 불교에 대한 일관된 오해이다. 재미있는 것은 공자와 맹자 철학에 대한 이해에는 리학과 심학 사이에 간극이 있지만, 오로지 불교, 특히 선학에 대해서는 서로 모의하지 않고서도 한 치의 틈도 없이 일관되게 동일한 인식을 견지하고 있다. 그것은 바로 송명유학의 주적이 바로 불교(禪)이고, 그것을 극복하는 것이 바로 송명유학자의 시대정신이었고 과제였기 때문이다.

이러한 송명유학자의 시대적 사명은 주희와 육구연 사이에서 벌어진 리학과 심학의 논쟁을 계기로 하여 완성의 단계에 들어선다. 즉 주희와 육구연 간의 심에 대한 지위 부여와 신뢰의 차이로 말미암아 촉발된 리학과 심학의 논쟁 이전 학술계의 두 축은 유학과 불교였지만, 두 학자의 논쟁을 기점으로 불교는 한 축의 지위를 상실하여 무대의 뒤안길로 사라지고, 리학과 심학으로 새롭게 리모델링된 유학의 두 계통이 세인의 주목을 받는 주역으로 등장한다. 이것이 바로 유학의 발전사에서 주륙지변朱陸之辨이 차지하고 있는 역사적 의미이다. 따라서 주륙지변은 성즉리와 심즉리라는 순수한 철학적 논변뿐만이 아닌 학술발전사의 지평을 뒤바꾼 일대의 공안公案으로 이해해야 한다.

이처럼 주륙지변은 인성에 대한 상이한 인식, 즉 순수 철학적 의미뿐만 아니라 학술발전사라는 역사적 의미를 함께 갖추고 있는 사건이기 때문에, 중국의 원 · 명 · 청대뿐만 아니라 조선의 유학 그리고 당대當代의 학자들에게 가장 많이 연구되고 있는 대상이다. 필자 역시 송명리학, 그중에서도 정주철학과 육왕철학에 다수의 논문과 저술 작업을 하면서 여러 차례 이 문제를 터치하였다. 그렇지만 항상 필자의 마음에 지워지지 않는 한 가지 의문이 있었다. 즉, 성즉리와 심즉리라는 두 명제가 왜 남송시대에 갑자기 폭발했을까? 공자에 의하여 인혁因革과 온고지신溫故知新이라는 유학의 창신創新 방법이 제시되었기 때문에 성즉리와 심즉리는 분명 유학의 소산물일 것인데, 왜 주희는 심즉리를 견지한 육구연의 학설을 불로佛老의 학설과 동일시하였을까? 또 육구연은 성즉리를 종지로 한 주희철학을 의론議論 혹은 시문時文으로 폄하하였을까? 필자는 이 고민을 해소하기 위하여 '리학과 심학 논쟁의 연원' 그리고 '종합 가능성'에 심력을 기울여 보았다.

리학과 심학 논쟁의 연원 문제를 객관적 전거를 가지고 해소한다면 리학과 심학은 상호 배척보다는 융합으로 나아갈 수 있는 가능성의 문을 열 수 있을 것이다. 그 정도는 아닐지라도 성즉리와 심즉리를 학문적 신념으로 가진 사람들 사이에 최소한 상호 존중의 공존의 태도를 가질 수는 있을 것이다. 맹자학이 '육왕 심즉리의 근원이다'라는 점은 이미 공인된 인식이지만, 순자학과 정주학을 동일 계통으로 묶는 것에 대해서는 이견이 많을 것이다. 왜냐하면 주희가 비록 맹자를 "오로지 본연지성만을 논할 뿐 기질지성에 대해서는 적극적으로 처리하지 않았기 때문에 온전하게 갖추지 못한 것이다(不備)"라고 하였고, 순자에 대해서는 "오로지 기질지성만을 논할 뿐 본연지성을 논하지 않았기 때문에 의리에 분명하지 않은 것이다(不明)"라고 하였지만, 주희는 맹자의 성선설을 본령本領으로 긍정하였으며, 그것을 자신의 학술 종지로 확고하게 내세웠다. 따라서 순자학과 주희철학을 동일 계통으로 귀속시키는 것에는 일정한 제약과 해설이 수반되어야 한다. 필자는 리학과 심학의 논쟁을 '성'이 아닌 '심'을 중심으로 전개하였기 때문에 순자와 주희 철학의 사유구조 역시 심과 공부론 측면에서 탐색하였다. 심과 공부론 측면에서 보면 양자의 의식구조는 본질적으로 일치한다는 것이 필자의 판단이다.

맹자와 육왕 그리고 순자와 주희를 동일 계통으로 귀속시키게 되면 또 하나의 문제가 남는다. 그것은 바로 리학과 심학이라는 두 계통의 학술과 공자철학의 관계이다. 필자는 공자가 겸중할 것을 강조한 '사思'와 '학學'에 맹자와 순자 도덕철학의 연원을 귀속시켜 보았다. 물론 공자가 두 가지 서로 다른 주체를 예설하고서 '사'와 '학'이라는 서로 다른 범주의 학술활동을 정립한 것은 결코 아니다. 그러나 공자철학에서 '학'은 주체와 대상을 이원화시켜 대상으로부터 사실적 지식을 취득하는 활동임은 분명하다. 이러한 '학'의 활동에서 주체의 자율성은 발휘되기 어렵다. 단지 사실을 객관적으로 인식할 뿐이다. 다시 말하면 지식은 주체 밖에 이미 주어져 있는 것이다. 그러나 '사'는 대상으로부터 얻어진 지식을 이성의 사유를 통하여 계통화하는 작업이기 때문에 주체에 의한 취사선택이 가능하다. 즉 자율성의 여지가 있다. 필자는 바로 이 점을 근거로 '사'의 정신을 맹자가 계승하여 인의예지에 대한 심(의지-주체)의 자율성을 확립하는 학술계통을 정립하였고, '학'의 정신을 순자가 계승하여 주어진 예의에 대한 심의 올바른 인식을 강조한 학술계통을 확립하였다고 추론해 본 것이다. 필자는 '리학과 심학 논쟁의 연원' 부분에 대해서는 비록 주관적인 추중이지만 전거는 충분하게 확보하였다고 생각한다. 그러나 리학과 심학의 종합 가능성 부분에 대해서는 결국 심학에 경도되어 심학의 의리를 주主로 삼고, 리학의 방법론을 변용하여 종從으로 삼는 형태를 모색하였다. 이것이 바로 필자의 한계라는 점은 인식하고 있기 때문에 힐난보다는 질정을 부탁한다.

필자의 나이가 올해 53이다. 짧지 않은 기간 동안 학술활동에 종사하면서 50대 이후의 저술을 3단계로 설정해 보았다. 1단계의 저술이 바로 '리학과 심학 논쟁의 연원과 전개 그리고 득실'이고, 2단계는 '유가철학의 문도론'이며, 3단계가 필자의 철학이론, 즉 일리일합론一離一合論이다. '일리일합'은 유가철학 현대화에 대한 필자의 기본 방향으로서, 도덕주체와 지성주체 그리고 심미주체의 독립적 활동을 보장하면서 '상호 유기적 관련을 모색하는 이론이다. 필자는 지금까지의 유학의 현대화 작업은 아직도 여전히 '도덕주체에 의한 지성주체와 심미주체의 가치화 혹은 예속화'를 면치 못하고 있다고 생각한다. 즉 범도덕주의의 한계를 탈피하지 못하고 있다는 것이 필자의 판단이다. 유학에서는 과학기술지식과 미美에 대한 정취생명의 인성론적 근거를 반드시 성선의 성에서 찾아야 하는가? 그렇다고 필자가 도덕과 과학 그리고 예술의 분리만을 주장하는 것은 결코 아니다. 도덕과 과학 그리고 예술 사이에는 분명 상호 유기적 관련을 맺어야 할 당위성이 있다. 필자는 문도론과 일리일합론에서 시대정신을 근거로 도덕과 과학 그리고 예술의 합리적 관계를 모색할 것이다.

이 책은 2009년 한국연구재단 지원으로 저술되었다. 연구재단 관계자분들께 감사드린다. 이 책이 출판되기까지 두 차례의 평가가 있었다. 평가위원들의 비평과 격려는 필자의 가장 큰 지원군이었다. 출판 이후에도 비평이 계속되기를 진심으로 바란다. 또한 어려운 출판사 여건에도 불구하고 흔쾌하게 출판을 결정해 주신 예문서원 오정혜 대표님과 관계자분들께도 진심으로 감사를 드린다. 장애를 갖고 태어났지만 우리 집안의 희망인 내 둘째 수빈이, 그리고 엄마바라기 수빈이를 한시도 떼 놓지 못하고 외출 한 번 편한 마음으로 하지 못하는 세상에서 가장 아름다운 여인 내 아내 김지인, 정말 미안하고 고맙다.

2014년 7월

황갑연

차 례 리학 심학 논쟁, 연원과 전개 그리고 득실을 논하다

들어가는 말

필자의 연구 주제인 '리학 · 심학 논쟁의 연원과 전개 그리고 득실'에서의 핵심은 당연히 송대의 주희와 육구연의 학술논쟁이다. 그러나 필자의 연구가 기존의 연구와 차별화될 수 있는 곳은 '논쟁의 연원'과 '득실'에 있다. 필자는 이 연구의 1차적 학술의의를 공자에서 맹자와 순자로의 분리, 그리고 그것으로부터 주륙논쟁朱陸論爭의 연계성을 찾는 것에 두고, 2차적 학술성과를 '리학과 심학의 종합 가능성'에서 찾고자 한다. 필자가 리학과 심학 논쟁의 시발자인 주희와 육구연 쟁론의 앞과 뒤에 '연원'과 '전개와 득실'이라는 주제를 둔 이유는 다음의 두 가지로 나누어 설명할 수 있다.

첫째, 필자는 송대에 시작되어 현대까지 지속되고 있는 유가철학의 최대 논쟁 주제인 리학과 심학의 대립이 어떤 학술적 연원 혹은 이론적 근거 없이 갑자기 주희와 육구연 당시에 돌발적으로 출현되었다고 이해하기 어려웠다. 필자는 이 점에 대하여 지금까지 줄곧 의문을 가져오면서 역으로 거슬러 올라가 의리義理의 분기점을 찾은 결과, 그 실마리를 맹자학과 순자학의 심론에서 찾을 수 있었고, 또 그것의 '형식적 틀의 연원'을 공자가 말한 "배우고(學) 깊이 사려하지(思) 않으면 얻어지는 것이 없고, 사려만 하고 배우지 않으면 위태롭다"[1]는 '학學'과 '사思'에서 발견할 수 있었다. 필자가 '형식적 틀의 연원'이라고 표현한 것은 비록 순자의 심론을 공자의 '학'에서

---

1) 『論語』, 「爲政」, "學而不思則罔, 思而不學則殆."

찾고 맹자의 심론을 공자의 '사'에서 찾는다고 할지라도, 공자가 '학'을 지성주체의 활동이라는 협의적 규정을 하지 않았고 '사'를 덕성주체(자각주체)[2]의 활동으로도 규정하지는 않았기 때문이다. 사실 『논어』에는 단독적으로 지성주체 혹은 덕성주체의 의미로 사용되고 있는 '심' 자가 한 차례도 출현하지 않기 때문에 공자가 제시한 '학'·'사'는 맹자·순자의 '학'·'사'와 내용적으로 완전히 일치하는 것은 아니다. 그러나 도덕실천의 표준[3]을 정립하는 형식적 틀의 입장에서 보면, 향외向外적으로는 '학'을 중시하는 공자의 정신과 객관성·합리성을 강조하는 순자의 정신이 합치하고, 향내向內적으로는 하나로 관통하여 계통화하려는 공자의 '사' 정신이 자각심의 자율성을 중시하는 맹자와 합치한다. 따라서 필자는 공자의 '학'·'사'와 맹순孟荀의 '학'·'사'의 관계를 '형식적 틀의 연원'이라고 표현한 것이다. 만일 필자의 추론에 일정 부분 타당성이 있다면 리학과 심학의 연원은 공자에게서 찾을 수 있을 것이다. 또 공자가 '학'과 '사'의 종합을 강조하였기 때문에, 비록 맹자와 순자를 시작으로 서로 분리되었고, 송대에 주희와 육구연에 의해 리학과 심학의 대립이라는 확정적 형태로 정립되어 명·청 양대를 거쳐 현대까지 양립된 채 전개되었다고 할지라도, 양자의 종합 가능성은 열려 있다고 할 수 있다. 때문에 필자는 결론부에 해당하는 제3단계의 '리학과 심학 논쟁의 득실'을 논한 곳에서 양자의 종합 가능성 모색하고자 한 것이다.

둘째, 주희와 육구연에 의하여 시작된 리학과 심학의 논쟁은 여러 가지 주제로 전개되었다. 성즉리와 심즉리·무극과 태극·인심과 도심·천리와

---

2) 필자는 이 연구에서 덕성주체·자각주체를 지성주체와 대비시켜 동일한 주체로 표현한다.

3) 순자철학에서는 도덕의 표준이 治平의 道 즉 禮義이고, 맹자철학에서는 仁義禮智의 理이다.

인욕 · 격물치지와 발명본심 · 허실虛實과 의리義利 · 지리와 태간 · 존덕성과 도문학 · 고자告子에 관한 변론 · 선학禪學에 관한 변론 · 도통에 관한 변론 등 상당히 풍부하다. 그들이 논한 주제들을 내용적으로 보면, 송명리학의 도덕 형이상학 전체 체계와 핵심 문제를 거의 모두 언급하고 있다고 해도 과언이 아니다. 또한 리학과 심학의 논쟁[4]은 주희와 육구연 둘만의 문제가 아니라 후에 거대한 철학사상의 조류를 탄생시켰고, 그 조류는 송대에만 그치지 않고 원 · 명 · 청, 심지어 현대의 신유가 사상에도 영향을 끼치고 있다. 또한 중국뿐만 아니라 한국과 일본의 사상계에도 정면正面 혹은 부면負面적인 영향을 상당히 끼쳤다. 따라서 주륙지변은 주희와 육구연 두 사람만의 논쟁이라고 할 수도 없고, 또 그 당시의 철학적 논쟁이라고만 규정할 수도 없다. 명대의 진건은 『학부통변』「자서」에서 주륙지변을 "수백 년 동안 해결되지 않은 일대의 공안"[5]이라고 하였다. 주륙지변은 원 · 명 · 청대를 거치면서 중국유가철학 발전에 하나의 실마리를 제공하였고, 또한 발전의 방향을 제시하였다. 원대에는 주희와 육구연의 대립을 화회和會[6]하려는 움직임이 있었고, 명대에는 왕수인이 등장하여 「주자만년정론朱子晩年定論」을 내놓자 그것에 대한 격렬한 쟁론이 나타났다. 주희의 학문을 따르는 학자들은 육구연의 학문을 광선狂禪이라고 비난하였고, 육구연의 학문을 따르는 자들은 반대로 주희의 학문을 속학俗學이라고 비평하였다. 이러한 학문 조류는 청대를 거쳐 현대 신유가들에게까지 연속되어, 주희를 송명유학의 대종大宗 혹은 정통으로 이해하는 일군의 학자들과, 반대로 육구연과 왕수인을 선진유

4) 이후에는 주륙지변으로 칭하겠다.
5) 陳建, 『學蔀通辨』(臺灣: 廣文書局, 1971), 「自序」, "數百年未了底大公案."
6) 원대에 주륙화회론이 등장하였다고 하지만, 필자의 분석에 의하면, 원대의 화회는 허구에 불과하다. 이 점에 관한 내용은 제4장에 수록되어 있다.

학의 공자와 맹자의 도덕정신 정수精髓를 계승한 정종正宗으로 이해하고 주희를 오히려 별자지종別子之宗[7]으로 이해하는 일군의 학자들이 생겨났다. 따라서 주륙지변을 남송시대에 발생한 단순한 역사의 한 학술적 사건으로만 이해해서는 안 되고, 중국유학의 근본성과 기초성을 언급하고 계발한 학술적 사건으로 이해하는 것이 타당하다. 다시 말하면 주륙지변과 주륙의 이동異同은 시공을 초월한 보편적 의미를 갖는 학술적 일대 사건인 것이다. 이 두 가지가 바로 필자가 '리학 · 심학 논쟁의 연원과 전개 그리고 득실'이라는 주제를 선택하게 된 이유이다.

또한 필자는 '리학 · 심학 논쟁의 연원과 전개 그리고 득실'이라는 주제를 '성' 중심이 아닌 '심' 중심으로 전개할 것임을 미리 밝혀 둔다. 이 주제가 '성' 중심이 아닌 '심' 중심으로 전개되어야 할 당위성은 다음과 같이 설명할 수 있다.

지금까지 리학과 심학을 대표하는 의리의 중심인 주희의 성즉리와 육구연의 심즉리, 그리고 그것으로부터 파생된 제2차적인 이론들이 거의 천년 동안 부단히 제시되어 왔다. 풍우란馮友蘭은 양자의 차이에 관하여 다음과 같이 간략하게 표현하였다.

> 주희는 정이(이천)가 말한 성즉리를 찬동하였지만 육구연은 심즉리로 회답하였다. 성즉리와 심즉리라는 두 구절의 차이는 단지 하나의 문자에 지나지 않지만 그중에는 두 학파의 근본적인 갈래가 내재되어 있다.[8]

---

7) 대표적인 학자는 牟宗三이다.
8) 馮友蘭, 『中國哲學簡史』(臺灣: 藍燈文化事業公司, 1993), 297~298쪽.

풍우란이 말한 '단지 하나의 문자'는 '성'이 아니라 '심'이다. 표면적으로 보면 성즉리와 심즉리의 다름은 '성'과 '심'에 있는 것 같다. 그러나 육구연은 성즉리와 심즉리 및 심즉성을 동시에 긍정하였기 때문에 심·성·리 삼자는 등가관계等價關係로 정립되어 있고, 주희는 성즉리만을 긍정하고 심즉성과 심즉리는 긍정하지 않기 때문에, 성즉리와 심즉리로는 리학과 심학의 본질적 차이를 설명하기 어렵다. 또한 유가철학이 비록 맹자와 순자에서부터 성에 대한 선과 악으로 달리 규정되지만, 사실 유가철학의 발전은 성 중심이 아니라 심 중심의 전개였다. 이 점은 불교와 도가철학도 예외가 아니다. 주륙철학에서도 심에 대한 이해 차이로 말미암아 격물치지와 발명본심의 공부론이 결정되었고, 다시 태간과 지리라는 상대방에 대한 대립적 평가가 도출되었으며, 더 나아가 존덕성과 도문학으로써 학문의 특성을 결정하였고, 종극에는 그것을 근거로 이단異端의 범위도 확정되었다. 따라서 리학과 심학 논쟁의 핵심은 마땅히 '성'이 아닌 '심'에서 찾아야 한다.

지금까지의 리학과 심학의 논쟁에 관한 연구 성과는 상당히 풍족한 편이다. 리학과 심학에 관한 협의적인 비교연구만 살펴보더라도 매년 10여 편 이상이 학술지에 게재되고 있으며, 광의적인 범위에서 송명리학의 연구를 살펴보면 그 양은 훨씬 많다. 양적인 풍부함뿐만 아니라 질적인 연구 성과도 이미 상당히 정묘한 경지에 이르렀다고 평가할 수 있다. 심즉리와 성즉리에 대한 비교연구 및 격물치지와 발명본심(혹 先立其大), 도문학과 존덕성의 비교연구 등 연구 소재의 다양성뿐만 아니라, 방법론 역시 상당히 다채롭게 진행되어 왔다. 그럼에도 불구하고 필자는 다시 한 번 '리학과 심학의 논쟁'을 소재로 삼아 종합적이고 계통적으로 연구를 진행하고자 한다.

필자는 '리학·심학 논쟁의 연원과 전개 그리고 득실'이라는 주제를 세 단계로 나누어 진행할 것이다. 1단계는 도입부로서 '연원'이다. 이곳에서 필자는 리학과 심학 논쟁의 연원을 맹자와 순자의 철학에서 찾고, 더 나아가 그것의 근본적인 단초를 공자의 '학'과 '사'에서 찾는다. 2단계는 논쟁의 구체적인 전개로서, 송대의 주희와 육구연, 원대의 주륙화회론, 명대의 양명학 등장, 그리고 조선시대 리학과 심학의 논쟁이다. 3단계는 '득실'에 관한 부분으로서, 현대 유가철학에서 리학과 심학의 연구 양상 그리고 양자의 종합 가능성 모색이다.

지금까지 리학과 심학의 논쟁은 서로 상대방 철학적 관점의 정면적 의미를 살피지 못했을 뿐만 아니라 종합 가능성에 관해서도 소극적으로 진행되었다. 원대에 주륙화회론이 등장하였다고 하고, 현대에 웅십력이 왕수인의 치양지와 주희의 격물치지를 종합하려는 시도를 하였지만,[9] 그 결과는 그리 원만한 형태로 나타나지 못하였다. 또한 철학사의 흐름에서 리학과 심학의 대립 양상은 상당히 극렬하게 표현되었다. 육구연은 주희의 학문을 의론議論 혹 시문時文 혹 지리支離라고 비평하였고, 주희는 육구연에 대하여 고자의 철학 혹은 선학이라고 비평하였다. 이러한 상대방에 대한 평가는 문인들에 의하여 계승되었고, 명대에 왕수인은 주희의 학문을 패도(伯道)의

9) 웅십력은 치지격물설에 관하여 주희와 왕수인의 입장을 비교 설명하면서 덕성지식과 견문지식의 통합을 주장하였다. 웅십력은 주희의 格을 量度으로 해석하였다. 웅십력에 따르면, 격물은 '사물을 헤아려 사물의 이치를 파악하는 것'이다. 또 程朱는 理를 사물에서 찾기 때문에 이 방법을 사용하여 과학지식의 방법론을 세울 수 있다. 그러나 왕수인은 격물은 반드시 치양지를 근본으로 해야 한다고 한다. 만일 격물이 지식을 취득할 수 있는 길이고, 이 격물이 치양지에 의하여 운용된다면, 지식은 양지에 의하여 '양탁' 되는 것과 다름이 없다. 웅십력은 격물(從)과 치양지(主)의 종합을 통하여 덕성지식과 견문지식의 종합적 운용에 대해서는 설명하였지만, 여전히 격물과 치양지를 두 주체의 합일로 이해하고 있다. 양지가 인식주체를 어떻게 운용하든 관계없이 양자 간에는 일정한 격리가 있다.(『熊十力全集』[湖北教育出版社, 2001], 권3, 「讀經示要」, 664~671쪽 참고)

학문이라고 비평하였으며,[10] 조선유학자들은 양명학에 대하여 이단사설異端邪說이라고 혹독한 평가를 하였다. 이 모두 상대방의 정면적이고 긍정적인 측면을 올바르게 바라보지 못한 편협한 주장이다. 이는 유학의 발전사에서 큰 불행이 아니라고 할 수 없다. 이러한 상황은 현대 학자들의 리학과 심학 논쟁의 연구에서도 공통적으로 나타나고 있다. 필자는 도입부인 '연원'에서는 리학과 심학 논쟁의 의리적 근거를 확보할 것이고, 논쟁의 구체적인 전개부인 '송대의 주희와 육구연, 원대의 주륙화회론, 명대의 양명학 등장, 그리고 조선시대 리학과 심학의 논쟁'에서는 논쟁의 주제와 전개를 사실적 관점에서 소개할 것이며, 마지막 결론부인 '리학과 심학의 종합 가능성 모색'에서는 지금까지의 리학과 심학 논쟁의 득실 문제를 유가철학의 본질인 내성內聖과 외왕外王 측면에서 재평가하고 양자의 종합 가능성과 당위성 및 필요성을 논의할 것이다.

10) 『傳習錄』 下, "先生因謂之曰: 諸君要識得我立言宗旨. 我如今說箇心卽理是如何, 只爲世人分心與理爲二, 故便有許多病痛. 如五伯攘夷狄, 弁周室, 都是一箇私心, 使不當理, 人卻說他做得當理, 只心有未純, 往往悅慕其所爲, 要來外面做得好看, 卻與心全不相干. 分心與理爲二, 其流至於伯道之僞而不自知. 故我說箇心卽理, 要使知心理是一箇? 便來心上做工夫, 不去英義於外, 便是王道之眞. 此我立言宗旨." 이곳에서 왕수인은 심과 리를 둘로 나누는 주희의 학문을 춘추시대 五霸의 尊王攘夷 정신을 예로 들어 설명하고 있다. 즉 오패의 존왕양이는 패자들의 진실한 마음에서 우러나온 것이 아닌 허위의 마음이기 때문에 이치에 맞지 않다는 것이다. 伯道는 왕도의 상대 개념인 패도를 지칭한다.

제1장
리학과 심학 논쟁의 연원

필자는 앞에서 리학과 심학 논쟁의 연원을 맹자와 순자 철학에서 찾고, 더 나아가 그것의 근본적인 단초를 공자의 '학'과 '사'에서 찾는다고 하면서 이것을 이 연구의 도입부인 연원으로 삼는다고 하였다. 이러한 필자의 견해는 객관적인 근거를 충분히 확보하지 못하면 설득력을 갖기 어려울 수도 있다. 리학과 심학 논쟁의 연원을 맹자학과 순자학에서 찾고, 그것의 근본적인 단초를 공자의 '학'과 '사'에서 찾는다는 것은 곧 이 연구의 중심이 '성이 아닌 심'이라는 것과 동일하다. 왜냐하면 '학'과 '사'의 활동은 성에 관한 일이 아니라 모두 심에 속한 일이기 때문이다. 또 필자는 맹자철학을 '사'(자각주체) 중심의 도덕철학으로 규정하고, 순자철학을 '학'(지성주체) 중심의 도덕철학으로 규정하여, 이를 리학과 심학 논쟁의 연원으로 삼고 있다.[1)] 필자가 이런 추리를 한 것은 바로 맹자의 심이 육왕의 심과 동일계통에 속하고,

---

1) 현대의 유가철학에서는 주체 혹은 자아 등의 표현으로 '심' 자를 대체하여 사용하기도 하였기 때문에 자각주체와 지성주체 및 감성주체라는 용어가 있게 되었고, 또한 그러한 작용 자체를 하나의 생명으로 간주하여 도덕(자각)생명과 지각생명 및 감성생명으로 표현하기도 하며, 중국과 대만의 학자들은 德性我와 認知我 및 情意我라는 용어로써 그것들을 표현하기도 한다. 주체와 생명 및 자아라는 표현에는 모두 주관적인 意向을 지닌 활동자라는 의미가 포함되어 있다.

순자의 심이 정주의 심과 동일계통에 속하기 때문이다. 따라서 맹자와 순자를 리학과 심학 논쟁의 연원으로 삼고, 정주학과 육왕학을 리학과 심학 논쟁의 구체적인 전개로 규정한 것이다.

제1절. 공자의 '학'과 '사'

『논어』에서 '학學'과 '사思'를 서로 대비시켜 함께 중시하고 종합할 필요성을 강조한 구절은 「위정」편에 있다.

> 배우고 깊이 사려하지 않으면 얻어지는 것이 없고, 사려만 하고 배우지 않으면 위태롭다.[2)]

만일 이 구절 하나만을 근거로 하여 공자의 '학'을 지성주체의 작용으로 삼고 '사'를 자각주체의 작용으로 삼는다면 지나치게 편협한 해석일 것이고, 또한 주관적 판단이라는 평가가 당연히 따를 것이다. 일반적으로 '학'은 외물에서 지식을 흡수하여 누적하는 공부이고, '사'는 그것들을 소화하여 하나의 계통으로 체계화하는 작업으로 이해한다. 그렇다면 '사'를 반드시 자각주체의 작용으로 제한시켜 볼 필요는 없다. 즉 이성과 오성의 사유작용으로 이해해도 무방하다. 필자는 기본적으로 이곳의 '학'과 '사'는 덕성과 지성을 포괄한 지식 추구 활동의 전반에 적용되는 공자의 원론적 입장이라고

2) 『論語』, 「爲政」, "學而不思則罔, 思而不學則殆."

생각한다.

학습은 객관적인 측면의 경험으로서, 견문이 주된 활동이다. 견문은 반드시 넓고 잡다하게 추구해야만 개연성을 제고할 수 있다. 그러나 이성 혹은 오성의 사유작용을 통하여 간별簡別하지 않으면 그것은 단지 하나의 '양적인 잡다함'에 불과할 뿐이다. 그렇기 때문에 공자는 비록 "문에 대하여 널리 배워야 한다"(博學於文)는 것을 강조하였지만, 다른 한편으로 "많이 듣고서 의심나는 것은 빼 버리고…… 많이 보고서 위태로운 것은 빼 버려야 한다"[3]는 다문궐의多聞闕疑와 다견궐태多見闕殆를 경고하였던 것이다. 또 기杞나라와 송宋나라의 문헌으로는 하夏와 은殷의 문화를 징험할 수 없다고도 하였다. '궐의闕疑'와 '궐태闕殆' 그리고 '징험할 수 없다'는 판단은 학습활동의 결과가 아니라 사유활동의 산물이다. 공자가 말한 "배우고 깊이 사려하지 않으면 얻어지는 것이 없다"는 바로 이것을 말함이다. '궐의'와 '궐태' 그리고 '징험을 추구하는 것'은 '잡다함'을 하나로 관통하여 계통화하는 '사'의 작용이다. 또한 이미 확보한 지식을 근거로 미루어 추리하는 활동 역시 '사'의 작용이다. 공자가 말한 온고이지신溫故而知新과 자공이 말한 "하나를 들으면 둘을 깨우친다"(聞一知二) 혹은 안연의 "하나를 들으면 열 가지를 깨우친다"(聞一知十)[4] 그리고 "한 귀퉁이를 들어 주었는데 그것을 가지고서 나머지 세 귀퉁이를 반증하지 못한다면 다시 더 일러 주지 않아야 한다"[5]는 공자의 훈계 역시 '사'의 작용에 속한 것이다.[6] 이러한 '사'의 활동을 잡다한 경험을 하나로 관통하는 작용으로 계통화시켜서 이해하든, 추리의 능력과

3) 『論語』, 「爲政」, "多問闕疑……多見闕殆."
4) 『論語』, 「公冶長」.
5) 『論語』, 「述而」, "擧一隅, 不以三隅反, 則不復也."
6) 蔡仁厚, 『孔孟荀哲學』(臺灣: 學生書局, 1984), 45쪽.

그것의 구체적인 활동으로 이해하든, 그것은 반드시 구체적인 사실적 지식이라는 기초에서 진행되어야 한다. 만일 구체적인 사실적 지식이 전제되지 않은 사유활동이라면 오로지 개인 혹은 일부의 집단에게만 유효한 신념에 불과할 것이다. 이것이 바로 "사려만 하고 배우지 않으면 위태롭다"는 말의 의미이다. 이상은 공자의 이 구절에 대한 일반적인 이해이다.

공자는 '학'과 '사'를 함께 중시하였다. 즉 '학'과 '사'는 서로 교류해야만 실질적이고 객관적이며 계통적인 지식을 확보할 수 있다는 것이다. 필자는 '학'과 '사'를 병중竝重하는 공자의 학술정신에서 '학'의 일면(형식적 틀)은 순자에 의하여 계승 확장 발전되었고, '사'의 일면은 맹자에 의해 계승되어 심화되었다고 생각한다.[7] 물론 맹자와 순자 두 사람이 어느 한 면만을 계승 혹은 중시하고 나머지 한 면은 완전히 폐기 혹은 홀시하였다는 것은 아니다. 두 사람 모두 '학'과 '사'를 함께 중시하였음은 당연하다. 그러나 도덕에 관한 지식(도덕실천의 표준과 그것의 연원 및 그것을 확보하는 방법)에 대해서는 확연하게 다른 태도를 보인다. 순자철학에서의 예의는 정형화된 예의법도가 아니라 그 시대를 치평治平할 수 있는 합당한 시중時中의 도(綱紀)이다. 이 강기綱紀는 내적인 심의 분별력에 의하여 인식할 수 있지만, 심의 자각 성찰에 의하여 발현되는 것이 아니다. 심은 오랜 역사의 흐름 과정에서 주어진 예

7) 필자가 순자에게는 '확장'이라는 표현을, 맹자에게는 '심화'라는 표현을 사용하였다. 그 이유는 다음과 같다. 순자의 '學'은 지식의 누적과 도덕적 수양 그리고 인품의 완성과 공동체를 잘 다스리고 국가를 평안히 하는 등 다양한 활동을 포함하고 있다. 이러한 활동은 지성주체인 심에 의하여 전개되고 완성된다. 순자는 이러한 활동을 지성주체인 심을 근거로 체계적이고 계통적으로 정립하였다. 따라서 필자는 '확장'이라는 표현을 사용한 것이다. 반면 맹자는 공자철학에서 분명하게 정립되지 않은 덕성주체의 관념을 확립하여 그것의 작용을 자각 즉 '思'로 규정한다. 이는 외연적으로만 보면 축소이지만 내용적으로는 체계적이고 계통적으로 심화 발전한 것이다.

의의 형상을 종합하여 통류統類 즉 강기를 발견할 뿐이다. 강기는 외부에서 주어진 것이지 내부의 심이 자발적으로 결정하는 것이 아니다. 이러한 예의의 통류, 즉 강기를 정립하는 활동은 주객대립의 형식을 통하여 전개되는데, 이것은 바로 공자가 강조한 '학'의 활동을 계승하여 확장 발전시킨 것이다. 반면 맹자 역시 주객대립의 배움을 중시하지 않은 것은 아니지만, 맹자는 인의예지의 리를 내적인 도덕심성에서 찾는다. 도덕실천 혹은 도덕가치 실현의 측면에서 보면, 심성은 완전자로서 일체의 외적인 지식에 의거하지 않고서도 순선한 도덕가치를 실현할 수 있고, 또 도덕인격을 완성할 수 있다. 자신에게 주어진 타자 혹은 시대의 상황이 어떻게 주어지든 관계없이 그것들에 대한 시중의 도는 도덕심성이 판단하여 결정할 뿐이다. 도덕심성은 주체임과 동시에 객체이다. 즉 판단할 수 있는 능력자임과 동시에 판단의 대상이다. 이러한 주객무대립의 형식은 공자가 이곳에서 말한 '사'의 활동을 계승하여 심화시킨 것이라고 볼 수 있다.

필자는 이러한 연원적 고찰에 대하여 여러 이견이 있을 수 있음을 긍정한다. 그러나 필자는 문화의 흐름을 주도하는 지성의 활동을 단절되지 않고 면면이 연속되는 하나의 활물活物로 인식한다. 특수한 형상으로 나타나는 역사의 무대에서 표현되는 지성의 형태 역시 다를 수 있지만, 그 내면에 흐르는 정신생명에서는 하나의 공통분모를 확보할 수 있다는 것이 필자의 생각이다. 공자와 순자의 공통분모는 주객대립의 형식을 통하여 객관성을 확보하려는 '학'의 정신이고, 공자와 맹자의 공통분모는 주객무대립의 형식에서 자각주체의 자각 작용을 긍정하여 도덕심성의 자율성을 확보하려는 '사'의 정신이다. 따라서 필자가 순자의 지성주체와 맹자의 자각주체의 연원을 공자의 '학'과 '사'에서 찾는 것은 중국유가철학의 흐름에서 볼 때 일정 부분 객관적 근거를 갖추고 있다고 할 수 있다.

다음은 『논어』에 표현된 공자의 호학정신好學精神과 '학'의 대상 그리고 목적 및 방법에 관한 것이다. 필자는 이것들을 근거로 '학'의 여러 의미와 본질적 특성을 밝히고자 한다. 먼저 『논어』에 출현하는 '학' 자의 의미와 쓰임을 살펴보자.

『논어』에는 공자의 호학정신을 표현한 구절들이 많이 있다. '학'이 객관적 경험사실의 사리를 추구하는 활동이건, 구지求知의 활동을 경과하여 일정한 앎의 경지에 이른 것이건, 또한 이미 안 것을 근거로 추리하여 지식을 확장하는 활동이건, 지식을 실천을 통하여 연마하는 활동이건 관계없이 공자는 '학'에 대한 대단한 열정을 표현한 사람이다. 「학이」편 첫 구절부터 호학정신을 표현한다.

배우고 부단히 그것을 익히니 어찌 기쁘지 아니한가?[8)]

이곳에서 비록 공자가 학습의 대상이 무엇인지에 대하여 명시적으로 표현하지 않았지만, 『논어』에 표현된 것을 근거로 해설하면 두 측면으로 나누어 이해할 수 있다. 하나는 '예악을 학습하는 것'이고, 다른 하나는 '일반적인 지식을 취득하는 것'이다. '예악을 학습한다'는 것은 예악에 대한 단순한 습득이 아니라 예악의 객관적 의미를 파악하는 것이다. 공자는 예악의 목적을 조화 혹은 화해로 삼고 있기 때문에 '예악을 학습한다'는 것은 조화 혹은 화해의 원리를 이해하고 파악하는 것이다. '일반적인 지식을 취득하는 것'

---

8) 『論語』, 「學而」, "學而時習之, 不亦說乎?"

에서 지식의 성격을 문제 삼을 필요는 없다. 도덕가치와 관련이 있건 아니면 가치중립적인 사실에 관한 지식이건 관계없이 새로운 지식 습득은 자신의 정신생명 영역을 날로 확장시킨다. 이러한 지식의 취득활동을 통하여 우리의 생명은 생기를 띠기 때문에 희열의 감정이 드는 것은 당연하다. 또 『논어』에는 다음과 같은 구절이 수록되어 있다.

> 열 가구가 사는 작은 마을에도 나처럼 충신忠信의 자질을 갖춘 사람은 있겠지만, 나처럼 학문을 좋아하는 사람은 없을 것이다.[9)]

> 군자가 먹음에 배부름을 추구하지 않고, 거처할 때에 편안함을 추구하지 않으며, 일을 민첩하게 하고 말을 삼가고, 도를 갖춘 사람에게 올바름의 도리를 구한다면 배움을 좋아하는 사람이라고 말할 수 있다.[10)]

> 섭공이 공자의 사람됨에 대해서 자로에게 물었는데, 자로가 뭐라고 해야 할지 몰라 대답하지 못하였다. 공자가 그 말을 듣고 말하였다. "너는 왜 그 사람됨이 발분 노력하여 식사를 잊어버릴 정도이고, 도를 즐겨 근심이 없으며, 노년이 다가옴도 모른다고 말하지 않았느냐?"[11)]

> 묵묵히 배워 마음속에 간직하고, 배움을 싫어하지 않고, 사람 가르치기를 게을리하지 않는다. 이것 외에 무엇이 나에게 있는가?[12)]

---

9) 『論語』, 「公冶長」, "十室之邑, 必有忠信如丘者焉, 不如丘之好學也."

10) 『論語』, 「學而」, "君子食無求飽, 居無求安, 敏於事而愼於言, 就有道而正焉, 可謂好學也已."

11) 『論語』, 「述而」, "葉公, 問孔子於子路, 子路不對. 子曰: '女奚不曰, 其爲人也, 發憤忘食, 樂以忘憂, 不知老之將至云爾?'"

12) 『論語』, 「述而」, "默而識之, 學而不厭, 誨人不倦. 何有於我哉?"

나는 태어나면서부터 안 사람이 아니라 옛것을 좋아하여 민첩하게 추구하는 사람이다.[13]

첫 번째 구절은 호학정신으로써 중인衆人과 다른 자신 생명의 특성을 규정한 것이고, 두 번째 구절은 호학의 구체적인 내용을 기술한 것이며, 세 번째 구절의 '발분망식發憤忘食'과 네 번째 구절의 '학이불염學而不厭'은 호학의 태도를 표현한 것이고, 마지막 구절은 자신의 학문적 성과에 대한 칭송을 노력하여 얻은 것이라고 자처한 공자의 겸손을 표현한 것이다. 이상의 구절에 표현된 공자의 호학정신은 배움에 대한 공자의 희열과 부단한 열정을 표현한 것일 뿐, 엄격하게 실천의 전단계로서의 '학'에 한정된 구지활동도 아니고, 또 자각주체의 자각 활동 혹은 지성주체의 사유활동과 독립된 경험지식의 집적 혹은 누적활동을 가리켜 말한 것도 아니다. 혹자는 공자의 '학'을 독서로 이해하였고, 또 인격을 양성하는 실천적 학문으로 이해하였으며, 혹자는 이 양자를 겸하여 독서와 덕성수양이라고 해석하기도 하였다.[14] 그러나 이러한 이해는 공자의 '학'에 대한 엄격한 규정이라고 평가하기 어렵다. 『논어』에 나타난 '학' 자의 의미를 명확하게 이해하기 위해서는 먼저 '학'의 대상과 목적 그리고 방법 등이 고찰되어야 한다.

먼저 『논어』의 다음 구절을 보면 공자의 생명에서 '학'의 대상이 매우 다양함을 미루어 짐작할 수 있다.

---

13) 『論語』, 「述而」, "我非生而知之者, 好古敏以求之者也."

14) 이광호, 「공자의 학문관」, 『동서철학연구』 20호(2000), 108~109쪽. 독서로 이해한 사람은 胡適이고, 덕성수양으로 이해한 사람은 梁任公이며, 이 두 가지를 종합하여 이해한 사람은 梁亮公이다.

> 태재가 자공에게 물었다. "공자는 성자이신가? 어쩌면 그리도 다재다능한가?" 자공이 말하였다. "(선생님은) 아마 하늘이 내리신 성인일 것이다. 또 다재다능하시다." 공자가 (이 말을) 듣고서 말하였다. "태재가 나를 아는구나! 내 젊었을 때 미천하였기 때문에 (여러 가지 일에 종사할 기회가 많아) 많은 기예를 할 줄 안다. 군자는 이것을 많다고 여기는가? 나는 많다고 생각하지 않을 것이다."[15]

이 구절의 핵심 내용은 군자의 인품 완성과 기예의 다재다능이 본질적으로 관련 없음을 말한 것이지만, '공자가 다재다능하다'는 태재의 말은 공자가 잡다한 방면에서 타인들에게 주목받을 만한 지식과 재능을 소유한 사람임을 표현한 것이다. 그것의 구체적인 내용을 알 수 없지만, 이 모두는 '학'의 대상이다. 그런데 『논어』의 "공자가 평소에 자주 말한 것은 시와 서 그리고 예를 지키는 것이다"[16]와 "하늘이 나에게 몇 년의 수명을 빌려 주어 역을 배우게 한다면 큰 허물이 없을 것이다"[17]라는 말을 보면 '학'의 대상에서 주된 것은 시詩·서書·예禮·역易인 것 같다. 또 "문에 대하여 널리 배워야 한다"(博學於文)는 것을 보면, 공자가 고금의 역사에 등장하는 수많은 사건에 대해서도 관심을 가지고 배우려 한 것 같다. 따라서 잡다한 경험과학 지식 그리고 인문과 관련된 지식은 공자의 '학'의 대상에 거의 속한다고 해도 틀리지 않을 것이다. 『논어』에 공자가 '많이 볼 것'(多見)과 '많이 들을 것'(多聞) 및 '많이 물을 것'(多問)을 강조한 구절이 많이 출현하는데,[18] '보다'

---

15) 『論語』, 「子罕」, "大宰問於子貢曰: '夫子聖者與? 何其多能也?' 子貢曰: '固天縱之將聖. 又多能也.' 子聞之曰: '大宰知我乎! 吾少也賤, 故多能鄙事. 君子多乎哉? 不多也.'"

16) 『論語』, 「述而」, "子所雅言, 詩書執禮."

17) 『論語』, 「述而」, "假我數年, 五十以學易, 可以無大過矣."

18) 『論語』, 「爲政」, "多聞闕疑, 愼言其餘則寡尤. 多見闕殆, 愼行其餘則寡悔."; 「述而」, "蓋有不知

(見)와 '듣다'(聞) 및 '묻다'(問)라는 방법으로써 이에 해당한 지식을 습득한 것이다. 주희는 『논어집주』에서 정이(伊川)의 말을 인용하여 '학'의 태도와 방법을 다음과 같이 해설한다.

> 널리 배우고, 자세하게 물으며, 조심스럽게 생각하고, 분명하게 분별하며, 독실하게 실천해야 한다. 이 다섯 가지 중에서 하나만 없애도 '학'이라고 할 수 없다.[19]

그러나 이러한 방법을 통하여 경험과학지식을 습득하고 누적하는 것이 '학'의 목적인가? 그렇지 않다. 『논어』에 다음과 같은 구절이 있다.

> 선비는 강건하고 원대한 기상을 갖지 않으면 안 되니, 책임은 무겁고 갈 길은 멀다. 인의 실현을 나의 임무로 삼으니 어찌 무겁지 아니한가? 죽은 후에야 (그 책임이) 끝나니 어찌 멀지 아니한가?[20]

공자철학에서 '인仁'은 도의 소재이다. 따라서 인도仁道의 실현은 바로 일생 동안 노력하여 실현해야 할 공자의 이상이며 책임인 것이다. 이 구절은, 비록 증자의 말이지만, '학'을 포함한 공자의 모든 활동이 인도의 실현에 목적을 두고 있음을 나타내고 있다. 또 "도를 자각한 자가 도를 좋아하는 자보다 못하고, 도를 좋아하는 자가 즐기는 자보다 못하다"[21]라고 하여 도

而作之者, 我無是也. 多聞, 擇其善者而從之. 多見而識之, 知之次也.";「泰伯」, "以能問於不能, 以多問於寡. 有若無, 實若虛, 犯而不校, 昔者吾友, 嘗從事於斯矣."

19) 『論語集注』,「爲政」, "博學·審問·愼思·明辨·篤行. 廢其一非學也."

20) 『論語』,「泰伯」, "士不可以不弘毅, 任重而道遠. 仁以爲己任, 不亦重乎? 死而後已, 不亦遠乎?"

21) 『論語』,「雍也」, "知之者不如好之者, 好之者不如樂之者." '知之'와 '好之' 및 '樂之'에서의 '之'

에 대한 자각과 좋아함 그리고 그것을 즐김의 단계에 이르러 도와 자신의 생명이 합일하여 하나의 세계로 진입할 것을 희망하고 있다. 뿐만 아니라 "아침에 도를 깨달으면, 저녁에 죽더라도 괜찮다"[22]라고 하여 자연생명에 비해 도덕생명 가치의 우월성을 긍정하고 있다. '석사가의夕死可矣'는 '살신성인殺身成仁'[23], 그리고 "죽음으로써 선도를 지킨다"[24]의 또 다른 표현이다. 이처럼 공자는 인생의 최종 지향점을 도의 실현에 둔다. 도의 실현이 '학', 더 나아가 인생의 목적이라면, '학'을 통한 잡다한 지식은 도라는 하나(一)로 귀속되어야 하는데, 이때 필요한 것이 바로 '사'의 작용이다. 『논어』의 다음 구절에서는 '사'의 활동을 통해 하나의 도로 관통해야 함을 강조하고 있다.

> 공자가 말하였다. "자공아, 너는 내가 많이 배워서 잘 기억하는 사람이라고 생각하느냐?" (자공이) 대답하였다. "그렇다고 생각하였는데, 아닙니까?" (공자가) 말하였다. "아니다. 나는 하나의 원리로써 (만사만물의 도리를) 관통하였다."[25]

자공의 "그렇다고 생각하였는데, 아닙니까"(然, 非與)라는 말 속에는 '학'과 도의 본질적 관련에 대한 긍정의 의미가 포함되어 있다. 즉 자공은 지금까지 공자를 경험지식이 많이 축적된 해박한 지식인으로 이해하였고, 그것이 곧 도에 대한 인식 전체 과정이라고 생각하였던 것이다. 그러나 많이

는 도를 지칭한다.

22) 『論語』, 「里仁」, "朝聞道, 夕死可矣."

23) 『論語』, 「衛靈公」, "志士仁人, 無求生以害仁, 有殺身以成仁."

24) 『論語』, 「泰伯」, "守死善道."

25) 『論語』, 「衛靈公」, "子曰: '賜也, 女以予爲多學而識之者與?' 對曰: '然, 非與?' 曰: '非也. 予一以貫之.'"

배워 기억하기만 한다면 지식은 원리에 의하여 계통적으로 분류되지 않을 것이다. 순자는 이러한 지식을 "번잡하기만 할 뿐 원리에 의한 계통성이 없다"(雜而無統)고 지적하였다. "하나의 원리로써 관통한다"는 것은 바로 '번잡하기만 할 뿐 계통성이 없는 지식'과 대비되는 것으로, 앞에서 소개한 "배우고 깊이 사려하지 않으면 얻어지는 것이 없다"가 바로 이에 해당한다.

'사' 자가 공부의 의미로 처음 사용된 곳은 『서경書經』 「홍범洪範」이다. 『서경』에서는 "사왈예思曰睿, 예작성睿作聖"이라고 하였다. 비록 이곳의 '사' 자를 덕성주체의 '자각' 작용으로 이해하는 것에 대해서 이견이 있을 수 있지만, '사' 자에 자각의 의미가 포함되어 있는 것만은 사실이다. 때문에 송대 유학자인 주돈이는 이 구절에 대하여 다음과 같이 해설하였다.

> (의식적으로) 자각하려고 함이 없는 것이 근본이다. 사려하여 감통하는 것은 작용이다. 기미가 이쪽에서 움직이면, 성誠은 저쪽에서 움직여서,[26] (의식적으로) 자각하려고 하지 않아도 감통하지 않음이 없는 사람이 성인이다. 자각하지 않으면 은미한 것에 감통할 수 없고, 지혜롭지 않으면 감통하지 않음이 없는 경지에 이를 수 없다. 그렇다면 감통하지 않음이 없음은 은미한 것에 감통할 때 생겨나고, 은미한 것에 감통하는 것은 자각할 때 생겨난다.[27] 그러므로 자각한다는 것은 성스러움을 이루는 근본이고, 길흉이 갈라지는 기미이다. 『주역』에서 말하였다. "군자는 이 기미를 보고 일어나 하루도 생각하지 않고 행한다."[28] 또 말하였다. "기미를 아는 것이 신묘하구나!"[29]

---

26) 이 말은 기미에서 의념이 발동하면 도덕주체인 誠體가 의념의 선악을 즉각적으로 판단한다는 의미이다.

27) 『周易』, 「繫辭下」에서도 "군자는 숨겨진 기미를 알고 드러난 일을 알며, 陰柔의 작용을 알고 陽剛의 일을 안다"(君子知微知彰知柔知剛)라고 하여 은미함(微)에 대한 자각을 강조하고 있다.

28) 『周易』, 「繫辭下」에 나오는 말이다. 이는 豫卦 六二의 효사 '不終日'에 대한 해설이다.

이곳에서 주돈이는 '자각'으로써 '사'를 이해하고, 그것으로써 사실상 자신의 심론을 전개한다. 맹자 역시 "심의 작용은 자각하는 것이다"[30]라고 하였고, 또 "성誠을 자각한다"[31]라고 하였다. 이것을 보면 유학에서 '사', 즉 자각이 심의 가장 일반적인 작용임을 알 수 있다. 비록 주돈이가 이곳에서 사용한 '사'는 성誠을 드러내는 공부로서 공자에 비해 진일보된 것이지만, 이는 일반적 의미인 '사'로부터 충분히 발전할 수 있는 의미이다. 또 「위정」편에서는 "생각함에 간사함이 없다"[32]고 하였는데, 이때의 '사'는 향외적인 지식 습득 활동이 아니라 향내적인 반성적 자각성찰이다. 일상생활에서의 자세 혹은 태도 등에 대한 구사九思[33] 역시 향내적인 반성을 의미한다.

『논어』에는 비록 '사' 자를 사용하지는 않았지만, '사'의 작용과 필요성을 강조한 구절이 많다. 먼저 "하나로 관통한다"(吾道一以貫之)는 것에 대하여 증자가 충서忠恕[34]로써 요약한 것이 '사'의 작용을 통한 증자의 깨달음이다. 또한 "묵묵히 배워 마음속에 간직한다"[35]에서의 묵식默識 역시 '학'의 활동을 통하여 집적한 지식을 주체의 사유작용을 통하여 하나로 계통화하는 '사'의 작용이다.

---

29) 『通書』, 「思. 第九」, "無思, 本也. 思通, 用也. 幾動於此, 誠動於彼, 無思而無不通爲聖人. 不思, 則不能通微, 不睿, 則不能無不通. 是則無不通生於通微, 通微生於思. 故思者聖功之本, 而吉凶之幾也. 易曰: '君子見幾而作, 不俟終日.' 又曰: '知幾其神乎!'"

30) 『孟子』, 「告子上」, "心之官則思."

31) 『孟子』, 「離婁上」, "思誠者, 人之道也."

32) 『論語』, 「爲政」, "思無邪."

33) 『論語』, 「季氏」, "有九思, 視思明, 聽思聰, 色思溫, 貌思恭, 言思忠, 事思敬, 疑思問, 忿思難, 見得思義."

34) 『論語』, 「里仁」, "子曰: '參乎!' 曾子曰: '唯.' 子出, 門人問曰: '何謂也?' 曾子曰: '夫子之道, 忠恕而已矣.'"

35) 『論語』, 「述而」, "默而識之."

아는 것을 안다고 하고, 모르는 것을 모른다고 하는 것이 바로 진정한 앎이다.[36)]

이곳에서는 무지에 대한 자각을 표현하고 있다. 먼저 앞의 '안다'(知) 혹은 '모른다'(不知)에서의 지知는 경험지식에 관한 지식이다. 그러나 '안다' 혹은 '모른다'를 아는 '지'는 경험지식에 대한 반성적 지식, 즉 경험지식을 초월하는 자각의 지식이다. 이 두 종류의 지식은 구별하여 이해해야 한다. 반성을 통한 초월적인 지식은 가치에 대한 자각으로서 경험지식을 내용으로 하지 않는다. 이러한 반성적 지식은 '사'와 수평적인 '학'의 지식이지만, 때로는 '학'의 활동과 지식을 평가하고 주재한 한 단계 높은 층차의 지식이라고 할 수 있다. 맹자의 덕성주체는 바로 이러한 층차에 속한 실체라고 할 수 있다.

내가 아는 것이 있는가? (나는) 아는 것이 없다. 어떤 무지한 사람이 나에게 묻더라도, (나는 그 사람보다 많은 지식을 가졌다고 여기지 않기 때문에) 내심이 텅 빈 것 같을 것이다. (그러나 단지) 나는 그 사람이 묻는 문제의 정면과 반면을 되물어 정확하게 알 수 있도록 최선의 노력을 다할 것이다.[37)]

공자는 "나는 아는 것이 없다"고 하였는데, 이는 마음속에 편견과 아집 등이 없음을 의미한다. 공자가 말한 "미리 무엇을 예정하여 하려고 하는 마음이 없으며"[38)], "반드시 무엇을 해야겠다는 마음이 없으며"[39)], "고집하

36) 『論語』, 「爲政」, "知之爲知之, 不知爲不知, 是知也."
37) 『論語』, 「子罕」, "吾有知乎哉? 無知也. 有鄙夫問於我, 空空如也. 我叩其兩端而竭焉."
38) 『論語』, 「子罕」, "毋意."
39) 『論語』, 「子罕」, "毋必."

지 않으며"[40], "내 뜻대로 하지 않는다"[41] 등이 바로 이러한 태도이다. 이러한 태도는 '학'으로써 얻어지는 지식에 의하여 결정되는 것이 아니라, 자각심의 성찰을 통하여 얻어지는 것이다. 따라서 비록 공자가 덕성의 실체인 '인'과 '사'를 직접 연결시켜 체와 용의 관계를 분명하게 정립하지는 않았지만, 자각주체의 작용을 '사'를 통하여 곳곳에서 표현하고 있음을 알 수 있다.

이상의 내용을 종합하면 『논어』에 표현된 '학'과 '사'는 다음과 같이 분석 설명할 수 있다.

첫째, '학'과 '사'는 대립적 관점에서 이해할 수 있다. '학'은 관찰과 경험을 통하여 지식을 습득하고 누적하는 활동이고, '사'는 이러한 집적을 하나로 관통하는 활동이다.

둘째, '학'과 '사'는 조화적인 시각에서 이해할 수 있다. 앞에서 소개한 "배우고 깊이 사려하지 않으면 얻어지는 것이 없고, 사려만 하고 배우지 않으면 위태롭다"가 이에 해당한다. '학'은 실증이고, '사'는 종합과 계통화 작업이다.

셋째, 일자적 시각으로 이해할 수 있다. '사'는 진리에 대한 주체의 욕구이고, '학'은 이러한 주체의 욕구를 객관화하고 보편화하는 활동이다.

넷째, 주종적 관계이다. 무지에 대한 자각이 이에 해당한다. 자각주체는 경험지식에 대한 집착과 충분하지 못한 지식으로 말미암아 형성될 수 있는 선입견을 경계함으로써 지성주체의 활동을 주재할 수 있다. 즉 '사'는 '학'의 활동을 선으로 유도할 수 있는 주主이고, '학'은 '사'의 주재에 따라서 경험지식을 습득하고 누적해야만 비로소 선성善性을 보장받을 수 있다. 따라서

---

40) 『論語』, 「子罕」, "毋固."
41) 『論語』, 「子罕」, "毋我."

종從이라고 할 수 있다.

제2절. 자각주체와 지성주체의 정립

일반적으로 유가철학의 심론은 두 계통으로 크게 구별하여 설명할 수 있다. 하나는 도덕규범(理)에 대한 의지의 입법성을 긍정하는 도덕 자각주체의 심이고, 다른 하나는 도덕규범에 대한 인지 혹은 지각을 긍정하는 지성주체의 심이다. 전자의 심은 맹자와 육구연 및 왕수인 계통의 심론이고, 후자는 순자와 정이 및 주희 계통의 심론이다. 이 연구에서 필자는 순자와 주희의 심론을 동일계통 속에 놓고서 이해한다. 성의 측면에서 논하면, 순자는 성악설을 주장하였고, 정이와 주희는 성선설을 주장하였기 때문에, 양자의 성론은 극단적으로 다르다. 그러나 순자와 주희의 심론은 비록 전적으로 동일한 것은 아니지만 동층동류同層同類라고 할 수 있다. 따라서 순자와 주희의 동일성은 마땅히 전면적으로 판단해야 할 것이 아니라 부분적으로 분리하여 고찰해야만 그 동이同異가 명확하게 드러난다.[42]

맹자와 육왕철학 계통의 심은 일반적으로 도심道心 · 인심仁心 · 본심本心 · 천심天心이라고 칭하고, 순자와 주희철학 계통의 심은 기심氣心 · 지각심

---

42) 순자철학과 주희철학의 심론은 분명 유사하고, 下學을 중시한 것도 유사하지만, 성론은 물론이고 도덕의 지향점에 관해서는 순자와 주희가 상당히 다른 모습을 보인다. 주희는 비록 도문학을 중시하였지만 內聖에 속한 존덕성을 경시하지 않았다. 순자는 도덕을 국가의 治亂과 결부시켜 도덕론을 사회통제론으로 확장하려고 하였지만, 주희는 순자와는 달리 도덕을 개인의 수양과 인품 완성에 역점을 둔다. 따라서 순자와 주희철학의 유사점과 공통점은 제한된 범위에서 논할 수 있을 뿐이다.(이동희, 「순자와 송명이학」, 『동양철학연구』 제15집, 1996, 179쪽 참고)

知覺心 · 인지심認知心이라고 칭한다. 비록 여러 가지 명칭으로 표현할 수 있지만 한마디로 대표한다면, 전자는 자각주체로, 후자는 지성주체로 표현할 수 있다.43) 유가철학에서 자각주체와 지성주체는 층차상의 분별뿐만 아니라 작용상의 차이점도 가지고 있다.

공자의 인과 맹자의 심 · 육왕의 심을 동일한 도덕주체로 이해할 것인가에 대해서는 이론이 있을 수 있지만, 필자는 맹자와 육왕의 심을 동종동류同種同類의 자각주체로 이해한다. 공자의 인과 맹자 · 육왕의 심은 선과 악에 대한 판단능력(知善知惡: 양지)일 뿐만 아니라, 자신이 판단한 선을 좋아하여 드러내고 악을 혐오하여 제거할 수 있는 능력(好善惡惡과 爲善去惡: 양능)도 갖추고 있는 선의지 혹 도덕의지이다. 자신이 갖추고 있는 양지의 작용에 따라서 지선지악知善知惡할 수 있기 때문에, 순자나 주희처럼 선악의 표준을 외적인 객관사물에서 찾지 않고 자신의 자각 작용에 의지한다. 또한 양능의 작용에 따라서 호선오악好善惡惡 혹은 위선거악爲善去惡할 수 있기 때문에 스스로 정감을 주재하여 선을 실현하고 악을 제거할 수 있다. 『대학』의 표현을 빌리면 치지致知(知)와 성의誠意(行)가 하나의 일심一心에 의하여 동시에 이

43) 비록 지성주체로 표현하였지만, 지성주체의 활동도 도덕이라는 범위 안에서 진행된다. 지성주체의 활동 형태가 비록 주객대립의 형식으로 진행되지만, 모두 도덕가치 창조에 관한 활동이다. 필자가 지성주체로 표현한 것은 단지 주체와 도덕규범이 能(주체) · 所(객체)의 관계로 존재하기 때문이다. 牟宗三은 유가철학의 심을 '인으로써 心을 규정하는 계통'(以仁識心)과 '지로써 심을 규정하는 계통'(以智識心)으로 나눈다. 전자에 해당하는 것은 맹자와 육구연 및 왕수인 계통의 심론이고, 후자에 해당하는 것은 순자와 정이 및 주희 계통의 심론이다.(牟宗三, 『名家與荀子』, 臺灣: 學生書局, 1985, 225쪽) 필자는 牟宗三의 규정이 옳다고 생각된다. 왜냐하면 牟宗三 역시 순자와 주희의 심이 도덕과 무관한 주체가 아님을 인식하고 있기 때문이다. 牟宗三은 仁과 智로써 심의 성격을 구별하였는데, 이렇게 구별한 근거는 바로 심 활동의 형식적 차이에 있다. 즉 전자는 주객무대립의 형식에서 활동하고, 후자는 주객대립의 형식에서 활동한다. 활동의 형식만 다를 뿐 심의 목적은 모두 도덕에 있는 것이다. 따라서 도덕심 혹은 도덕주체라는 큰 범주에서 자각주체와 지성주체로 분류할 수 있을 뿐이다.

루어진다. 따라서 이러한 자각주체를 '도덕규범에 대한 입법의 기능을 가진 실체'라고 할 수 있다.

유가철학에서 자각주체의 특성과 작용은 여러 방면으로 해설할 수 있지만, 대표적인 특성으로 다음 두 가지를 들 수 있다.

첫째, 자각주체는 자유(자율)의 실체이다.[44] 자유와 자율에는 자각주체의 독립성과 도덕규범에 대한 입법성 의미, 그리고 지선성의 의미가 포함되어 있다.

둘째, 자각주체는 무한성의 실체이다. 이는 만물에 대한 도덕주체의 감응 작용을 근거로 한 규정이다.

먼저 자각주체의 자유(자율)를 맹자의 문헌을 근거로 해설하겠다.

맹자는 도덕주체의 자유성(자율성)을 '성性과 명命의 대비' 그리고 '호생오사好生惡死'와 '사생취의捨生取義'의 비유를 근거로 해설한다. 맹자는 "입이 맛있는 음식을 좋아하고, 눈이 아름다운 색을 좋아하고, 귀가 아름다운 소리를 좋아하고, 코가 향기로운 냄새를 좋아하고, 사지가 편안함을 추구하는 것은 본성이기는 하나, 그곳에는 운명적인 요소가 있기 때문에 군자는 성이라고 하지 않는다. 인이 부자간에 실현되고, 의는 군신 간에 있어야 하며, 예가 손님과 주인 간에 지켜져야 하고, 지혜로움은 현자가 밝히고, 성인이 천도를 실현하는 것은 운명이기는 하지만, 그곳에는 인간의 본성이 내재되어 있기 때문에 군자는 운명이라고 하지 않는다"[45]라고 하였다. 맹자는 이

---

44) 필자가 자유(자율)로써 도덕주체의 특성을 규정한 것은 지성주체와의 차별성 때문이다. 도덕주체와 지성주체의 차별 역시 다양한 방면에서 해설이 가능하지만, 유가철학에서의 본질적 차이는 규범에 대한 입법 작용의 有無에 있다.

45) 『孟子』, 「盡心下」, "口之於味也,……四肢於安佚也, 性也, 有命焉, 君子不謂性也. 仁之於父子也,……聖人之於天道也, 命也, 有性焉, 君子不謂命也."

곳에서 성을 두 층으로 말하고 있다. 하나는 감관의 작용으로서의 자연적 본성이다. 이는 고자의 '생지위성生之謂性' 계통에 속한 것이다. 다른 하나는 인의예지를 내용으로 하는 도덕본성이다. 맹자는 "본성이기는 하나 그곳에는 운명적인 요소가 있기 때문에 군자는 성이라고 하지 않는다"라고 하였다. 이는 자연적 본성 역시 인간의 의지와는 관계없이 주어진 것이므로 선천적인 본성이기는 하지만, 그곳에는 자유(자율)의 여지가 없기 때문에 진정한 본성으로 간주할 수 없다는 의미이다. 또 맹자는 "운명이기는 하지만 그곳에는 인간의 본성이 내재되어 있기 때문에 군자는 운명이라고 하지 않는다"라고 하였다. 자각주체의 고유성·보편성과 관계없이 우리가 처한 상황에는 제한이 없을 수 없다. 이는 우리의 주관적 의지와 관계없는 제한이기 때문에 운명이라고 할 수 있다. 그중에서도 유한 생명은 인간이 갖고 있는 최대의 제한이다. 그러나 우리는 제한을 수용하면서 제한 속에서 무한가치를 드러내려는 욕구를 표현할 수 있다. 맹자는 '사생취의'로써 그것을 해설한다.

맹자는 먼저 자연생명의 욕구 중에서 '호생오사'를 가장 강한 욕구로 규정한다.[46] 우리에게는 분명 '호생오사'라는 심리적 욕구가 있고, '사생취의'라는 욕구 역시 사실적으로 갖추어져 있다.(예: 義人) 이 양자는 서로 충돌되는 욕구이기 때문에 동층동종同層同種의 욕구가 아니다. 맹자에 따르면, '호

46) 『孟子』, 「告子上」, "孟子曰: '魚我所欲也. 熊掌亦我所欲也. 二者不可得兼, 舍魚而取熊掌者也. 生亦我所欲也. 義亦我所欲也. 二者不可得兼, 舍生而取義者也. 生亦我所欲, 所欲有甚於生者, 故不爲苟得也. 死亦我所惡, 所惡有甚於死者, 故患有所不辟也. 如使人之所欲, 莫甚於生, 則凡可以得生者, 何不用也? 使人之所惡, 莫甚於死者, 則凡可以辟患者, 何不爲也? 由是則生而有不用也, 由是則可以辟患而有不爲也. 是故, 所欲有甚於生者, 所惡有甚於死者. 非獨賢者有是心也. 人皆有之. 賢者能勿喪耳.'"

생오사'는 자연생명의 최상층 혹은 근저의 욕구이고, '사생취의'는 초자연층에 속한 욕구이다. '사생취의'에서 '사생'이 제한이라면, '취의'는 자유이다. '사생'하지 않고서 '취의'할 수 있다면, 가장 원만하고 이상적인 상황일 것이다. 그러나 '사생'할 수밖에 없는 상황에 놓여 있다면, 그 제한을 수용하고서 '취의'를 선택한다. '호생오사'의 욕구는 자연생명을 지배하는 가장 강렬한 욕구이지만 '사생취의'라는 자각주체의 결정을 제한할 수 없다. 이는 자각주체의 활동이 자연층의 인과율을 초월할 수 있음을 의미한다. 자연생명의 활동은 인연 혹은 타자와의 관련 혹은 조건 등의 인과계열에 놓여 있지만, 자각주체의 활동은 자연층 인과율의 제한을 초월한다. 유자입정孺子入井의 상황에서 눈 깜짝할 사이(乍見間)에 '출척측은怵惕惻隱의 마음이 든다'는 비유는 바로 자연 인과율의 제한을 초월하는 자각주체의 무조건성에 대한 계발적 성격의 예시이다. 맹자는 이러한 행위 결정의 무조건성, 즉 의지의 자유를 근거로 하여 자각주체를 자연층에 속한 존재로 간주하지 않고 초자연층의 존재로 이해하였다.

다음은 자각주체의 무한성이다. 맹자는 "만물은 모두 나에게 갖추어져 있다"[47]라고 하였다. 이는 도덕주체의 무한 감응성 혹은 만물과의 무격無隔을 해설한 것으로, 후에 육구연은 "우주 내의 일이 곧 나의 일이고, 나의 일이 곧 우주의 일이며, 우주가 곧 내 마음이고, 내 마음이 곧 우주이다"[48]로 표현하였고, 왕수인은 "양지는 조화의 정령이다"[49]로 표현하였다. "만물이 모두 나에게 갖추어져 있다"는 것은 두 측면에서 해설할 수 있다. 하나

47) 『孟子』, 「盡心上」, "萬物皆備於我."
48) 『象山全集』, 권36, 「年譜」, "宇宙內事乃己分內事, 己分內事乃宇宙內事, 宇宙便是吾心, 吾心卽是宇宙."
49) 『傳習錄』 下, "良知是造化的精靈."

는 존재론적인 해설로서 자각주체의 완전성이고, 다른 하나는 실천론적인 해설로서 자각주체의 무한 확장 가능성이다. 천지만물과 일체 혹은 만물과의 무대립은 바로 자각주체의 무한 감응성에 대한 또 다른 해설이다. 때문에 왕수인이 "대인이 천지만물과 일체를 이룰 수 있는 것은 의도적으로 그렇게 한 것이 아니라 원래 그 마음의 인이 천지만물과 일체이기 때문이다"[50]라고 말한 것이다.

맹자는 자유성(자율성)과 무한성을 근거로 자각주체의 연원을 하늘에 귀속시킨다. 맹자가 말한 "하늘이 나에게 부여한 것이다"(天所與我者)는 『중용』의 천명지위성天命之謂性으로 해설하기보다는 위에서 해설한 자각주체의 '사생취의'(정욕생명에 대한 자각주체의 우선성)와 무조건성 그리고 만물에 대한 도덕주체의 무한 감응성(萬物皆備於我)을 종합하여 이해하는 것이 맹자의 본의에 합치될 것이라고 생각한다. 때문에 맹자는 자각주체와 본성 그리고 천도의 관계를 진심지성지천盡心知性知天으로 표현한 것이다. 비록 공자는 인과 천의 관계를 명시적으로 언표하지는 않았지만, 『논어』에는 인이라는 자각주체의 실천을 통한 천도와의 묵계를 표현한 곳이 많다(踐仁知天). 맹자에 이르러 '지천'의 전제조건으로 '지성'을 제시하고, 다시 '진심'을 '지성'의 전제조건으로 삼아 심성천 삼자의 관계를 종縱적인 일자관계로 설정하면서 심의 초월성을 창현하였다.

순자와 주희의 심, 즉 지성주체의 지위와 작용은 독특하다. 필자는 지성주체에 대한 해설에 앞서, 유가철학 발전사에서 과연 지성주체의 독립성을 확보할 수 있는가에 관하여 근원적 질문을 해 보고자 한다. 장재(橫渠)에 의

50) 『大學問』, "大人之能以天地萬物爲一體也, 非意之也, 其心之仁, 本若是其與天地萬物而爲一也."

하여 덕성지지德性之知와 견문지지見聞之知의 분리가 제시되었지만, 지성주체의 독립성과 그 작용에 의한 하나의 지식론 체계는 아직까지 정립되지 않은 것이 현실이다. 비록 모종삼牟宗三이 양지감함론[51]을 제시하여 지知의 작용을 인仁의 작용에 통섭시켜 하나의 독립적 지식론 체계를 정립함과 아울러 도덕주체와의 원융적 합일을 시도하려고 하였지만, 그것 역시 사실의 진眞이 가치의 선善에 의한 주도로써 이루어진 지식론이다. 따라서 진정한 지성주체의 독립성 확보라고 평가하기는 어렵다.

본래 지성주체의 활동은 주객대립의 형식을 통해 사물(우주)에 관한 진리를 파악하여 하나의 지식체계를 구성하는 것에 있다. 물론 지성주체의 활동 결과가 도덕주체와 합일하여 가치의 선을 성취함에 있어 일정한 기능을 실현함에는 이견이 없지만, 그것의 본래적 성격은 사실의 '진'에 속한 것이지 가치의 '선'에 속한 것이 아니다. 그러나 유가철학의 발전사에서 사실의 '진'에 관한 지식은 적극적으로 실현되지 않았다. 따라서 비록 순자와 주희의 심론을 맹자와 육구연 및 왕수인의 심론과 구별하기 위하여 지성주체로 규정하였지만, 지식의 대상과 목적 측면에서 보면, 모두 도덕주체의 서로 다른 활동 방식에 불과하다는 것이 필자의 견해이다.

---

51) 牟宗三의 학술은 道統과 政統 및 學統으로 나누어 해설할 수 있다. 道統은 內聖의 학문으로서, 서세동점의 충격 속에서도 현대 신유가들이 갖고 있는 유일한 문화적 자부심이다. 政統은 민주정치에 관한 것으로, 기존의 왕도정치 중심의 중국정치에 민주정치를 수용하여 인권의 존엄성과 정권 전이의 합리성, 그리고 국가 주권의 민중소유권을 확립하는 것이다. 學統은 도덕중심의 학문에 서양의 지성 중심 학문을 수용하여, 한편으로는 덕성주체의 자율적 요구에 의하여 지식을 성취하고, 다른 한편으로는 지성주체의 독립적 활동을 보장하여 지식의 독립성을 확보하는 것이다. 이 중 민주정치의 수용과 지식학문의 새로운 출현은 유가의 외왕정신으로, 유가철학 현대화의 핵심 요소이다. 양지감함론은 바로 유학 현대화의 두 방향인 민주와 지식학문의 새로운 열림을 위한 방법론에 관한 이론이다.(황갑연, 「모종삼의 양지감함론 연구」, 『중국학보』 제52집, 2005, 486~490쪽 참고)

이러한 지성주체는 경험층의 형이하자이다. 원칙적인 입장에서 말하자면 경험층의 형이하자는 자연 인과율의 통제 범위를 초월하여 자존자재自存自在할 수 없으며 활동 방향 또한 자신 외의 어떤 원인에 의하여 결정된다. 다시 말하면 절대적인 독립 영역을 확보할 수 없으며 활동 또한 조건적인 활동이다. 순자와 주희가 긍정한 심은 바로 이러한 경험층의 존재이다. 그러므로 비록 심은 독자적으로 현상을 발현할 수 있지만 심이 독자적으로 발현한 현상은 절대적인 가치를 갖춘 것이라고 단정할 수 없다.[52] 왜냐하면 심 자체가 절대적인 가치를 갖춘 독립적인 실체가 아니기 때문이다. 순자와 주희가 예의에 대한 인식과 격물치지를 통한 성리에 대한 인식, 그리고 허일정虛一靜과 거경을 강조한 이유가 바로 이곳에 있다.

필자는 이곳에서 맹자와 순자철학의 심론을 기타 제론諸論으로부터 독립시켜 논할 것이다. 따라서 맹자철학에서는 심의 자각 작용(思)과 인의예지의 관계 그리고 반구저기反求諸己와 구방심求放心이 주요 내용이고, 순자철학에서는 심의 지각 작용(學과 思)[53]과 예의의 통류 그리고 '허일정'이 주요 논의 대상이다.

1. '사'와 자각주체(맹자철학)

맹자가 활동한 시기는 전국 중기~말기 시대로서 물량주의物量主義에 입

52) 황갑연, 「순자 도덕철학의 특성과 문제점」, 『양명학』 제3호(1999), 1~3쪽.

53) 이곳에서의 思와 맹자의 思는 서로 성격이 다르다. 맹자의 思는 反求諸己를 통하여 도덕주체를 自證 혹은 印證하는 자각 작용이고, 순자의 思는 학습을 통하여 습득하고 누적한 지식을 계통화하는 주체의 활동이다. 즉 "번잡하기만 할 뿐 원리에 의한 계통성이 없다"(雜而無統)에서 번잡이 학습과 누적의 學이라면, 계통성은 思에 해당하는 지식이다.

각한 신군국주의新軍國主義가 성행하던 시기였다. 전국시대에 대한 역사학자의 평가는 다양하지만, 경제적 · 정치적 · 사회적으로 가장 변동이 활발하였던 시기라는 점에 대해서는 공통적으로 긍정한다. 이 시기에는 어떤 숭고한 도덕가치를 지향하기보다는 정치와 사회 및 경제 각 방면에서 모두 부강만을 최고의 목표로 삼았기 때문에 기존의 모든 질서가 해체되고 새롭게 조직되는 변화의 시기였다. 모종삼은 이 시대의 정신을 물량物量으로 표현한다.[54] 이른바 물량정신物量精神이라는 것은 오로지 물력物力에 의해서 모든 것이 지배되는 것을 의미한다. 이러한 시대적 배경에서 요순의 왕도정치를 기치로 내세우며 열국을 주유하는 맹자를 환영하는 제후는 당연히 없었을 것이다. 사마천은 "천하가 모두 합종연횡 정책에 의존하면서 전쟁을 가장 좋은 수단으로 삼고 있을 때, 맹자만이 도리어 요임금의 당과 순임금의 우의 정치를 찬술하였으니, 가는 곳마다 위정자들과 뜻이 맞지 않았다"[55]라고 하였는데, 물량주의가 횡행한 당시의 시대적 상황에서 이러한 맹자에 대한 제후들의 처우는 오히려 당연한 결과였을 것이다. 맹자는 당시의 무도한 시대를 '짐승을 끌어다가 사람을 잡아먹게 하고'(率獸食人)[56], '토지를 끌어다가 사람의 고기를 먹게 하는'(率土地食人肉)[57] 시대라고 평가하였다.[58] 이러한 평가에 수반된 일반적인 태도는 도가류의 은자적 태도였을 것이다.

---

54) 牟宗三, 『歷史哲學』(臺灣: 樂天出版社, 1973), 105쪽.

55) 司馬遷, 『史記』(臺灣: 鼎文書局, 1979), 권74, 2343쪽, "天下方務於合從連衡, 以攻伐爲賢, 而孟軻乃述唐虞三代之德, 是以所如者不合."

56) 『孟子』, 「梁惠王上」, "庖有肥肉, 廐有肥馬, 民有飢色, 野有餓莩, 此率獸而食人也! 獸相食, 且人惡之, 爲民父母行政, 不免於率獸而食人, 惡在其爲民父母也?"

57) 『孟子』, 「離婁上」, "爭地以戰, 殺人盈野, 爭城以戰, 殺人盈城, 此所謂率土地而食人肉, 罪不容於死. 故善戰者服上刑, 連諸侯者次之, 辟草萊, 任土地者次之."

58) 춘추전국시대에 대한 역사학자의 평가는 다양하다. 따라서 맹자의 평가가 유일의 표준은 아니다.

그러나 맹자는 오히려 시대의 흐름과는 정반대로 인간의 가치관을 도덕적으로 정립하려고 하였다. 그것의 첫 번째 과제가 바로 인간의 존엄성 회복이었다. 맹자는 인간 존재가치의 존엄성 소재를 도덕에 두었고, 이를 실현할 수 있는 근거로서 본성의 선함을 들었으며, 나아가 도덕의지의 자각 작용을 통하여 그것을 실현할 수 있다는 신념을 가졌다.[59)]

일반적으로 맹자 심성론의 핵심을 성선설에서 찾지만, 사실 심성론의 핵심은 심론에 있다. 왜냐하면 심의 자각 작용, 즉 자각이라는 '사思'의 작용을 전제하지 않으면 성선은 아무런 의미를 갖지 못하기 때문이다. 다시 말하면 성선의 성은 심의 '사'라는 자각 작용 필터를 통하여 드러난다. 맹자철학에서의 심의 자각은 성의 선성뿐만 아니라 대인과 소인이라는 인격 차별의 관건이기도 하다.

> 공도자가 물었다. "다 같은 사람인데 어떤 사람은 대인이 되고, 어떤 사람은 소인이 되는 까닭은 무엇입니까?" 맹자가 말하였다. "대체에 따르면 대인이 되고, 소체에 따르면 소인이 된다." (공도자가) 말하였다. "다 같은 사람인데, 어떤 사람은 대체에 따르고, 어떤 사람은 소체에 따르는 까닭은 무엇입니까?" (맹자가) 말하였다. "귀와 눈의 감관은 (가치를) 자각하지 못하기 때문에 외물에 가려진다. 외물이 이목의 감관[60)]과 교류하면 외물에 이끌려 갈 뿐이다. 심이라는 기관은 자각을 하며, 자각을 하면 도리를 얻고, 자각하지

59) 맹자와 순자의 시대에 대한 평가는 대동소이하다. 또 시대의 흐름을 도덕주의로 회귀시키고자 하는 목적도 동일하다. 단지 다른 점이 있다면, 맹자는 시대의 흐름을 완전히 부정하고서 완전히 새로운 가치관을 정립하고자 하였고, 순자는 시대 흐름의 불가피성을 어느 정도 긍정하고서 그것의 유행에 객관성과 보편성을 갖춘 예의라는 틀을 제공하였다. 욕망에 대하여 맹자가 부정적인 입장을 취하고, 순자가 多欲을 부정하지 않음은 바로 이 점을 나타내고 있다.

60) 필자는 이곳의 '物'을 감관으로 해석하였다.

못하면 도리를 얻지 못한다. 이것은 하늘이 나에게 부여한 것이다. 먼저 대체를 올바르게 확립시키면 소체가 빼앗지 못한다. 이것이 대인이 되는 이유일 뿐이다."[61]

이곳에서 맹자는 심의 작용을 자각(思)으로 규정한다. '사'는 가치에 대한 자각 즉 선에 대한 자각이며, 동시에 선의 표준과 소재에 대한 자각이다. 뿐만 아니라 정욕생명에 의한 혼매昏昧로부터 초탈하여 도덕생명을 회복시키는 핵심 관건이기도 하다. 심이라는 기관의 기능이 본래의 작용을 충분히 발현하면 선을 자각할 수 있고, 당연의 도리를 자각할 수 있다. 이것이 바로 "자각하면 도리를 얻고, 자각하지 못하면 도리를 얻지 못한다"는 말의 의미이다. 심이 자각하여 얻은 것은 다름 아닌 도덕규범 혹은 법칙, 즉 도리이다. 도리는 심이 인식하여 얻어 온 것이 아니라 자신의 자각성찰을 통하여 스스로 결정하여 내놓은 것이다. 심이 자각하여 자신을 드러내면, 이때 우리 생명은 대체(본심 혹은 본성)의 활동에 따라 움직이고, 대체가 결정한 방향에 따라 가치를 실현한다. 이때의 인격이 바로 군자 혹은 대인이다. 맹자는 심의 자각을 통하여 얻는 것이 자신에게서 스스로 인증印證하여 얻은 것이라는 점을 다음과 같이 표현한다.

추구하면 얻게 되고, 버리면 잃게 된다. 이는 추구하는 것이 (무엇을) 얻음에 도움이 되는데, 나에게 본래 갖추어져 있는 것을 추구하기 때문이다. 추

61) 『孟子』, 「告子上」, "公都子問曰: '鈞是人也, 或爲大人, 或爲小人, 何也?' 孟子曰: '從其大體爲大人, 從其小體爲小人.' 曰: '鈞是人也, 或從其大體, 或從其小體, 何也?' 曰: '耳目之官不思而蔽於物. 物交物則引之而已矣. 心之官則思, 思則得之, 不思則不得也. 此天之所與我者. 先立乎其大者, 則其小者不能奪也. 此爲大人而已矣.'"

구하는 데 정당한 방법이 있고, 얻는 데 제한이 있을 수 있다. 이는 추구하는 것이 (무엇을) 얻음에 도움을 주지 못하는데, 나 밖에 있는 것을 추구하기 때문이다.[62]

맹자는 먼저 "추구하면 얻게 되고, 버리면 잃게 된다"고 하였다. 이는 스스로 노력하여 추구하면 반드시 얻게 되지만 스스로 포기하면 반드시 잃게 된다는 의미이다. 그렇다면 노력하여 추구하면 반드시 얻을 수 있는 것은 무엇인가? 그것은 다름 아닌 인의예지의 도덕법칙이다. 인의예지는 나에게 본래부터 갖추어져 있는 것이기 때문에 자각 성찰하여 자신에게서 추구하면 반드시 면전에 드러난다. 이는 심과 인의예지가 일자적 관계임을 나타낸 것이다. 맹자는 심의 자각과 도리의 얻음을 '나 밖에 있는 것'(在外者), 즉 부귀와 명예 등을 얻은 것과 대비시켜 해설하고 있다. 부귀와 명예 등도 노력하여 추구하면 얻을 수 있는 개연성을 제고할 수 있지만, 이러한 것을 얻고 잃음은 반드시 자신의 노력에 의하여 결정되지는 않는다. 즉 자각을 포함한 노력과 얻음 사이에는 필연성은 존재하지 않고 단지 개연성만이 존재할 뿐이다. 그러나 심과 인의예지의 결합은 타자에 의하여 결정되는 것이 아니라 자신의 의지에 의하여 결정된다. 인의의 도덕에 대한 자각과 실천은 인격의 가치를 정립하는 것으로, 자신의 의지로써 완전하게 주재할 수 있다. 따라서 도덕에 대한 의지의 활동은 완전 자유라고 할 수 있다.

심과 도리가 일자의 관계로 놓여 있다면, 심 밖에서 성을 추구해서도 안 되고, 또 무한가치의 소재인 천 역시 심을 떠나 독립적으로 존재할 수

62) 『孟子』, 「盡心上」, "求則得之, 舍則失之. 是求有益於得也, 求在我者也. 求之有道, 得之有命. 是求無益於得也, 求在外者也."

없다. 이에 관하여 맹자는 "본심을 충분하게 실현하면, (자신의 존재 근거인) 본성을 알 수 있다. 본성을 알면 하늘의 원리를 알 수 있다"63)라고 하였다. 맹자는 이곳에서 성에 대한 자각 그리고 천에 대한 인증 혹은 체인體認을 진심盡心이라는 심의 활동을 근거로 해설한다. 자각은 진심 활동의 시작이다. '진심'과 '지성' 및 '지천'의 관계에서 진심은 지성의 충분조건이다. 진심이라는 자각과 실천은 성리의 드러남이고, 동시에 절대적인 천도의 실현이다. 따라서 진심이라는 활동 없이는 결코 성과 천도를 알 수 없다. 지성의 '지'는 지각의 활동이 아니다. 지성과 지천은 진심이라는 실천을 통하여 얻은 결과이지 결코 이성의 사유를 통한 추론이 아니다. 다시 말하면 지성과 지천은 성과 천도가 심의 진심 활동을 통하여 자신을 드러내는 자명自明과 자증自證 활동이라고 할 수 있다.

맹자철학에서 심·성·천 삼자는 개념적 분별은 있지만 내용적으로는 동일자이다. 그렇다면 '진심하면 지성할 수 있다'를 '진심을 통하여 심 밖의 성이라는 또 하나의 실체를 지각한다'로 이해해서는 안 되고, 심의 자각과 실천과정에서 심 스스로 자신의 순선성 그리고 당위의 도덕에 대한 무조건적 지향성을 근거로 심이 곧 인간이 인간으로 존재할 수 있는 근거라는 것을 체증하는 것이라고 이해해야 할 것이다. 진심과 지천의 관계 역시 동일하다. 즉 진심이라는 도덕실천 중에서 진심의 무한 역정을 발견하고, 또한 진심의 대상에 제한이 없음을 발견할 수 있다. 우리의 자연생명과 역량에 비록 한계가 있을지라도 우주의 모든 존재는 본심의 활동 영역에 포함된다. 이는 송대의 장재가 『정몽』「건칭편」에서 언급한 "이것은 귀신이 사물을

63) 『孟子』, 「盡心上」, "盡其心者, 知其性也. 知其性, 則知天矣."

이루면서도 하나의 사물도 빠뜨리지 않는 까닭이다"[64]의 '체물이불유體物而不遺'와 같은 의미이다.[65] 이것이 바로 본심의 무한성에 대한 자각으로서 '진심하면 지천할 수 있다'의 의미이다. 이처럼 지성과 지천은 반드시 진심이라는 도덕실천이 전제되어야만 가능하다. 심과 성 및 천의 내용은 사실상 동일하다. 단지 명칭과 분계만이 있을 뿐이다. 진심의 활동에서 심과 성 및 천은 서로 거리가 없기 때문에, 진심의 과정에서 심의 자기실현이 곧 성리의 현현이며, 절대적인 천도의 활동임을 발견하게 된다.

'사'는 심과 성의 관계를 증명할 뿐만 아니라 기질생명의 제한을 극복하여 성선의 가치를 드러낼 수 있고, 인간의 존엄성을 수립할 수 있는 유일한 통로이다. 때문에 성선의 실질적 내용을 심선으로 규정해도 무방하다.

맹자 심론의 핵심은 심과 인의예지의 관계 그리고 심의 자기실현, 즉 '사'의 작용에 있다. 심과 인의예지의 관계가 본체론적으로 둘(二者)로 정립되어 있으면, 순자의 심론과 본질적으로 동일계통에 속하고, 주희 심론의 원류로 규정할 수 있을 것이다. 그러나 심과 리의理義의 관계가 개념적으로

---

64) 『正蒙』, 「乾稱篇」, "此鬼神所以體物而不遺也."

65) 이곳에서 體物의 體는 본체 혹은 실체의 의미가 아닌 '실현하다' 혹은 '體現하다' 등의 작용의 의미로 쓰인다. 송명유학자들은 대부분 귀신의 작용으로써 體物而不遺를 해설한다. 장재는 『正蒙』, 「乾稱篇」에서 "이것은 귀신이 사물을 이루면서도 하나의 사물도 빠뜨리지 않는 까닭이다"(此鬼神所以體物而不遺也)라고 하였는데, 이는 『중용』, 16장의 "귀신의 공용과 효험은 지극하다. 보려고 해도 보이지 않고, 들으려고 해도 들리지 않으며, 만물을 이루면서 하나도 빠뜨리지 않는다. 천하의 사람들로 하여금 심신을 재계하게 하고, 의복을 가지런히 하여 제사를 받들게 하고, 그 위에 꽉 차 있는 듯하며, 좌우에 있는 것 같다. 『시경』에서 '신의 강림은 예측할 수 없으니 하물며 신을 싫어하여 불경할 수 있겠는가'라고 하였다. 은미한 것이 드러나니 誠을 가릴 수 없음이 이와 같다"(鬼神之爲德, 其盛矣乎? 視之而弗見, 聽之而弗聞. 體物而不可遺. 使天下之人齊明盛服以承祭祀, 洋洋乎如在其上, 如在其左右. 詩曰, "神之格思, 不可度思, 矧可射思?" 夫微之顯, 誠之不可揜如此夫!)를 근거로 한 것이다.

만 분리, 설명이 가능하고, 양자의 관계가 본체론적으로 일자의 관계로 정립되어 있으면 순자는 물론이고 주희의 심론과도 다른 계통에 속한다. 리와 심의 관계 정립에 따라서 성의 특성은 물론이고 공부론의 형태, 즉 '사'와 '학'의 형태도 달라진다.

맹자는 학문에 대해서도 '사'를 중심으로 해설한다. 맹자는 '학'을 '사'와 독립시켜 다른 하나의 활동으로 이해하지 않고 '사'와 관련된 일체의 태도와 방법으로 이해한다. 맹자는 "공자를 배우고자 한다"[66]면서 '학'의 정신을 드러내고 있는데, 그 내용은 다름 아닌 공자가 말한 "배움을 싫어하지 않고, 사람 가르치기를 게을리하지 않는다"[67]라는 것이다. 맹자는 공자와 마찬가지로 이것이야말로 성인이 성인으로 될 수 있는 까닭이라고 이해하였다. 그러나 이곳에서 맹자가 중시한 것은 '학'의 대상 혹은 목적 및 방법에 관한 것이 아니라 "싫어하지 않는다"는 불염不厭에 있다. 즉 부단히 정진하려는 태도를 긍정한 것이다. 맹자철학에서 학문의 방법과 대상을 분명하게 표현한 곳은 바로 다음의 구절이다.

> 인은 사람의 마음이다. 의는 사람이 (마땅히 가야 할) 길이다. 사람이 (마땅히 가야 할) 길을 따르지 않고, 마음을 잃어버리고서 찾을 줄을 모르니 슬프구나! 사람들은 개나 닭을 잃어버리면 곧 찾을 줄을 알면서, 마음을 잃어버리면 찾을 줄을 모른다. 학문의 방법은 다른 것이 아니다. 잃어버린 마음을 되찾는 것일 뿐이다.[68]

---

66) 『孟子』, 「公孫丑上」, "乃所願則學孔子也."

67) 『孟子』, 「公孫丑上」, "學而不厭, 教人不倦."

68) 『孟子』, 「告子上」, "仁, 人心也. 義, 人路也. 舍其路而不由, 放其心而不知求, 哀哉! 人有鷄犬放, 則知求之, 有放心, 而不知求. 學問之道無他. 求其放心而已矣."

이곳에서 맹자는 방법과 대상을 분명하게 제시하고 있는데, 학문의 대상은 마음 즉 본심이고, 방법은 '되찾는다'는 반구反求이다. 맹자가 이곳에서 "잃어버린 마음을 되찾는 것일 뿐이다"라고 하여 오로지 이것 외의 것은 학문의 대상도 아니고 학문의 방법도 아니라고 한 것 같지만, 이 문장을 그렇게 편협하게 이해할 필요는 없다. 다시 말하면 오로지 양심의 자각만이 필요하고 다른 수양공부는 일절 필요 없다는 의미도 아니고, 양심만이 학문의 대상이고 다른 것은 제외한다는 의미도 아니다. 맹자가 말한 "다른 것이 아니다"(無他)와 "그것뿐이다"(而已)의 의미는 두 측면에서 이해해야 한다.

첫째, 양심의 자각은 모든 수양공부의 시작이다. 따라서 양심의 자각이라는 기초가 이루어진 후에야 다른 수양공부가 실질적인 효과를 나타낼 수 있다. 그렇지 않으면 어떤 다른 노력을 기울여도 단지 우연의 효과만을 기대할 수 있을 뿐이다. 때문에 인생 수양의 관건은 바로 잃어버린 양심을 먼저 회복하는 데 달려 있다.

둘째, 사실 양심의 자각은 몇 가지 일에만 해당되는 자각이 아니다. 양심은 본래 구체적인 사건과 일에서 그 자각성을 드러낸다. 따라서 양심이 독서를 할 때 자각성을 드러냈다면 이미 독서의 가치를 자각했다는 것이고, 일을 할 때 자각성을 드러냈다면 이미 양심이 그 일의 가치를 자각하였다는 의미이며, 휴식을 할 때에 자각성을 드러냈다면 이는 이미 양심이 마땅히 휴식을 취해야 함을 판단하였다는 의미이다. 희노애락 등에도 양심의 자각이 포함되어 있다. 양심의 자각은 없는 곳이 없으며, 없었던 적도 없다. 시작에서 끝까지 양심의 자각은 모든 수양공부의 전부인 것이다. 모든 양심養心의 공부는 바로 양심良心 자각의 표현이다. 우리는 이것으로써 맹자가 말한 "학문의 방법은 다른 것이 아니다. 잃어버린 마음을 찾는 것일 뿐이다"

를 해석할 수도 있을 것이다.69)

양심의 자각은 모든 수양공부의 핵심 관건이다. 이것이 전제되어야만 비로소 모든 일의 선성을 보장할 수 있다. 다시 말하면 양심의 자각이 선재해야만 배움이 궁극적으로 선을 지향하고, 이것에 의해 주재된 모든 일이 선한 행위 혹은 일로 귀결될 수 있다. 따라서 맹자철학에서 양심의 자각은 주도성을 갖는 본질적 공부라고 할 수 있다. 이러한 본심 혹은 양심의 자각은 공자가 '학'과 '사'를 대비시켜 말한 '학'에 속한 공부가 아니라 오히려 '사'에 속한 공부라고 할 수 있다. 맹자는 이러한 '사'의 자각 작용의 근원을 심의 양지와 양능에서 찾는다.

> 사람이 배우지 않고서도 할 수 있는 것은 양능이 있기 때문이고, 생각하지 않고서도 알 수 있는 것은 양지가 있기 때문이다. 어린아이도 그 부모를 사랑해야 함을 모르지 않고, 자라서는 그 형을 공경해야 함을 모르지 않는다. 부모를 사랑하는 것은 인이다. 웃어른을 공경하는 것은 의이다. 그것 외에 다른 것이 없고, 그것을 천하에 적용시켜 나아가는 것이다.70)

이곳에서 맹자가 불학不學과 불려不慮라는 표현을 사용하였지만, 이는 '학'과 '사'의 부정도 아니고, '학'과 '려'를 서로 대비시켜 전자를 학습과 누적활동으로 이해하고 후자를 자각의 사유활동으로 이해하는 것도 아니다. '불학'과 '불려'는 단지 '어린아이가 그 부모를 사랑해야 함을 모르지 않고, 자라서는 그 형을 공경해야 함을 모르지 않는 것'이 후천적인 학습 활동을

69) 王邦雄 외 2인 저, 황갑연 역, 『맹자철학』(서광사, 1977), 144쪽.

70) 『孟子』, 「盡心上」, "人之所不學而能者, 其良能也, 所不慮而知者, 其良知也. 孩提之童, 無不知愛其親也, 及其長也, 無不知敬其兄也. 親親, 仁也. 敬長, 義也. 無他, 達之天下也."

통해서 배양한 능력에 의해서가 아니라 선천적으로 갖추어진 양지와 양능의 작용에 의해서 자연스럽게 발현된 것이라는 의미이다. 또한 “배우지 않고서도 할 수 있고, 생각하지 않아도 알 수 있다”는 도덕이 후천적인 학습의 대상이 아니라는 의미이다. 양지와 양능은 본심에 본래 갖추어져 있는 것이다.

맹자는 양지와 양능의 작용을 분별하여 제시하고 있지만, 이 두 작용은 사실 실천에서는 동시에 발현된다. 따라서 굳이 양지를 ‘사’의 자각 활동으로 분류하고, 양능을 실천의 동력으로 분리하여 설명할 필요 없이, 양자를 ‘사’의 활동에 포함시켜 연속의 과정으로 이해해도 무리가 없을 것이다. 왜냐하면 본심의 두 작용인 양지의 자각은 정태적인 인식활동이 아니고, 양능의 활동은 자각이 전제되지 않은 무방향의 명행冥行이 아니기 때문이다.

양지는 시비선악을 판단하면 무엇으로도 막을 수 없는 역량을 발현하여 자신의 모습을 표현하려고 한다. 이 역량이 바로 양능으로서 그것의 구체적인 모습은 호선오악 혹은 위선거악으로 나타난다. 본래 양지와 양능은 한 가지 일이지만, 앎의 측면에서는 양지라고 하고, 실천하려는 역량 측면에서는 양능이라고 할 뿐이다. 이 점을 가장 분명하게 드러낸 학자가 바로 명대의 왕수인이다. 그는 다음과 같이 말하였다.

> 양지는 단지 시비를 분별하는 심일 뿐이며, 이 시비는 다름 아닌 좋아함(好)과 싫어함(惡)일 뿐이다. 마땅히 좋아해야 할 것을 좋아하고 마땅히 싫어해야 할 것을 싫어하면 올바름과 그름을 다하게 되며, 마땅히 올바른 것을 올바르다고 하고 그른 것을 그르다고 하면 바로 만사의 모든 변화에 하나의 오차 없이 적응하게 된다.[71]

왕수인에 의하면, 시비지심과 수오지심은 하나의 양지 활동이다. 수오는 도덕상의 '의義'와 '불의不義' 그리고 시비와 선악에 대한 직접적인 반응이다. 수오는 바로 도덕상의 호오 이외의 다른 것이 아니다. 양지는 도덕상의 의義·선善·시是에 대하여 만족감을 갖기 때문에 그것에 대하여 호好의 반응을 보이고, 불의不義·악惡·비非에 대해서는 불만을 갖기 때문에 증오 혹은 혐오의 반응을 보인다. 호오는 양지의 시비선악에 대한 판단이 필연적으로 수반하는 도덕상의 정감이다. 따라서 양지와 양능은 동시에 드러난다. 왕수인은 바로 시비선악에 대한 판단과 그것에 대한 호오의 작용이 동시에 발현됨을 근거로 지행합일을 주장한 것이다. 따라서 필자는 맹자철학에서의 '사'의 활동을 정태적인 자각의 의미로 제한하지 않고 양능과 관련시켜 실천의 의지로까지 확대하고자 한 것이다. 다음은 본심과 인의예지의 관계에 관한 것이다.

맹자에 의하면, 인간이 금수와 본질적으로 다른 근거는 인의의 도덕에 있다. 인의는 인간이 진정한 인간으로 될 수 있는 까닭 즉 존재의 근거이다. 맹자는 인간의 존재 근거인 인의를 자신의 도덕본심 밖에서 찾지 않고 도덕본심 안에서 찾았다. 맹자는 "인은 사람의 마음이고, 의는 사람이 마땅히 가야 할 길이다"[72]라고 하면서 인생에서 지향해야 할 가치를 내적인 도덕의지, 즉 심에서 찾고 있다. 따라서 맹자철학에서는 심과 인의예지가 일자적 관계로 정립되어 있고, 그것을 단적으로 드러낸 것이 바로 "인의예지는 나의 본심을 근원으로 한다"[73]는 표현이다. 즉 인의예지의 규범은 밖에서

---

71) 『傳習錄』 下, "良知只是個是非之心, 是非只是個好惡. 只好惡就盡了是非, 只是非就盡了萬事萬變."

72) 『孟子』, 「告子上」, "仁, 人心也, 義, 人路也."

73) 『孟子』, 「盡心上」, "仁義禮智根於心."

주어진 것도 아니고 혹은 타자에 의하여 결정된 것도 아닌 자신의 마음에 선천적으로 내재된 인심仁心에 의하여 결정된다. 또 맹자는 "인의에 따라 행한 것이지, 억지로 인의를 행한 것이 아니다"[74]라고 하였다. 혹자는 "인의에 따라 행한다"(由仁義行)는 것은 『맹자』 「진심하」의 "요순은 본성대로 실천한 사람이고, 탕무는 성찰하여 본성을 회복한 사람이다"[75]에서의 성지性之에 해당하고, "억지로 인의를 행한 것이 아니다"(非行仁義)는 것은 반지反之에 해당한다고 한다.[76] 혹은 경지의 측면에서 이해하여 성인의 '대이화지大而化之'의 경지와 동일시하기도 한다. 그러나 필자는 반드시 이렇게 이해할 필요는 없다고 생각한다. 오히려 "억지로 인의를 행한다"(行仁義)와 대비시켜 율칙에 대한 본심의 자율성의 의미를 드러낸 것이라고 이해하는 것이 합리적인 해석이라고 생각한다. 왜냐하면 "억지로 행한다"는 것은 표준을 심 밖에서 인식하여 그것을 준수하고 실천하는 것이기 때문에 도덕실천이 자연스럽지 않고 약간의 억지스러움이 따르는 것이다.

인의예지에 대한 심의 자율성과 자결성은 고자와의 논쟁에서 적극적이고 구체적으로 표현된다. 고자가 '식색의 천성'을 근거로 '인은 내적인 것이고, 의는 외적인 것'임을 주장하고, 그것의 근거로서 "저 사람이 연장자이기 때문에 내가 그 사람을 연장자로 대하는 것이지 연장자로 대하려는 마음이 나에게 있기 때문에 그렇게 한 것이 아니다"라는 비유를 제시하자, 맹자는 "흰 말의 흰 것과 흰 사람의 흰 것은 다를 바가 없겠으나, 나는 모르겠는데 늙은 말을 내가 늙은 말로 대하는 것과 연장자를 내가 연장자로 대하는 것

74) 『孟子』, 「離婁下」, "由仁義行, 非行仁義也."
75) 『孟子』, 「盡心下」, "堯舜性之, 湯武反之也."
76) 王邦雄 외 2인 저, 황갑연 역, 『맹자철학』(서광사, 1977), 88쪽.

은 서로 다른 바가 없겠는가? 그리고 연장자가 의를 행하는가? 아니면 연장자로 여기는 사람이 의를 행하는가"[77]라고 하면서 행위의 대상에 대한 행위자의 자율적 판단과 행위 방식의 자율성을 주장한다.[78]

먼저 맹자는 사실적 판단과 가치판단을 구별한다. 흰 색깔은 객관적인 사실이므로 흰 말이든지 흰 사람이든지 지성주체 혹 인식주체는 그것을 모두 '희다'고 인식한다. 그러나 가치판단은 사실에 대한 인식이 아니라 행위의 방향을 결정하는 자각주체의 결정이다. 따라서 늙은 말을 대하는 것과 늙은 사람을 대하는 것 사이에는 차별성이 있을 수밖에 없다. 늙은 말이나 늙은 사람이나 '늙음'이라는 사실은 동일(인식주체의 판단)하지만 늙은 말과 늙은 사람에 대한 자각주체의 판단은 다르게 나타난다. 늙은 말에 대해서는 비록 연민의 감정을 표현할 수 있지만 공경심을 표현하지는 않는다. 자각주체는 동일한 사실(늙음)에 서로 다른 판단을 하여 이에 상응한 행위를 표현한다. 당위의 의는 대상에 의하여 결정되는 것이 아니라 자신의 자각주체에 의하여 결정되는 것이다.

다음 '의'를 행하는 주체에 관한 문제이다. 맹자의 주장에 의하면 연장자는 피동적으로 타인의 공경을 받는 일종의 객관적인 사실에 불과하다.

---

77) 『孟子』, 「告子上」, "告子曰: '食色, 性也. 仁, 內也, 非外也. 義, 外也, 非內也.' 孟子曰: '何以謂仁內義外也?' 曰: '彼長而我長之, 非有長於我也. 猶彼白而我白之, 從其白於外也. 故謂之外也.' 曰: '異於白馬之白也, 無以異於白人之白也. 不識長馬之長也, 無以異於長人之長與? 且謂長者義乎? 長之者義乎?' 曰: '吾弟則愛之, 秦人之弟則不愛也. 是以我爲悅者也. 故謂之內. 長楚人之長, 亦長吾之長. 是以長爲悅者也, 故謂之外也.' 曰: '耆秦人之炙, 無以異於耆吾炙. 夫物則亦有然者也. 然則耆炙亦有外與?'"

78) 비록 고자가 '仁內義外'說을 내세웠지만, 엄격하게 말하면 고자가 말한 仁과 맹자의 仁은 그 성격이 다르다. 徐復觀은 『中國人性論史』(臺灣: 商務印書館, 1987, 188쪽)에서 고자가 말한 仁은 단지 정욕층의 사랑일 뿐이며, 도덕 의미의 仁義는 포함되어 있지 않다고 한다. 그렇다면 고자가 말한 "仁은 내적인 것이다"의 內는 맹자의 입장에서 말하면 외적인 것에 속한다.

연장자에 대하여 '마땅히 공경심을 표현해야 하는가' 혹은 '마땅히 어떻게 표현해야 하는가'를 결정하는 자는 연장자가 아니라 행위자 자신이다(長之者). '의'는 행위의 자각주체에 의하여 결정되고 표현되므로 자각주체 자신이 바로 가치판단의 결정자이다. 연장자는 외적인 것이고 자각주체는 내적인 것이므로, '의'도 내적인 것이지 외적인 것이 아니다.

맹자와 고자 논쟁의 핵심은 '행위의 표준(이곳에서는 그것을 의로 표현한다)이 주관인 능能(주체)의 작용에 의하여 결정되는가? 아니면 객관의 대상인 소所(대상)에 의하여 결정되는가'에 있다. 맹자는 표준인 '의'를 주관인 '능'에서 찾는다. '의'는 내적인 도덕본심에 의하여 결정된 것이므로 '인'과 실제 내용상 서로 다를 바가 없다. 규범인 '의'는 '인'을 떠나서 독립적인 위치를 확보할 수 없다. '인'의 자발적인 결정이 바로 '의'이기 때문이다. 이것이 바로 맹자의 도덕론이 도덕규범에 대한 의지의 자율성을 긍정하는 형태임을 증명하는 근거이다. 고자에 의하면 상대방이 연장자이기 때문에 내가 그 사람에게 공경심을 표하는 것이지 나에게 공경의 마음이 자발적으로 일어나 상대방을 공경하는 것이 아니다. 이것은 마치 내가 흰색을 보고 희다고 하는 것과 같다. 그러므로 '의'는 내적인 것이 아니라 외적인 것이라고 주장하였다. 흰색은 '소' 즉 객관이고, '희다'는 인식은 '능' 즉 주관의 작용이다. 비록 주관의 작용은 흰색을 인식할 수 있지만, 흰 색깔은 이미 인식의 주체 밖에 주어져 있는 것으로 인식의 주체가 결정할 수 있는 사항이 아니다. 주체는 선택 판단의 결정권이 없다. 저것이 희면 나는 필연적으로 희다고 인식할 뿐이다.[79] 여기에서 우리는 고자가 인식론 형태로써 도덕을 설명하고 있음

79) 『맹자』에 기록된 내용만 보면, 고자가 주체의 선택 판단의 결정권을 부정한 것 같다. 그러나 실제로 주체의 선택 판단의 결정권을 부정하였는가는 재론의 여지가 있다. 義

을 알 수 있다. 맹자에 의하면 실제적인 도덕실천에서 외적인 대상이 없을 수는 없지만 대상은 단지 주체의 판단과 행위를 받아들이는 감수자일 뿐 '의'를 실현해야 할 것인가 하지 않아야 할 것인가를 결정하는 자는 아니다. 외재의 객관대상에 도덕판단을 가하고 이에 상응하는 표준을 결정하여 드러낸 방향이 바로 '의'이다. '의'는 존재의 사실 문제에 관한 것이 아니라 당위 문제이다. '의'는 도덕주체의 자각 작용에 의하여 결정되고 실현되기 때문에 '의' 역시 내內이고 '능'이라고 할 수 있다.

이상의 내용을 종합해 보면, 고자는 인의라는 덕목 자체는 부정하지 않았지만 인의에 대한 이해는 맹자와 상이함을 알 수 있다. 맹자에 의하면 도덕규범의 의는 외재의 대상에 의하여 결정되지 않고 내심의 자각주체에 의하여 결정된다. 자각주체의 판단이 바로 당연의 도덕판단이고, 이것이 바로 규범인 '의'이다. 외재의 대상이나 혹은 모종의 원인과 조건에 의하여 행위의 방향이 결정되지 않고 내심의 성찰활동(思)을 통하여 도덕판단이 이루어지고 행위의 방향이 결정되었을 때 비로소 진정한 도덕의 자율성이 성립될 수 있다. 이처럼 맹자는 '인의내재仁義內在'로써 도덕규범에 대한 자각주체의 자율성과 입법성을 적극적으로 드러내고 있다.

이상은 맹자철학에서 드러난 심과 '사'의 관계, 그리고 '사'의 작용, '사'와 인의예지의 관계 및 '사'의 대상과 방법에 관한 내용이다. 정용환은 '사려의 범위에 대한 논의'에서 한 가지 중요한 점을 지적한다. 그것은 맹자의 사려(思)가 서로 충돌되는 선천적이고 직관적인 도덕가치들에 대한 조정자

가 외적인 것이라는 주장은 '연장자이기 때문에 공경심을 표한다'는 의미가 아니라, '어른을 공경해야 한다'는 도덕규범으로 해석할 수도 있다. 이런 경우라면 義가 외적인 것임에는 분명하지만, 이로부터 공경심 표현의 결정권마저 부정하는 것은 옳지 않다.

로서 사용되었지만, 도덕적 난제들에 대한 발굴자로서의 역할을 하지 못하였다는 것이다.[80] 이는 맹자의 '사' 중심 철학에서 나타날 수밖에 없는 문제의 핵심을 지적한 것이라고 할 수 있다. 이 점은 육왕철학에서도 동일하게 발생하는 문제이다. 왜냐하면 하나의 도덕실천에는 적어도 하나 이상의 절목節目과 그에 따른 지식이 요구되기 때문이다. 예를 들어 부모에게 효를 실천함에 있어서도 봉양이라는 절목이 있고, 행위자에 대한 적절한 대응과 상황에 적합한 태도 등에 대한 고려가 있다. 양지의 자각은 이에 관한 지식 추구를 주재할 수 있지만, 맹자가 제시한 반구反求 혹 '사' 혹 육구연의 발명본심 혹은 왕수인의 치양지의 방법으로는 얻을 수 없다. 즉 이는 도덕주체가 결정하여 내놓을 수 있는 지식이 아니다. 이때 반드시 도덕주체와 다른 하나의 지성주체를 요청해야 하고, 자각과 다른 또 하나의 방법을 강구해야 한다. 순자의 '학'과 주희의 격물(接物 · 從物)이 이에 적용할 수 있는 방법이다. 다시 말하면 양지의 자각과 복잡 다양한 견문지식(경험과학지식)의 습득은 직접적 관련이 없다. 단지 관계적 관련만이 있을 뿐이다. 즉 견문지식은 양지 이외의 또 하나의 인식주체의 활동에 이루어지고, 양지는 단지 인식주체의 활동에 동기를 부여하고 그 결과를 이용할 뿐이다. 따라서 도덕실천에서는 '사'라는 주객무대립의 틀은 반드시 유지해야 하지만 양지와 다른 성격의 인지주체를 긍정해야 하고, 또 주객대립의 격물 형식을 수용해야 한다. 다시 말하면 '사' 혹 발명본심 혹은 치양지의 범위에서 인지주체의 활동을 적극적으로 요청해야 하고, 주객대립의 형식을 통하여 얻어진 지식을 양지 실현의 방편 지식으로 삼아야 한다.

---

80) 정용환, 「맹자의 선천적이고 직관적인 선의 실행 가능성」, 『철학』 제82집(2005), 37쪽.

맹자는 "마땅히 급한 곳에 힘을 쓴다"[81]는 표현으로써 서로 충돌되는 도덕가치들에 대한 표준을 제시하였지만, 맹자철학의 '사'는 도덕동기의 순선성에 대한 판단작용이고, 실천의지에 불과하다. 이것 외에 도덕행위의 완성에는 많은 경험과학지식의 필요성이 요구된다. 이것은 '학'의 분야로서 덕성주체가 담당할 수 없는 영역이다. 따라서 비록 주종 간의 관계에서 진행되어야 하지만, 지성주체의 후천적인 학습과 누적 그리고 그것을 종합하여 하나의 계통적인 지식을 성립하려는 '학'의 작용이 요청된다. 필자는 공자가 제시한 '학'과 '사'가 자각주체와 지성주체의 엄격한 분류가 아니라면 '학'과 '사'의 진정한 조화는 맹자보다는 오히려 순자에게서 드러난다고 생각한다.

2. '학'과 지성주체(순자철학)

필자는 최근에 「순자와 주자 도덕의식 구조의 유사성—심론心論과 공부론工夫論을 중심으로—」[82]라는 주제로 한 편의 논문을 저술하였는데, 그중 한 절이 '『주자어류』에 수록된 순자철학에 대한 주자의 평가'이다.

1) 『주자어류』에 수록된 순자철학에 대한 주희의 평가

필자는 『주자어류』에 수록되어 있는 순자에 관한 기록을 상세하게 살펴보았다. 『주자어류』의 전체 분량에 비하면 순자에 관한 언급은 많지 않다.

---

81) 『孟子』, 「盡心上」, "知者無不知也, 當務之爲急. 仁者無不愛也, 急親賢之爲務. 堯舜之知而不遍物, 急先務也. 堯舜之仁不遍愛人, 急親賢也."

82) 황갑연, 「순자와 주자 도덕의식 구조의 유사성」, 『유학연구』 제28집(2013).

순자에 관한 주요 언급은 다음 세 가지 측면으로 요약할 수 있다. 하나는 순자와 맹자를 함께 논하면서 양자에 대하여 부분적인 비평을 하는 것이고, 다른 하나는 비평이며, 또 다른 하나는 긍정이다.

주희는 "맹자는 성을 말하면서 단지 본연적인 것만을 말하였고, 재에 관해서도 마찬가지이다. 순자는 좋지 않은 것만 보았을 뿐이다.…… 그러나 말한 것들이 의리를 다하지 못하여 애석할 따름이다. '기' 한 자로 말하면 되는데, 그것이 부족할 뿐이다. 정자는 '성을 논하면서 기를 논하지 않으면 온전하게 갖추지 못한 것이며, 기를 논하면서 성을 논하지 않으면 의리에 분명하지 않은 것'이라고 하였는데, 이는 곧 이 점을 말한 것이다"[83]라고 하였다. 또 혹자가 "맹자의 성선은 성을 논하고 기를 논하지 않은 것이다. 순자와 양웅의 이설은 기만을 논한 것이어서 성에 어두웠다"라고 묻자 "정자는 단지 이론만을 세웠을 뿐 맹자를 지목하여 말하지는 않았지만, 맹자의 말은 오로지 성만을 논한 것이다"[84]라고 하였다. 『주자어류』에 이것과 유사한 내용을 언급한 곳은 상당히 많다. 그러나 내용은 대동소이하다. 주희는 맹자에 대하여 불비不備라고 평가하고 있다. '불비'라고 평가한 근거는 무엇인가? 이에 관하여 주희는 "사람의 성은 모두 선하다. 그러나 어떤 사람은 태어나자마자 선하고, 어떤 사람은 태어나자마자 악하기도 하는데, 이는 품수 받은 기가 다르기 때문이다"[85]라고 한다. 이 구절을 분석하면 악의 생성 원인에 대한 주희의 사유가 선진유학자와 다름을 알 수 있다. 주희에

83) 『朱子語類』, 권4, "孟子言性, 只說得本然底, 論才亦然. 荀子只見得不好底.……然惜其言之不盡. 少得一箇氣字耳. 程子曰: '論性不論氣, 不備, 論氣不論性, 不明', 蓋謂此也."

84) 『朱子語類』, 권59, "'如孟子性善, 是論性不論氣. 荀揚異說, 是論氣則昧了性.' 曰: '程子只是立說, 未指孟子, 然孟子之言, 卻是專論性.'"

85) 『朱子語類』, 권4, "人之性皆善. 然而有生下來善底, 有生下來便惡底, 此是氣稟不同."

의하면 성리는 선한 행위를 실현할 수 있는 선천적인 근거이다. 이 점은 맹자와 일치한다. 그러나 맹자는 악의 근거를 기성氣性과 재성才性 등 기질적인 측면에서 찾지 않고 후천적인 물욕의 유혹과 지나침에서 찾는다. 주희 역시 맹자의 관점을 부정하지는 않지만, 한 걸음 더 나아가 악행이 이루어질 수밖에 없는 선천적인 근거를 확보하려고 한다. 만일 악행의 선천적인 근거를 확보하지 못하면 태생적으로 악한이 존재한다는 사실을 설명하기 어렵게 된다.[86] 주희에 의하면, 그것은 기(氣品 · 氣質)이다. 이처럼 본연지성과 기를 함께 제시해야만 비로소 인성론이 명확하고 온전하게 된다.[87] 주희가 맹자에 대하여 '불비'라고 한 것은 바로 악의 근거인 기 관념에 대한 명확한 제시가 없다는 점 한 가지일 뿐이다. "성을 논하면서 기를 논하지 않으면 온전하게 갖추지 못한 것이다"는 맹자에 대한 지적이고, "기를 논하면서 성을 논하지 않으면 의리에 분명하지 않은 것이다"는 순자에 대한 지적이다. 이곳에서 주희가 비록 자신의 기 혹은 기질지성이 순자철학에서 유래하였다고 밝히지는 않지만, 순자가 본연지성과 기질지성[88] 중에서 기질지성의 존재를 제시하였음을 묵시적으로 긍정하고 있다.

그렇다면 주희는 맹자와 순자의 부족한 점에 대하여 균등한 시각을 갖고 있는가? 결코 그렇지 않다. 주희는 순자와 양웅 그리고 한유韓愈를 함께 병론하면서 "성에 대하여 논하지 않았기 때문에 이 리에 대하여 어둡게 된

86) 陳來, 『朱熹哲學硏究』(臺灣: 文津出版社, 1990), 157~158쪽 참고.

87) 맹자는 주희처럼 형이상학적 입장에서 氣를 제시하지는 않았다. 그러나 맹자는 「盡心下」, '性命章'에서 이미 氣性 혹은 才性 등의 생리 혹은 심리적 생명의 작용과 제한을 긍정한다.

88) 이곳에서의 기질지성은 하나의 性인 본연지성이 기질 안에서 여과되어 나타난 性(기질지성)이 아니라 자연적 본성으로서의 氣性 혹은 才性의 의미인 것 같다.

것이다"[89] 등의 표현을 여러 차례 하였지만, 순자의 불명不明과 맹자의 '불비'에 대한 평가는 천양지차이다. "성을 논하면서 기를 논하지 않은 사람은 맹자이다. 온전하게 갖추지 않았다는 것은 단지 조금 부족할 뿐이다. 기를 논하면서 성을 논하지 않은 것은 순자와 양웅이다. 분명하지 않다면 이는 일을 크게 해치는 것이다"[90]라는 주희의 평을 보면 곧 알 수 있다. '성을 논하면서 기를 논하지 않은 것'은 '조금 부족할 뿐'이고, '기를 논하면서 성을 논하지 않은 것'은 '일을 크게 해치는 것'이다. 즉 맹자의 '불비'는 '조금 부족할 뿐이고' 순자의 '불명'은 '일을 크게 해치는 것이다.' 맹자와 순자 모두 '불비'와 '불명'이라는 부족함이 있는데, 왜 이처럼 다른 평가를 하는가? 그것은 바로 근본, 즉 '본령에 대한 이해 여부'이다. 주희는 『주자어류』 곳곳에서 "성의 본령이 있는 곳에 대하여 투철하지 못한 것이다"[91], "만일 기만을 논하고 성을 논하지 않으면 이는 근원을 모르는 것이다"[92]라는 표현을 자주한다. 이는 바로 본령 혹은 근원에 대한 순자의 투철하지 못함을 지적한 것이다.

근원에 대한 순자의 이해 부족을 지적한 것은 성론에만 그치지 않는다. 주희는 "횡거가 말한 '하늘은 사물을 이루면서 하나도 빠뜨리지 않는다'는 것은 인이 모든 행위를 이루면서 없는 곳이 없다는 것과 같다. 이 몇 구절의 말은 어린아이의 마음(赤心)으로부터 하나하나 나온 것을 말한 것인데, 순자

89) 『朱子語類』, 권4, "若荀揚則是論氣而不論性, 故不明. 既不論性, 便卻將此理來昏了."
90) 『朱子語類』, 권62, "論性不論氣, 孟子也. 不備, 但少欠耳. 論氣不論性, 荀揚也. 不明, 則大害事!"
91) 『朱子語類』, 권4, "孟子只論性, 不論氣, 但不全備. 論性不論氣, 這性說不盡. 論氣不論性, 性之本領處又不透徹."
92) 『朱子語類』, 권59, "若只論性而不論氣, 則收拾不盡, 孟子是也. 若只論氣而不論性, 則不知得那原頭. 荀揚以下是也."

와 양웅이 이러한 의리를 알 수 있겠는가"[93]라고 하면서 생생불이한 천도의 작용에 대한 순자의 이해 부족을 또 한 차례 지적하고 있다. 이는 순자가 천을 자연천으로 이해하고 있는 것에 대한 주희의 비평이다.

주희철학에서 천도와 성리는 외연적으로는 두 개의 서로 다른 개념이지만, 내용적으로는 동일한 형이상의 실체이다. 천도는 만물 즉 존재론의 형이상적 실체이고, 성리는 도덕행위의 초월적 근거이다. 즉 양자 모두 '근원' 혹은 '본령'인 것이다. 그러나 순자철학에서 천은 인간에게 어떤 의지를 드러내거나 목적을 제시하는 종교적인 의미의 천도 아니고, 인간의 도덕실천 의지를 담보해 주는 형이상의 실체도 아니다. 단지 인간의 의지와 독립적으로 운행하는 하나의 자연적인 규율이며, 객관적인 존재일 뿐이다. 순자에 의하면 하늘에는 하늘의 직분이 있고, 인간에게는 인간의 직분이 있다. 하늘이 사시의 부단한 교체를 통하여 만물을 생성한다면 인간은 이러한 자연의 변화를 올바르게 파악하여 인사에 이용한다. 즉 이것이 바로 제천용천制天用天이고, 순자가 말한 능참能參[94]이다. 또 순자의 성은 자연적 경향으로서의 생리·심리적인 본성이다. 이러한 순자의 성은 도덕의 근원이 아닐 뿐만 아니라 오히려 도덕의 제한조건에 가깝다. 그러나 송명리학자의 천도는 우주의 본체로서 만물생성의 실체일 뿐만 아니라, 사람과 사물에 선험적으로 내재되어 인물의 존재가치를 도덕으로 규정하는 근거(性)이다. 즉 천도는 초월즉내재超越卽內在의 형이상의 실체이다. 원론적인 입장에서 보면, 인도와 천도가 동등하고, 인성과 천리 역시 일자의 관계에 놓여 있기 때문에 하늘

---

93) 『朱子語類』, 권98, "橫渠謂'天體物而不遺', 猶仁體事而無不在. 此數句, 是從赤心片片說出來, 荀揚豈能到?"

94) 『荀子』, 「天道」, "天有其時, 地有其財, 人有其治, 夫是之謂能參."

과 사람은 본래 합일이다. 그러나 순자는 천직天職과 인직人職을 구분하고, 인사의 원칙을 자연천에서 추구하지 않기 때문에, 천인은 본래 합일이 아니라 상분相分이다. 주희의 입장에서 보면, 근본에 대하여 무지하였다면 그것 외의 다른 것이 비록 주희 자신의 사유와 일치한 점이 있다고 하더라도 그것은 우연일 뿐 필연 혹은 당연이 아닌 것이다. 따라서 주희는 "순자와 양웅은 비단 성론만이 잘못된 것이 아니라 처음부터 끝까지 의리에 대한 올바른 이해를 하지 못하였다"[95]는 평가를 한 것이다. 이처럼 근원에 해당하는 천도와 성에 대한 인식이 주희와 순자가 달랐기 때문에 순자철학이 적통에서 배제된 것이다.

그러나 주희는 순자의 천론과 성론에 대해서는 혹독한 비평을 가하고 있지만, 몇 가지 점에 대해서는 긍정한다. 먼저 『순자』 「수신」의 "군자의 큰마음은 하늘의 도와 같고, 군자의 작은 마음은 의를 두려워하면서 조절할 줄 안다"는 구절에 대하여 "이 두 구절의 말은 좋다"고 긍정하였고, 또 "순자는 자질이 굳세고 밝은 사람이다"[96]라고 하였다. 또 「권학」의 "시서예악의 방법을 꿰뚫고 사색하여 통달해야 한다"[97]는 구절을 인용하여 독서의 방법을 후학들에게 제시한다. 또한 「권학」의 "마음이 안정된 이후에 사물과 응대할 수 있다"에 대해서는 "좋은 말이다"[98]라고 평가한다. 순자에 대한 주희의 긍정은 심과 독서의 방법, 그리고 거경과 유사한 마음공부에 집

---

95) 『朱子語類』, 권137, "荀揚不惟說性不是, 從頭到底皆不識."

96) 『朱子語類』, 권137, "諸子百家書, 亦有說得好處. 如荀子曰: '君子大心則天而道, 小心則畏義而節.' 此二句說得好. 曰: '看得荀子資質, 也是箇剛明底人.'"

97) 『朱子語類』, 권116, "讀書, 須立下硬寨, 定要通得這一書, 方看第二書. 若此書既曉未得, 我寧死也不看那箇? 如此立志, 方成工夫.……又曰: '荀子云: '誦數以貫之, 思索以通之.' 誦數, 卽今人讀書記遍數也, 古人讀書亦如此. 只是荀卿做得那文字不帖律處也多."

98) 『朱子語類』, 권137, "荀子說'能定而後能應', 此是荀子好話."

중되어 있다. 이처럼 주희는 순자에 대하여 본원에 투철하지 못하였다는 비평을 하지만, 심과 위학의 방법 등에 대해서는 일정 부분 긍정을 표시한다. 때문에 양웅과 순자 모두를 본연지성을 이해하지 못하였다고 비평하였지만, "순자는 비록 잘못된 이해를 하고 있지만 자체적으로 내용이 있어 양웅처럼 함부로 허반虛胖하지는 않는다"[99]라고 한 것이다.

2) 지성주체와 '학'

필자는 '학'과 지성주체를 근거로 순자의 심론을 해설하기에 앞서 동일한 시대적 배경에서 서로 다른 세계관과 심성론 및 가치론이 출현할 수 있는 인문정신의 특수성 문제를 간략하게 설명하고자 한다. 이는 동일한 시대적 배경과 그것에 대한 가치 평가가 동일한 두 사람이 왜 서로 다른 도덕론을 제시하였는가에 관한 원론적인 근거와 학자들의 시대정신 차이를 설명하기 위함이다.

인문세계에서 추구하는 '진'은 옳음에 관한 형식이고, '선'은 좋음 혹은 올바름의 형식이며, '미'는 아름다움의 형식이다. 인문의 지성사 흐름에서 진과 선 그리고 미의 양태는 여러 가지로 나타났지만, 진의 속성과 선의 속성 그리고 미의 속성은 그것의 드러난 형태와 관계없이 동일하다. 다시 말하면 진의 양태가 시간 혹은 공간에 따라서 어떻게 표현되더라도 그것은 모두 진과 관련된 특수한 형태일 뿐이다. 선과 미 역시 마찬가지이다. 필자는 시대정신을 소재로 이 문제를 해설하겠다.

99) 『朱子語類』, 권137, "不要看揚子, 他說話無好處, 議論亦無的實處. 荀子雖然是有錯, 到說得處也自實, 不如他說得恁地虛胖."

필자는 선행연구에서 전등의 불빛을 비유로 삼아 시대정신의 복합성과 다양성을 설명한 적이 있다.[100] 전구의 불빛은 본래 무색이다. 그러나 전구에 칠해진 색깔에 따라 불빛의 색은 다르게 나타난다. 철학적 진리도 마찬가지이다. 진리는 무색이지만 시대적 배경에 따라 철학적 진리의 양태는 다르게 표현될 수 있다. 이곳에서 필연의 원리가 지배하는 물리와 일정 부분 자유의지의 지배에 놓여 있는 인문의 차이점을 발견할 수 있다. 물리적 세계에서 인과는 필연이다. 전구의 색깔이 홍색(因)이면, 불빛은 필연적으로 홍광(果)으로 나타난다. 이곳에는 의지의 선택이 작용할 여지가 없다. 그러나 인문에서는 비록 전구에 칠해진 색깔로 비유될 수 있는 시대적 배경이 홍색이라고 할지라도 개인 혹은 집단이 표현하는 시대정신은 다양한 색깔(유형)로 나타난다. 춘추전국시대에 등장한 제자백가를 예로 들어 보자. 춘추전국시대의 상황에 대한 제자백가의 평가와 진단은 동일하였지만, 유가와 도가 그리고 묵가와 법가가 드러낸 시대정신은 달랐고, 유가철학 내에서도 맹자와 순자의 시대정신 표현이 상이하였다. 필자가 사용하는 '시대정신'은 가치중립적인 용어가 아니다. 그것에는 가치중립적인 시대적 배경이 자리 잡고 있고, 그것에 대한 개인의 인식(판단)과 가치지향성이 포함되어 있다. 간략하게 표현하면 시대정신은 정황이라는 외연적 요소(객관)와 그것에 대한 인식과 가치지향이라는 내적 요소(주관)에 의해 결정된다. 동일하게 주어진 객관적 요소 즉 정황이라는 시대적 배경은 동일할지라도, 그것에 대한 인식 혹은 가치판단은 서로 다를 수 있다. 유가와 도가 그리고 묵가와 법가철학자들 역시 춘추전국시대를 혼란의 시기로 인식한 것은 동일하다.

100) 황갑연, 「명대 양명학자의 시대정신과 현대 양명학자의 과제에 관한 소고」, 『양명학』 제25호(2010), 136쪽.

그러나 그것에 대한 가치판단은 서로 달랐다. 동일한 시대적 배경 그리고 인식에서 각자가 표현하는 시대정신이 다른 이유는 어디에 있는가? 필자는 가치에 대한 학자의 주관적 의식, 즉 가치지향의 의식 차이에서 찾는다. 가치를 지향하는 주관적 의식이 유사하면 시대적 배경이 다를지라도 시대정신은 동일하게 나타날 수 있다. 맹자와 육구연 그리고 왕수인이 대표적인 사례이고, 순자와 주희(성론에서는 다르지만 심론과 공부론에서는 동일하게 표현된다.) 역시 동일한 사례라고 할 수 있다. 이처럼 인문의 세계에서 시대정신은 복합적이고 다중적인 구조를 통하여 드러난다. 즉 인문의 세계에서 시대정신은 정황이라는 객관과 그것에 대한 인식과 평가를 주관하는 개인의 주체의식의 복합적 표현이다.

공자의 시대정신은 정치 · 경제 · 문화 등 여러 방면으로 표현되었지만, 그 중심에는 예악이 자리 잡고 있다. 주공周公이 제정한 예악은 상하관계를 분별하는 기준(禮)이며, 상하 간의 감정을 서로 조화롭게 하는 통로(樂)였다. 공자는 "예악을 기초로 한 선왕의 도는 아름답다"[101]라고 하였는데, 그것은 당시의 예악이 정치와 인생의 궤도이면서 질서원리였기 때문이다. 그러나 서주 말기부터 질서의 원리인 예악이 붕괴되기 시작하였고, 그것과 함께 정치의 혼란이 심화되었다. 공자의 시대정신은 바로 예악의 부활로 표현되었다. 그러나 공자가 추구한 예악은 기존의 예악을 그대로 답습한 것이 아니었다. 공자는 한편으로는 혈연의 친정親情을 내용으로 하는 종법제도를 긍정하였지만, 다른 한편으로는 이전의 '예'에 '의'를 제시하여 합리성을 확보하였고(攝禮歸義), 다시 '인'이라는 도덕심령을 제공하여 예악 실천의 내적

101) 『論語』, 「學而」, "禮之用, 和爲貴. 先王之道, 斯爲美."

근거를 확보하였다(攝禮歸仁). 맹자는 공자의 인을 계승하여 성선설을 주장하였다. 이 점은 공자철학의 정면적 계승 발전이지만, 예악 부활의 목적은 공자와 약간 다르다. 공자는 정명正名을 통하여 예악을 부활하고자 하면서, 종주從周할 것을 천명하였다. 이는 예악 부활에 주대 봉건제도의 회복이라는 목적이 일정하게 차지하고 있음을 의미한다. 그러나 맹자는 공자의 예악정신을 존중하고 따르지만 주대의 봉건제도 회복에 대해서는 언급이 없다. 오히려 맹자는 당시의 중국 천하를 하나로 통일할 수 있는 왕자王者, 즉 왕도정치에 의한 천하대통일의 염원을 가졌다. 다시 말하면 공자와 맹자의 시대에 대한 인식이 달랐기 때문에 대처 방법도 상이했던 것이다. 순자 시대의 상황은 맹자와 크게 다르지 않다. 오히려 전국시대의 공리주의 정신은 더욱 극심해져 갔기 때문에 맹자보다도 시대상황이 열악했다. 순자가 추구한 시대정신은 객관적인 예치禮治 시스템의 구축이었다. 맹자는 당시의 공리주의 정신의 도도한 흐름에 맞서, 역으로 가치의 표준을 내적인 도덕심성에서 찾으면서 인의의 도덕정신을 부활하고자 하였다. 반면 순자는 비록 가치의 표준을 외적인 공리에서 찾지는 않았지만, 맹자처럼 주관적인 도덕심성에 호소하지도 않았다. 순자의 도덕심령은 내적인 심성에 있지 않고, 오히려 외적인 성왕의 예치에 있었다. 다시 말하면 순자는 주관적인 도덕심성으로는 당시의 혼란을 극복할 수 없다고 확신한 것이다. 따라서 예의를 주관적인 심성으로부터 독립시켜 객관성을 확보하고자 하였다. 즉 순자철학에서 예의는 주관적 의지에 의해 결정되는 것이 아니라 성현에 의하여 주어진 것이다. 때문에 예의는 의지에 의하여 인식되는 것일 뿐 결정되는 것이 아니다. 순자는 예의의 객관성을 확보하기 위하여 성을 가치중립자로 인식하고, 기존의 자각주체인 심을 지성주체로 전환시켜 예의에 대한 의지

의 자율성을 긍정하지 않았다.[102]

채인후는 순자철학의 주요 내용인 천天 · 성性 · 심心 · 명名 · 학學 · 예禮의 대강 특성을 다음과 같이 규정한다.[103] '천'에 대해서 순자는 이지주의理智主義적 태도를 취한다. 순자는 천에 대하여 아무런 가치를 부여하지 않는다.[104] 순자철학에서 천은 천지만물을 창생하는 존재이지만, '천의 창생'의 작용에 대해서는 천지의 덕 혹은 천지의 선이라고 인정하지 않았다. 순자철학에서 성은 경험적 사실로서 첫째 '감관의 본능'(이목구비의 聲色味臭에 대한 분별), 둘째 '생리적인 욕망'(배고프면 식욕이 생기고 추우면 따듯하게 하고 싶고 피곤하면 쉬고 싶은 욕망과 이목구비의 호오 작용), 셋째 '심리적인 정서'(자신에 대한 이로움을 좇고 해로움을 피하는 것과 증오 및 선호의 정감) 등이 이에 해당한다. 순자는 이렇게 성을 논하는 것이 사실에 부합한다(辨合 · 符驗)고 주장한다. 이러한 태도는 경험적 사실에 대한 이지적인 분별과 인정에 불과할 뿐 가치의 덕성 측면에서 자각적인 반성과 체증體證을 한 것이 아니다. 심에 관하여 순자는 유가철학의 발전사에서 하나의 독창적 견해를 제시하였는데, 그것은 자각주체와 다른 이지적 성격의 인지심을 제시한 것이다. 순자의 심은 인지할 수 있고, 사려할 수 있으며,[105] 선택할 수 있고, 분별할 수 있는 사변, 그리고 인지주의적인 지성주체이다. 예의 측면에서 논하면, 순자의 예론은 주지주의의 경

---

102) 황갑연, 「시대정신에서 본 왕간철학의 의의」, 『양명학』 제18호(2007), 289쪽.

103) 『孔孟荀哲學』, 518~521쪽. 필자는 名에 관한 내용은 소개하지 않을 것이다.

104) 정덕희는 순자가 천과 인간의 관계와 그 역할을 철저하게 분리(天人之分)한 것은 "인간의 본성과 관련된 존재 양태에서 자기타당성(self-validating)을 보증하였던 하늘을 의도적으로 배제한 것이다"라고 하였다.(정덕희, 「순자의 인간이해와 수양론」, 『한국교육사학』 제26권 제1호, 2004, 82쪽) 또 이동희는 "순자 사상의 최대 특성은 종래 권위적인 성격을 가졌던 천의 존재를 추방한 데 있다"라고 하였다.(이동희, 「순자와 송명이학」, 『동양철학연구』 제15집, 1996, 160쪽)

105) 이때의 思는 자각성찰과는 다른 종합 혹은 계통화 활동으로서의 사려이다.

험적 성격을 드러내고 있다. 공자와 맹자는 예의 내재적 근거로서 인과 심성을 제시한 반면, 순자는 외적인 경험에서 찾는다. 즉 예의의 성립은 오랜 사려 활동의 누적과 적위積僞 활동을 통하여 이루어진다. 순자는 예의의 인성론적 기초를 긍정하지 않는다. 마지막으로 '학'의 측면에서 순자는 견문과 지행, 배움의 차서와 효험, 그리고 환경적 근거 및 사법師法의 적습積習을 중시한다. 이는 경험적 성격을 중시하는 태도이다. 이상의 순자철학에 대강에서 하나의 정신을 발견할 수 있는데, 그것은 다름 아닌 자연적 사실과 역사적 추세 및 심리적 혹 생리적 인성, 그리고 그것들에 대한 사실적 인식을 중시하는 객관정신의 표현이다.

필자는 다음의 순서에 따라서 이하의 내용을 서술할 것이다.

첫째, 먼저 순자의 '학'에 대한 태도와 방법 및 목적을 소개하겠다. 왜냐하면 순자는 도덕의 표준인 예의와 치성治性 혹 화성化性의 본질적 방법으로서의 향내적인 자각성찰을 내세우지 않고 향외적인 '학'을 강조하기 때문이다. 순자는 "나는 종일 생각한 적이 있다. 그것은 잠깐 동안 배운 것만 못하였다. 나는 뒤꿈치를 들고서 바라본 적이 있다. 그것은 높은 곳에 올라가 널리 보는 것만 못하였다"[106]라고 하였다. 순자철학에서 예의의 도를 포함하여 지식과 관련된 모든 것은 내적인 심성에 선험적으로 갖추어진 것이 아니기 때문에 맹자처럼 향내적인 '사'를 통하여 얻을 수 없고, 반드시 향외적인 '학'을 통해야만 얻을 수 있다. 다시 말하면 예의에 대한 인식은 생이지지生而知之가 아니라 학이지지學而知之인 것이다. 이러한 '학'에 대한 중시 태도는 순자 도덕론에 일관되게 흐르고 있다.

106) 『荀子』, 「勸學」, "吾嘗終日而思矣. 不如須臾之所學也. 吾嘗跂望矣. 不如登高之博見也."

둘째, '성론'에 대한 원론적인 입장과 심과 성의 관계를 해설하겠다.

셋째, 순자의 심론을 해설하겠다.

넷째, 심과 허일이정虛壹而靜, 그리고 순자 도덕론의 특색과 한계를 밝힐 것이다.

순자가 제시한 학문의 범위는 대단히 광범위하다. 지식의 습득과 누적 그리고 도덕수양과 인격완성, 뿐만 아니라 국가 통치 문제까지 모두 학문의 대상이다. 순자는 「권학」편 첫 구절에서 "배움은 그만두어서는 안 된다. 청색은 남색에서 나왔지만 남색보다 더욱 푸르다"[107]라고 하였다. 이는 후천적인 배움의 과정을 통하여 본래보다 더욱 정묘하게 변화시킬 수 있음을 강조한 것이다. 변화의 대상은 본성은 물론이고 사회조직과 문화 등 다양하다. 순자는 배움에서 맹자와 마찬가지로 환경과 함께 선각자의 역할을 중시한다. 그는 "군자는 반드시 사는 곳을 잘 선택해야 하고, 반드시 노는 데는 학자를 따른다. 이것은 사악한 것을 막고 중정의 도를 가까이하려는 것이다"[108]라고 주장하였다. "사는 곳을 잘 선택해야 한다"는 환경을 중시한 표현이고, "학자를 따른다"는 맹자의 상현尙賢과 동일한 것으로, 선각자들과 교유하면서 자신을 일깨우고 정진하기를 바라는 말이다.

순자는 맹자처럼 '먼저 대체를 올바르게 세우라'(先立其大) 혹은 '잃어버린 마음을 되찾아라'(求放心)를 강조하지 않고 배움을 중단하지 않게 계속하면서 누적(積)하는 것이 '학'의 첫 번째 방법임을 강조하였다. 순자는 「유효」편에서 "흙이 쌓이면 산이 되고, 물이 모이면 바다가 되며, 아침과 저녁이 계속되면 한 해가 된다"[109]라고 하면서 "일반 사람도 선을 쌓고 또 쌓으면

107) 『荀子』, 「勸學」, "學不可以已. 靑取之於藍, 而靑於藍."
108) 『荀子』, 「勸學」, "君子居必擇鄉, 遊必就士. 所以防邪避而近中正也."

성인의 경지에 이를 수 있다"[110]라고 하였다. 일반 범인에서 최고 경지인 성인의 경지에 이를 수 있는 관건은 내적인 도덕성 계발에 있지 않고 후천적인 배움의 누적 활동에 있다. 순자는 화성기위化性起僞를 긍정하였는데, '화성'의 관건은 배움의 누적을 통하여 이루어진 '위僞'에 있다. '위'는 한두 차례의 경험으로 이루어지는 것이 아니라 부단한 경험의 축적을 통하여 이루어진다. 때문에 "배움은 그만두어서는 안 된다"고 한 것이다.

순자는 '위'의 효과를 다방면에서 설명하고 있는데, 그중 핵심은 선행의 누적을 통하여 지혜를 발양하고 성인의 마음을 배양할 수 있다는 것이다. 순자는 "선행을 쌓아서 덕을 이루면 신명함을 저절로 얻게 되어 성인의 마음이 갖추어지게 된다"[111]라고 하였고, "군자는 널리 배우고 매일 자신을 반성하면, 지혜가 밝아지고 행동에 과실이 없게 된다"[112]라고 하였다. 순자 철학에서의 '학' 활동의 종극 목적은 덕성의 성취와 함께 성인 인격 완성에 있다. 때문에 "학자가 되는 것에서 시작하여, 성인이 되는 것에서 마친다"[113]라고 한 것이다. 그렇다면 무엇을 배움으로써 성인의 인격을 성취할 수 있는가? 순자는 여러 가지를 제시하였지만, 그중 핵심은 예의에 대한 학습이다. 순자는 "선왕을 바탕으로 하고, 인의를 근본으로 하려면, 예를 바로 하는 것이 가장 빠르고 정확하다"[114]라고 말하였다. 왜냐하면 순자철학에서 예는 통류[115]이기 때문에 예를 배우면 만사의 도리를 꿰뚫을 수 있다(通

---

109) 『荀子』, 「儒效」, "積土而爲山, 積水而爲海, 旦暮積謂之歲."

110) 『荀子』, 「儒效」, "塗之人百姓, 積善而全盡, 謂之聖人. 彼求之而後得, 爲之而後成, 積之而後高, 盡之而後聖. 故聖人者, 人之所積也."

111) 『荀子』, 「勸學」, "積善成德, 而神明自得, 聖心備焉."

112) 『荀子』, 「勸學」, "君子博學而日參省乎己, 則知(智)明而行無過矣."

113) 『荀子』, 「勸學」, "始乎爲士, 終乎爲聖人."

114) 『荀子』, 「勸學」, "將原先王, 本仁義, 則禮正其經緯蹊徑也."

倫類). 따라서 많은 경험지식을 습득하였고 지혜를 배양하였을지라도 예의에 통달하지 못하고, 선행을 실천하였다고 할지라도 그것이 예의와 부합하지 않으면 학문을 하였다고 할 수 없다. 그러나 순자는 예의에 통달하기 위해 단순한 학습을 통한 경험지식 축적 외에 내적인 사려를 강조한다. "군자는 완전하지도 정밀하지도 않은 것은 잘된 학문이 될 수 없다는 것을 알고 있다. 그러므로 여러 번 읽어 일관되게 하고, 깊이 사색하여 통달해야 한다"116)라고 하였다. 물론 순자가 강조한 사색(思)이 맹자의 향내적 자각성찰을 의미한 것은 아니다. 순자가 "여러 번 읽어 일관되게 한다"는 것은 '학'의 활동을 통하여 지식을 온전하게 한다는 의미이고, "깊이 사색하여 통달해야 한다"는 것은 향내적인 사유활동을 통하여 학으로써 이룬 지식을 계통화하고 정밀하게 하여 마음의 원칙으로 삼고 또 마음과 하나가 되어야 한다는 것이다. 이러한 활동을 통하여 앎은 명료하게 되고, 실천은 도리와 합치하게 된다. 이것이 바로 지명행수知明行修이다. 이로부터 더욱 나아가 안으로는 객관적인 원칙인 예의에 입각하여 자신의 생명을 바르게 하고(治性 혹은 化性), 밖으로는 역시 객관적인 예의에 입각하여 사물의 변화에 시의적절하게 응대하면 그것이 바로 성인의 인격이다.117)

---

115) '統類'라는 용어는 순자가 창조한 관념이다. '통'과 '류' 자는 순자철학에서 상당히 넓은 의미로 쓰인다. '통' 자가 철학과 관련을 맺고 있는 것은 강기의 의미로 해석될 때이고, '류' 자는 '통' 자와 병렬되어 사용되거나 혹 법과 대비되어 사용될 때이다. 간략하게 규정하면, 통류에서의 통은 강기의 의미이고, 류는 질서의 의미이다. 법과 류가 서로 대비되어 사용될 때는 류가 원칙적인 것이라면 법은 구체적인 것이라고 할 수 있다.(蔡仁厚, 『孔孟荀哲學』, 461쪽 참고)

116) 『荀子』, 「勸學」, "君子知夫不全不粹之不足以爲美. 故誦數以貫之, 思索以通之."

117) 정덕희는 범인에서 성인으로의 과정에는 하나의 질적인 비약(Quality Leap)이 있다고 한다. 즉 일반 사람인 범인이 후천적인 적위의 과정을 거쳐 궁극적인 순간에 성인으로 되는 새로운 질적인 轉化가 발생한다는 것이다. 필자는 이것과 주희의 豁然貫通은 상당히 유사한 면이 있다고 생각한다. 양자 모두 양에서 질로의 초월을 의미한다.(정덕희,

다음은 순자의 성론이다. 맹자와 순자의 철학에서 심론보다 더욱 명확하게 구별되는 것은 성론이다. 맹자는 성선설을 주장한 반면 순자는 성악설을 주장하였다. 또 양자의 철학에서 심과 성의 관계는 확연하게 다르다. 맹자의 심성론에서 심과 성은 일자적 관계로 놓여 있다. 성이 도덕실체의 존재성을 의미하는 것이라면, 심은 도덕실체의 활동성을 의미하는 것이다. 그러나 순자철학에서 심과 성은 엄격한 형식적인 개념 차이뿐만 아니라 내용적인 차이도 가지고 있다. 순자철학에서 심은 인지성과 변별력 및 주재성을 갖춘 것으로서 강기 혹 예의의 통류를 인식할 수 있는 기능을 가진 지성주체이다. 반면 성은 가치중립자[118]로서 오히려 심에 의하여 피치被治되어야 할 대상이다. 다시 말하면 성은 맹자철학에서처럼 도덕실천의 내적 근거도 아니며, 또한 인간의 존재 근거도 아닌, 일종의 자연적 본성이다. 순자는 다음과 같이 규정하였다.

태어나면서부터 그렇게 된 것을 성이라고 한다.[119]

대개 성이란 천이 생성한 것이다. 배움을 통하여 얻어지는 것도 아니고, 노력하여 종사함으로써 얻어지는 것도 아니다.…… 배움을 통하여 얻어지는 것도 아니고, 노력하여 종사함으로써 얻어지는 것도 아닌 것이 사람에게 갖추어져 있는 것을 성이라고 한다.[120]

「순자의 인간이해와 수양론」, 『한국교육사학』 제26권 제1호, 2004, 93쪽)

118) 순자철학에서의 성악은 因에 대한 판단이 아니라 果에 대한 판단이다. 따라서 무선무악의 가치중립자로서 표현한 것이다.

119) 『荀子』, 「正名」, "生之所以然者, 謂之性."

120) 『荀子』, 「性惡」, "凡性者, 天之就也. 不可學, 不可事.……不可學, 不可事而在人者, 謂之性."

성이라는 것은 본래 갖추고 태어난 재질이다.[121)]

첫 구절은 성의 자연적 의미를 표시하고, 둘째 구절은 성의 선천성을 표시하며, 셋째 구절은 성의 재질적인 의미를 표시한다.[122)] 필자는 이 세 구절에서 표현된 성의 의미에서 '성은 악하다'라는 진술을 도출할 수 없을 것 같다. 비록 성이 기질생명의 재질이고, 선행의 실현과 무관한 것일지라도, 그것 자체를 악으로 규정할 수는 없다. 사실 순자의 성론은 기본적으로 '생으로써 성을 규정한 고자의 생지위성의 계통'에 속한다. 고자가 주장한 "생, 그것을 성이라고 말한다"(生之謂性)는 것은 순자의 성론과 일치한다.[123)] 이러한 범주에 속한 인성은 당연히 가치중립적인 것이기 때문에 "성에는 선도 없고 악도 없다" 혹은 "성은 선으로도 될 수 있고 악으로도 될 수 있다"고 말할 수 있다. 따라서 순자가 말한 성악은 성이 악으로 결정되었다는 의미로 이해하기보다는, 성은 가치중립자로서 후천적인 인위가 가해지지 않으면 선보다는 악으로 흐를 가능성이 농후하다로 이해하는 것이 합리적이다. 순자는 "성이 상처를 입어 손상되면 이를 병이라고 한다"[124)]라고 하였다. 이곳의 '병'을 신체 혹은 생리적인 활동 측면에만 제한시켜 이해할 필요는 없다. '성'은 본래적인 것이고, '병'은 후천적인 어그러짐이다. 본래

121) 『荀子』, 「禮論」, "性者, 本始材朴也."

122) 蔡仁厚, 『孔孟荀哲學』, 387~388쪽.

123) 순자와 고자가 비록 生으로써 性을 규정하였지만 "生이 바로 性이다"의 의미는 아니다. '生之謂性'에서 '之謂'는 生과 性의 동일관계를 나타내는 것이 아니다. 즉 "生, 그것을 性이라고 말한다"는 일종의 분석진술이 아니라 종합진술이다. 고자도 '生卽性'의 해석에 동의하지 않을 것이다. 왜냐하면 '生之謂性'의 본의는 '하나의 존재물이 성립할 때 선천적으로 갖추고 있는 각종의 특성'을 의미하기 때문이다. '生'은 일종의 시간적인 사실이고, 性은 이러한 사실 존재물이 갖추고 있는 속성이다.

124) 『荀子』, 「正名」, "性傷謂之病."

의 성과 어그러짐 사이에는 '손상'이라는 인위가 있다. '병'이 악이라면 이 악은 성의 본래 모습이 아니라 손상이라는 후천적 인위가 가해진 이후의 결과이다. 성을 곧 병이라고 규정할 수 없듯이 성을 악으로 규정할 수 없다. 다시 말하면 '성은 악하다'는 분석진술이 아니라 종합진술이다. 또한 순자 철학에서 '성'은 인위를 가할 수 있는 유일한 대상이고, 예의에 의거한 심의 치성 활동을 통하여 변화되면 오히려 선을 실현하는 당사자이기 때문에 더더욱 '악'으로 규정할 수 없다.[125)]

물론 '성'을 악으로 규정할 수 없다고 할지라도 성이 도덕행위를 구속한다는 사실은 부정할 수 없다. 그러나 성악은 성이 도덕행위를 구속한다는 의미를 갖고 있지만, 그것은 '결정'이 아니라 일종의 '제약'을 뜻하는 것으로 이해해야 한다. 제약도 일종의 구속이기는 하나, '제약'에는 인간 의지가 개입할 수 있는 여지가 있지만, '결정'이라는 구속에는 인간의 의지가 개입할 수 있는 여지가 없다.[126)]

순자가 제시한 성은 사실 존재의 자연적 본성으로서 동태적인 활물이다. 따라서 이 성은 일정한 내용을 갖고 있으며, 외물과의 접촉을 통하여 반응을 드러낸다. 그것이 바로 정情과 욕欲이다. 순자철학에서 정은 성의 내용이고, 욕은 성의 내용인 정이 외물에 감응하여 나타낸 반응이다.[127)] 순자철학에서 성과 정 및 욕에 비록 형식적인 개념의 차이는 존재하지만 실제 이 세 가지는 동일자의 서로 다른 명칭에 불과하다. 구체적으로 말하면 연속선상에 있는 일자의 서로 다른 단계의 명칭에 불과하다. 그러므로 서복관

---

125) 『荀子』, 「儒效」, "性也者, 吾所不能爲也, 然而可化也. 情也者, 非吾所有也, 然而可爲也."; 「禮論」, "無性, 則僞之無所加. 無僞, 則性不能自美."

126) 정덕희, 「순자의 인간이해와 수양론」, 『한국교육사학』 제26권 제1호(2004), 85쪽.

127) 『荀子』, 「性惡」, "性者, 天之就也. 情者, 性之質也. 欲者, 情之應也."

은 "순자 성론의 특성은 바로 욕으로써 성을 규정하는 데 있다"[128]라고 하였다.

순자의 도덕론에서 가치중립적인 본성을 교화하여 선을 성취할 수 있는 내적인 근거는 심이고, 외적인 객관 표준은 예의이다. 심이 예의를 인식하고,[129] 인식한 예의에 입각하여 성을 순화하여 선을 발현하는 전 과정이 화

---

128) 徐復觀, 『中國人性論史』(臺灣: 商務印書館, 1987), 234쪽.

129) 순자와 주희철학에서 심과 예의 · 심과 리(소당연지칙과 소이연지리)의 관계는 주객대립의 형식으로 설정되어 있다. 그렇지만 순자철학의 예의와 주희철학의 리는 기본적인 성격이 다르다. 순자철학의 예의, 즉 강기는 先王과 後王의 治道를 관통하는 예의법도(禮憲)이지만, 초월성의 천리는 아니다. 다시 말하면 순자는 선왕과 후왕의 역사 발전 과정에서 치도의 변화는 매우 복잡하게 전개되었지만, 그곳에는 하나의 공통적인 원리가 있다고 생각하였다. 이것이 바로 共理 즉 통류이며, '예의의 통'(禮義之統)이다. 이러한 예의의 통류는 역대 선왕으로부터 축적된 법도를 하나로 통일하고 체계적으로 종합하여 이루어진 것이다. 따라서 통류는 초월적인 것이 아니라 경험적인 것이고, 인식의 방법 역시 주희처럼 활연관통과 같은 직관이 필요하지 않는 因革과 損益을 근거로 유추하면서 계통화하고 종합하는 것이다. 순자철학에서는 지식의 이질적 도약 과정이 없다. 다시 말하면 지식에 비록 거칠고(粗)와 정묘함(精)의 차이는 있지만, 그것은 漸의 축적을 통하여 체계적으로 계통화된 지식일 뿐 漸에서 頓으로의 초월적 도약은 아니다. 그러나 주희철학에서는 '점'에서 '돈'으로의 이질적 초승의 단계가 있다. 주희의 인식론은 철저한 점교 중심이다. 격물은 近으로부터 시작하여 遠에 이르고, 치지 역시 거침 혹 얕음으로부터 정묘함 혹 심원에 이른다. 주희가 강조한 博學과 審問 그리고 愼思와 明辨은 모두 '점'의 심화 과정이다. 그러나 주희는 '점'의 적습으로부터 한 차례의 이질적인 비약을 제시한다. 이것이 바로 활연관통이다. 격물 측면에서 보면 활연관통은 物格이고, 치지 측면에서 보면 활연관통은 知至이다. 혹자는 주희의 격물치지를 귀납적 방법으로 이해하고, '지지'를 귀납을 통해 얻어진 일반화 혹은 보편화의 지식으로 이해하기도 한다. 그러나 양자는 성격이 다르다. 비록 방법은 유사하지만, 격물치지는 객관세계에 대한 경험지식을 추구하는 방법이 아니고, 활연관통의 '지지' 역시 개연성을 본질로 하는 일반화된 지식이 아니다. 다시 말하면 귀납을 통한 지식은 영원히 일반화 혹은 보편화의 지식으로서 類의 성격을 극복할 수 없다. 그러나 주희철학의 활연관통은 '류'의 성격을 초월한 하나(一)로서의 리를 획득한 경지이다. 따라서 이때의 지식은 일반화 혹은 보편화된 지식이 아니라 일반성 혹은 보편성 그 자체를 의미한다. 주희가 이처럼 이질적인 초승의 단계를 설정한 것은 심의 인식대상인 리가 경험적인 것이 아니라 초월적인 형이상자에 속한 소이연이기 때문이다. 소이연에 대한 인식은 순자처럼 손익과 유추 그리고 계통화와 종합의 과정만을 통해서 이루어지지는 않는다. 손익과 유추 그리고 계통화와 종합은 '점'의 확장과 精一일 뿐 종극의 경지는 아니다. '류'를

성기위이다. 먼저 화성기위에서의 심·성·도 삼자의 관계를 간략하게 약술한 후에 심의 특성과 작용을 논하겠다.

앞에서 설명한 바와 같이 순자철학의 성은 양면의 의미를 갖고 있다. 하나는 제약의 의미이고, 하나는 도덕행위의 당사자라는 의미이다. 전자는 인위가 가해지기 이전의 성 즉 본래적인 성이 갖는 의미이고, 후자는 심의 치성과 화성 이후의 성이 갖는 의미이다. 순자철학에서 성은 인위가 가해져야 할 대상 즉 피치자被治者이고, 또 인위가 가해져야만 성은 비로소 미(선)를 발현할 수 있다. 성이 선으로 교화됨에 있어 인위는 필수 불가결한 것이다. 인위가 가해지면 선으로 표현될 수 있다는 것은 성이 선으로 화化해질 수 있는 여지가 있다는 것이다. 이 점이 전제되어야만 비로소 수양론이 제시될 수 있으며, 또한 심의 작용과 예의의 의의가 부여될 수 있다.

순자의 도덕론에서 화성기위[130]는 심과 성 및 도 삼자의 합작으로 이루어진다. 순자는 화성기위의 과정을 다음과 같이 설명하고 있다.

> 심이 도를 인지하지 못하면 도리를 인가하지 않고 도리가 아닌 것을 인가한다.…… 심이 도를 인지한 후에야 비로소 도리를 인가할 것이고, 도리를 인가한 후에야 비로소 도리를 지키고 도리가 아닌 것을 금할 수 있다.…… 그러므로 다스림의 요체는 도리를 인지함에 달려 있다.[131]

초월한 하나(一)로의 초승이 한 차례 더 요구되는데, 이것이 바로 '물격'과 '지지'의 활연관통이다. 이때 심 역시 人心에서 道心으로 진입한다.

130) 순자가 化性起善이라고 하지 않고 化性起僞라고 표현한 것에는 두 가지 의미가 내재되어 있다. 하나는 선이 내적인 근거를 갖지 않는 후천적인 인위의 결과라는 의미이고, 다른 하나는 비록 '화성'을 하였다고 할지라도 '화성'이 선의 실현을 완전하게 담보하지 않는다는 의미이다. 두 번째 문제는 이 절의 후반부에서 설명하겠다.

131) 『荀子』, 「解蔽」, "心不知道, 則不可道而可非道.……心知道然後可道, 可道然後能守道以禁非道.……故治之要在於知道."

순자는 심에 대하여 "인의법정의 도리를 지각할 수 있는 질성을 갖추고 있다"[132], "사람에게는 태어나면서부터 알 수 있는 기능이 있다.…… 심이 바로 태어나면서부터 알 수 있는 기능이다"[133], "대개 사람에게는 알 수 있는 본성이 있다"[134]라고 하였다. 질성과 본성[135]이란 심의 본래적 능력을 가리킨다. 그러나 도리와 심의 관계는 주객대립으로 성립되어 있어 심이 향내적으로 자각성찰하여 현현하는 것이 아니라 이미 주어진 인의법정 혹은 예의의 도를 인식할 뿐이다. 심은 지각주체이지 자각주체가 아니다. 심이 도리를 지각하는 것은 도리를 인가(可道)하여 그것을 지킬 수 있고(守道) 따를 수 있는(從道) 선결 조건이다. 즉 '지'가 '행'의 전제 조건인 것이다. '가도可道'는 심이 인지한 도리를 근거로 선악과 시비를 선택 판단한다는 의미이고, '수도守道'의 직접적인 의미는 인지한 도리를 잃지 않고 간직한다는 것이지만 실제로는 인지한 도리에 의거하여 치성한다는 의미를 포함하고 있다. 치성한 후에 비로소 성정의 발현 중에서 도리가 아닌 것을 금지할 수가 있고 도리와 일치한 것을 따를 수 있다. 이것이 바로 '행'이고, '위'라는 선행의 실현이다. 이로써 보면 화성기위에서 나타난 문자는 비록 '성'과 '위' 두 자이지만, '성'과 '위'의 관계에 심이라는 매개자의 역할이 내재되어 있음을 알 수 있다. 즉 치성의 주체는 심이고, 그것의 근거(표준)는 예의이다. 다시 말하면 심은 직접 치성하는 것이 아니라 예의라는 도리를 인식하여 그것을 표준으로 삼아 치성하는 것이다.

---

132) 『荀子』, 「性惡」, "途之人, 皆有可以知仁義法正之質."
133) 『荀子』, 「解蔽」, "人, 生而有知.……心, 生而有知."
134) 『荀子』, 「解蔽」, "凡以知, 人之性也."
135) 이곳에서 비록 순자가 성이라고 표현하였지만, 이는 심의 生而有之 즉 선천성을 표현한 것에 불과하다.

순자의 도덕론에서 심과 성 및 예의의 관계를 간략하게 표현하면 다음과 같다. 심은 지각의 주체로서 도리를 인지하고, 그것을 근거로 시비선악을 판단한다. 도리인 예의는 심의 인식대상이고, 치성과 화성의 표준이다. 성은 본래 선에 대한 지향성을 갖추지 않은 가치중립자이지만, 심과 예의의 역할에 의하여 후천적으로 변화되면 향선의 동기로 작용할 수 있고, 선을 실현할 수 있는 동력으로도 작용할 수 있다. 즉 치성하여 화성된 성은 선과 악에 대하여 호오의 작용을 표현할 수 있고, 그것을 행위라는 구체적인 모습으로 실현할 수 있다.

순자는 이목구비형耳目口鼻形과 그 본래적인 작용을 '천관天官'이라고 하고, 심을 '천군天君'이라고 하여, 심이 비록 '생이유지'한 것이지만 일반적인 생리적 본능과는 질적으로 다른 작용임을 강조한다. 심이 천군이 될 수 있는 본질적 관건은 도리에 대한 사려(學과 思를 포함한 심의 작용)와 주재 작용에 있다. 순자는 심의 '사'와 '려' 및 주재 작용에 대하여 다음과 같이 해설한다.

(희노애락의) 정의 그러한 것이 심에 의하여 선택되는 것을 려라고 한다.136)

예 중에서 사색할 수 있는 것을 려라고 한다.137)

그 앎과 사려는 만사의 변화에 충분히 응대할 수 있다.…… 그 앎과 사려는 충분히 의혹을 해결할 수 있다.138)

---

136) 『荀子』, 「正名」, "情然而心爲之擇, 謂之慮."
137) 『荀子』, 「禮論」, "禮之中焉, 能思索, 謂之慮."
138) 『荀子』, 「君道」, "其知慮足以應待萬變.……其知慮足以決疑."

심은 중앙의 텅 빈 곳에 있으면서 오관을 다스리므로 천군이라고 한다.139)

심은 형체의 군주이고, 신명의 주인이다. 명령을 내릴 뿐 명령을 받지 아니한다. 스스로 금하고, 스스로 부리며, 스스로 빼앗고, 스스로 취하며, 스스로 행하고, 스스로 멈춘다.140)

이상의 심의 특성과 작용만을 근거로 하여 보면, 순자가 제시한 심은 의지의 자유로서 도덕규범에 대한 자결과 자율성을 갖추고 있는 주체로 이해할 수 있을 것도 같다. 왜냐하면 심의 본래 작용이 예의를 인식하여 선택 판단할 수 있고, 또 천군으로서 타자에 의해 주재당하지 않고 자연생명의 감관을 주재할 수 있기 때문이다. 순자가 말한 "스스로 금하고, 스스로 부리며, 스스로 빼앗고, 스스로 취하며, 스스로 행하고, 스스로 멈춘다"는 것은 마치 심 즉 의지의 자유성을 표시한 것 같다. 사실 자유와 자율의 문제는 다양한 각도에서 논의할 수 있기 때문에 아무런 전제 없이 긍정과 부정을 취하는 것은 합리적인 태도라고 할 수 없다.

자율이라는 말은 본래 정치학의 용어이다. 하나의 정치단체 혹은 국가가 자기 스스로 법률을 제정하고, 그것에 의하여 행동하는 권리를 의미한다. 도덕론에서 자율과 타율은 두 가지 의미를 갖고 있다. 하나는 동기의 자율과 타율이다. 만일 하나의 도덕행위가 오로지 선을 실현하려는 의지를 동기로 삼는다면 이는 동기의 자율이다. 반대로 선의 실현이라는 의지 외에 기타 목적을 동기로 삼는다면 이는 동기의 타율이다. 다른 하나는 법칙의

139) 『荀子』, 「天論」, "心居中虛, 以治五官, 夫是之謂天君."

140) 『荀子』, 「解蔽」, "心者, 形之君也, 而神明之主也. 出令而無所令. 自禁也, 自使也, 自奪也, 自取也, 自行也, 自止也."

자율과 타율이다. 만일 내적인 도덕주체가 입법(도덕규범)의 실체라면 이는 법칙의 자율이다. 만일 외적인 법칙을 주체 활동의 근거 혹은 표준으로 삼는다면 이는 법칙의 타율이다. "인의예지는 심을 근본으로 한다"(仁義禮智根於心)는 맹자의 도덕론은 동기의 자율이고, 법칙의 자율이다. 순자의 도덕론은 단지 동기의 자율만을 긍정할 수 있을 뿐 법칙의 자율은 긍정하기 어렵다. 왜냐하면 심이 예의에 대한 인식과 사려 활동을 통하여 치성하고 화성하려는 것은 결코 선의 실현이라는 목적 외에 기타의 목적을 예설하지 않기 때문이다. 그러나 심은 예의의 법칙에 대한 입법자가 아니다. 예의의 법칙은 심의 존재와 독립적인 것으로, 그것의 존재성은 심과 아무런 관련이 없다. 단지 심이 전제되지 않는다면 그것의 의미와 기능이 드러나지 않을 뿐이다. 이 점은 주희의 도덕론에도 동일하게 적용된다. 따라서 순자의 심은 일정 범위 안에서는 자유이고, 자율적인 주체라고 긍정할 수는 있을 것 같다. 그러나 자율과 자유를 '심의 활동이 필연적으로 선을 지향하는가', '심의 활동은 절대적인 독립성을 확보하고 있는가', '심은 예의의 도덕규범에 대하여 입법의 작용을 구비하고 있는가'라는 유가적인 입장에서 논하면, 심의 자유는 단지 이미 주어진 범위(대상) 내에서의 선택 판단의 자유일 뿐, 무한 범위에서의 도덕규범에 대한 입법자로서의 자율은 아니다.

또 순자의 도덕론에서 심이 일정 범위 안에서 자유와 자율의 기능을 발휘하려면 후천적인 공부가 전제되어야 한다. 왜냐하면 심 자신이 완전자는 아니기 때문이다. 순자는 심의 피동성을 긍정한다.[141] 다시 말하면 심이 비

141) 『荀子』, 「解蔽」, "人心譬如槃水, 正錯而勿動, 則湛濁在下, 利清明在上, 則足以見鬚眉而察理矣. 微風過之, 湛濁動乎下, 清明亂於上, 則不可以得大形之正也. 心亦如是矣. 故導之以理, 養之以清, 物莫能傾, 則足以定是非, 決嫌疑矣. 小物引之, 則其正外易, 其心內傾, 則不足以決庶理矣." "人心은 쟁반의 물과 같다"는 말은 심의 불완전성을 간접적으로 표현한 것이다. 다시 말하

록 예의의 도리에 대한 인식의 기능을 갖추고 있고, 예의의 도리에 의거하여 시비선악을 선택 분별할 수 있지만, 심의 선택 판단이 필연적으로 도리에 합치되는 것은 아니다. 심과 리의 합일에 필연성이 확보되려면 반드시 모종의 수양공부가 가미되어야 하는데 이것이 바로 '허일이정'[142]이다.

앞에서 살펴본 바와 같이 순자의 도덕론에서 덕을 완성하고 선을 성취할 수 있는 관건은 바로 심의 선택 판단과 '치성' 여부에 있다. 왜냐하면 심은 예의의 도리를 인식(인가를 포함한 선택 판단)한 후에 '치성'할 수 있으며, 심에 의하여 성이 다스려진 후에야 비로소 성이 '위僞'(善)를 발현할 수 있기 때문이다. 순자 도덕론의 특성은 심성도 삼자의 결합에 있다는 것이며, 문제점 또한 여기에 있다. 먼저 심의 본래적 기능과 '허일이정'의 수양공부와의 관계 및 '허일이정'을 경과한 심의 작용을 설명한 후에 순자 도덕이론체계의 문제점을 논술하고자 한다. 「해폐」편에 다음과 같은 내용이 수록되어 있다.

> "사람은 어떻게 도리를 지각할 수 있는가?" 말하였다. "심으로써 알 수 있다." "심은 어떻게 (도리를) 지각할 수 있는가?" 말하였다. "허虛(虛心)와 일壹(專一) 및 정靜(활동하나 혼란되지 않음)[143]하기 때문이다. 심은 항상 무엇인가를 지니고 있으면서도 허할 수 있고, 심은 항상 여러 가지로 차 있으면서도 전일할 수 있으며, 심은 항상 활동하지만 혼란되지 않는다."[144]

면 외물의 작용에 의하여 그 본래의 작용이 온전하게 표현될 수 없음을 긍정한 것이다.

142) 허일이정과 순자 도덕론의 문제점은 필자의 선행연구인 「순자 도덕철학의 특성과 문제점」을 인용한 것이지만, 이전의 견해에 약간의 문제가 있어 수정 보완하였다.

143) 순자의 도덕론에서 虛와 壹 및 靜은 심이 도를 파악할 수 있는 세 가지 요건이다. 심은 '허'하기 때문에 받아들일 수가 있고, 오로지 마음을 '전일'하게 할 수 있기 때문에 오래 쌓여 덕을 완성할 수 있으며, 또한 동요되어 혼란스럽지 않기 때문에 통할 수 있는 것이다.

이른바 '장臧'은 쌓아 축적함을 의미하고, '만滿'[145]은 동시에 여러 가지를 한꺼번에 지각할 수 있음을 의미하며, '동動'은 의식의 활동을 의미한다. 심은 축적할 수 있고, 동시에 여러 가지를 한꺼번에 지각할 수 있으며, 또한 의식할 수 있다. 이러한 것이 심의 일반적인 특성이다. 순자에 의하면 심의 진정한 특성은 이러한 '장'과 '만' 및 '동'에 있는 것이 아니라 '허'와 '일' 및 '정'에 있다. 이 허일정이 바로 순자의 도덕이론에서 차지하고 있는 심의 작용이다. 순자는 '허'에 관하여 다음과 같이 설명한다.

> 사람은 태어나면서부터 지각할 수 있는 능력이 있다. 지각하여 기억할 수 있다. 기억이라는 것이 바로 '장'이다. 그러면서도 '허'함이 있다. (이것은) 바로 이미 기억한 것으로써 새로운 것을 받아들이는 것을 방해하지 않는 것을 '허'라고 한다.[146]

사람에게는 선천적으로 인지의 능력이 갖추어져 있고 또 인지한 지식을 마음속에 기억할 수 있는 능력도 있다. 이것이 바로 '장'이라는 심의 특성이다. 즉 심이 축적할 수 있는 용량은 창고처럼 유한한 것이 아니다. 그러나 심의 본래적 기능인 '장'은 완전하지가 못하다. 그렇지 않다면 '허'의 수양공부가 근본적으로 필요하지 않을 것이다. 이른바 "이미 기억한 것으로써 새로운 것을 받아들이는 것을 방해하지 않는 것을 '허'라고 한다"는 것은 바로

---

144) 『荀子』, 「解蔽」, "'人何以知道?' 曰: '心.' '心何以知?' 曰: '虛壹而靜. 心未嘗不臧也, 然而有所謂虛, 心未嘗不滿也, 然而有所謂壹, 心未嘗不動也, 然而有所謂靜.'"

145) 楊倞의 註釋에 의하면 滿은 兩의 의미이다. 즉 동시에 서로 다른 사물에 대한 지식을 이룰 수 있다는 의미이다.

146) 『荀子』, 「解蔽」, "人生而有知. 知而有所志. 志也者, 臧也. 然有所謂虛. 不以所已臧害所將受, 謂之虛."

심이 비록 '장'의 기능을 구비하고 있지만 외물의 영향으로 말미암아 본래적인 기능을 상실할 수 있음을 표시해 주고 있다. 다시 말하면 새로운 지식을 받아들임에 있어 발생할 수 있는 방해를 제거하는 것이 바로 '허'의 작용이다. 그러므로 '장'과 '허'는 서로 대치되는 것이 아니라 본래적 기능을 더욱 극대화하는 작용이라고 할 수 있다. 즉 심의 기능이 감관작용 혹은 외물의 영향으로부터 완전히 초탈하여 새로운 지식을 순조롭고 자연스럽게 받아들이게 하는 작용이다. 이때 비로소 심은 예의의 도리에 대하여 완전한 인지를 할 수 있기 때문에 욕구가 지향하는 바의 도덕성 여부를 결정할 수 있고, 경험층으로부터 도덕층으로 승화된다. 이것이 바로 '허'의 작용을 경과한 후의 심이다. '만'에 관하여 다음과 같이 설명하고 있다.

> 심에는 생겨나면서부터 지각의 능력이 있으며, (사물에 대한) 지식은 서로 구별이 있다. 구별이라는 것은 동시에 지각하고 있다는 것이다. 동시에 한꺼번에 지각하고 있는 것은 마음이 여러 갈래로 갈라져 있는 것이다. 그렇지만 '전일'할 수 있다. 저것 하나로써 이것 하나를 방해하지 않으니 '일'이라고 한다.[147)]

심의 인지작용은 사물의 이동異同을 분별할 수 있다. 서로 다른 사물에 대하여 동시에 다른 판단을 할 수 있다. 예를 들면 흰색의 밥을 먹으면서 흰색에 대한 시각과 밥에 대한 미각을 동시에 발휘하여 지각할 수 있다. 이것이 바로 '만'이라는 심의 특성이다. 심은 동시에 서로 다른 사물에 대하여 지각할 수 있으며, 또한 사물 사이에 주종·선후를 분별하고 그중 하나

147) 『荀子』, 「解蔽」, "心, 生而有知, 知而有異. 異也者, 同時兼知之. 同時兼知之, 兩也. 然而有所謂一. 不以夫一害此一, 謂之壹."

를 선택하여 전심전력할 수 있다. 그러나 이러한 '만'의 작용을 갖춘 심도 완전하지 못하다. 그 원인은 바로 심이 감관 혹은 외물의 영향으로부터 완전하게 초탈하지 못한다는 데 있다. 그러므로 '일'이라는 수양공부가 필요한 것이다. '일'은 '전일'로 해석할 수 있지만, 실제 의미는 서로 잡다한 사물에 대한 지식을 관통하여 원리를 파악하는 것이다. 심의 인지대상은 예의의 도리이다. 그러나 일상생활에서 발생할 수 있는 일(事, 도덕과 유관한 일)의 표상은 복잡다단하여 표상 속에 내재되어 있는 원리를 파악하지 못하면 심의 선택 판단은 도리에 합치되지 않을 수 있다. 그러므로 하나의 사물에 대한 표상이 다른 하나의 사물에 대한 표상을 수용함에 있어 방해하지 않게 해야만 한다. 서로 다른 표상이 서로 방해하지 않고 하나의 심에 수용된다는 것은 바로 복잡한 표상에 내재되어 있는 원리를 관통하고 있기 때문이다. 이것이 바로 '일'을 경과하여 나타난 심이다. 이때 심은 경험층으로부터 도덕층으로 승화된다. '정'에 대하여 다음과 같이 설명하고 있다.

> 심은 잠들면 꿈을 꾸게 되고, 한가하면 방종하게 되고, 사용하면 모사를 꾸미게 된다. 그러므로 심은 활동하지 않은 적이 없다. 그러나 '정'이라는 것이 있다. 몽상이나 번뇌 등에 의하여 지각 작용이 혼란되지 않는 것을 '정'이라고 한다.[148]

잠든 상태에서 꿈을 꿀 수도 있고, 또 한가할 때에 환상과 잡념에 빠질 수도 있다. 이러한 상상과 환상 및 잡념은 모두 과거의 경험을 근본으로

148) 『荀子』, 「解蔽」, "心臥則夢, 偸則自行, 使之則謀. 故心未嘗不動也. 然而有所謂靜. 不以夢劇亂之, 謂之靜."

하여 발생된 심리 현상이다. 또 마음을 쓰면 무엇을 꾸민다. 마음이 꾸미는 것은 모두 꿈과 환상 및 잡념을 기초로 하여 일어난 사려 활동이다. 즉 심은 한시라도 활동하지 않은 적이 없다. 그러므로 '동'이라고 한다. 그러나 심이 상상과 환상 및 잡념을 기초로 하여 사려 활동을 하게 되면 쉽게 이것들에 의하여 교폐 당하여 예의 도리에 부합하지 못하게 된다. 때문에 경험적 활동으로부터 초탈하여 심을 함부로 동요되지 않게 하는 공부가 필요하다. 이것이 바로 '정'이다. 즉 꿈도 꾸고 환상에 빠질 수도 있고 무엇을 꾸미더라도, 또 동시에 자신을 고요히 하여 흔들림이 없게 할 수 있다. 꿈과 환상 등은 심의 인지작용과 기억 작용을 혼란스럽게 하지 않는다. 심의 인지대상은 예의의 도리이다. 그러나 '정'의 수양공부를 경과하기 전의 상상이나 환상 그리고 잡념들과 예의의 인지작용은 모두 심의 '동'이라는 특성으로부터 발생된 것이다. 그러므로 '동'과 '정'은 서로 배척하는 관계가 아니다. '정'은 심의 '동' 작용이 꿈과 환상 및 잡념들에 의하여 교폐 당하여 예의의 도리에 대한 인지작용을 상실하지 않게 하는 공부이다. '허일'과 마찬가지로 '정'의 공부를 경과하여 발생된 심의 작용은 도덕적인 것이다. 이른바 "도리로써 교도하고 맑은 것으로써 존양하고 외물에 마음을 기울게 하지 않으면 시비를 족히 분별할 수 있고 의혹을 해결한다"[149]에서 '맑은 것으로써 존양한다'는 것은 바로 '허일정'으로써 심의 기능을 대청명大淸明의 경지로 승화시킨다는 의미이다. 간략하게 말하면 장만동臧滿動은 '생이유지'한 심의 본래적 기능으로서 비도덕적(불완전)인 심의 작용인 반면에, '허일정'의 공부를 경유하여 발현하는 심은 예의의 도리를 인지할 수 있어 선택 판단이 반드시 예

149) 『荀子』, 「解蔽」, "故導之以理, 養之以淸, 物莫能傾, 則足以定是非, 決嫌疑矣."

의의 도리에 부합하며 또한 성을 순화시켜 선을 성취할 수 있게 하는 도덕심이다.

심은 비록 선천적으로 지각의 작용과 기억의 작용을 구비하고 있지만 때로는 외물에 흔들려 청명을 빼앗길 수도 있으며, 또 지각의 활동 즉 선택 판단도 반드시 도리에 합치되는 것은 아니다. 그러므로 반드시 '허일정'의 수양공부를 통해야만 대청명의 경지에 도달할 수가 있다. 이때 심은 비로소 자신의 본연 작용을 발휘하여 선택 판단이 도리에 합치할 수 있게 한다. 다시 말하면 심의 도리에 대한 지각은 반드시 '허일정'이라는 수양공부를 전제해야만 완전성을 보장할 수가 있다.

이상을 종합해 보면 '허일정'의 효능은 세 가지 측면에서 논의할 수 있다. 첫째, 심의 본래적 기능인 '장'·'만'·'동'의 작용을 극대화시킨다. 둘째, 심의 본래적 기능인 '장'·'만'·'동'을 감관 혹은 외물에 교폐 당하지 않게 한다. 셋째, 심이 비록 도리를 인가하였다고 할지라도 '치성'의 운용상에서 감관과 외물의 영향을 받을 수 있다. '허일정'은 바로 심의 운용 즉 예의를 인지하고 성을 인지할 때에 심의 작용을 자주적으로 운용하게끔 하는 공부이다.

필자는 앞에서 순자 도덕론의 특성이 심성도 삼자의 후천적 결합에 있음을 밝혔다. 이것이 순자 도덕론의 특성이지만, 문제점 역시 이곳에 있다. 순자 도덕론에서 나타날 수 있는 구체적인 문제점은 무엇인가? 첫째는 예의의 내원來源 문제이고, 둘째는 예의의 완전성 문제이며, 셋째는 성의 활동 문제이다.[150] 이 세 가지 문제는 독립시켜 논의할 사항이 아니다. 모두 심

150) 이 세 가지 문제는 순자의 입장에서 충분히 설명할 수 있는 것도 있고, 이론상 근본적으로 난점에 봉착할 수 있는 것도 있다.

과 연결시켜 하나의 연속적인 문제로 살펴보아야 한다.

먼저 예의의 내원 문제를 살펴보자. 도 즉 예의는 이미 규범 혹은 원리로서 주어진 것이기 때문에 우리는 예의 그 자체를 문제 삼을 필요는 없다. 문제는 '예의가 누구 혹은 무엇에 의해 제정되었는가'이다. 우리는 예의가 없는 상태를 가정할 수 있다. 예의가 없는 상태에서 있는 상태로의 전환은 어떻게 이루어진 것인가? 순자에 의하면 예의는 성인에 의해서 제정된 것이다.[151] 이 예의가 일반 범인과 동일한 성을 근거로 제정된 것이 아님은 분명하다. 그렇다면 성인은 예의를 어떻게 제정하였는가? 두 가지 모형을 제시할 수 있다. 하나는 절대자에 의해서 주어졌다는 것이고, 다른 하나는 자신의 내적인 어떤 작용을 근거로 제정했다는 것이다. 전자의 가능성은 희박하다. 왜냐하면 순자철학에서의 천은 의지천도 아니고 형이상의 실체도 아닌 사실적인 자연천이기 때문이다. 그러면 내적인 어떤 작용에서 찾을 수밖에 없다. 순자는 예의법도가 성인들의 후천적인 적습과 사색의 경험지식활동을 근거로 제정되었다고 한다. 그렇다면 예의를 제정할 수 있는 성인의 적습과 사려는 무엇의 활동인가? 답안은 심의 지각 활동이다. 만일 심의 지각 활동에 완전성이 갖추어져 있다면 성인에 의하여 제정된 예의는 문제가 없다.

다음, 심의 활동을 통하여 제정된 예의는 완전성을 갖고 있는가? 앞서 살펴본 바와 같이 순자는 심의 지각 작용에 대하여 선천성을 긍정하였지만 동시에 불완전성도 긍정하였다. 또한 이 불완전성을 극복할 수 있는 방법론도 제시하였다. 그것이 바로 '허일정'이다. 성인은 '허일정'의 수양공부를 경

151) 『荀子』, 「性惡」, "禮義者, 聖人之所生也."

과하여 대청명의 경지에 도달한 후에 예의를 제정하였을 것이다. 그러나 여기에는 문제가 있다. '허일정'의 수양공부가 심이 도리를 제정할 수 있는 전제 조건이라면, 그것의 수양공부는 심의 자발적인 요구로 이루어져야 한다. 또한 '허일정'의 수양공부를 통해서 대청명의 경지에 이른 심의 작용은 완전성을 갖추고 있어야 한다. '허일정'이 심의 자발적인 요구라면 성인은 '허일정'의 공부를 통하여 심의 청명한 상태를 회복하게 할 수 있으며, 또 이 청명한 심의 작용을 발휘하여 도리를 제정할 수 있다. 그러나 '허일정'이 심의 자발적인 요구가 아니라면 도리에 대한 성인의 제정 활동은 또 다른 무엇에 의지해야만 한다. 순자가 말한 "그러나 '허'라는 것이 있다"(然而有所謂虛), "그러나 '일'이라는 것이 있다"(然而有所謂一), "그러나 '정'이라는 것이 있다"(然而有所謂靜)에서 보면 '허일정'은 심과 완전히 무관한 외적인 것이 아니라 심속에 내재된 일종의 역량인 것 같기도 하다. 다시 말해서 '허일정'은 단순한 후천적인 수양공부가 아니라 심속에 내재된 일종의 역량으로 이루어진 자아 완성의 공부, 즉 주희철학에서의 경敬과 마찬가지로 심 스스로 자신에 대한 정화 요구인 것 같다.[152] 만일 '허일정' 공부의 자발성에 내적인 근거를 확보할 수 있다면 성인에 의하여 이루어진 예의법도의 완전성을 문제 삼기는 곤란하다. 왜냐하면 '어떻게'라는 방법과 경과는 성인이라는 한 개인의 수양과 공부 문제이기 때문이다.[153]

152) 필자는 居敬涵養에서 경의 내원을 찾아보기 위하여 『주자어류』와 『주문공문집』을 모두 살펴보았지만, 주희가 경의 근원을 심 밖에서 찾는 구절을 발견하지 못하였다. 순자철학에서의 허일정 역시 심 밖에서 주어진 공부가 아니라 심의 자발적 자기정화 공부로 이해하는 것이 타당할 것 같다.

153) 필자는 선행연구에서는 이 점을 문제 삼았지만, 후에 다시 생각해 보니 이론상 엄중한 문제점을 발견하기 어려웠다.

그 다음은 '자연 생명의 본성인 성이 심의 인가에 의하여 필연적으로 도리에 따라 행할 것인가'에 관한 문제이다. 다시 말하면 가치중립자인 성이 심에 피치被治 당하여 필연적으로 도리에 의거해 선과 덕을 성취할 것인가? 이 문제의 관건은 심에 있는 것이 아니라 성 자신에 있다. 순자 도덕론에서 예의의 도리는 비록 표준 혹은 규범일지라도 스스로 인간으로 하여금 규범인 자신에게 흥미를 갖게 하지 못한다. 심은 비록 지각할 수 있고, 선택 판단할 수 있고, 또 '치성'할 수 있을지라도, 심 자신이 행위의 동력은 아니다. 이른바 "그러므로 욕망이 많아도 실천으로 옮기지 않는 것은 심이 그렇게 하지 말도록 하기 때문이고…… 욕망이 실천으로 미치지 않을 만큼 약하더라도 실천하게끔 하는 것은 심이 그렇게 하기 때문이다"[154]라는 말에서 볼 수 있듯이, 행위의 근본적인 동력 즉 동기는 바로 성의 욕欲에 있다. 심은 비록 성의 '욕'에 대하여 '거去'와 '사使' 등의 주재 작용을 발휘할 수 있지만 행위를 일으키게 하는 근본적인 동기는 바로 성의 '욕'에 있다. 심은 단지 발현된 성의 욕구가 도리에 합치하는 여부만을 판단하여 자신이 인지한 예의의 도리에 의거해 성을 순화시켜 발현되게 할 뿐이다. 비록 심의 실천의지는 긍정할 수 있지만, 심의 실천의지는 실천의 동기까지 포함하고 있지는 않다. 성은 비록 가치중립의 자연 질성質性일지라도 변화되면 실제 행위는 이 성의 호오에 의하여 발현된다. 성은 심의 인가에 의거하여 도리에 따를 수 있고 또 선행을 발현할 수 있다고 순자는 주장하였지만, 여기에서 다시 한 번 "가치중립자인 성이 왜 반드시 심의 인가에 의거하여 도리에 따르고 선행을 발현하는가" 하고 묻는다면 순자는 난관에 봉착하게 된다.

154) 『荀子』, 「正名」, "故欲過之而動不及, 心之止也.……欲不及而動過之, 心使之也."

비유를 들어 설명해 보자. 이곳에 수학에 대하여 별 다른 관심과 열정을 보이지 않는 한 학생(性)이 있다. 유능한 수학교사(심)는 자신이 습득한 수학 원리(예: 리)를 그 학생에게 가르쳐 줄 수 있고, 또 수학에 대한 학습 동기를 유발시켜 수학의 진리에 대한 관심과 열정을 갖게 할 수 있지만, '학생이 수학 교사의 지도에 따를 것인가' 또 '학생이 수학 교사의 지도에 따라서 수학 진리에 열정을 보일 것인가'는 학생이 결정하는 것이지 교사가 발현하는 것이 아니다. 수학 교사는 단지 학생의 욕망의 과다寡多를 조절하고 또 학생에게 수학의 원리를 이해할 수 있게 지능을 계발시켜 줄 뿐이다. 그러나 학생이 반드시 교사의 지도에 의하여 수학 학습에 대한 동기를 발현하는 것은 아니며, 또 수학 원리를 완전하게 파악하는 것도 아니다.

이상의 문제점이 나타날 수밖에 없는 원인은 심성도 삼자가 완전히 서로 이질적인 존재라는 점에 있다. 이질적인 삼자의 결합이 자연스럽지 못한 것은 당연하다고 할 수 있다. 공부를 통하여 완전한 결합이 이루어지지 못한다면 이는 화성기위와 선의 관계도 필연성이 없다는 말과 동일하다. 그러므로 순자는 "선이라는 것은 위이다"라고만 말했을 뿐 "위는 선이다"라고 주장하지 않았다. 구체적인 의미는, 모든 선행은 반드시 '위'이지만, 모든 '위'가 필연적으로 선은 아니라는 것이다. 이러한 심·성·리(도)의 이질적 결합에서 나타는 문제점은 주희의 도덕론에서도 동일하게 발생하는데, 필자는 그것을 순자와 주희 도덕론의 결합으로만 이해하지는 않는다. 오히려 맹자와 육구연 및 왕수인에게서 발생할 수 있는 문제점을 보완할 수 있는 대안으로 제시할 수도 있다.

제2장
송대 유학에 관한 제설

필자는 '리학과 심학 논쟁의 전개'를 서술하기에 앞서 주제와 관련된 몇 가지 선지식을 서술하고서 본론을 전개하고자 한다. 이 문제들은 이후에 서술될 송명리학에 관한 기초적인 지식이고, 그것과 관련된 쟁론이 끊임없이 발생하였으며, 또 가끔 이것과 관련된 용어들이 출현하기도 하는데, 그 때마다 반복적으로 해설하기 번잡스럽기 때문에 독립적인 세 절로 분류하여 해설하고자 한다. 제1절에서는 송대 유학에 관한 기초적인 지식으로서, 송대 유가철학의 내부적 의리가 아닌 외연과 관련된 지식을 논할 것이다. 제2절에서는, 송명유학과 불교의 관계를 '밖으로는 유학을 표방하지만, 실제적 내부 의리는 불교이다'라는 음석양유陰釋陽儒로 평가한 학자들이 적지 않은데, 필자는 이것과 다르게 '음석양유'가 아닌 '불교의 사유체계를 원용하여 유가의 것으로 안착시켰다'는 원불입유援佛入儒로 생각하는 이유에 대해 말할 것이다. 제3절에서는 송명유학, 특히 주희의 리기론에 대한 이원론적 규정의 부당성을 해설할 것이다.

제1절. 송대 유학 정립

송대 유학의 정립과 관련된 주제는 4가지이다. 첫째, 송대에 왜 유학이 부흥하였는가? 둘째, 일반적으로 송명리학을 신유학이라고 칭하는데, 신유학의 '신'의 의미는 무엇인가? 셋째, 송대 유학의 계파는 몇 종류이고, 분류 근거는 무엇인가? 넷째, 송대 유학자들이 사유체계를 정립함에 있어 근거로 삼은 전적은 무엇인가?

1. 송명리학 부흥의 원인

송대 유학을 해설함에 있어 역사적 환경이라는 외연적 조건은 본래 철학사상 발전사의 주제를 결정하는 본질적인 문제는 아니다. 필자는 앞에서 시대정신의 문제를 언급할 때, 시대정신은 정황이라는 외연적 요소(객관)와 그것에 대한 인식과 가치지향이라는 내적인 요소(주관)에 의해 결정된다는 점을 이미 밝혔다. 다시 말하면 동일하게 주어진 객관적 요소, 즉 정황이라는 시대적 배경은 동일할지라도 그것에 대한 학자 개개인의 인식 혹은 가치판단은 서로 다를 수 있다. 주지하고 있는 바와 같이 송대 이전의 학술사상의 주류는 도가와 불가, 특히 그중에서도 선종이 학술사상계의 주류라는 지위를 독보적으로 점유하고 있었다. 유학의 학술 이념은 대부분 예악형정의 정치적 이념과 제도상에서의 기능과 역할을 담당하고 있었을 뿐이다. 그러나 송대를 기점으로 학술계의 주도권은 선종에서 유학으로의 전이 현상을 보이는데, 송대의 정치적 환경이 이러한 학풍 조성에 지대한 영향을 끼쳤다.[1)]

송대에 왜 불가가 아닌 유학이 부흥하였는가를 이해하려면 먼저 송대 이전의 문화와 송대 문화의 차이를 분명하게 구분하여 파악해야 한다. 한대 이래 삼국(魏蜀吳)—진(東晉)—남조북조南朝北朝—십육국十六國—수당隋唐—오대십국五代十國을 거쳐 송에 이르기까지 중국의 문화는 한漢과 호胡의 이질적 문화의 결합으로 표현되었다. 이러한 점은 국제적인 시각에서 보면 문화의 발전으로 볼 수 있을 것이다. 송대에 이르러 이러한 '한'과 '호'의 수평적 교류의 국제주의적 사고방식이 사라지고 국수주의적 사고가 다시 등장하였다. 이는 일종의 한족 중심의 민족주의 부활이라고 할 수 있다. 한대 후반부에서부터 오대십국까지 중국문화의 주류는 유가가 아닌 도가와 불교였다. 그러나 도가와 불교는 왕조의 잦은 교체라는 전대미문의 정치적 혼란에 이념적 역할을 하지 못하였다. 이러한 시기에 국수주의적 문화의 출현은 외래문화가 아닌 중국 자생의 사상을 문화의 주류로 삼아 윤리 · 정치 · 경제의 이데올로기로 삼으려는 움직임을 자연스럽게 수반하게 되었다. 물론 유학의 부흥 움직임은 송대 이전에도 있었지만 민중의 적극적인 지지를 받지 못하였다. 송대에 이르러 민족주의 사상의 요청은 시대의 요구였다. 또한 수 · 당의 문화는 귀족주의와 문벌주의로 대표할 수 있다. 그 내용으로는 형식주의와 전통주의라고 할 수 있다. 그러나 송대에 들어서 이러한 귀족주의, 문벌주의 문화는 해체된다. 과거제도를 중심으로 지식인 즉 새로운 사대부 계급이 출현하였고, 송 왕조에서는 이들 계급으로써 기존의 계급을 대체하였다.

송대에 유학 등장의 외연적 조건에 대하여 노사광은 다음 두 가지 점으

---

1) 勞思光, 『中國哲學史』 3上, 72쪽.

로 해설한다.[2] 첫째, 송 왕조의 문치주의 정책이다. 둘째, 사대부 계급의 책임의식이다. 송조는 개국 초기부터 혼란을 수습하는 방편으로써 상당히 포용적이고 관용적인 정치원칙을 견지하였다. 이러한 포용정책은 간권의 신장으로 나타났고, 간권의 신장은 사대부 계급의 장엄한 책임의식으로 표출되었다. 사대부 계급의 책임의식은 두 방면으로 전개되었는데, 하나는 사대부 계급의 시대에 대한 책임의식이고, 다른 하나는 민중들의 기대에 부응하면서 즐거운 마음으로 그것을 실현하려는 책임의식이다. 비록 당대에도 문인들의 활동이 활발하였지만 송대처럼 지식인들이 민생과 국가의 안위 문제에 책임의식을 갖고서 관직에 임하지는 않았다. 송대의 지식인들은 자신이 지식인으로 인정받으면 천하의 문제에 관심을 가졌고, 관직에 나가면 민생과 국가의 안위를 위하여 자신의 주장을 과감히 개진하였다. 천하와 국가에 대한 책임의식은 문화정신으로 표현되어 도덕문화정신을 다시 건립하려고 하였고, 예악과 형벌의 적극적인 조치를 하려고 하였다. 이러한 지식인의 책임의식과 우환의식은 송대 이후에도 찾아볼 수 없는 현상이었다. 또한 송조는 문치주의를 표방하였기 때문에 국력이 약화되었다. 북방의 요遼와 금金의 압력은 왕실뿐만 아니라 사대부 계급에 대한 우환의식을 불러일으키기에 충분하였다. 태종은 요를 정벌하다가 패하였다. 결국 요와 금의 세력에 북송이 멸망당하자 우환의식은 현실로 나타났다. 송나라 사람들은 외인들의 압력에 두려움을 가졌고, 이 두려움은 지식인들에게는 우환의식으로 작용하였다. 우환의식은 곧 사대부 계급의 책임감을 고취시켰으며, 시대에 대한 사명감을 불러일으키는 원인을 제공하게 되었다.

2) 勞思光, 『中國哲學史』 3上, 72~75쪽 참고.

비록 송대에 선종과 도교에 흠취한 지식인들이 적지 않았지만, 이러한 시대적 · 역사적 배경으로 말미암아 송대의 학풍은 현실에 대한 도피와 은둔보다는 현실의 문제를 직접 안고 짊어지려는(承擔) 풍조가 기조를 이루었다. 우환의식과 책임의식은 사회정치와 일상생활에 다시 한 번 윤리질서와 가치규범의 필요성을 자연스럽게 요청하게 되었다. 이러한 시대적 요청을 해결할 수 있는 학술사상으로 불교와 도가는 부적합하다. 즉 세계를 도피하거나 자연주의적 사상으로는 국가나 민족에 대한 사명감과 책임감을 도출할 수 없었다. 송대 지식인의 시대정신과 임무 그리고 역사정신은 국가의 정체성을 바로잡고, 국민의 가치관과 윤리관을 새롭게 정립하여 국가와 사회를 위하여 하나의 윤리강상의 도리를 확립하는 것이었다. 따라서 그들은 형식적이고 객관화할 수 있는 하나의 약속 체계를 요청할 수밖에 없었는데, 그것이 바로 유가철학의 가치관과 윤리도덕의 규범체계(禮)였다. 주희와 육구연의 학술사상에도 이러한 현실문제에 대한 고민과 역사의식이 잘 나타나 있는데, 그것은 바로 실학實學정신이다.[3]

3) 주희와 육구연 모두 실학정신을 강조하지만, 두 학자가 사용하는 실학이라는 개념이 완전히 동일한 것은 아니다. 주희의 실학정신은 치지와 격물에서 극명하게 드러난다. 주희철학에서의 치지는 반드시 현실에 기반을 둔 도리의 탐구이다. 즉 치지는 卽物而窮理이고, 卽事以明道이다. 리, 즉 도는 인격을 수양하고 공동체의 가치를 실현하는 근거이다. 따라서 주희는 인의예지를 實理로 규정하고, 이를 근거로 정립한 학문을 實學이라고 규정하였다. 이러한 입장에서 보면, 출가와 현담을 중시하는 노장이나 불가의 학문은 허무의 학문으로 규정될 수밖에 없다. 반면 육구연의 실학은 비록 노장과 불교의 학문에 대한 차별화이기도 하지만, 주요 논적 대상은 주희철학이다. 육구연은 심즉리를 주장하여, 리는 본심을 근본으로 하기 때문에 '실리'이고, 이러한 '實理'를 근본으로 하여 이루어진 행위를 '實行'이라고 하며, 이러한 '實理'와 '實行'을 연구하는 학문을 '實學'이라고 칭하였다. 육구연은 주희철학과 도불철학을 모두 議論 · 虛說 · 虛見이라고 배척하였다.

2. 신유학에서의 '신'의 의미

서양의 학자들은 일반적으로 송명리학을 신유학이라고 칭한다. 그러나 송명리학자들은 자신들의 학문이 '성인의 학문'(聖人之學)의 전술傳術이라고만 생각하였지 결코 그것과 다른 새로운 내용이 첨가되었다고 생각하지 않았다. 그러나 근래 십수 년 동안 신유학이라는 명칭은 일반적 심지어 보편적으로 사용되었기 때문에 '신'에 대한 합리적인 설명이 반드시 필요하다. 만일 시대가 변했기 때문에 신유학이라고 한다면 이는 아무런 내용이 없는 주장이고, 도가와 불가 사상이 혼재되어 있기 때문에 신유학이라고 칭한다면 송명리학을 이해하지 못한 속견에 불과하며, 선진유학과 거리가 있기 때문에 신유학이라고 칭한다면 그 거리가 무엇인지는 모르겠지만 역시 아무런 내용 없는 의견에 불과하다. 필자는 '신'의 의미를 '내'와 '외'로 나누어 설명하고자 한다.

먼저 외적인 측면에서 보자. 송대 이전까지 선진유학의 경전들은 계통성을 확립하지 못하였다. 공자 이후 맹자와 순자가 등장하였고, 작자가 불분명한 『중용』과 『대학』 및 『역전』이 출현하였지만, 서로 수평적으로 병립하였을 뿐 전도傳道의 적통문제를 확립하지 못하였다. 그러나 송대에 이르러 증자에게서 자사로, 다시 『맹자』와 『중용』 그리고 『역전』과 『대학』이 유학의 정종正宗 계통으로 확립되었고, 자하와 순자가 방계의 지위로 추락하게 되었다. 이때 그들이 내세운 적통관계의 근거는 바로 '인'과 '성선'이라는 심성론이다.

내적인 측면에서 '신'의 의미는 두 가지로 나누어 살펴볼 수 있다. 하나는 공맹철학의 발전이다. 즉 심성론에서 형이상학으로의 발전이다. 다른 하나는 학문 형태의 전향이다.

선진시대 유가철학에서는 심신의 수양을 통하여 덕성인격을 완성하는 윤리도덕과 치국의 도리 등의 문제에 치중하였기 때문에 형이상학보다는 심성론과 정치론 두 방향으로 전개되었다. 심성론에서 보면, 윤리의 명제는 '마땅히 어떻게 해야 하는 것이 좋은 행위인가'이다. 반면 송대 유학에서 본격적으로 출현한 도덕형이상학에서는 '마땅히 이렇게 해야 하는 까닭과 근거는 무엇인가'의 문제를 탐구한다. 전자가 소당연所當然의 문제라면, 후자는 소이연所以然의 문제이다. 송명리학에서는 소당연의 당위규범과 소이연의 존재 원리를 엄격하게 구분하지 않고, 소이연의 원리로부터 소당연의 규범을 도출한다. 그렇다고 가치중립적인 존재의 원리로부터 당위의 가치규범을 도출한 것은 아니다. 만일 가치중립적인 존재의 원리로부터 당위의 가치규범을 도출하면, 이는 우주론으로써 가치를 규정하는 '형이상학적 도덕학'[4]이다. 또 소이연을 단순히 도덕행위의 존재 근거로 이해해서도 안 된

4) 필자가 이곳에서 사용한 '형이상학적 도덕학' 등의 명칭은 모종삼의 造語이다. 모종삼은 도덕과 형이상학에 관한 세 가지 다른 이론 형태를 제시하였다. 첫째는 도덕의 형이상학(Metaphysics of Morals)이다. 도덕의 형이상학은 형이상학적인 방법으로 도덕의 근원 문제를 설명하는 이론 체계이다. 형이상학은 본체론이나 우주론을 포함하지 않는 차용된 명칭에 불과하다. 중심 문제는 도덕실천을 가능하게 하는 선험적인 근거를 탐구하는 것이다. 둘째는 도덕형이상학 혹은 도덕적 형이상학(Moral Metaphysics)이다. 도덕형이상학은 형이상학을 主로 하여 모든 존재 문제를 논의하되, 단순한 형이상학이 아니라 도덕으로써 존재를 규정하고, 이로부터 형이상학을 전개한다. 도덕이성의 반성을 통하여 체증한 심성을 우주의 본체로 승화시켜 심성과 존재의 관계를 설명하는 것이 바로 도덕형이상학이다. 대표적인 것이 바로 『중용』의 不誠無物이다. 즉 사물의 유무를 결정하는 것이 誠과 不誠이다. 이는 도덕가치로써 존재의 유무를 결정하는 것이다. 셋째는 형이상학적 도덕학(Metaphysical ethics)이다. 형이상학적 도덕학에서 的은 형용사이다. 형이상학적 도덕학도 중점은 도덕에 두고 있지만 도덕적 형이상학과는 성격이 다르다. 도덕적 형이상학이 존재를 도덕으로 규정하여 존재에 대해 가치론적 해석을 하는 것이라면, 형이상학적 도덕학은 반대로 도덕을 존재론적인 원리로 규정하여 도덕에 대하여 존재론적인 해석을 한다. 도덕적 형이상학과 형이상학적 도덕학의

다. 만일 소이연을 도덕행위의 존재 원리로 이해하면 이는 '도덕의 형이상학'이다. 도덕형이상학은 만물의 존재 근거를 도덕가치로 규정하고, 도덕주체를 우주만물의 생화실체로 승화시켜 생생生生의 본체로 삼는 것이다. 이 점은 리학과 심학 체계에서 공통적으로 드러나지만, 리학의 체계에서는 리기론과 심성론의 엄정한 정합체계의 구성을 통하여 도덕주체의 생화生化 작용을 긍정한 반면, 심학에서는 일심一心이라는 도덕주체의 절대성과 지선성 그리고 무한 감응성을 근거로 도덕형이상학을 정립한다. 후에 주희와 육구연 형제 사이에 '무극'과 '태극'에 관한 논변이 발생하는데, 이곳에서 심학자들의 리기론 체계에 대한 이해 부족이 노출되기도 한다.

노사광은 송명리학은 형이상학 계통 혹은 우주론 계통 구조 속에 공맹 심성론을 안치安置하려는 것으로, 이는 처음 시작부터 공맹철학과 근본적인 거리가 있다고 주장한다.[5] 이는 노사광뿐만 아니라 송명리학에 대한 일반적인 시각이다. 이러한 주장을 견지하는 학자들은 대부분 『논어』·『맹자』와 『중용』 및 『역전』의 사상을 이질적인 계통으로 본다. 그러나 필자의 시각은 다르다. 유가철학의 도덕형이상학은 두 방면으로 전개된다. 하나는 존재의 본래적 가치 긍정이고, 다른 하나는 실천을 통한 존재의 가치 완성이다. 전자는 천도와 본성의 관계로서, 『중용』의 '천명지위성'과 주희의 '모든 사사물물마다 하나의 태극을 갖추고 있다'(物物具有一太極)는 것이 이에 해당되는 이론이다. 『중용』과 『역전』에서 존재의 제일 원리는 천도 혹은 태극이

차이는 극명하다. 만일 존재를 도덕으로 규정한다면 도덕의 자율성이 더욱 부각되지만, 도덕을 존재론적으로 해석하면 도덕은 일종의 필연적인 사실의 원리로 전환되어 도덕의 자율성은 상실된다. 한대의 우주론 중심 철학 형태가 바로 형이상학적 도덕학에 속한다.

5) 勞思光, 『中國哲學史』 3上, 76쪽.

다. 그러나 천도는 지고무상의 초월자로서만 존재하는 것이 아니라, 만물에 내재되어 만물의 본성으로 자리매김된다. 『중용』에서는 '천명지위성'으로써 천도와 본성의 동질성을 설명하였다. 후자는 도덕본성의 실현을 통한 자기와 타자의 완성으로서, 공자의 천인踐仁과 맹자의 진심盡心 그리고 『중용』의 성기성물成己成物이 이에 해당되는 이론이다. 본성과 천도 사이에 내재와 초월이라는 형식적 차이는 존재하지만, 내용적으로는 동질적인 실체로서 모두 창생의 실체이다. 천도의 실질적 내용은 본성 자신의 실현을 통하여 구체화된다. 『중용』의 '솔성지위도率性之謂道'는 바로 이 점을 표현한 것이다.

유가철학에서 만물에 대한 도덕가치론적 규정은 『중용』의 '천명지위성'에서 명확하게 드러나지만, 이미 『논어』와 『맹자』에서 맹아되기 시작하였다. 공자는 "사람이 살아가는 도리는 정직이다. 정직하지 않으면서도 살아있는 것은 요행히도 죽음을 모면한 것이다"[6]라고 하여 삶의 진정한 의미를 정직이라는 도덕가치에서 찾는다. 또한 맹자는 이로부터 더 나아가 "사단의 마음이 없으면 사람이 아니다"[7]라는 말로써 인간의 존재 근거를 도덕으로 결정하였다. 맹자가 말한 "사람이 아니다"는 인간 존재의 실재성을 부정하는 것이 아니라 인간 존재의 가치성을 부정하는 것이다. 맹자는 인간의 존재 근거를 도덕가치로 규정하고, 도덕주체를 밖으로 확충하여 자신의 존재가치뿐만 아니라 만물의 가치를 완성하려고 한다. 이러한 도덕형이상학의 의리는 『중용』에 이르러 더욱 분명하게 표현된다. 『중용』에서는 성誠으

6) 『論語』, 「雍也」, "人之生也直. 罔之生也, 幸而免."
7) 『孟子』, 「公孫丑上」, "無惻隱之心, 非人也. 無羞惡之心, 非人也. 無辭讓之心, 非人也. 無是非之心, 非人也."

로써 천도를 규정하였다. 『중용』에서의 성誠은 도덕의 본원임과 동시에 우주만물의 창조 원리이다. "성誠은 만물의 시작과 마침이다. 성誠하지 않으면 존재하지 않는 것이다"[8]라는 말은 성誠이 순수한 도덕 문제뿐만 아니라 존재 문제까지도 포함하고 있음을 표시해 주고 있다. 즉 『중용』에서는 성誠으로써 도덕계와 존재계를 하나로 통합하였다. 비록 공맹철학에서 현상계의 모든 존재물에 대한 도덕가치론적 규정은 분명하게 드러나지 않지만, 인간의 존재 근거를 도덕으로 규정하는 것은 도덕형이상학 혹은 실천형이상학의 통견洞見이라고 할 수 있다.

그렇다면 유가의 심성 학문은 왜 반드시 도덕계와 존재계를 하나로 통합해야 하는가? 또 왜 심성학으로부터 형이상학으로 발전해야 되는가? 그것은 도덕심성의 실천성에 있다. 『중용』의 '성기成己'와 '성물成物'은 바로 도덕주체의 실천성을 근거로 정립된 이론이다. 유가철학에서는 수렴收斂을 통하여 도덕심성을 존양하고, 실천을 통하여 밖으로 확충한다. 확충에는 실천의 대상이 없을 수 없는데, 이 도덕주체의 실천 대상이 바로 만물이기 때문에 그 영역은 천도와 일치한다. 실천을 통하여 자신의 존재가치를 완성하고, 동시에 행위가 미치는 대상의 존재가치도 드러내 준다. 이것이 바로 사물을 사물답게 존재하게 해 주는 '생생'의 활동으로 유가 도덕형이상학의 근본 내용이다.

송명리학에 이르러 유가의 도덕형이상학은 태극과 건원 그리고 리와 기 등의 개념을 통하여 완성된다. 그러나 존재에 대한 가치론적 해석과 실천을 통한 존재의 가치 완성 입장은 불변한다. 주돈이는 『통서』에서 도덕 의미인

---

8) 『中庸』, 25章, "誠者物之終始. 不誠無物."

성誠으로써 천도와 건원을 이해하였고, 장재는 "만물의 본체를 이루는 것을 성性이라고 한다"[9]라고 하여 천도와 본성을 일자로 이해하고서, "천이 만물을 창생함에 있어 하나라도 빠뜨림이 없는 것은 마치 '인'이 모든 행위를 함에 있어 있지 않음이 없는 것과 같다"[10]라고 하였다. 이는 천도라는 창생의 실체와 '인'이라는 도덕주체를 모두 무한범위의 실체로 긍정한 표현이다. 사실 만물의 존재가치는 '인'이라는 도덕주체에 의해 본래적 의미가 드러나고 완성된다. 이 점에서 본다면, '인'은 도덕행위의 주체임과 동시에 만물의 존재 근거, 즉 형이상의 실체인 것이다. 이처럼 도덕가치계와 존재계가 서로 관통되어 있기 때문에 도덕은 형이상학적 근거를 확보할 수 있고, 형이상학은 사변에 의해 이루어진 공허한 이론이 아닌 도덕가치 실현이라는 실제적 내용을 갖추게 된다. 정호 역시 "학자는 반드시 먼저 인을 깨달아야 한다. 인자는 혼연하여 만물과 일체를 이룬다"[11]라고 하였는데, 이것 역시 유가철학의 도덕형이상학 규모를 드러낸 표현이다. 정이와 주희에 이르러 유가의 도덕형이상학은 엄격한 이론 체계를 갖추게 된다. 정이와 주희는 먼저 '한 번 음이 되고, 한 번 양이 되게 하는 소이연지리'를 형이상의 도로 규정하여 실제로 동정動靜의 당체當體인 음양의 기와 엄격하게 구분하고, 다시 리기(도기 · 태극과 음양)불리부잡理氣不離不雜과 리일분수理一分殊 그리고 성즉리를 통하여 '천도와 성명은 서로 관통한다'(天道性命相貫通)의 도덕형이상학 이론체계를 완성한다. 이러한 심성론에서 형이상학으로의 발전, 그리고 심성론과 형이상학의 원만한 결합은 송명리학을 신유학이라고 칭할

9) 『正蒙』, 「乾稱篇」, "體萬物而謂之性."
10) 『正蒙』, 「天道篇」, "天體物不遺, 猶仁體事無不在也."
11) 『二程遺書』, 권2上, "學者須先識仁. 仁者渾然與物同體."

수 있는 내적 근거라고 할 수 있을 것이다.

또한 송명유학을 '신유학'으로 칭할 수 있는 근거로서 정이와 주희를 중심으로 『대학』이 학문 의리의 중심으로 확립되었다는 점을 들 수 있다. 공자와 맹자 그리고 『중용』과 『역전』에서는 천도와 심성이 수직적인 일자 관계이고, 주체와 원리 혹은 규범이 주객무대립의 형식으로 진행되지만, 『대학』의 격물치지는 주객대립의 형식으로 진행되기 때문에 도덕원리 혹은 규범에 대한 주체(의지)의 입법성을 긍정하기 어렵다. 『대학』에서 주희가 가장 중시한 조목은 치지격물이다. 주희는 맹자와 같이 반구저기의 향내적 방법론을 취하지 않고, 사사물물과의 직접적인 경험(격물)을 통하여 사물의 도리를 인식하고, 아울러 자신에게 선험적으로 갖추어진 도리를 인증하려고 하였다. 이는 주희라는 한 개인의 실재론적 사유구조를 표현할 것일 수도 있지만, 필자는 그것과 함께 치지격물에는 주희의 시대정신이 반영되어 있다고 생각한다. 즉 맹자의 '반구저기'의 방법론으로는 즉심견성卽心見性, 견성성불見性成佛의 선학과의 차별성을 꾀할 수 없기 때문에 치지격물을 통하여 유학의 실학적 성격을 드러내고, 그것으로써 불교의 공空 혹은 허虛의 세계관을 변척하려고 했던 것이다. 이 점은 선진유가(공자와 맹자)와 확실히 다른 모습이다. '학'을 중시하는 순자 지성주체의 부활이라고도 할 수 있다.

3. 송명리학의 계파

송명리학의 분파 혹은 계파를 확정함에 있어서는 하나의 표준이 필요하다. 만일 문호門戶 혹은 스승과 제자의 전승관계를 계파 분류의 표준으로 삼는다면 너무나 번잡할 뿐만 아니라 계파의 수도 셀 수 없을 정도로 많게 될 것이다. 일반적으로 계파를 확정할 때는 문호나 사승師承 관계를 표준으로 삼지 않고 철학 이론의 기본적인 방향을 표준 혹은 근거로 삼는다. 그러나 비록 철학 이론의 기본적인 방향을 표준 혹은 근거로 삼는다고 할지라도 이른바 '방향'의 범위에 따라서 계파가 서로 다르게 나타나기도 한다.

신유학이라고 일컬어지는 송명리학의 학파에 관한 학설은 크게 세 종류가 있다. 일계설一系說과 이계설二系說 및 삼계설三系說이 바로 그것이다.[12)]

일계설은 송명리학을 하나의 발전적인 연속 체계로 간주하는 주장이다. 비록 일계설에서 학자나 학파의 특수성을 부정하지는 않지만 특수성을 이질적인 것으로 이해하지 않고 발전적인 측면에서 이해한다. 대표적인 학자로는 노사광을 들 수 있다.[13)] 노사광은 다음 세 가지 근거를 가지고서 일계설을 주장한다. 먼저 노사광은 송명리학을 하나의 전체로 본다. 그러나 각자의 학설 차이를 부정하지는 않는다. 학설의 차이는 전 과정 중의 단계적 특징이다. 다음 노사광은 송명리학의 전체 발전 과정의 원시 방향 혹은 요구를 하나의 공통적인 표준으로 삼는다. 노사광은 송명리학의 전체 발전 과정의 원시 방향 혹은 요구를 공맹철학 정신의 회복으로 이해한다. 마지막으로 노사광은 공맹철학 정신 회복이라는 공통적인 목표를 근거로 하여 각 단계 학설의 득실을 판정한다. 그는 송명리학의 이론을 천도관과 본성관 및 심성론으로 나눈다. 천도관에 해당한 학자는 주돈이와 장재이고, 본성관에 해당한 학자는 정이와 주희이며, 심성론에 해당한 학자는 육구연과 왕수인이다. 공맹이 심성론 중심 철학이기 때문에 육구연과 왕수인의 심성론

12) 이 분류법은 노사광의 『中國哲學史』 3上, 第2章 宋明儒學總說, A. 宋明儒學之分派에 나온다. 필자는, 기본적인 분류법은 노사광의 학설을 취하였지만, 내용은 그것과 상당 부분 다르다.

13) 勞思光, 『中國哲學史』 3上, 第2章 宋明儒學總說, A. 宋明儒學之分派.

철학이 송명리학의 공동 목표에 가장 가까운 이론이라는 것이다.

그러나 이 주장에는 몇 가지 문제가 있다. 먼저 송명리학자들이 공맹 정신의 회복을 주창한 것은 사실이지만, 공맹 정신의 회복은 반드시 심성론 체계로 전개되어야만 하는가? 또 천도관 중심 철학이라고 규정한 주돈이와 장재가 사실(然)적 존재의 원리로써 도덕가치를 규정하였는가? 도덕형이상학이라는 측면에서 주돈이와 장재의 철학을 이해하면, 존재의 원리로써 가치를 규정하였다는 주장은 무리가 있다. 또한 본성론 중심 철학이라고 규정한 정이와 주희는 비록 도덕규범에 대한 의지의 입법성은 긍정하지 않았지만, 공맹의 심성론 중심 철학의 단점을 극복할 수 있는 새로운 의리의 장을 열었다. 공맹의 심성론 중심 철학은 비록 규범에 대한 의지의 입법성은 긍정할 수 있지만 주체의 판단과 결정이 주관성을 탈피할 수 없다는 단점을 가지고 있다. 주희의 치지격물설은 이러한 단점을 극복할 수 있는 대안 중의 하나이다. 따라서 정이와 주희 철학을 공맹철학의 발전으로 볼 수 있는 근거가 충분하다.

이계설은 송명리학을 리학과 심학으로 구별하는 것이다. 리학은 주돈이 · 장재 · 정호 · 정이 · 주희 학문을 지칭하며, 심학은 육구연과 왕수인의 학문을 지칭한다. 리학과 심학이라는 명칭은 송대 학자들에서부터 사용된 것이 아니다. 당시에는 제유諸儒의 학문을 도학道學이라고 일컬었으며, 리학이라는 말은 원말元末의 장구소張九韶가 가장 최초였다. 장구소는 리학자에 주돈이 · 장재 · 소옹 · 정호와 정이 · 주희 등을 포함시켰으나 육구연은 리학자의 범위에 포함시키지 않았다. 리학과 심학의 분류는 이때가 시초라고 할 수 있을 것이다. 그러나 당시에 심학이라는 명칭은 사용되지 않았다. 심학이라는 명칭이 최초로 출현한 것은 명대 진진성陳眞晟의 『심학도心學圖』였다. 그러나 진진성의 『심학도』는 정주 학설을 종宗으로 삼는 것으로서, 육구연·왕수인의 학설과는 부합하지 않는 것이었다. 심학이라는 명칭이 정식으로 등장한 것은 명 세종世宗 이후 왕수인의 학설이 크게 유행하고 나서이다. 또 심즉리를 긍정하는 육구연의 학설까지도 왕수인의 심학의 범주에 귀속시킴으로써 명실상부한 심학이라는 분파가 성립된 것이다.

그러나 송명리학의 근본적인 이론에 비춰 볼 때 리학과 심학이라는 명칭의 분류는 그리 적합하지는 않은 것 같다. 왜냐하면 리학과 심학의 분류 근거가 심즉리와 성즉리이지만, 심학자들은 심즉성과 심즉리를 동시에 긍정하고, 리학자는 오로지 성즉리만을 긍정할 뿐 심즉리는 긍정하지 않기 때문이다. 다시 말하면 '리'는 리학과 심학에 공통적으로 수용되는 절대 개념이다. 리학과 심학의 근본적인 차이는 '리'와 '심'에 있는 것이 아니라, '심'이라는 주체를 도덕시비선악 판단의 절대적인 준거로 긍정하는가의 여부에 있다. 다시 말하면 '도덕규범인 리에 대한 심이라는 주체의 입법 작용을 긍정하는가?' 이것이 리학과 심학의 근본적인 차이이다. 만일 심의 입법 작용을 긍정하면 시비선악 판단의 표준을 추구함에 있어 향외적인 격물치지를 반드시 요청할 필요는 없을 것이다. 발명본심 혹 복기본심 혹 치양지 등의 향내적인 공부를 통하여 주체를 발현하기만 하면 바로 그곳에서 시비선악의 표준이 드러나고, 그것을 근거로 호선오악과 위선거악의 성의誠意 활동이 이루어지게 될 것이다. 그러나 심의 입법 작용을 긍정하지 않고 오로지 리에 대한 인식 작용만을 긍정하게 되면 심 외에 또 하나의 표준이 요청될 수밖에 없는데, 그것이 바로 리이다. 정이와 주희는 리를 추구하는 방법으로 격물치지를 제시하였다.

삼계설은 송명리학을 세 단계의 발전으로 이해하는 것으로, 현대에 유행한 주장이다. 대표적인 학자로는 모종삼을 들 수 있다.[14] 삼계설의 근거는 학술의 일관성과 학설 체계의 근본을 이룬 전적이다. 삼계설을 주장한 학자들은 먼저 송명리학을 북송과 남송 그리고 명대로 분류하였다. 북송 유학의 대표자는 주돈이와 장재 및 이정자二程子(정이와 정호)이다. 그중 정이를 제외한 기타 세 사람의 학설은 모두 『중용』과 『역전』의 형이상학 체계로부터 착수하여 다시 공맹의 심성론으로 회귀하려고 한다. 따라서 북송시대에는 학파의 분별이 명확하지 않다. 남송에 이르러서야 세 종류의 학파로 분류된다. 하나는 정호의 학설을 계승한 호상학파湖湘學派[15]이고, 다른 하나는 정이의 학설을 계승한 주희이며, 또 다른 하나는 직접 맹자의 학설을 계승한 육구연이다. 명대에 육구연의 학설은 왕수인에 의하여 계승되어 심학이라는 학문 전통을 세우게 된다. 명말청초에 유종주에 의하여 호상학의 이론이 다시 출현한다.[16]

필자는 삼계설에 대한 해설이 가장 복잡하고 수용하기 어려울 것으로 판단된다. 먼저 이정자의 철학을 정호와 정이로 엄격하게 나눈다. 이 점은 현대의 학자들이 수용하고 있을 뿐만 아니라 이미 남송시대에 주희에 의하여 폭로되었다. 주희는 비록 정호의 철학에 대해서 직접적인 비판은 삼갔지만, '경지가 높다'(太高) 혹은 '두루뭉술하다'(渾淪) 등의 표현으로써 간접적인 비판을 한다. 주희의 성즉리와 치지격물은 철저하게 정이의 사유체계를 따

14) 모종삼의 삼계설은 그의 대표 저작인 『心體與性體』의 구성에 잘 드러나 있다.

15) 胡宏이 대표자이다.

16) 모종삼은 『心體與性體』 第2冊, 第3章 胡五峯之知言에서 "유종주는 호굉에 대해서 언급하지 않았다"는 점을 말하면서, 호굉과 유종주의 합일을 '서로 모의하지 않은 합일'(不謀而合)이라고 한다. 그 이유는 호굉과 유종주가 제시한 '심으로써 성을 드러내는'(以心著性)의 이론 형태가 희미하여 그것을 근거로 이룬 독특한 의리 형태가 사람들에게 잘 인식되지 않기 때문이라고 한다.

른 것이다. 또한 주돈이와 장재 및 정호의 학설을 『중용』과 『역전』의 형이상학 체계로부터 착수하여 다시 공맹의 심성론으로 회귀하는 것으로 규정하고서, 계파를 분류하지 않는 것도 수용할 수 있다. 왜냐하면 하나의 발전적 단계의 양상으로 볼 수 있기 때문이다. 그러나 모종삼은 정호와 호굉 그리고 유종주의 학설을 리학과 심학 외의 또 다른 계파로 분류하였는데, '그 근거는 무엇인가?' 설사 상관관계가 있다고 할지라도 이들 사이에 사숙의 전승관계가 있는가?

먼저 후자의 문제부터 논하자면, 정호와 호굉 그리고 유종주 사이에 사숙의 전승관계는 찾아볼 수 없다. 필자는 호굉이 정호를 언급하였는지에 대해서는 자세하게 살펴보지 못했지만, 직접적으로 정호를 언급하면서 자신 철학의 종사宗師로 삼은 흔적은 발견하지 못하였다. 심성천의 관계에서 세 사람의 학설에 대하여 모종삼은 "호굉과 유종주는 『중용』과 『역전』 혹은 객관적으로 오목불이한 '천'을 근본으로 하고서, 먼저 객관적으로 성체性體를 말한 후에 주관적인 측면에서 심의 형저形著 작용을 말하였다"라고 한다. 모종삼에 의하면 천도와 성체는 실체의 자성원칙自性原則이고, 심은 실체의 형저원칙形著原則[17]이다. 먼저 객관적으로 천도와 성을 제시하고서, 심

---

17) 이는 모종삼이 호굉철학에서 심성의 관계를 해설할 때 사용한 용어이다. 자성원칙은 형저원칙과 대비시켜 한 말이다. 자성은 객관적 원칙으로서 스스로 존재한다는 의미이다. 반면 형저원칙은 주관적 원칙으로서 '드러내다' 혹은 '실현하다'의 의미이다. 모종삼이 사용하는 형저의 직접적인 의미는 '드러내다'이지만, 드러냄의 형태는 여러 가지이다. 하나는 심이 갖고 있는 내용적 의미를 전체적으로 실현하여 성의 내용적 의미를 드러내는 형태이다. 이 경우는 종관계통에 해당하는데, 이때 심과 성을 나누어서 말할 수는 있지만, 그것의 실제적 의미는 '심의 형저가 곧 성의 형저이다'라는 것이다. 단지 자각과 의식활동을 통하여 드러날 뿐이다. 이 자각과 의식활동은 심의 기능이지 성의 기능이 아니기 때문에 심을 형저원칙이라고 한 것이다. 따라서 심과 성은 하나이다. 다른 하나는 관련적 형저이다. 정이와 주희 철학에서의 심성관계가 이에 해당한다. 이때의 형저는 심이 지각 활동을 통하여 성리를 인식하여 성리를 형상화한다는 의미의

의 주관적인 실천으로서 양자의 합일을 추구하는 형태는 확실히 정호의 사유체계이다. 이곳에서 필자는 정호와 호굉 그리고 유종주 이론의 동일성 문제에 대해서는 논하지 않겠다. 필자가 삼계설의 적부성에 대하여 의문을 제기하는 것은 모종삼의 송명리학에 대한 기본적인 관점 때문이다.

모종삼은 송명리학을 크게 두 계통으로 분류한다. 하나는 종관계통縱貫系統 혹은 직관계통直貫系統이고, 다른 하나는 횡섭계통橫攝系統[18]이다. 전자에 해당하는 학자는 주돈이 · 장재 · 정호 · 육구연 · 왕수인 · 유종주이고, 후

형저이다. 형저의 원래 의미는 『중용』, 23장의 "其次致曲. 曲能有誠. 誠則形. 形則著. 著則明. 明則動. 動則變. 變則化"의 "形則著"에서 온 것이다.

18) 모종삼은 주돈이를 비롯한 장재와 정호의 우주론은 직관계통에 속하고, 정이와 주희의 우주론은 횡섭계통에 속한다고 한다. 이러한 계통의 분류는 주돈이 · 장재 · 정호가 긍정하는 천도(태극)와 정이 · 주희가 긍정하는 천도에 대한 모종삼의 이해 차이에서 비롯된다. 모종삼은 前 삼자가 긍정하는 천도를 '존유이면서 활동하는 동태적 실체'(卽存有卽活動)로 규정하고, 정이와 주희가 긍정하는 천도를 '단지 존유일 뿐 활동하지 않는 정태적 실체'(只存有而不活動)로 규정한다. 직관은 본체와 우주론이 서로 관련적 관계로 이루어지지 않고, 본체의 작용을 근거로 우주의 변화를 설명하는 것이다. 다시 말하면 본체에 이미 우주론의 성격이 갖추어져 있다는 것이다. 본체의 특성이 오목불이의 창생(활동) 실체이기 때문에 본체의 활동이 바로 우주의 변화, 즉 生生不已의 창생인 것이다. 또 모종삼은 주희철학을 횡섭계통의 학문이라고 규정하면서, 이를 주관과 객관 양면으로 나누어 부연 설명하였다. 모종삼은 주희의 횡섭계통 학문을 주관적으로는 정함정섭 계통이고, 객관적으로는 본체론적 존유 계통이라고 규정하였다. 정함정섭에서 정함이라는 용어는 심기의 정적인 含蓄(居敬涵養)과 깊은 고임(淵渟)의 의미이다. 또 정섭이라는 용어는 인식적인 방법으로 종합하고 攝取(格物致知)한다는 의미이다. 정함은 주희 본인이 말한 함양이라는 말과 상응하고, 정섭은 주희 본인이 말한 찰식 그리고 치지격물(격물궁리까지 포함하여)과 상응한 표현이다. 주희철학에서 리는 所知者(인식의 대상)이고, 심은 能知者(인식의 주체)이다. 심이 자신의 靈昭不昧 작용을 온전하게 발휘하기 위해서는 하나의 전제 조건이 필요한데, 이것이 바로 안으로 收斂凝聚하여 심의 본래 작용을 잃지 않고 잘 간직하는 것이다. 이것이 바로 함양인데, 정함은 바로 靜時의 함양을 근본(先)으로 한다는 의미이다. 정섭은 심이 격물궁리의 활동으로 리를 인식하고, 심과 리가 서로 관련적으로 종합(攝)한다는 의미이다. 본체론적 존유 계통에서 본체존유는 태극이 '卽存有卽活動'의 역동적 실체가 아닌 '只存有而不活動'의 정태적 실체라는 의미이다. 즉 태극이라는 본체의 존유성만을 긍정할 뿐 태극 자체에서 우주론적인 동태성을 긍정하지 않는 것이다. 모종삼은 주희철학에서의 동태적 우주론을 본체의 특성이 아닌 기화의 활동에서 찾았다.

자에 해당하는 학자는 정이와 주희이다. 모종삼은 『심체여성체心體與性體』 제2책, 제3장 호오봉지지언胡五峯之知言에서 육구연·왕수인과 호굉·유종주의 학문 계통은 '하나의 원 안에서의 두 개의 왕래'(一圓圈之兩來往)라고 한다. 두 개의 왕래에서 하나는 '심이라는 주체성의 보편성과 지선성 그리고 입법의 자율성을 긍정하고서, 그것을 근거로 인간의 존재 근거인 본성을 규정하고 심성이 하나임을 정립하는 것이다.' 다른 하나는 '먼저 객관적으로 하나의 성체를 제시하고서 다시 주관성의 심체로서 성체의 형저 작용을 긍정하는 것이다.' 이 두 개의 방향은 동일한 원 안에서 하나는 왼쪽으로 회전하고, 다른 하나는 오른쪽으로 회전하지만, 결국에는 서로 만나는 것과 마찬가지로 합일하게 된다는 의미이다.

만일 육구연·왕수인과 호굉·유종주 철학이 '동일한 원 안에서 하나는 왼쪽으로 회전하고, 다른 하나는 오른쪽으로 회전하면서 서로 만나는 관계', 즉 본질적으로 동일한 계통에 속한 것이라면 삼계설은 무의미하게 된다. 다시 말하면 심학과 리학으로 구별하는 이계설과 명칭만 다를 뿐 실질적 내용은 이계설과 같기 때문이다. 즉 직관(종관)계통과 횡섭계통의 이계설이 되고 만다.

4. 송대 유학 정립에 있어 근거로 삼은 경전

송명리학자들이 공통적으로 공맹철학 정신으로 회귀를 주창한 것은 사실이지만 그들이 과연 모두 공맹철학 정신과 합일하였는가는 다시 논의해 보아야 할 문제이다. 이 점은 송명리학자들이 학설을 세울 때 의거한 경전을 보면 공맹 정신과의 합일 여부를 판명할 수 있다. 엄격하게 말하면 선진

유학을 대표하는 전적은 『논어』와 『맹자』 및 『순자』 세 가지 경전에 불과하다. 『시경』과 『서경』은 심성과 정치 이론을 정립할 때 많이 인용하였지만 유학의 문헌으로 간주하기는 어렵다. 『예기』에도 유학 이론과 상관있는 내용들이 상당히 있지만, 전반적으로 혼잡스럽게 편집되었고, 또 선진시대의 작품으로 단정하기도 어렵다. 또한 한대의 우주론 중심 철학이 성행한 후에 『역전』과 『중용』의 위치가 유학에서 높은 위치를 차지하게 되었으며, 오대五代에서 송 초에 이르기까지 도교의 내용이 역학 속에 침투되기도 하였다. 따라서 북송 초에 유학자들은 공맹 정신으로의 회귀를 주창하였지만 공맹 철학의 진수를 파악할 객관적인 조건이 성숙되지 않았다.

북송 초에 유학자들의 학문 연구는 경전 해석이 주였다. 도덕과 철학 이론 문제는 주돈이로부터 시작되었다. 주돈이의 저작은 『태극도설』과 『통서』이다. 『태극도설』은 도교의 도서圖書를 역학으로 풀이한 것이다. 『통서』는 『주역』과 『중용』을 근본으로 삼은 것이다. 따라서 주돈이 철학의 주요 전적은 『역전』과 『중용』일 뿐 『논어』와 『맹자』는 아니다.

장재의 주요 저작은 『서명』과 『정몽』 및 『역설』이다. 『서명』은 처음부터 건곤으로 시작하고, 『정몽』 역시 『역전』의 우주론과 형이상학이 주요 내용이다. 장재는 비록 『논어』와 『맹자』의 심성 문제를 언급하지만 제일 관념은 『역전』의 형이상학과 우주론이지 『논어』·『맹자』의 심성론은 아닌 것 같다.

정호철학은 『역전』과 『중용』을 주요 전적으로 삼고 있지만, 『논어』와 『맹자』 사상에도 원만한 이해를 보이고 있다. 「식인識仁」편에서 서술하고 있는 내용을 보면 그가 『역전』과 『중용』으로 진입하여 『논어』와 『맹자』의 철학으로 회귀하고 있음을 알 수 있다. 따라서 정호철학의 주요 전적은 『역전』과 『논어』 및 『맹자』라고 할 수 있다.

정이와 주희는 『역전』과 『중용』을 중시하고 있지만 순수한 우주론과 형이상학에 초점을 맞추기보다는 도덕과 문화 문제에 관심을 보인다. 또한 『대학』의 거경과 격물궁리설을 수양론의 요체로 삼았다.[19] 따라서 정이와

19) 『대학』에 대한 주희의 관심과 존중은 『주자어류』, 권14에 나오는 다음 두 구절로써 대변할 수 있다. "온공(사마광)이 『자치통감』을 지으면서 '내 평생 동안 열정을 이 책에 쏟았다'라고 하였는데, 나 역시 『대학』에 그러하였다. 『논어』와 『맹자』, 『중용』에 대해서는 오히려 힘을 쏟지 않았다."(溫公作通鑑言, '臣平生精力, 盡在此書', 某於大學亦然. 論孟中庸, 卻不費力); "『대학』은 한 글자도 마음대로 쓴 것이 없다."(大學一字不胡亂下) 이는 주희가 淳熙 16년 60세의 늦은 나이에 세상에 선보인 『대학장구』에 대한 스스로의 평가와 독백이라고 할 수 있다. 뿐만 아니라 죽기 3일 전까지 『대학』의 「誠意章」을 수정하였다는 기록만을 보아도 『대학』에 대한 주희의 관심과 열정 그리고 그의 철학에서 『대학』이 차지하고 있는 위상을 어렵지 않게 엿볼 수 있다. 『주자어류』, 권14에 다음과 같은 내용이 수록되어 있다. "나는 사람들에게 먼저 『대학』을 읽고서 학문의 규모를 결정하고, 다음 『논어』를 읽고서 그 학문의 근본을 세우라고 하였으며, 그 다음에 『맹자』를 읽고서 그 학문의 발전을 보아야 하고, 다음에 『중용』을 읽고서 옛사람들의 미묘한 의리를 추구해야 한다고 하였다."(某要人先讀大學以定其規模, 次讀論語以立其根本, 次讀孟子以觀其發越, 次讀中庸以求古人之微妙處); "『대학』은 하나의 큰 성곽이다. 『대학』은 밭문서를 사는 것에 비유할 수 있고, 『논어』는 밭고랑의 크고 작은 곳에 가서 한 단락 한 단락 차례대로 경작해 가는 것에 비유할 수 있다."(大學是個大壞模. 大學譬如買田契, 論語如田畝闊狹去處, 逐段子耕將去); "『대학』이라는 책은 길을 떠나는 여정과 유사하다. 어떤 곳에서부터 어떤 곳에까지 가는 데 몇 리가 되고, 또 어떤 곳에서부터 어떤 곳에까지 가는 데 몇 리가 된다는 것이다. 이러한 길의 여정을 알아야만 출발할 수 있다."(大學一書, 如行程相似. 自某處到某處幾裏, 自某處到某處幾裏. 識得行程, 須便行始得) 이상의 표현들은 『대학』이 주희 자신 학문의 기본 틀이었음을 드러낸 것이다. 기본 틀이란 바로 '수신과 치인의 전범이고, 학문의 기반이며, 학문의 강령 혹은 종지'라는 의미이다. 또 기본 틀에 여러 가지 소규모 틀이 존재하는데, 3강령과 8조목이 이에 해당된다. 그중에서도 가장 핵심적인 것은 明明德을 포함한 致知格物과 誠意일 것이다. 왜냐하면 치지격물은 지행론에서 '知'에 해당한 기본 틀이고, 성의는 '行'의 시작과 방향이기 때문이다. 주희는 『대학』으로 전체 규모를 결정하고, 다음 3강령과 8조목을 소규모의 틀로 삼아 이곳에 『논어』와 『맹자』 및 『중용』의 내용을 배열하려고 한 것 같다. 예를 들어 『논어』와 『맹자』 및 『중용』의 심성은 명덕 개념으로 대체하고, '지'와 '행'은 치지격물과 성의로 대체하며, 정치론은 수신과 제가 그리고 치국 및 평천하로 나누어 해설하려고 하였다. 주희에 의하면 이러한 『대학』의 전체 규모와 3강령 8조목의 소규모가 먼저 정비되지 않으면 기타 경전의 내용은 안착될 수가 없게 된다. 때문에 『주자어류』, 권14에서 또 "도학이 밝혀지지 않은 것은 원래 위층에 공부가 결여되어서가

주희철학의 주요 전적은 『역전』과 『중용』 및 『대학』, 그리고 『논어』와 『맹자』라고 할 수 있다.

남송의 육구연과 명대의 왕수인은 순수한 공맹철학을 근본으로 한다. 특히 육구연은 자신이 맹자철학 정신을 계승한다고 역설하였고, 왕수인 역시 육구연 학문을 맹자 심학의 적통으로 간주하고 있다. 육구연과 왕수인의 철학정신은 다르지 않지만 전개 방식은 다르다. 육구연은 공맹 그중에서도 맹자만을 추존한 반면 왕수인은 자신의 양지설을 『대학』의 격물치지의 형식으로 전개한다. 다시 말하면 왕수인은 『대학』을 유학의 기본 경전으로 긍정하였다.

필자는 '송명리학의 정립에 있어 근거로 삼은 경전'에서 『대학』이 주희 이후 유학의 대표 경전으로 인식되었고, 비록 해석은 다르지만 『대학』이 송명리학을 대표하는 주희와 왕수인 철학의 기본 체계로 등장하였다는 점이 가장 획기적인 사건이라고 생각한다.

『대학』은 원래 『소대예기小戴禮記』 49편 중 제42편이다. 원래 『대학』은 당唐 이전까지는 유학의 경전으로 크게 중시되지 않다가 한유와 이고李翱 등에 의하여 『대학』과 『중용』이 『논어』·『맹자』와 아울러 유학의 핵심 경전으로 인식된 후에 본격적으로 학자들의 주목을 받기 시작하였다. 주희 이전에도 사마광을 비롯하여 정호와 정이, 그중에서도 정이가 『대학』의 격

아니라 본래 아래층에 기초가 없었기 때문이다"(道學不明, 元來不是上面欠缺工夫, 乃是下面元無根腳)라고 한 것이다. 아래층의 공부는 치지격물을 비롯한 3강령 8조목이고, 기타 나머지는 모두 '위층에 속한 공부'인 것이다. 만일 아래층의 공부가 정립되지 않으면 위층에 속한 공부의 순서 및 방향이 결정될 수 없다. 즉 『대학』이라는 전체 규모와 3강령 8조목이라는 소규모가 결정되지 않으면 나머지 위층에 속한 공부는 아무런 형상을 가질 수 없게 된다.

물을 특히 중시하였고, 주희에 이르러 송명리학의 핵심 경전으로 자리매김 된다. 『대학』에 출현하는 여러 개념 중에서 주희에게 중시된 개념은 크게 두 가지이다. 하나는 명덕이고, 다른 하나는 치지격물이다. 치지격물에 관해서는 정주와 육왕 등의 해설이 서로 다르고, 학자들마다 약간의 출입이 있지만, 명덕에 관한 이해는 거의 동일하다.[20] 모두 실체로 이해한다.[21] 명덕을 실체로 이해하고, 치지격물을 명덕을 드러내는 공부로 이해하면, 『대학』은 본체론과 방법론을 모두 구비할 수 있게 될 뿐만 아니라 '명명덕에서부터 치지격물'까지가 단순한 수평적 배열이 아니라 하나의 원처럼 구성되어 유기적 정합관계가 확연하게 드러난다.

제2절. 송명리학과 불교의 교섭[22]

유불의 교섭을 올바르게 이해하려면 당시의 학술적 배경을 먼저 이해해야 한다. 한 말 이후 위진남북조시대를 거쳐 수, 당, 그리고 오대십국에 이르는 동안 유학은 사상계의 주도적 위치를 상실하였다. 그 원인은 크게 두 가지로 설명할 수 있다. 첫째는 한대 이후 지식인들의 정치에 대한 염증이었다. 한대의 당고黨錮의 화禍와 위진남북조시대의 정치적 혼란은 지식인들

---

20) 주희가 명덕을 심성합일 측면에서 해설하고 있지만, 엄격하게 말하면 주희철학의 명덕은 심이 아니라 성이다. 반면 왕수인철학의 명덕은 심이다. 이처럼 주희와 왕수인 철학에서 심의 내용과 지위가 서로 다르지만, 명덕을 동일하게 하나의 실체로 이해해야 한다.

21) 한대의 鄭玄과 당대의 孔穎達은 명덕을 실체가 아니 덕행 개념으로 이해한다.

22) 송명리학과 불교의 교섭은 필자의 「화엄 법계관과 주희 리기론의 이동을 통해서 본 유불의 교섭」을 보완하여 수정 요약한 것이다.(『양명학』 제28호, 2011)

을 청담淸談의 세계에 빠지게 하는 작용을 하였고, 이로 말미암아 현학玄學의 현풍玄風이 성행하게 되었다. 둘째 불가의 중국 유입이다. 불가의 유입은 유학을 중심으로 한 적극적 입세관入世觀이 은몰하고 은둔적이고 초현실주의적인 현풍이 등장하자 이것과 어울려 중국 지식인의 심령을 학술사상에서 종교 신앙의 문화로 전환시키는 계기가 되었다. 이러한 도가와 불가 중심의 문화는 600년간 지속되었고, 수당시기에 이르러 천태와 화엄 및 선종의 삼대 종파가 진상계통眞常系統[23]의 불가문화를 화려하게 꽃피웠다. 이러한 시대적 상황에서 송대 지식인 중에 불가와 교섭하지 않은 학자는 거의 없다고 해도 과언이 아니다. 먼저 불가를 접촉하고서 이에 매료되던지 아니면 그것으로부터 이탈하여 다른 계통의 학문으로 진입하였던 것이다. 주희는 소년 시절에 선학에 상당한 관심을 보였고, 불가철학에 대한 이해 역시 기타 송명리학자에 비해 훨씬 정묘하다.[24] 왕수인 역시 용장오도龍場悟道 이전에 도불의 사상에 자주 출입하였다는 것도 주지의 사실이다.

이러한 학술적 배경에서 유가와 불가의 교섭은 당연한 결과이고, 매우 자연스러운 현상이라고 할 수 있다. 또한 이러한 교섭은 유불 모두에 부정적 측면보다는 오히려 긍정적인 작용을 하였다는 것이 필자의 판단이다. 필자가 그렇게 평가한 이유는 송명리학과 불가의 교섭을 아무리 이리저리 뒤집어 살펴보아도 양가의 교류가 유불 양가 학술사상에 어떠한 병폐를 조장하지 않았다는 점에 있다. 설령 있다고 할지라도 병폐보다는 긍정적인 요소가 훨씬 많을 것이다.

---

23) 勞思光, 『中國哲學史』 2, 290쪽.
24) 주희의 소년시기의 선학에 대한 심취는 향후 육구연의 학설을 오해하게 된 결정적인 원인으로 작용하게 된다.

먼저 중국에서의 불가 발전을 간략하게 살펴보자. 위진남북조시대 중국의 대승불가 학자들은 불가서적뿐만 아니라 중국의 고전에도 상당한 관심을 가진 사람들이었다. 특히 도가서적에 대한 그들의 이해가 상당히 빼어났다는 것에 대해서는 공통적으로 긍정하고 있는 사실이다. 또한 중국 불가의 삼종三宗이라고 일컬어지는 천태와 화엄 및 선종은 모두 진상심眞常心 계통으로서 여래장 및 자성청정심自性淸淨心을 긍정한다. 자성청정심이 곧 유가철학에서 긍정하는 도덕본심은 아니지만[25] 맹자의 영혼이 그곳에 상당히 내재되어 있는 느낌이 드는 것은 부정할 수 없다.[26] 도가와 유가철학의 영혼이 불가에 스며들었다고 해서 그것이 불가의 본질을 저해하였는가? 결코 그렇지 않다. 자성청정심이라는 성불의 근거를 적극적으로 긍정함으로써 오히려 불가로 하여금 중국인의 심령에 더욱 역동적으로 작용하게 하였다. 송명리학을 살펴보자. 비록 맹자가 성선설을 주장하면서 성선의 보편성을 적극적으로 긍정하였고, 『중용』에서는 '천명지위성'으로써 성선의 성에 대한 보편성과 아울러 선험성, 즉 성선의 성에 대한 존재론적 근거를 제시하였으며, 『역전』에서는 태극과 음양 그리고 각정성명各正性命 등의 관념을 제시하였지만, 리기불리부잡과 리일분수 그리고 본체와 현상의 동일성에 관한 형식적 체계는 화엄의 이사무애법계理事無碍法界와 사사무애법계事事無碍

25) 중국 불가에서 진상심 계통에 속한 것은 천태와 화엄 그리고 선종이다. 이 삼가에서는 자성청정심을 심의 본래면목으로 이해하고, 이 자성청정심을 근거로 성불의 가능성을 적극적으로 제시한다. 그러나 비록 모든 중생이 불성을 갖추고 있다는 보편성을 긍정할 수 있지만 이는 어디까지나 성불의 가능성에 대한 긍정을 표현한 것일 뿐, 불성의 고유성 즉 선험성에 대한 적극적인 긍정은 아닌 것 같다. 왜냐하면 불성의 선험성(固有)을 긍정하게 되면 자성청정심의 독립성을 긍정하는 것과 같게 되기 때문이다.(황갑연, 「송명이학과 원시유학 참고」, 『동양철학연구』 제50집, 2007, 46쪽 참고)

26) 牟宗三, 『心體與性體』 第3冊, 580쪽 참고.

法界처럼 온전하지 않다. 필자는 유학자들이 아무리 불가를 비평하고, 또 현대 유학자들이 송명리학에 대한 불가의 영향을 부정하더라도, 주희를 비롯한 리학자들이 화엄의 법계관으로부터 모종의 계발을 받았음에 대해서는 부정하기 어렵다고 생각한다. 불가와 도가의 송명리학 영향설에 대해서 적극적으로 부정적인 입장을 취하는 모종삼 역시 "물론 도불의 자극을 받아서 각성했다는 말은 괜찮다"[27]라고 한다. 각성이건 아니면 계발이건 모두 정면적 작용으로 이해될 수 있다. 따라서 '교섭'은 혁신이고 경장이며 확장의 활동이지 결코 본질이 서로 뒤섞인 양적인 혼합이 아니다. 공자 역시 『논어』에서 손익損益과 인혁因革을 강조한다. 손익의 대상에서 도가와 불가는 반드시 제외되어야 하는가? 또 송명리학에서 불가를 흡수하였다고 할지라도 유가의 본질을 상실하였는가? 본질을 상실하지 않고 외연을 확장하거나 새롭게 단장하였다면 그것이 바로 인혁이다.

필자는 송명리학자의 불가에 대한 이해가 시공간적으로 상당히 일관된 입장을 취하고 있다는 느낌을 받았다. 불가에 대한 유학자의 비판은 당대 한유에 의하여 본격적으로 시작되었는데, 불가에 대한 한유의 비판은 다음 네 가지로 요약할 수 있다. 첫째, 불가는 이적夷狄의 가르침이지 선왕의 가르침이 아니다. 둘째, 불가는 윤리를 저버리고 인간의 상정常情과 이치를 배역背逆하였다. 셋째, 불가는 길흉화복의 인과응보설로써 사람의 마음을 어둡게 한다. 넷째, 불가는 윤회생사설輪廻生死說로써 사람의 마음을 미혹하게 한다.[28] 또한 송대에 정호는 "석씨의 말을 궁구하여 취하려고 하면 그 말을 아직 궁구하기도 전에 이미 불가의 제자로 되어 있을 것이다"[29]라고 하였

27) 牟宗三, 『心體與性體』 第3冊, 581쪽.
28) 熊琬, 『宋代理學與佛學之探討』(臺灣: 文津出版社, 1985), 369~372쪽.

다. 필자는 한유가 불가에 대하여 객관적인 이해를 배제한 채 이처럼 극단적인 평가를 한 것에 어느 정도 심정적인 동정을 할 수 있다. 주희에 의하면 한유 당시의 학술은 불가와 도가가 현학顯學이었던 것 같다.[30] 그중에서도 도가처럼 중국의 자생적 학문이 아닌 불가에 대한 적대적 감정이 심했을 것이라는 것은 어렵지 않게 짐작할 수 있다. 그러나 한유와 정호의 의식구조는 바로 객관적으로 그것의 이론을 이해하려고 하지도 않고 일종의 지레 놀라는 마음으로 경계하는 것이다. 이러한 의식구조로써 어떻게 타자 학술사상에 대하여 경중을 논하고 비판을 할 수 있겠는가?

송대 유학자들의 불가에 대한 언설은, 그 정도상 경중의 차이는 있지만, 내용과 추세가 거의 일치한다. 불가에 대한 주희의 이해와 비판은 그것의 적부성과는 관계없이 가장 체계적이고 세밀하기 때문에 송명리학자의 불가에 대한 이해를 대표한다고 해도 과언이 아닐 것이다. 주희의 불가에 대한 비판은 다양하지만, 이곳에서는 리기론을 중심으로 소개하겠다.

첫째, 주희는 불가에서 기의 존재를 언급하지 않음을 비판하고 있다.[31] 주희에 의하면 우주만물은 리와 기의 결합 그리고 음양의 교착에 의하여 이루어진다. 객관적 존재의 유무는 주관적인 심과 관련이 없다. 그러나 불가에서는 일체유심조一切唯心造라고 하여 만법萬法의 근원을 주관성의 심에서 찾는다. 화엄도 예외가 아니다. 주희는 "성인은 천지의 일에 있어서 자연스러운 이치에 따라서 마름질해서 이루고 곁에서 도울 뿐이다. 만일 성인이 거꾸로 천지를 조화시킬 수 있다면 이것은 자손이 거꾸로 조상을 잉태하

29) 『二程遺書』, 권15, "釋氏之說, 若欲窮其說而去取之, 則其說未能窮, 固已化而為佛矣!"

30) 『大學章句』, 「序」, "異端虛無寂滅之敎, 其高過於大學而無實."

31) 『朱子語類』, 권98, "因說佛老氏卻不說著氣, 以爲此已是渣滓, 必外此然後可以爲道. 遂至於絶滅人倫, 外形骸, 皆以爲不足卹也."

고 키우는 격이니, 이런 이치란 없다. 이처럼 큰 것만을 좋아하고 근본이 없는 말은 모두 심술의 폐단이다. 이러한 말은 불교의 '심법이 천지를 생기게 했다 없애기도 한다'는 뜻에 근원하고 있는 것이다"[32]라고 하였는데, 이는 바로 불가의 세계관과 존재론을 비판한 것이다.

둘째, 주희는 천지는 본래 선천적으로 본유本有의 존재이지 심이 생성한 것이 아니라고 비판한다. 그는 "천지는 본래부터 있는 것이지 심이 생겨나게 할 수 있는 것이 아니다. 만일 심이 천의 형체를 생성할 수 있다고 한다면 이것은 불교에서 '생각이 모여 국토를 이룬다'는 주장과 같은 불필요한 말이다"[33]라고 하였다. 만일 불가에서처럼 천지의 존재성을 주관적인 심에 의지하여 설명한다면, 심의 은몰에 따라서 천지 역시 은몰하게 될 것이다. 주희는 심학자들의 심외무리心外無理와 심외무물心外無物에 대해서도 선학이라고 비난하였는데 이상의 내용과 무관하지 않다.

셋째, 주희에 의하면 "유가에서 천지의 본체인 태극은 무형이지만 그 내용은 실實이다. 반면 불가의 성은 공空이고, 이는 내용을 보지 않고 단지 빈 껍질만을 본 것이다."[34] 주희철학에서의 태극은 도체의 '실체성을 표현한 문자'(實體辭)이고, 무극은 도체의 무형장無形狀 · 무방소無方所 · 무성무취無聲無臭의 의미를 드러내는 문자(形態辭)이다. 그는 '무극이태극'에 관하여 "무

32) 『朱文公文集』, 권72, 「張無垢中庸解」, "蓋聖人之於天地, 不過因其自然之理以裁成輔相之而已. 若聖人反能造化天地, 則是子孫反能孕育父祖, 無是理也. 凡此好大不根之言, 皆其心術之蔽. 又原於釋氏'心法起滅天地'之意."

33) 『朱文公文集』, 권70, 「記疑」, "且天地乃本有之物, 非心所能生也. 若曰心能生天之形體, 是乃釋氏想澄成國土之餘論."

34) 『朱子語類』, 권94, "無極是有理而無形. 如性, 何嘗有形? 太極是五行陰陽之理皆有, 不是空底物事. 若是空時, 如釋氏說性相似. 又曰: '釋氏只見得箇皮殼, 裏面許多道理, 他卻不見. 他皆以君臣父子爲幻妄.'"

극이면서 태극인 것은 '이而' 자에 차서가 없기 때문이다"[35]라고 하였다. 이를 근거로 주희는 불가에서는 '공'을 말하고 '무'를 말하지만, 유가에서는 '실'을 말하고 '유'를 말한다고 하였다.[36] 주희에 의하면, 유가의 본체는 무형이지만 만리를 구비하고 있어 '실'이고, 불가는 심공성공心空性空이면서 만리라는 실질의 리를 갖추지 않은 '허虛'라는 것이다.

이상의 주희에 의하여 계정된 유불의 본체관과 우주론을 보면, 유불의 세계관이 극명하게 다르다는 점을 알 수 있다. 그러나 필자는 이곳에서 주희에게 한 가지 질문을 던지고 싶다. 즉 객관적으로 존재하는 천지의 세계를 '공'으로 인식하건, 아니면 '실'로 인식하건, 또 사리해야 할 '고苦'의 세계로 인식하건, 아니면 합리성을 갖춘 세계로 인식하건, 그러한 인식에 따라서 객관적인 세계가 변화하는가? 이 세계에 대한 설명방식은 참으로 다양하다. 유가와 불가의 설명 방식을 보자. 유가철학에서는 존재론 측면에서 태극이라는 초월적 실체를 제시함과 동시에 현상에 대한 태극의 내재성을 긍정한다. 또한 '한 번 양이 되고 한 번 음이 된다'(一陰一陽之謂道)는 방식을 통하여 초월적 실체의 역동성과 아울러 세계의 무시무종無始無終을 설명한다. 태극은 음양의 기를 통하여 자신을 부단히 실현하는 창생의 실체로 존재하고, 음양은 태극의 창생 작용 실현에 불가결의 도구적 가치를 가지며, 만물은 태극을 선천적으로 갖춤으로써 보편적으로 절대적 가치의 존재로 승화된다. 비록 현재의 세계가 비합리적인 모습으로 존재할지라도 그것의 본래적 모습은 합리적이기 때문에 도덕실천을 통하여 만물의 합리성을 회복해 주는 것이 바로 유일하게 자각 작용을 갖춘 인간의 의무이다. 불가에

35) 『朱子語類』, 권94, "無極而太極, 此而字, 無次序故也."
36) 『朱子語類』, 권126, "儒釋言性異處, 只是釋言空, 儒言實. 釋言無, 儒言有."

서는 비록 이 세계를 괴로움으로 인식하지만, 이 괴로움은 세계에 대한 처음의 인식일 뿐 종극적인 인식이 아니다. 종극적인 인식은 대자락大自樂의 해탈이다.

우리가 이 세계를 어떻게 설명하더라도 분명한 것은 주관적인 설명 방식과 세계의 존재 방식은 다를 수 있다는 점이다. 이 세계는 유가식으로도 얼마든지 설명이 가능하고, 불가식으로도 설명이 가능하다. 단지 이 세계에 대한 가치론적인 시각만이 다를 뿐이다. 그러나 설령 가치론적인 시각이 다르다고 할지라도 그것에 우열성을 판단할 수 있는 여지가 있는가? 가치중립적인 이 세계에는 결코 그러한 독단을 수용할 여지가 없다. 그러나 송명리학자를 비롯한 한국의 성리학자들은 불로의 사상을 이적의 사상으로 곧잘 규정하는데, 이는 가치론적인 우열을 암암리에 드러낸 것으로, 객관적인 학술사상의 입장에서 보면 편협한 독단에 불과하다. 불가 역시 유가철학을 속학으로 규정하기도 하는데, 이것 역시 현학에 대한 막연한 동경에서 나온 부질없는 자긍심일 뿐이다. 차이성을 드러내는 것은 학술사상계에 종사하는 사람으로서 당연히 해야 할 작업이다. 또 이것에 근거하여 자신의 주관적인 선호 혹 신앙에 의하여 자신이 선택한 학술사상에 대해 자부감과 존중의 마음을 갖는 것 역시 허용될 수밖에 없고, 또 인지상정으로 자연스러운 일이다. 단 그것이 타자의 학술에 대한 무리한 비판 혹은 부정을 수반한다면 이는 이단과 정통이라는 끝없는 타자 부정의 악순환만을 양산할 것이다. 왜냐하면 이단은 자기발언이 아니고 이단으로부터 정의되지도 않으며, 단지 정통을 자임하는 발언자에 의해 타자화된 대상일 뿐이기 때문이다. 또 정통은 자기주장의 진술이고, 어떤 개념 혹은 어떤 논리로 전개되든 자기주장을 펼치는 논리에서만 그 정당성을 확보하기 때문이다.[37)]

송명리학이 불가의 영향에서 이루어졌다는 사실을 음석양유라는 말로 곧잘 표현한다. 그러나 필자는 송명리학을 음석양유로 규정하는 것에 대하여 부정적인 입장을 취한다. 그렇지만 '불가를 유학으로 끌어들였다'는 원불입유에 대해서는 긍정적인 입장을 취한다. 우선 음석양유는 표현 자체가 너무나 천박하다. '음'은 본질 혹은 내용을 의미하고, '양'은 외표를 의미하기 때문에 음석양유는 곧 '송명리학은 유가의 옷을 입은 불가철학에 불과하다'는 의미로 해석할 수 있다. 그렇다면 송명리학과 불가철학이 본질적으로 동일한가? 송명리학은 선진유학의 계승적 발전으로 볼 수 없는가? 또한 유가와 불가의 교섭은 불가하다는 말인가?

앞에서도 설명한 바와 같이 송명리학, 그중에서도 주희 리기론(리기불리 부잡과 리일분수 등을 포함하여)의 형식적 체계가 화엄의 법계론과 유사하고, 또한 그것에 의하여 계발을 받았을지라도, 주희는 태극이라는 창생의 객관적 실체를 긍정하고, 성즉리의 성이라는 내재적 실체를 긍정한다. 또 이 세계의 본래적 가치를 처음부터 긍정하여 결코 '고苦'로 인식하지 않고, 사리의 대상으로도 인식하지 않는다. 이는 분명 공맹순으로 대표되는 선진유가철학의 정신이고, 더 나아가 『중용』과 『역전』의 적극적인 입세주의 정신의 표현이다.

또한 음석양유라는 평가는 문화의 기본적인 성격을 간과한 것이다. 문화는 복잡하고 중첩적인 구조로 형성되어 있으며, 이 구조는 지금 이 시간에도 부단히 변화하고 있다. 그러나 그 문화에 흐르고 있는 본질적 정신생명은 외부적 구조 양식에 따라서 반드시 변화하는 것은 아니다. 외부적

---

37) 김성환, 「정통과 이단에 대한 도가적 성찰」, 『오늘의 동양사상』(2003), 126쪽.

구조는 때로 내부의 본질이 더욱 잘 드러날 수 있는 통로로 작용되기도 한다. 문화의 전승관계에서 볼 때 송명리학 이전에 홍성한 도불의 문화는 송명리학 성립에 정면적이건 반면적이건 일정한 영향을 미칠 수밖에 없었다. 그중에서 화엄의 이사무애법계와 사사무애법계는 주희철학의 리기론 정립에 일정 부분 영향을 주었고, 주희가 그것의 형식을 빌려 유가철학 본래의 정신인 본체와 현상의 불리부잡 그리고 리일분수를 더욱 온전한 체계로 정립하였다고 할 수 있다. 다시 말하면 화엄의 법계관은 유가철학의 정신을 더욱 부각시키는 도구 혹은 통로의 작용을 하였다고 할 수 있다. 필자는 이질적인 문화의 교섭에서 이러한 현상은 당연하면서도 자연스러운 일이라고 생각할 뿐만 아니라, 상호 간의 교섭 활동에 대해서도 긍정적으로 인식한다.

혹자는 송명리학을 음석양유로 규정하는 근거로 언어와 수양방법 및 형식적인 사유의 틀 등을 들기도 하는데, 이러한 태도야말로 참으로 본질과 관계없는 학자들의 지적 완농이다. 음석양유라고 규정할 수 있는 근거는 언어와 태도 그리고 형식적인 사유체계의 유사에 있는 것이 아니라, '동일한 명사에 어떤 의미를 담고 있는가'와 '동일한 사유형식을 통하여 어떤 의리를 전개하고 있는가' 그리고 '동일한 수양방법을 통하여 드러내고자 하는 실체의 성격과 그것의 내용 및 추구하고자 하는 세계'에 있다. 인문의 학술에서 사유의 방식과 인생의 지혜 등에 관해서는 특허나 지적재산권을 인정할 수 없다. 누구나 유용하다고 판단되면 가차假借할 수 있다. 언어는 본래 공적인 도구이다. 한자는 구체에서 추상으로 발전하였다. 추상으로의 발전은 곧 하나의 문자에 다양한 의미가 추가되었음을 의미한다. 이처럼 언어는 풍부한 의미를 담을 수 있고, 때로는 본의와 전혀 관계없는 이질적인 의미가 포함되기도 한다. 음석양유의 근거를 언어와 사유의 틀, 그리고 수양방법의 유사성에서 찾기보다는 그곳에 담겨진 내용물의 유사성에서 찾아야 한다.

따라서 필자는 송명리학에서 유불의 관계를 음석양유보다는 원불입유로 규정하는 것이 타당하다고 생각한다. 왜냐하면 원불입유라는 표현에는 주체와 객체가 구분되어 있고, 그중에서도 주체의 의미가 더욱 부각되어 있기 때문이다. 다시 말하면 불가의 사유형식과 방법을 끌어들인 주체가 바로 송명리학자이고, 불가의 사유형식과 방법은 송명유학자들에 의해 수용당한 것이다. 주체에 의하여 얼마든지 취사선택이 가능하다. 취할 만한 것은 취하고, 버릴 만한 것은 버리면 그만이다.(取其所取, 棄其所棄) 주희는 분명 화엄 법계관의 사유형식을 취하였지만, 세계관과 학술의 종지 그리고 강맥, 즉 내용물은 유가의 것으로 채웠다. 이것이 바로 필자가 음석양유를 취하지 않고 원불입유를 취한 까닭이다.

음석양유를 주장한 학자들이 가장 애용하는 근거는 화엄의 법계관[38]과 정주의 리기론 및 육왕의 심성론이다. 화엄의 법계관을 이해하는 순서는 다음의 세 단계로 진행되어야 한다. 하나는 법계 자체의 의미이고, 다른 하나는 법계의 구분이며, 마지막으로는 법계와 법계의 관계이다. 화엄의 법계

38) 먼저 법계(dharma-dhatu)의 의미를 살펴보자. 법계의 '法'은 범어의 동사 語根인 'dhr'에서 온 것으로 그것의 본래 의미는 '보호하고 유지한다'(護持)는 것이고, '界'는 범어의 동사 語根인 'dha'가 변화하여 이루어진 명사로서 본래 의미는 '要素'이지만, 불가에서 '法'은 제법이고, '界'는 분계 혹은 영역의 의미로 사용되었다. 또 다른 측면에서 '界'는 性의 의미를 갖고 있다. 따라서 法界는 곧 法性으로서 본체인 진여를 의미하기도 한다. 불교에서 법계는 근원 혹은 근본의 의미를 갖는다. 불교에서는 우주전체를 모두 법으로 보고, 진리 혹은 진리의 현현으로 인식하기 때문에 화엄종에서 이를 근거로 현상과 실상(진여 혹은 진여심)이 서로 相卽不離한다는 법계관을 정립한 것이다.(吳汝鈞, 『佛教思想大辭典』, 臺灣: 商務印書館, 1992, 314쪽 참고)

에서 '계界'는 영역이다. 모든 '법法'은 하나의 영역 중에 놓여 있기 때문에 '법계'라고 명명한 것이다. 화엄의 법계에서는 법계를 구성하고 있는 각 법의 속성과 제법 간의 관계를 논하지 않고, 법계 전체를 하나의 영역으로 삼고서 그것 자체의 특성을 논한다. 다시 말하면 각각의 '법' 자체의 차별상과 속성 등은 법계에서 논외의 대상이다. 왜냐하면 하나의 '계'를 구성하고 있는 제법의 관계가 결정한 속성은 그것을 구성하고 있는 각각의 '법' 자체의 속성과 서로 다른 층차에 속한 것이기 때문이다. 현수법장賢首法藏에 의해 정립된 사법계四法界는 다음 네 층으로 구성되어 있는데, 앞에서 말한 법계 이해의 세 단계를 모두 포함하고 있다.

첫째, 사법계事法界이다. 사법계는 구체적인 현상과 개별적인 사건 혹은 고유한 독자적인 모습과 개체성을 갖추고 있는 현실세계이다. 이 법계에 속한 제법의 관계가 결정한 본질적 속성은 '차별'이다. 즉 사법계는 상대적이고, 차별적이며, 속체俗諦이다.

둘째, 이법계理法界이다. 이법계는 사법계가 의지하고 있는 리로서, 이 이법계의 속성은 하나(一)이고 무차별이다. 리는 진여 혹은 실상을 의미한다. 이법계는 무차등이고, 평등한 법성法性이며, 공성空性이다.

셋째, 이사무애법계理事無碍法界이다. 무애라는 의미는 제법의 속성에 초점을 둔 것이 아니라 법계와 법계의 관계에 초점을 두고 있다. 리理와 사事의 무애는 여러 측면에서 설명이 가능하지만, 대표적인 의미는 현상과 진여의 불리不離이다. 리는 사의 리이고, 사는 리의 사이다. 리 밖의 사가 없고, 사 밖의 리도 없다. 현상과 진여가 상즉相卽하고 상입相入하는 관계로 놓여 있기 때문에 서로 의존 혹은 서로 독립하여도 아무런 방해가 되지 않는다는 의미이다. 현상 자체가 곧 진여는 아니지만 현상은 진여로부터 생겨나고,

실상(진여) 역시 현상은 아니지만 현상을 통하여 자신의 모습을 드러내니, 현상을 떠나서 따로 진여가 있는 것이 아니다. 따라서 제법은 그 자체로서 진여의 여여如如한 현현이고, 그 자체로서 하나의 실상이며, 진리의 체(理體)이다. 리와 사가 서로 무애할 수 있는 근거는 바로 이 점에 있다.

넷째, 사사무애법계事事無碍法界이다. 화엄 법계관의 종극 경지는 사사무애법계에 있다.[39] 사법계와 이법계 그리고 이사무애법계는 사사무애법계를 설명하기 위한 층층의 접근 방법이고 이론적 근거에 불과하다. 현상과 진여만이 불리의 관계로 놓여 있는 것이 아니라, 현상 역시 비록 서로 차별적인 모습으로 존재하고 있지만 모두 진여로부터 생겨난 것이고, 사법계 각각이 서로 상호 의존적 관계(彼此相依)로 놓여 있기 때문에 서로 융합될 수 있고 서로 통섭될 수 있다는 의미이다. 이러한 의미는 객관적인 측면에서는 '하나의 사리事理는 기타의 사리와 서로 통할 수 있다'로 해설할 수 있고, 주관적인 측면에서는 '하나의 경지는 기타 경지와 서로 통할 수 있다'로 해설할 수 있다. 이것이 바로 "하나가 만물이고, 만물이 곧 하나이다"(一卽多, 多卽一)라는 것이고, 또 "이제 오그리면 모든 일은 하나의 티끌에서 나타나고, 펼치면 하나의 티끌이 모든 곳에 두루 펼쳐져 있다"[40]라는 말의 의미이다. 즉 "하나가 모든 것을 통섭하고, 모든 것은 하나를 통섭한다"(一攝一切, 一切攝一)라는 것이 바로 이것이다.

이러한 사법계四法界의 맥락에서 세계를 보면, 세계는 하나의 가치중립적인 사실 세계가 아니라 그 자체로 완전하고 절대적인 가치를 갖추고 있는 세계이다. 이러한 평가에서 어떤 법도 제외될 수 없다. 원만한 성덕을 갖춘

39) 신규탁, 「法界觀門의 觀의 기능에 관한 試論」, 『보조사상』 제28집(2007), 63쪽.
40) 『華嚴經』, 권60, 「菩薩十住品」.

제법은 서로 원융무애의 관계로 안배되어 있는 것이다. 화엄에서는 이처럼 제법에 대하여 절대적 가치를 부여함으로써 상대적(차별적) 세계관을 절대적 무차등의 세계관으로 전환시키고, 아울러 제법 간의 상호 대립이 아닌 무한·보편·평등의 세계관을 정립한다.

화엄의 법계관이 네 층으로 구성되어 있듯이, 그것과 주희 리기론의 대표적인 유사성 역시 다음 네 가지로 요약할 수 있다. 사법계와 주희의 기器-氣[41], 이법계와 주희의 리, 이사무애법계와 주희의 리기(도기)불리부잡, 사사무애법계와 주희의 '모든 사물은 하나의 태극을 갖추고 있다'(物物具有一太極) 혹은 리일분수. 필자는 이 네 가지 측면에서 외적인 구조 형식을 해설하겠다.

먼저 주희는 리와 기를 형이상자와 형이하자로 구분한다. 주희는 "리는 형이상자이고 기는 형이하자이다"라고 하면서 "리는 기와 떨어진 적이 없지만, 형이상과 형이하로 말한다면 어찌 선후가 없겠는가"[42]라고 말한다. 화엄에서 리와 사를 구분한 것처럼 주희 역시 리와 기를 본체론적으로 형이상자와 형이하자로 엄격하게 분리하면서 선후의 관계로 설정한다. 화엄에서 이법계와 사법계를 구분한 것은 주희의 리기부잡에 해당한다. 물론 주희의 리의 기에 대한 선先은 논리적 혹은 근본 혹은 형이상자의 개념이 형이하자의 개념에 선재한다는 의미로서의 '선'이지 시간적 의미로서의 '선'이 아님은 주지의 사실이다.[43] 비록 이 양자는 개념적으로 분리할 수 있지만,

---

41) 엄격하게 말하면 화엄의 사법계에 해당하는 것은 氣가 아니라 器이다.

42) 『朱子語類』, 권1, "理未嘗離乎氣. 然理形而上者, 氣形而下者. 自形而上下言, 豈無先後! 理無形, 氣便粗, 有渣滓."

43) 理氣의 선후가 시간적 선후가 아니라는 점에 대해서는 주희도 긍정하였고, 기타 학자들도 긍정한 바이지만, 理(道)와 事의 선후는 시간적 선후로 설명할 수 있다. 왜냐하면

실제적으로는 따로 존재할 수 없다. 때문에 주희는 "음양과 오행이 어지럽게 뒤섞이면서도 조리를 잃지 않는 것이 바로 리이다. 만약 기가 모여서 응결되지 않을 때는 리 또한 붙어 있을 곳이 없다"[44]라고 한 것이다. "음양과 오행이 어지럽게 뒤섞이면서도 조리를 잃지 않는 것이 바로 리이다"라는 말은 리가 기의 표준이고 근본이며 법칙이라는 의미이고, "기가 모여서 응결되지 않을 때는 리 또한 붙어 있을 곳이 없다"라는 말은 리와 기가 실제적으로 따로 존재할 수 없다는 의미이다. 때문에 주희는 "천하에는 리가 없는 기도 없고, 또한 기가 없는 리도 없다"[45]라고 한 것이다. 즉 리와 기는 실제적으로 불리의 관계로 놓여 있다. 화엄에서의 이사무애법계는 바로 주희의 리기불리에 해당한다.

주희의 도기설은 리기설과 동실이명同實異名의 관계이다. 물론 그 의미가 완전하게 동일한 것은 아니지만 같은 이치에 의하여 관통되어 있다. 주희는 『주자어류』 권75에서 "기 역시 도이고, 도 역시 기이다. 서로 간에 분별은 있지만 서로 떨어져 존재하지 않는다", "도는 기를 떠나지 않고, 기는 도를 위배하지 않는다"[46]라고 하였다. 도는 화엄의 이법계에 상당하고, 기는 사법계에 상당하며, 도기불리부잡설과 화엄의 이사理事 구분, 이사무애법계와 그 형식이 일치한다.

주희는 『중용』의 천명지위성과 『역전』의 각정성명各正性命을 근거로 '물물구유일태극物物具有一太極'을 내세운다. 주희는 "태극은 다만 천지만물의

事(器)는 理의 선험성과 관계없이 현상계에서 아직 실현되지 않을 수도 있기 때문이다. 따라서 '有事則必有理'이지만 '有理則未必然有事'인 것이다.

44) 『朱子語類』, 권1, "如陰陽五行錯綜不失條緒, 便是理. 若氣不結聚時, 理亦無所附著."

45) 『朱子語類』, 권1, "天下未有無理之氣, 亦未有無氣之理."

46) 『朱子語類』, 권75, "器亦道, 道亦器. 有分別而不相離也."; "道不離乎器, 器不違乎道."

리일 뿐이다. 천지에서 말하면, 천지 가운데 태극이 있다. 만물에서 말하면, 만물 가운데 각각 태극이 있다"[47]라고 하였다. 태극은 만물의 근원자로서 절대적 가치의 소재이다. 사사물물에 이러한 절대적 본체가 내재되어 있다는 것은 사물의 보편적 평등성을 의미한다. 때문에 주희는 "만물의 하나의 근원에서 논하면 리는 같고 기는 다르다"[48]라고 하였다. 비단 사람만이 태극을 갖추고 있을 뿐만 아니라 심지어 말라죽은 초목도 태극(성)을 갖추고 있다.(枯槁有性) 이는 우주에 존재하는 어떤 사물도 그 자체적으로 합목적적으로 존재할 수 있는 가치를 갖추고 있고, 타자에 의하여 가치가 결정되지 않는 본래적 가치(내재적 가치)를 갖추고 있다는 의미이다. 주희가 말한 리일분수설은 바로 이것을 근거로 하여 정립된 것이다. 화엄에서 이사무애법계가 일一(진여)과 다多(현상)의 상섭相攝관계라면 사사무애법계는 '일'과 '일', '일'과 '다', '다'와 '다'의 상섭을 포함한 절대평등관계이다.[49] 즉 사사무애법계의 핵심 의미 역시 제법 간의 평등성에 있다. 비록 현상의 세계는 다른 모습으로 존재하고 있지만 모두 태극을 공통분모로 하고 있고, 사법계 역시 차별이 근본 속성이지만 차별적인 제법에 내재된 진여는 평등하기 때문에 제법은 서로 통하고, 그 경지 역시 서로 무차등적으로 교류된다. 주희의 '물물구유일태극'과 리일분수는 화엄의 사사무애법계와 그 형식이 상당히 유사하다.

이상은 화엄의 법계관과 주희 리기론의 외형적 유사성에 관한 설명이다. 주희철학이 불가의 영향 아래에서 이루어졌다고 주장하는 학자들은

47) 『朱子語類』, 권1, "太極只是天地萬物之理. 在天地言, 則天地中有太極. 在萬物言, 則萬物中各有太極."
48) 『朱子語類』, 권4, "論萬物之一原, 則理同而氣異."
49) 남상호, 「화엄종의 상즉원융의 방법」, 『양명학』 제25호, 308쪽 참고.

"주희의 리기론은 불교의 영향을 받았고, 그중에서도 특히 화엄의 사법계관四法界觀의 영향을 받아 세워졌다"[50]라고 단정한다. 필자 역시 형식적 구조만을 보면 화엄과 주희의 교섭을 부정할 수 없고, 영향의 정도 역시 상당하다고 생각한다. 그러나 그 속에 내재되어 있는 본체와 우주론 그리고 체용론을 보면 실질적인 내용은 다르다. 따라서 화엄의 법계관과 주희 리기론의 교섭은 양면을 모두 고찰해야만 교섭의 가치에 대하여 올바른 평가를 할 수 있다.

육왕의 심과 불교의 심의 관계는 음석양유는 물론이고 원불입유의 관점도 적용하기 어려울 것 같다. 왜냐하면 육왕이 긍정하는 심은 선험적인 '고유固有'로서 하나의 절대적 독립체인 실유적實有的 성격의 도덕본심이기 때문이다. 심의 성격과 지위에 대해서는 맹자의 심은 주희와는 약간 다르지만, 불교와는 현격히 다르다. 맹자철학의 심은 성과 동일한 실유적 성격의 도덕본심으로서, 향선을 본질작용으로 하는 선의지이다. 반면 불교의 성[51]은 심의 본래면목으로서, 어느 일사일물一事一物에 집착이 없는 공성空性이다. 심은 자성청정심으로서 성불의 근거일 뿐, 도덕규범에 대한 인식 기능을 갖는 지각심도 아니고, 도덕규범에 대한 입법의 작용을 가진 도덕심(왕수인의 양지와 육구연의 심즉리의 心)도 아니다. 비록 육왕철학에서의 심즉리 · 발명본심 · 치양지와 선종의 즉심견성 · 견성성불의 형식적 체계가 유사하지만, 유불에서 긍정하는 심과 성의 의미가 확연하게 다르기 때문에 형식적 체계의 유사성만을 근거로 '영향' 문제를 논의하는 것은 문제의 본질을 왜곡한 것이라고 할 수 있다.

---

50) 熊琬, 『宋代理學與佛學之探討』(臺灣: 文津出版社, 1985), 164쪽.
51) 불교의 性論은 다양하지만, 이곳에서는 禪宗을 중심으로 논하겠다.

제3절. 주희의 리기론은 이원론인가?

송명리학의 존재론 혹은 우주론은 리와 기 두 개념으로 구성된다. 따라서 리기론, 특히 주희의 리기론을 리기이원론이라고 칭하기도 하지만, 필자는 도덕형이상학의 체계에서 보면 온당치 못한 표현이라고 생각한다. '원元'이란 '어떤 것이 존재하기 위하여 그 무엇을 필요로 하지 않는 독립적이면서도 절대적인 존재'를 의미한다. 그렇다면 주희철학에서 리와 함께 기도 '자신이 존재하기 위하여 그 어떤 것도 필요로 하지 않는 독립적이면서도 절대적인 존재'라고 할 수 있는가? 극단적으로 주희철학을 심성론과 리기론을 완전하게 분리하여 상호 관련 없는 것으로 독립시키고, 리기론을 도덕가치론 해석에 원용하지 않는다고 할지라도, 기를 '원'으로 삼고서 리와 수평적으로 동일한 절대적이고 독립적인 실체로 인식하기에는 상당히 복잡한 해설이 필요하다. 만일 리기론과 심성론을 합일시켜 도덕가치론 문제를 해설하려고 하면, 기의 활동성은 독립적인 자율성은 물론이고 가치성마저 확보할 수 없게 된다. 그런데도 리기이원론이라고 할 수 있을까?

리와 기가 모두 만물을 형성하는 근본적인 실체라면 본체론은 리기이원론이라고 할 수도 있을 것이다. 그러나 주희는 기를 형이상의 실체로 이해하지 않고, 단지 경험층의 형이하자로 인식하고 있다. 그것은 주희가 리기의 개념으로써 가치중립적인 존재의 생화 원리와 기화의 유행 문제만을 설명하려고 하지 않았기 때문이다. 존재계를 도덕가치계와 분리하면 리와 기의 결합은 필연적인 사실이다. 왜냐하면 현상계의 어떤 사물도 리기의 결합물이 아닌 것이 없기 때문이다. 리는 존재물의 소이연의 원리이고, 기는 소이연의 원리에 따라서 움직이는 동력이며, 에너지이고, 질료이다. 양자의 결합은 필연이다. 즉 '당위' 혹 '당연'이라는 개념이 근본적으로 필요 없다. 다시 말하면, 사실계에서는 춘하추동의 변화처럼 리와 기 사이에 소이연이라는 사실적 원리만이 있을 뿐 소당연이라는 가치규범은 존재하지 않는다. 따라서 사실계에서는 리와 기 두 개념 사이에 우선성도 없고, 형이상과 형이하의 개념도 불필요하다. 그러나 주희 리기론의 근본 목적은 도덕가치와 관련 없는 가치중립적인 사실계의 생성과 변화과정 및 원리 해설에 있지 않다. 앞에서 해설한 바와 같이 주희의 리기론은 도덕형이상학 체계에서 이해해야 한다. 즉 주희는 『중용』에서처럼 우주의 사사물물을 도덕가치 존재로 규정한다. 이러한 도덕형이상학 체계에서 리기론의 진정한 의미는 심성론을 투과하여 드러나고, 도덕실천을 통하여 완성된다.

도덕가치계에서 리와 기는 분리될 수 있는데, 이때 '당위' 혹 '당연'의 개념이 등장하고, 리의 조리와 주재성이 드러난다. 도덕가치계에서는 리의 조리가 기의 활동을 지배하는데, 이것이 바로 기의 활동 원리이다. 기의 활동은 리의 조리에 의하여 결정되기 때문에 기의 동정은 독립성과 자율성이 없다. 한번 가정해 보자. 어떤 근원으로서의 존재가 마땅히 활동해야 할 방향이 자신에 의해 결정되지 않고 또 다른 존재에 의해 결정된다면, 그것을 '원'이라고 할 수 있겠는가? 유가철학에서는 도덕가치로 존재성 여부를 결정하기 때문에 도덕가치가 사실에 우선하는 개념이다. 따라서 유가철학의 근본 이론체계에 비춰 볼 때 기는 '원'이 될 수 없다는 것이 필자의 생각이다. 기는 주어진 존재로서 도덕가치 실현의 도구일 뿐이지 제일의 원리는 아니다.

중국철학에서 '원'은 '그것이 존재하기 위해서는 그 무엇을 필요로 하지 않는 독립적이면서도 절대적인 존재'의 의미보다는 하나의 근원[52]의 의미로 사용되기 때문에, 반드시 절대 독립적인 실체 의미로 한정시켜 사용할 필요는 없다. 『춘추번로』에서는 "원은 근원과 같다.…… 그렇기 때문에 원은 만물의 근본이다"[53]라고 한다. 만일 리와 기가 모두 만물을 형성하는 근본적인 실체라면 본체론은 리기이원론이라고 할 수 있다. 그러나 리기이원론은 만물의 존재 근거를 도덕으로 규정한 유가철학의 세계관에 부합하지 않는다. 앞에서 해설한 바와 같이 맹자는 "측은한 마음이 없으면 진정한 사람이 아니다"라고 하여 인간 존재의 합목적성을 도덕가치에서 찾는다. 『중용』에서는 더 나아가 도덕 의미인 성誠으로서 존재의 유무를 결정한다.[54] 도덕가치는 리를 본원으로 할 뿐 기를 본원으로 삼지 않는다. 그러므로 존재의 제일 원리 혹은 실체는 리이지 기가 아니다. 즉 리만이 근본 실체인 '원'인 것이다.

그렇다면 주희의 리기론은 이원인가? 아니면 일원인가? 필자는 꼭 서양식 용어인 '원' 자를 사용할 필요는 없다고 생각한다. 굳이 '원' 자를 사용해야 한다면, 주희 리기론을 리일원론이라고 칭해도 틀릴 것은 없다. 그러나 리일원론이라고 주장하면 반드시 기의 내원 문제를 설명해야만 한다. 그렇지 않으면 '무'의 상태를 가정할 수 있는 오해를 불러일으킬 수 있다.[55] 이 점을 해결하기 위해서는 먼저 주희를 비롯한 유가철학에서 '왜 기를 형이하

52) '근원'을 반드시 시간적인 의미로 제한하여 이해할 필요는 없다. 형이상과 형이하라는 논리적인 관점에서도 근원의 의미를 파악할 수 있다.

53) 『春秋繁露』, 「重政」, "元猶源也.……故元者爲萬物之本."

54) 『中庸』, 25章, "誠者, 物之終始. 不誠, 無物."

55) 유가철학의 세계관은 '有'에서 '有'로의 변화, 즉 '無始無終'의 '有'의 세계관이지 '有生於無'의 세계관이 아니다.

자로 이해하는가'의 문제와 '기의 내원' 문제에 대한 적절한 답변이 있어야 한다.

주희를 비롯한 유가철학에서 리를 형이상자로 인식하고, 기를 형이하자로 인식하는 근거는 크게 두 가지이다. 하나는 주동성과 피동성이고, 다른 하나는 지선성과 가치중립성이다. 또한 기의 내원 문제를 해설하려면 주희가 제시한 '리선기후'를 올바르게 이해해야 한다. 먼저 주동성과 피동성의 문제를 해설하겠다.

주희를 비롯한 유가철학자의 세계관에서 활동자는 기이다. 그러나 비록 기의 활동성을 적극적으로 긍정한다고 할지라도 활동의 주동성은 긍정하지 않는다. 우주의 삼라만상은 일기一氣의 변화에 의하여 각양각색의 모습으로 드러나지만, 삼라만상이 삼라만상으로 존재할 수 있고, 그렇게 존재할 수 있는 것은 리의 규정에 따른 것이다. 다시 말하면 삼라만상의 변화에는 일정한 규율이 있는데 이 규율이 바로 리이다. 유가철학에서는 이 리의 규율에 따라 변화하는 것을 선으로 규정한다.[56]

물론 사실계의 변화에서는 기의 활동이 필연적으로 리의 규율에 따라서 변화하지만, 규율에 의하여 기가 운행되지 않는다면 춘하추동의 변화는 필연성이 없을 것이며, 주야의 변화도 마찬가지일 것이다. 그러나 우주 삼라만상의 변화에는 필연적인 규율이 있다. 이것은 기의 활동이 이 필연적인 규율에 의거하여 활동한다는 말과 동일하다. 다시 말하면 기 자체에 활동성은 있지만 이 활동은 리의 통제를 받는 피동성의 활동에 불과하다.

기 활동의 피동성은 심성론에서도 동일하게 적용된다. 주희철학에서는

56) 『周易』, 「繫辭上」, "一陰一陽之謂道. 繼之者善也."

오로지 성리만이 형이상자이고, 심은 기에 속한 형이하자이다.[57] 주희는 단지 성즉리만을 긍정할 뿐 심즉리는 부정한다.[58] 이는 바로 도덕규범에 대한 의지(심)의 입법 작용을 부정한 것과 동일하다. 주희철학에서의 심은 기의 정상 혹은 령(神明)이다. '정상'과 '신명' 작용은 성리에 대한 인식과 희노애락의 정감에 대한 주재 작용에서 볼 수 있다. 심이 성과 정을 통괄하기 때문에 심의 활동에 주동성이 있는 것 같지만 엄밀한 의미에서 심의 주동성은 한계가 있다. 왜냐하면 심이 비록 희노애락을 중절하게 하여 선한 정감을 드러낼 수 있지만, 희노애락의 표현을 중절하게 하는 표준 혹은 조리는 심 자신에 있는 것이 아니라 성에 있다. 심은 격물궁리를 통하여 성리를 인식한 후에 인식한 성리에 의거하여 희노애락을 중절하게 한다. 따라서 심통성정心統性情에서의 '통'은 주재 의미의 '통'이 아니라 통섭統攝의 '통'일 뿐이다. 표준은 성이다.[59] 엄격하게 말하면 주희철학에서의 심의 활동은 완전한 주동성을 확보할 수 없다. 심이 비록 허령불매虛靈不昧하고 신명불측神明不測의 작용을 구비한 존재이지만, 심은 형이하자인 기에 속한 존재로서 그 작용도 기의 영역을 벗어나지 못한다. 다른 물기物氣보다는 '영명'하고 '정상'하다고

57) 『朱子語類』와 『朱文公文集』에 주희가 심을 형이하자로 규정한 구절은 찾아보기 힘들다. 그것은 주희철학에서 심이 갖고 있는 양면성 때문이다. 심은 거경함양과 격물치지의 과정을 통하여 형이상의 영역으로 진입할 수 있다. 이때의 심은 道心이다. 그러나 심은 외물에 교폐되어 본래의 작용을 상실할 수 있기 때문에 언제든지 형이하의 영역인 人心으로 하락할 수 있다. 비록 이처럼 심이 양면성을 갖추고 있다고 할지라도 심은 기의 精爽 혹은 靈으로서 기에 속한 존재임은 분명하다.

58) 물론 거경함양과 격물치지의 과정을 거친 후에는 심즉리가 성립할 수 있다. 그러나 이는 경지상에서의 긍정일 뿐 본체 혹은 개념적인 규정은 아니다.

59) 모종삼은 『心體與性體』 곳곳에서 주희철학의 심통성정의 '통'을 管攝으로 표현한다. 이렇게 되면 심통성정에서의 심의 역할은 청지기(管家人)와 유사하게 된다. 즉 청지기가 주인의 뜻을 받들어 모든 집안일을 관장(統)하지만, 청지기의 자유 의지에 의하여 관장하는 것이 아니라 주인의 뜻에 의하여 관장되기 때문에 청지기의 활동에는 한계가 있다.

할지라도 제한이 있다.

다음은 지선성과 가치중립의 차이에 관하여 해설하겠다. 유가철학에서 리는 상대적인 선악의 대립을 초월한 지선의 실체이다. 기는 비록 무선무악無善無惡이지만 선으로도 표현될 수 있고 악으로도 표현될 수 있다. 혹자들은 악의 근원을 설명할 때 기를 악의 내원으로 인식하기도 하지만, 기의 원초 상태는 유선유악有善有惡이 아니라 가치중립의 무선무악이다. 물론 표현의 과過와 불급不及에 따라서 선악으로 나눠질 가능성은 갖고 있다. 선악이란 후천적으로 이루어진 인위이다. 기의 표현 중에서 부족함(不及)과 지나침(過)이 악이다. 유가철학에서 표현의 지나침과 부족은 실제로 조화의 문제이다. 기는 본래 가치중립의 존재로서, 기 자체에서는 선악을 논할 수 없지만 기의 표현에서는 선악을 논할 수 있다. 만일 기가 조화의 원리인 리의 조리에 따라서 발현되면 필연적으로 선상善相을 드러낼 것이며, 조화의 원리인 리의 조리에 따라서 발현되지 않으면 악상惡相을 드러낼 것이다.

사람의 순수한 도덕의지는 본성(리)을 본원으로 한다. 그러나 기품氣稟에 안착되지 않으면 선한 의지를 표현할 수 없다. 도덕의지가 기품에 안착되어 자신을 표현할 때에는 반드시 기품의 제약을 받는다. 이때 도덕적 자각 활동을 통하여 기를 주재하여 자신의 의지율(理)에 따라서 표현하면 선한 행위가 되고, 도덕 의지율에 의하여 발현되지 못했을 때에는 필연성을 보장받을 수 없다. 왜냐하면 기의 활동은 일정한 방향이 없기 때문에 기의 활동에서 선악의 필연성은 말할 수 없다. 이때의 행위는 모두 우연적인 것으로, 유가철학의 입장에서 말하면 선한 행위로 발현되건 혹은 악한 행위로 발현되건 모두 무가치한 행위이다. 이러한 리의 지선성과 기의 가치중립성은 유가철학에서 형이상자와 형이하자를 판별하는 관건적인 내용이다.

마지막으로 기의 내원에 관하여 해설하겠다. 기의 내원 문제는 주희철학에서 리기의 선후 문제와 직접 관련이 있기 때문에 '리기의 선후' 문제를 해설하면서 기의 내원을 해설할 것이다. 주희철학에서 '리선기후' 문제는 주희 당시는 물론이고, 사후에도 쟁론이 가장 많이 발생하였던 문제 중 하나이다. 핵심적인 문제는 '리선기후에서 선후는 어떤 의미인가'이다. '리선기후'의 문제는 시간적인 측면과 논리적인 측면에서 논의할 수 있다.

시간상의 선후는 '어제의 구름이 오늘의 비에 앞선다'는 의미이다. 이러한 시간상의 선후는 주희철학에서 말하는 '리선기후'의 선후 의미가 아니다.[60] 왜냐하면 리만이 무시무종의 존재가 아니라, 기 역시 무시무종의 존재이기 때문이다. 주희는 기의 내원 문제를 적극적으로 논하지 않았다. 주희철학에서의 기는 '주어진 것'(Given)으로서 객관적인 존재 문제만을 설명하기 위함이라면 리와 시간상 동일한 존재이다. 주희는 '리선기후'를 오늘 리가 있고 내일 기가 있는 것이 아님을 누차에 걸쳐 강조한다. 즉 시간상의 선후는 결코 '리선기후'의 본의가 아니다.

주희철학의 '리선기후'는 논리적인 관점에서 이해해야 한다. 리와 기의 존재 양태는 불리부잡으로 표현할 수 있다. '부잡'은 형이상과 형이하 · 본체론 · 개념적인 입장에서 말한 것이고, '불리'는 리기의 운행 및 사물의 구성 측면에서 말한 것이다. '리선기후'의 문제는 '리기불리'의 측면에서 말할 수 있는 것이 아니라 '리기부잡' 측면에서 말할 수 있는 것이다. 리기불리 측면에서는 리선기후 문제를 도출할 수가 없을 뿐만 아니라 근본적으로 이러한 문제가 발생하지도 않는다. 리기불리 측면에서 보면, 기가 있으면 반드시

---

60) 『朱子語類』, 권1에는 '리선기후'의 선후가 시간적인 선후가 아니라는 주희의 설명이 상세하게 수록되어 있다.

리가 그 속에 있고, 기가 없으면 리는 안착할 곳이 없다. 논리적인 선후는 시간적인 선후 의미를 함유하지 않는다. 논리적인 측면에서 리기 선후 문제를 논하면 리가 기에 우선한다고 주장할 수 있다. 주희는 "리는 기를 떠난 적이 없지만 리는 형이상자이고, 기는 형이하자이다. 형이상과 형이하의 측면에서 보면 어찌 선후가 없을 수 있겠는가"[61]라고 한다. 주희는 형이상과 형이하의 개념으로써 선후를 설명한다. 형이상의 개념은 형이하의 개념이 선재하지 않아도 성립할 수 있지만, 형이하의 개념은 형이상자의 개념을 전제로 성립한다. 리는 형이상자로서 그 자체로 성립할 수 있지만, 기는 형이하자로서 형이상자인 리 개념이 선재해야 한다. 따라서 '리선기후'인 것이다.

61) 『朱子語類』, 권1, "理未嘗離乎氣, 然理形而上者, 氣形而下者. 自形而上下言, 豈得無先後."

제3장
주희의 리학과 육구연의 심학 논쟁의 근거와 전개

필자는 주륙지변의 발생은 두 사람의 의식구조 그리고 유학이 지향하는 가치관에 대한 심성론적 구조와 세계관의 차이에서 발생한 것이지만, 이러한 논쟁이 발생하게 된 배경에는 주관적 측면 외에 몇 가지 객관적인 학술적 배경이 있다고 생각한다. 그것은 바로 북송의 대표적 도학자인 주돈이와 장재 그리고 정호와 정이의 학문 분계가 계통화되지 않았을 뿐만 아니라, 그들 사유체계 정립의 주요 개념들도 송명유학 전체 체계 속에서 명확한 지위를 확보하지 않았기 때문이다. 주돈이와 장재의 학문적 전승관계도 확연하게 표출되지 않았을 뿐만 아니라, 정호와 정이의 학문도 두루뭉술하게 이정자二程子라는 표현으로 종합되어 학문의 실질적 차이가 드러나지 않았다.[1] 또 주돈이가 『태극도설』에서 제시한 '무극과 태극의 지위와 관계', '주정主靜과 주경主敬의 차이', '장재의 『서명』과 『정몽』에 대한 평가', '『정몽』에 출현한 허虛와 기氣', '의리지성義理之性과 기질지성氣質之性', '정호의 인仁', '정이의 성즉리와 거경 및 격물치지' 등 다수의 개념과 그것들에 대한 철학적

1) 대표적인 사례로 '정호와 정이 학문의 실질적 차이는 주희가 정이의 사유체계를 적극 수용함으로써 폭로되기 시작하였다'는 점을 들 수 있다.

해설 및 규정이 명확하게 정립되지 않은 상태였다. 다시 말하면 북송의 도학자들이 비록 송명리학의 이론적 기초와 실천 방법론상의 토대를 정초한 것은 분명한 사실이지만, 주희와 육구연처럼 실제의 도덕상황 중에 광범위하게 응용할 수 있는 이론과 방법론에 관한 체계를 확립하지는 못하였다.[2] 따라서 북송의 도학자 이론은 좀 더 진일보된 심화와 세밀화의 과정이 요청되었고, 주희와 육구연은 북송 도학가의 주지主旨를 바꾸지 않은 상태에서 그것들에 대한 일관된 계통화 작업을 할 수밖에 없었던 것이다. 주륙지변은 바로 이러한 학술적 배경에서 발생한 일대 학술 사건이다.

이러한 학술적 배경에서 본다면, 주륙지변은 위로는 북송 도학에 대한 계통화 작업이고, 더 나아가 그것과 선진유학의 학맥에 관한 논변이며, 아래로는 유학 발전의 두 지향점, 즉 성즉리와 심즉리를 근본으로 한 리학과 심학 갈래의 분기점이라고 할 수 있다. 그렇다면 주륙지변은 마땅히 주관적인 의식구조의 차이에 대한 존중과 함께 객관적 의리에 대한 공통적인 인식이 전제되어야 한다. 그러나 주희와 육구연은 그러한 태도를 견지하지 않았다.

필자는 주륙지변을 고찰하면서 두 사람 태도의 공통점을 발견할 수 있었는데, 그것은 다름 아닌 상대방 학문의 정면적 가치를 올바르게 이해하려고 하지 않고, 또 그것의 정면적 가치를 도외시하면서 오히려 곡해를 하고 있다는 점이다. 이러한 태도는 명대의 왕수인과 조선 성리학자들에게서도 동일하게 나타난 현상이다. 주륙의 편협한 태도는 성즉리와 심즉리에 대한 원론적 이해를 제외하고 주륙지변 모든 부분에서 드러나고 있다. 도문학과 존덕성에서도, 서로가 규정하고 있는 의미가 다름에도 불구하고, 자신들의

2) 彭永捷, 『朱陸之辯』(人民出版社, 2002), 33쪽.

입장만을 고수한다. 또 격물에 대하여 육구연과 왕수인 모두 외물에서 도덕 시비선악의 표준을 추구하는 것이라고 하여 지리支離하다고 평가한다. 그러나 주희의 격물치지는 내외의 합일을 통한 도덕판단의 객관성 제고의 방법일 뿐 심학자의 이해처럼 외물에서 표준을 추구하는 지리한 수양공부론이 아니다. 발명본심에 대한 주희의 태도 역시 마찬가지이다. 육구연의 발명본심은 맹자의 '구방심'과 '선립기대'를 근본으로 한 것이 분명함에도 불구하고 그것을 선학이라고 평가하면서 '지나치게 간단하다'(太簡)고 폄하한다. 아호사鵝湖寺와 백록동서원白鹿洞書院에서 논쟁한 주요 내용은 학문의 방법론과 의리지변義利之辨[3]에 관한 것이다. 필자가 이 논쟁을 하나의 독립적 절로 서술한 것은 아호지회鵝湖之會에 대한 후대 학자들의 평가는 거의 일치하고 있지만, 백록동서원에서의 만남의 성격에 대한 평가는 서로 다르기 때문이다.[4] 그러나 필자는 이후에 전개된 주륙지변, 예를 들어 무극과 태극에 관한 논변과 상호 비판의 내용을 보면, 백록동서원에서의 만남의 성격도 반드시 화해적인 입장은 아닌 것 같다고 생각한다. 무극과 태극에 관한 논변은 비록 그것의 사실과 관계없이 주희의 이해가 우주론과 심성론에 비교적 정합성을 보인 반면, 육구연은 우주론과 심성론 사이에 정합적 관계가 부족함에도 불구하고 육구소(陸梭山)의 입장만을 고수하면서 서로 간에 불쾌한 감정만을 양산하였다. 이단에 관한 논의는 주희와 육구연 두 사람이 거의 일치하는데, 이단사설에 대한 맹자의 입장에 불가의 학설을 더하였을 뿐이다. 이단에 대한 그들의 입장은 학술의 균형 감각을 상실한 것으로, 주희와 육

3) 이것 외에 맹자의 不動心에 관한 논의도 있었지만, 주요 주제는 아니었다. 따라서 이 장에서는 학문의 방법과 의리지변에 관한 논의 내용만 서술할 것이다.

4) 아호지회에 대해서는 주륙대립으로 이해하지만, 백록동서원의 만남에 대해서는 和會의 성격으로 이해하는 학자도 있다.

구연 두 사람 모두 학술의 정도를 저버렸다고 할 수 있다. 필자는 서로 간의 비평적 관점[5]보다는 그들 사상의 본래적 의미를 밝힘으로써 주륙지변의 실질을 밝히도록 노력할 것이다.

제1절. 성즉리와 심즉리

일반적으로 성즉리와 심즉리로써 주희와 육구연 철학의 차이점을 설명한다. 그러나 엄격하게 말하면 심즉리와 성즉리는 양 학파의 심성론에 대한 본질적 차이점을 표현한 진술이 아니다. 왜냐하면 '리'라는 보편자에 '성'과 '심'이라는 각기 다른 이질적 개체를 주어로 삼고 있기 때문이다. '성이 곧 리이다'와 '심이 곧 리이다'라는 단순 진술로는 양 진술의 차이점을 설명하기 곤란하다. 양 진술의 차이점을 극명하게 드러내려면 '성은 리이다. 그러나 심은 리가 아니다'(性卽理. 心不卽理) 혹은 '성은 리이다. 심 역시 리이다'(性卽理. 心亦卽理)라는 복합 진술이어야만 주희와 육구연의 심성론 차이가 분명하게 드러난다. 실제로 주희는 성즉리는 긍정하지만 심즉리는 부정한다. 반면 육구연은 심즉리와 동시에 성즉리 혹 심즉성을 긍정한다.[6]

앞에서도 밝힌 바와 같이 심학자들은 도덕규범에 대한 의지의 입법 작용을 긍정한다. 선의지 자신이 바로 인간의 존재 근거인 성이기 때문에 심과 성 및 리 삼자는 등가관계이다. 따라서 심즉리와 성즉리가 동시에 성립

---

5) 이에 대한 논의는 이 장의 제8절. 주륙 비판의 득실에서 논의하겠다.

6) 적지 않은 학자들이 육구연철학은 오로지 심즉리만을 중시한다고 생각할 뿐, 성즉리도 긍정한다는 사실은 간과한다.

한다. 그렇다면 성즉리는 주희와 육구연의 공통 주장이고, 다른 주장이라면 심즉리와 심불즉리心不卽理이다. 필자는 도덕론의 시각에서 성즉리와 심즉리의 차이점을 논할 것이다.[7)]

주희철학에서 성과 리가 동일자임을 표현한 구절은 매우 많다. 그 표현 역시 다양하다. 주희는 "성은 단지 리일 뿐이다"[8)], "리는 곧 성이다"[9)], "나의 본성은 곧 천지의 이치이다"[10)], "성은 리의 명칭이다"[11)]라는 표현으로써 성과 리의 동일관계를 설명한다. 물론 성과 리 사이에 형식적인 개념의 차이는 분명히 존재한다. 대표적인 것으로 '리'라고 하면 천지간의 모든 존재가 준수해야 할 법칙·원리·규범을 의미한다. 다시 말하면 리는 인간계와 자연계에 보편적으로 적용되는 합리적인 질서원리이다. 반면 성은 자연계를 총괄하는 보편적 질서 의미가 아닌 자연계를 구성하고 있는 각각의 개체에 적용되는 합리적 질서 개념이다. 이 성은 '나'라는 개체의 생성과 관계를 맺고 있다. 즉 '나'라는 개체 존재가 생성되면서 갖추고 있는 도리이다. 이는 각각의 개체에 선천적으로 합리적 질서가 갖추어져(內具) 있다는 의미와 아울러 합리적 질서의 근원이 천지에 있음을 나타내고 있다. 비록 형식적인 분계는 존재하지만 성은 리 밖의 다른 존재가 아니다.

성과 리에 관한 여러 표현 중에서 주의 깊게 살펴보아야 할 주장은 '성지시리이이性只是理而已'이다. 혹자는 이것을 '오로지 성만이 리이다'라고 해

7) 주희는 때로 '심즉리'라는 표현을 사용하기도 한다. 그러나 이는 본체론적으로 양자가 '하나'라는 의미가 아니라 대부분 경지 측면에서의 心理合一을 의미한다. 즉 道心 측면에서 심과 리의 관계를 표현한 것이다.

8) 『朱子語類』, 권20, "性只是理而已."

9) 『朱子語類』, 권99, "理便是性."

10) 『朱子語類』, 권98, "吾之性卽天地之理也."

11) 『朱子語類』, 권6, "性是理底名."

석하기도 하는데, 그렇게 해석되려면 '성지시리性只是理'가 아니라 '지성시리只性是理'라고 표현해야 한다. 그러나 필자는 『주자어류』와 『주문공문집』에서 이러한 표현을 발견하지 못하였다. 그런데 『주자어류』와 『주문공문집』에서 주희는 성즉리와 '성은 단지 리일 뿐이다'(性只是理)라는 표현을 자주 사용하고 있다. 주희가 심즉리를 긍정하지 않았다면 '성지시리'라는 진술은 주희철학 본체론의 특성을 가장 정확히 표현하고 있다고 할 수 있다. 다시 말하면 '성' 자에 포함되어 있는 여러 의미를 제거하고서 오로지 성의 법칙성 · 원리성 · 규범성만을 강조한 것이다. 본래 '성' 자에는 선천적인 능력 · 본성 · 재질 · 바탕 등의 동태적인 의미가 포함되어 있다.12) 그중 능력과 재질 등의 의미는 기질지성의 '성性'에 포함된 의미이고, 시비선악 판단의 능력과 호선오악의 실현 능력은 '심' 자로 표현한다. 주희는 동태적인 활동성의 의미(心)를 모두 탈락시키고 오로지 정태적인 리의 의미만을 부여한다. 동일한 표현으로 주희는 "이른바 성이라는 것은 단지 그 인의예지 네 가지일 뿐이다"13)라고 하였다. 능력과 재질 등의 활동성의 의미가 '성' 자에서 탈락되었기 때문에 성은 단지 정태적인 원리 · 도리 · 법칙 · 규범의 의미만을 갖게 된다. 모종삼이 주희의 성을 '단지 존유14)만 할 뿐 활동하지 못하는

12) 갑골문에서 '性' 자는 '生' 자와 同源字이다. 그리고 '심' 자는 본래 '심장'을 형상화한 문자이다. '생'과 '심장'은 모두 역동적인 활동의 의미를 나타내고 있다.

13) 『朱子語類』, 권59, "所謂性只是那仁義禮智四者而已."

14) 모종삼은 존유와 존재에 관하여 『心體與性體』 第3冊, 360쪽에서 명확하게 구분하여 설명하고 있다. 그는 다음과 같이 말하였다. "사물이라는 현상(然)으로부터 소이연을 증명하는데, 이때 보이는 리는 어떤 성격의 리인가? 이 문제에 관해 나는 여러 곳에서 이미 언급하였다. 이 리는 실현의 리 혹은 존재의 리이다.(존재의 존재성 자체) 존재의 현상으로부터 미루어 증명하는 측면에서 말하면, 존재의 리 혹은 존재의 존재성 자체라고 말한다. 이 리가 현상으로 하여금 그렇게 존재하게 할 수 있는 측면에서 말하면, 실현의 리라고 말한다. 다시 말하면 저렇게 존재하지 않고 이렇게 존재하게끔 실현하는 원리이다. 이 리 자체는 存有이다. 이는 본체론적인 존유이기 때문에 '있다' '없다'로

실체'(只存有而不活動)[15]라고 규정한 근거가 바로 이것이다.[16] 성이 단지 존유만 할 뿐 활동하지 못하는 정태적인 실체라면 성과 심은 동일 실체로 해석할 수 없다. 왜냐하면 '심' 자는 살아 숨 쉬고 있는 심장을 형상화한 것으로 역동적인 의미를 포함하고 있기 때문이다.

만일 성이 활동의 작용을 구비하고 있지 않다면 성의 발현 즉 가치의 창출은 반드시 타자의 도움을 받아야 한다. 주희철학에서 성의 실현에 도움을 주는 존재가 바로 심이다. 심은 지각 기능을 통하여 성리를 인식하고 정감을 조절하여 중절하게 한다. 이 과정이 바로 격물치지와 거경궁리이다. 이는 진심[17]이라는 도덕주체의 활동을 통하여 도덕주체 자신이 바로 인간

말할 수 없다. '있다' 혹은 '없다'고 할 수 있는 것은 사물의 현상이다. 사물이라는 현상에서는 존재라고 말하고, 존유라고 말하지 않는다. 존유는 사물이라는 현상으로 하여금 그렇게 존재하게 하는 소이연의 리이다. 이는 존재로 하여금 그렇게 존재하게 하는 원리이기 때문에 존재의 존재성 자체라고 하는 것이다. 이 존재성은 당연히 초월적인 존재성으로서, '존재하게 하는 것'을 책임진다. 이러한 초월적인 존재성은 현상적 · 내재적 · 논리적 혹은 과학지식적인 類名이 표시하는 소이연의 리가 아니다. 따라서 초월적 소이연이 표시하는 존재의 리는 하나의 類名이 아니다." 이러한 모종삼의 존유와 존재에 대한 규정을 보면, 『心體與性體』에서 존유는 being에 해당하고, 존재는 existence에 해당한다고 할 수 있다. 또 한자에서 '在'와 '有'는 의미가 다르다. '在' 자는 시공의 제한을 받지만, '有' 자는 시공의 제한을 받지 않는다.

15) 牟宗三, 『心體與性體』 第3冊. 이 표현은 『心體與性體』 전체에 수차례 반복적으로 표현되고 있다.

16) 그러나 필자는 모종삼의 규정에 대하여 일정 부분 다른 견해를 갖고 있다. 이 점에 관해서는 뒤에서 상세하게 논의할 것이다.

17) 盡心에 관한 맹자의 해설과 주희의 이해는 다른 것 같다. 주희는 盡을 완료의 의미로 이해하고 있지만, 맹자철학의 '盡'은 완료가 아닌 확충의 의미인 것 같다. 먼저 맹자철학에서 盡心知性知天의 의미를 살펴보자. 진심의 '盡'을 확충으로 해석하면, 확충의 주체와 대상은 무엇인가? 확충의 주체와 대상은 다름 아닌, 자신도 모르는 사이에 발현하는 도덕본심의 미세한 단서를 확충하여 본심의 전체적인 모습을 드러내는 것이다. 어떻게 확충하는가? 본심의 선험 작용인 양지로써 자각하고 양능으로써 向外로 확충한다. 심은 양지이기 때문에 스스로 자신을 뒤돌아보아 성찰하고 자신의 활동 방향을 向善으로 결정한다. 본심은 양능이기 때문에 양지의 결정에 자원하여 好善惡惡의 정감을 向外로 발현한다. 본심은 시비선악을 판단하여 결정하며, 자신이 결정한 시비선악에

대하여 받아들임과 거부의 작용을 구체적인 정감으로 표현한다. 이것이 바로 好善惡惡이다. '盡心'에는 단절이 있어서는 안 되기 때문에 반드시 부단히 확충해야만 한다. 이렇게 충분히 본심을 실현하는 과정 중에서 도덕본심의 내용을 체증할 수 있다. 이로써 보면 盡心의 '盡'에는 자각성찰의 의미와 향외로 부단한 확충의 의미가 포함되어 있음을 알 수가 있다. 그렇다면 '盡心'과 '知性'의 관계에서 심과 성은 어떠한 관계인가? 심과 성은 서로 다른 존재로서 양자의 관계는 주객대립의 관계인가? 아니면 자신을 실현해 가는 과정 중에서 자신의 존재에 대한 의미 부여인가? 심과 성이 서로 다른 존재라면 심은 '能知'의 주체이고 성은 '所知'의 객체이다. 能所의 관계라면 확충의 '盡'보다는 지각의 '知'가 더욱 중요한 의미를 차지할 것이다. 그러나 맹자철학에서 모든 도덕가치는 盡心으로부터 발현된다. 그러므로 '知'보다는 '盡'이 공부의 핵심이다. '盡心'을 통한 '知性'은 심 외의 어떤 본성이라는 존재를 지각한다는 의미가 아니라 본심을 실현해 가는 과정 중에서 도덕본심이 바로 인간의 존재 근거임을 자각하는 것이다. '知性'의 '知'는 인식 혹은 지각의 의미보다는 일종의 자기증명인 體證의 의미로 해석하는 것이 타당하다. 다음 '盡心'과 '知天'의 관계는 어떻게 해설하는 것이 합리적인가? 본성을 자각하기 전 단계의 '盡心' 활동은 단순한 주관적인 활동에 불과하다. 본성을 자각하기 전의 '盡心'은 단지 나의 주관적인 심을 확충하는 것이다. 이때 '盡心'은 오로지 자신에 대해서만 유효할 뿐 타인에 대해서는 미필연적이다. 본성을 자각하는 것은 바로 인간의 도덕주체가 인간의 존재 근거임을 체증하는 것이기 때문에 본성을 자각한 후에야 '盡心' 활동은 비로소 보편성을 확보할 수 있다. 그러나 이 단계에서는 단지 인간이라는 범위 내에서만 유효하기 때문에 반드시 인간이라는 類 개념을 초월하여 天의 무한 영역으로 진입해야 한다. 이것이 바로 천을 자각하는 것이다.(知天) 필자는 맹자가 주장한 '知天'에는 두 가지 의미가 포함되어 있다고 생각한다. 첫째, 도덕주체의 무조건성과 무한성에 대한 자각이다. 맹자는 어린아이가 우물에 빠지려는 상황에 자기도 모르게 무조건적으로 측은지심이 발현되는 사실을 증거로 삼아 도덕실천의 무조건성과 자발성을 설명하였다. 또한 "만물이 나에게 모두 갖추어져 있으니 자기를 뒤돌아보고 성찰하여 진실되게 하면 즐거움이 이보다 더함이 없을 것이다"(『孟子』, 「盡心上」, "萬物皆備於我矣, 反身而誠, 樂莫大焉.")라는 표현으로써 심의 무한 활동성을 해설한다. 둘째, 초월적인 형이상의 실체에 대한 긍정을 표시한다. 만일 '知天'에 도덕주체의 무조건성과 무한성의 의미만 포함되어 있다면 '知天'의 '天'은 단순한 형용사에 불과하다. 맹자는 초월적인 형이상의 실체를 부정하지 않았다. 인간의 의지와 관계없이 존재하는 형이상의 실체를 부정하면 객관 현상의 존재 문제를 설명할 수 없다. 맹자철학에서 객관적인 형이상의 실체 관념은 명확하게 드러나 있지 않지만 천인합덕을 중시하고 있는 점을 보면 객관적인 형이상의 실체 관념을 긍정하고 있음을 간접적으로 알 수 있다. 반면 주희철학에서 '盡心'의 '盡'은 완료의 의미로 사용된다. 주희는 "만약 대략 말한다면 盡心은 知이고, 盡性은 行이다. 盡心은 분명하지 않은 곳을 보는 것이고, 盡性은 자질구레한 사물상에서 보는 것이다. 盡心이라는 것은 많은 실마리가 그 안에 있음을 볼 수 있는 것이고, 盡性은 일에 따라서 보는 것으로 어떤 하나라도 빠뜨림이 없다"(『朱子語類』, 권64, "若說大概, 則盡心是知, 盡性是行. 盡心是見得箇渾淪底, 盡性是於零碎事物上見. 盡心是

의 존재 근거임을 긍정하는 맹자의 입장과는 분명히 다르고, 순자철학의 입장과 유사하다. (물론 순자가 성즉리를 긍정한 것은 아니다. 그러나 심론에서 보면 양자 사이에는 유사성이 상당히 농후하다.)

'심은 리(성)가 아니다'라는 표현은 마치 심과 리의 관계성을 단절한 것 같다. 그러나 주희철학에서 심과 리는 개념적 혹은 형식적인 차이만 있을 뿐 양자의 관계는 절대 불가리不可離이다. 만일 심과 리가 서로 단절된다면 주희철학에서 모든 가치 창출은 불가능하게 된다. 그렇다면 주희철학에서 심과 리의 관계는 어떻게 표현할 수 있을까? 적어도 세 측면에서 논의할 수 있다.[18]

첫째, 심의 존재론적인 측면에서 보면 리는 심이라는 존재물의 존재 원리이다. 주희철학에서 심은 경험층에 속한 사실적인 존재(然)이기 때문에 존재의 원리(所以然之理)가 선재해야 한다. 주희의 심과 리는 바로 '연'과 '소이연지리'의 관계이다.

둘째, 지각 활동의 측면에서 보면 심은 능지能知의 주체이고, 리는 소지所知의 객체이다. 심은 리에 대한 지각 작용을 구비한 인식주체이고, 리는

見得許多條緒都包在裏面, 盡性則要隨事看, 無一之或遺.")라고 한다. '盡心'은 '知'에 관한 활동이고, '盡性'은 '行'에 관한 활동이라는 것이 주희의 기본 입장이다. 주희철학에서 성리는 기의 虛靈不昧한 작용인 심의 인식대상이다. 盡心은 바로 심의 지각 작용을 충분하게 확충하여 성리의 전체를 파악하는 것이다. 성리의 내용을 완전하게 파악하였을 때 심의 지각 작용은 철저하게 확충되었으며, 그 기능을 다했다고 할 수 있다. 이것이 바로 '知'의 지극함이다.(知至) 주희는 이 상태를 '盡心'이라고 주장하였다. 그렇다면 '盡心'은 격물궁리한 후의 결과이다. 즉 '知'의 다함이다. 이렇게 '盡心'을 해석하면 '盡'은 인식 활동의 '盡'이지 실천 의미의 '盡'이 아니다. 즉 결과이지 공부가 아니다. 때문에 주희는 "盡心과 盡性의 盡은 공부의 의미가 아니다. 위의 공부가 이미 지극한 경지에 이르렀을 때 비로소 '盡'이라고 할 뿐이다"(『朱子語類』, 권60, "盡心盡性之盡, 不是做工夫之謂. 蓋言上面工夫已至, 至此方盡得耳.")라고 한 것이다.

18) 황갑연, 『공맹철학의 발전』(서광사, 1998), 135~136쪽.

심의 인식대상이다.

셋째, 도덕실천 측면에서 보면 심은 도덕적으로 선한 정감을 발현하는 당체이고, 리는 심 활동의 표준이다. 이것은 '심의 지각 활동이 어떻게 의지를 통제하는가'의 문제이다.

이상의 세 측면의 심과 리의 관계는 모두 심구리心具理라는 표현으로 종합할 수 있다. 심구리는 비단 주희철학 의리에 합치될 뿐만 아니라 육구연철학에도 부합하는 이론이다. 육구연철학에서 '구具'는 심즉리의 '즉卽'을 설명하는 방편사로서 허사虛辭이지만, 주희철학에서는 '즉'과는 다른 내용을 가진 실사實辭로 사용된다. 주희의 심구리에 관하여 현대 유학자의 관점은 서로 상이하다. 혹자는 심구리를 선험적인 '구'로 해석하여 심과 리를 일자로도 이해하고, 혹자는 심과 리를 본질적으로 상이한 존재로 간주하여 심구리를 후천·인식 결과로 해석하기도 하며, 혹자는 심이 비록 선천적으로 리를 갖추고 있지만 심과 리는 동일 내용이 아닌 이체異體라고 간주하기도 한다. 심과 리의 관계에 대하여 필자의 견해는 기본적으로 심이라는 존재물이 리를 선천적으로 갖추고 있지만 '심이 바로 리는 아니다'라는 것이다.[19] 즉

19) 대만의 謝仲明 교수는 상자와 내용물로써 순자와 주희의 심리 관계를 해설하였는데, 그 비유가 참 좋다. "상자 안에는 내용물을 넣을 수가 있지만 상자 안의 내용물과 상자를 동일하게 볼 수는 없다. 상자는 상자이고 내용물은 내용물이다. 양자의 분별은 아주 분명하다. 상자 안의 내용물은 상자가 만들어지고 난 후에 들어갈 수 있다. 상자는 먼저 만들어진 텅 빈 것이고, 물건은 나중에 들어갈 수 있는 상황을 가정할 수 있다. 순자가 주장하는 심은 텅 빈 상자의 유형이다.(순자에서의 심은 도덕규범을 지각할 수는 있지만 심이 지각하는 예의는 심 밖에 존재하는 도덕규범이다.) 그러나 상자 안의 내용물이 본래부터 있는 것이라고 할 수 있다. 우리는 상자가 만들어진 때부터 이미 내용물이 그 안에 가득 차 있었다는 상황을 가정할 수 있다. 주희가 말한 심은 바로 이러한 유형에 속한다.(謝仲明, 『儒學與現代世界』, 臺灣: 學生書局, 1986, 32쪽) 성리는 사물에도 내재되어 있지만, 자신의 심에도 내재되어 있다. 문제는 주희가 맹자의 向內的인 反求諸己의 방법을 취하지 않고 向外의 치지격물을 본질적인 방법으로 취하였다는 점에 있을 뿐이다. 그러나 중요한 것은 사물에 내재된 리와 심에 갖추어진 리는 동일한

심은 바로 순수한 선의지가 아니라는 의미이다. 그러므로 심구리의 '구' 자를 '즉' 자로 대체할 수 없다. 주희철학에서 심구리가 실질적 의미를 갖는 경우는 둘째와 셋째의 경우이다. 첫째의 경우는 심뿐만 아니라 현상계의 모든 존재에 해당되기 때문에 '심구리'의 실제 의미가 없다.

도덕철학에 관한 맹자와 육구연의 이론은 세 가지 관점에서 일치하고 있다.

첫째, 심즉리설에 대한 긍정이다. 맹자는 비록 심즉리를 직접 언표하지는 않았지만, 맹자가 말한 "인의예지는 본심을 근원으로 한다"와 '인의내재' 및 '리의의 법칙에 대한 심의 동연同然' 등의 표현은 실제로 심즉리를 긍정한 것과 다름이 없다.

둘째, 맹자와 육구연 철학에서 심은 무한자 즉 우주심이다. 맹자는 "우주만물이 모두 나에게 갖추어져 있다"(萬物皆備於我)라는 주장을 하였고, 육구연은 "우주가 바로 내 마음이고, 내 마음이 바로 우주이다"[20]와 "내 마음

리이기 때문에 치지격물은 외적인 사물의 리를 인식하는 활동임과 동시에 나에게 갖추어진 성을 인증하는 활동이기도 하다. 때문에 주희는 "무릇 도리는 모두 내게 본래부터 갖추어진 것이지 밖으로부터 온 것이 아니다. 이른바 지각한다는 것은 단지 나의 도리를 지각한다는 것이지 나의 지각 작용으로써 저 도리를 지각한다는 것이 아니다. 도리는 본래부터 스스로 있는 것이어서 지각 작용이 발현될 때 비로소 출현된다"(『朱子語類』, 권17, "大凡道理皆是我自有之物, 非從外得. 所謂知者, 便只是知得我底道理, 非是以我之知去知彼道理也. 道理本自有, 用知方發得出來.")라고 한 것이다. 이 구절을 표면적으로만 보면 육왕의 심즉리와 별 차이가 보이지 않는다. 그러나 실제 내용은 그렇지 않다. "도리는 모두 내게 본래부터 갖추어진 것이지 밖으로부터 온 것이 아니다"라는 말은 성리가 심에 본래적으로 갖추어져 있다는 것을 표시하고, "이른바 지각한다는 것은 단지 나의 도리를 지각한다는 것이지 나의 지각 작용으로써 저 도리를 지각한다는 것이 아니다"라는 것은 심이 反求諸己하여 성리를 드러내는 것이 아니라 치지격물 활동을 경유하여 사물의 리를 인식함과 동시에 자신에게 갖추어진 리를 인증한다는 의미이다.

20) 『象山全集』, 「年譜13歲」, "宇宙便是吾心, 吾心卽是宇宙."

속에 가득 차 있는 것이 발현되면 우주에 가득 차 있는 것은 리가 아닌 것이 없다"[21]라고 주장하였다. 도덕실천 측면에서 보면, 도덕본심은 선험적으로 나에게 갖추어진 자각실체이며, 또한 지선한 자유의지이다. 모든 선행은 본심으로부터 발현되고 도덕규범도 심에 의하여 결정된다. 심은 모든 도덕의 본원이다. 우주론 측면에서 보면 도덕본심은 천도와 관통하는 형이상자이다.

셋째, 모두 반구저기의 역각체증逆覺體證을 수양의 근본 공부로 삼는다. 맹자의 '잃어버린 마음을 회복하는 것'(求放心)과 육구연의 '도덕본심을 발현하여 밝게 드러내는 것'(發明本心)은 모두 역각체증[22]에 속한 공부들이다.

이상의 세 가지 내용을 종합해 보면, 심학에서의 본체는 마땅히 '심'이라고 해야지 '리'라고 해서는 안 될 것 같다.[23]

'심이 곧 리이다'(心卽理)라는 주장은 간단하지만 그 함의는 오히려 심오하다. 주희철학을 추종하는 학자들은 심즉리 학설에 대한 이해의 부족으로 말미암아 심학자들을 고론준담高論峻談을 즐겨하는 자들로 치부하기도 하였

21) 『象山全集』, 권34, "滿心而發, 充塞宇宙無非此理."

22) 역각이란 자신에게 갖추어져 있는 본체의 자각 작용에 근거하여 본체를 체증하는 방법이다. 그러나 모종삼은 역각의 방법에 두 가지 서로 다른 길이 있음을 제시한다. 하나는 내재적 역각체증이고, 다른 하나는 초월적 역각체증이다. 내재적 역각체증은 현실과 격리되지 않은 상태에서 본체를 체증하는 것으로, 맹자의 反求諸己와 육구연의 발명본심 그리고 왕수인의 치양지가 이에 해당하는 공부이다. 유학의 체계에서 가장 일반적인 체증 방법이다. 초월적 역각체증은 현실과 잠시 격리된 상태에서 정좌 혹은 묵좌의 방법을 이용하여 본체를 체증하는 방법이다. 李侗(延平)의 黙坐澄心이 이에 해당한다. 모종삼은 내재적 역각체증이 일반적이고 근본적인 방법론이며, 초월적 역각체증은 잠시성의 방편이라고 주장한다. 따라서 초월적 역각체증은 이동의 말처럼 "확 트이게 자득하고, 마치 얼음이 녹아내리듯 풀려야 한다"(灑然自得, 氷解凍釋)는 실천을 기다린 후에 비로소 의미를 갖게 된다.

23) 彭永捷, 『朱陸之辯』, 206쪽.

으며, 창광자猖狂者(양명 후학자)들은 심즉리를 '내 마음대로 하여도 도리에 합치한다'(任吾情卽性, 率吾性卽道)로 해석하여 종극에는 광선에 빠지고 말았다. 도덕심과 도덕법칙은 주체의 활동 중에서 함께 발현된다. 나의 도덕본심은 시비와 선악을 판단하고 결정하며, 스스로 선을 좋아하고 악을 싫어하여 자신이 결정한 내용을 밖으로 실현한다. 실천은 도덕본심의 호오를 향외로 드러내는 활동이다. 도덕본심의 '호'는 선에 대한 받아들임이고, '오'는 악에 대한 거부 혹은 제거 활동이다.

유가철학에서 말하는 리는 결코 무 내용의 공리空理가 아닌 실질적인 도덕적 정감을 구비하고 있는 실리實理[24]이다. 맹자에 의하면 '측은지심은 인의 단서이고, 수오지심은 의의 단서이고, 사양지심은 예의 단서이고, 시비지심은 지의 단서이다.' 이른바 단端이란 명각明覺 실체인 심이 구체적인 상황에 직면하여 자신의 모습을 드러내는 시초이다. 이것은 본심의 감통성과 활동성을 표시한다. 본심은 자유의지로서 마땅히 자신을 실현해야 할 때에 무엇으로도 막을 수 없게 자신을 발현시켜 도덕가치를 성취한다. 이것이 바로 본심의 본질작용이다. 맹자와 육구연에 의하면 측은·수오·사양·시비지심이 바로 인의예지이다. 사단지심은 본심이 특수한 상황에 직면하여 자발적으로 자신을 드러낸 구체적인 상태이다. 예를 들어 부모를 섬길 때는 효심을 발현하고, 형을 대할 때는 공경한 마음을 표현하며, 어린아이가 우물 안으로 빠지려고 할 때는 사견乍見[25] 간에 측은한 마음을 표출한다.

---

24) 주희와 육구연 모두 '실리'를 근거로 자신의 학문을 실학으로 규정하고, 불교와 차별화한다.

25) 어린아이가 우물에 빠지려고 하는 특수한 상황에 직면하여 눈 깜짝할 사이(乍見)에 자기도 모르게 발현된 차마 하지 못하는 마음속에는 개인의 이해득실에 관한 사려가 포함되어 있지 않다. 맹자가 말한 '사견'은 이해득실을 고려할 수 없는 짧은 시간을 의미

이 모든 것은 본심이 표현한 각종의 서로 다른 형태들이다. 동일한 내용의 본심은 때와 장소 그리고 대상과 일의 상이에 따라서 다른 형상을 표현한다. 그러나 형상은 정태적인 것이 아니라 역동적이고 동태적인 것이다. 본심의 구체적인 상태 즉 본심의 특수한 전개상展開相을 바로 리라고 칭한다. 육구연은 "부모를 사랑하는 것은 이 리이다. 형을 공경하는 것은 이 리이다. 어린아이가 우물 안으로 빠지려고 하는 것을 보고 측은한 마음이 드는 것은 이 리이다. 마땅히 부끄러워야 할 일에 부끄러워하고 마땅히 싫어해야 할 일을 싫어하는 것은 이 리이다. 옳은 것을 옳다고 하고 그른 것을 그르다고 하는 것은 이 리이다. 마땅히 사양해야 할 때에 겸손해 하는 것은 이 리이다"[26]라고 말하였다. 본심은 실제적인 일에 직면하여 구체적인 전개상을 드러내는데, 이것을 리라고 칭한다. 육구연은 도덕규범인 리에 대한 본심의 생생 작용을 "마땅히 너그럽고 온유해야 할 때에 자연스럽게 너그럽고 온유하며, 마땅히 강하고 굳셈을 발현해야 할 때에 자연스럽게 강하고 굳셈을 발현한다"[27]로 표현한다. '당當'은 당위를 의미하고, '자自'는 자율 혹은 자발을 의미한다. 심은 응당 가치를 발현해야 할 때에 자율적으로 가치(理)를 발현한다. 심은 무한한 감통의 역량을 가진 적감(寂然不動과 感而遂通)[28]

한다.

26) 『象山全集』, 권1, "愛其親者, 此理也. 敬其兄者, 此理也. 見孺子將入井而有怵惕惻隱之心者, 此理也. 可羞之事則羞之, 可惡之事則惡之, 此理也. 是知其爲是, 非知其爲非, 此理也. 宜辭而辭者, 此理也."

27) 『象山全集』, 권34, "當寬裕溫柔, 自寬裕溫柔, 當發强剛毅, 自發强剛毅."

28) 『周易』, 「繫辭上」에 다음과 같이 수록되어 있다. "역은 생각하는 것도 없고 억지로 하는 것도 없다. 고요히 움직이지 않으나 감응하면 나아가 천하의 모든 일에 완전히 통하게 된다. 천하에서 지극히 신묘한 것이 아니라면 그 누가 이와 같이 할 수 있겠는가?"(易無思也, 無爲也. 寂然不動, 感而遂通天下之故. 非天下之至神, 其孰能與於此?) 본체의 활동은 動과 靜으로 나누어 설명할 수 있다. 적연부동은 본체의 靜, 즉 본체가 감응하기 이전(無事時)의 본체 모습을 형용한 것이다. 본체의 動은 본체의 감응, 즉 본체가 감응할

실체이기 때문에 마땅히 너그럽고 온유해야 할 때에 자연스럽게 너그러움과 온유함을 표현한다. 심이 적연부동할 때는 심의 구체적인 특성을 자각할 수 없지만, 사물에 감응하여 자신의 특수한 형상을 발현할 때는 심의 작용과 특성을 체득할 수 있다. 또 "내 마음에 가득 찬 것이 발현되면 우주에 가득 차 있는 것은 리가 아닌 것이 없게 된다"[29], "너의 귀는 스스로 총명하고, 눈은 스스로 밝다. 부모를 섬김에는 스스로 효를 발현하고, 형을 섬김에는 스스로 공경한다. 본래부터 하나의 모자람도 없기 때문에 타자로부터 추구할 필요 없이 스스로 세울 뿐이다"[30]라고 하여 우주의 모든 사물에 대하여 당연의 도덕규범을 창출할 수 있음을 표현하고 있다. 스스로 총명하고(自聰) · 스스로 밝고(自明) · 스스로 할 수 있다(自能)의 '자自'는 자주 · 자발 · 자율과 완전무결을 의미한다. 밖으로 추구할 필요 없이 본심 스스로 입법 활동을 전개할 수 있다. 때문에 육구연은 "본래부터 하나의 모자람도 없기 때문에 타자로부터 추구할 필요 없이 스스로 세울 뿐이다"라고 말한 것이다. 심의 자각은 리의 발현이기 때문에 심의 자각 활동은 바로 입법의 활동인 것이다.

주희철학에서 심이 비록 도덕규범에 대한 입법자는 아니지만, 도덕가치

때(有事時)의 활동으로서 형용사는 감이수통이다. 그러나 비록 본체의 활동을 동과 정으로 나누어 설명하지만, 이는 방편적인 설명 즉 時의 다름에 따라 나타난 본체의 서로 다른 형상에 불과하다. 또 송명리학자들은 적연부동과 감이수통을 우주론과 심성론 양 면에 모두 적용하여 의리를 발휘한다. 다시 말하면 적연부동은 우주론에서 천도 혹 태극의 靜이고, 심성론에서는 심성의 靜이다. 감이수통 역시 우주론에서는 천도 혹 태극의 動이고, 심성론에서는 심성의 動이다. 그러나 태극 혹 심성은 靜하여도 靜의 형상이 없고, 動하여도 動의 형상이 없는 動靜一如의 실체이기 때문에, 動과 靜은 태극 혹 심성의 역동성을 표현하는 방편적 용어에 불과하다.

29) 『象山全集』, 권34, "滿心而發, 充塞宇宙, 無非此理."

30) 『象山全集』, 권34, "汝耳自聰, 目自明. 事父自能孝, 事兄自能弟. 本無欠闕, 不必他求, 在自立而已."

는 성리에 대한 심의 인식과 정감의 주재 활동을 통하여 실현된다. 이것이 바로 주희가 말한 심통성정이다. 육구연철학에서는 지선지악과 호선오악이 심의 양지양능 작용이기 때문에 외적 존재의 도움 없이 심 스스로 도덕가치를 창출할 수 있다. 주희와 육구연 철학에서 심은 모두 도덕실천의 실질적 근거이다. 즉 두 사람 모두 도덕가치 실현에 대한 '심능心能'을 긍정하고 있다. 그러나 두 사람 모두 긍정하고 있는 '심능'의 '능'은 서로 다르다.(맹자와 순자도 다르다.) '할 수 있다'의 주체는 인간이지만, 인간으로 하여금 '할 수 있게' 하는 동기 유발은 바로 의지 즉 심의 작용이다. 그러므로 가장 근본적인 '할 수 있다'의 '능'은 바로 '심의 능'인 것이다. 그러나 맹자와 순자 그리고 주희와 육구연 철학에서 '심능'의 작용은 동일하지가 않다. 순자철학에서 성은 가치중립적인 자연적 본성이고, 심은 예의라는 도덕규범을 인식하고 자연적 본성을 순화시켜 선을 발현할 수 있는 주체이다.(化性起僞) 그리고 예의는 화성기위의 근거 혹은 표준이다. 심은 비록 규범인 예의를 인식하고 성을 순화(治性-化性)시켜 구체적으로 선한 행위를 발현시키는 '능'의 작용을 갖추고 있지만 이것은 규범에 대한 입법의 작용이라고 할 수 없다. 예의는 심 밖에 주어진 것으로서 심의 작용과 관계없이 존재해 있는 것이다. 주희철학의 기본 구도도 비슷하다. 주희는 성즉리로써 리의 내재성을 긍정하고, 심이라는 존재의 존재론적 근거로서의 리를 긍정하여 심이 선천적으로 리를 갖추고 있음을 긍정한다.[31] 즉 순자처럼 리를 심 밖의 존재로 보지 않았다. 그러나 도덕규범에 대한 입법 작용은 긍정하지 않는다. 주희철학에

31) 이러한 존재론적 근거로서의 리는 심뿐만 아니라 모든 사실적 존재에게 모두 해당하는 것이므로 심만이 갖고 있는 특수성이 아니다. 따라서 도덕실천에서 존재론적 근거로서의 리는 실질적 의미를 갖추고 있지 않다.

서 심은 성리를 인식하고, 인식한 성리의 조리에 의거하여 선정善情을 발현할 수는 있지만, 심이 자발적으로 리를 결정하고 발현하는 것은 아니다.[32] 심과 리의 관계가 일자적 혹은 심이 리를 결정하는 것이라면 심즉리를 부정할 이유가 없다. 그러므로 순자와 주희에게 있어 '심능'이란 인지와 실현의 '능'이지 입법의 '능'이 아니다. 그러나 맹자와 육구연에게 있어 심은 도덕시비선악을 판단하고 결정하는 양지이며, 자신이 결정한 바를 구체적으로 실현할 수 있는 양능이다. 또 자신이 결정한 활동 방향이 바로 리이므로 심의 '능'은 자각과 실현 및 입법의 '능'이라고 할 수 있다.

제2절. 격물치지와 발명본심

성즉리와 심즉리가 주희와 육구연의 본체에 관한 기본 인식이라면, 격물치지와 발명본심은 위학의 기본 방법이다. 본체론과 학문의 방법은 서로 독립적인 것이 아니라 본체를 어떻게 규정하는가에 따라서 학문의 방법도 결정된다. 즉 본체에 대한 규정이 다르면 수양공부론은 필연적으로 다를 수밖에 없다. 주희는 성즉리만을 긍정할 뿐 심즉리는 부정한다. 성에 본래 갖추어진 활동 혹 역동적인 자각의 의미가 탈락되었기 때문에 성은 스스로 자신을 진동시켜 밖으로 자신의 내용을 실현할 수 없다. 반드시 자신 외의 어떤 존재의 도움이 요청될 수밖에 없는데, 그것이 바로 심의 지각 활동이다. 심 자신이 곧 리가 아니기 때문에 자신을 자각성찰하여 활동 방향을

32) 주희철학에서 심이 주어진 性理에 대하여 스스로 희열한다는 작용은 긍정할 수 있다. 이 점에 대해서는 모종삼의 只存有而不活動의 주장과 함께 뒷부분에서 논의할 것이다.

향선으로 결정할 수 없다. 반드시 하나의 표준을 인식하여 그것을 자신 활동의 준칙으로 삼아야 한다. 따라서 양자의 결합은 향내적 자각이 아니라 향외적 지각관계로 설정될 수밖에 없다. 주희는 지각에 대하여 "사물이 이르면 안다. 안다는 것은 심의 감응이다"[33], "지는 이 하나의 일을 아는 것이고, 각은 스스로 홀연히 깨닫는 것이다"[34]라고 하였다. '지'라는 것은 사물에 대한 감각 활동을 의미하고, '각'은 감각 활동에 대한 사려와 사고 활동, 즉 감각에 대한 인식을 의미한다. 다시 말하면 감각을 기초로 하여 일정한 인식이 생성되면 심 중에 일정한 견해가 형성되는데, 이것이 바로 심의 '각'이다. 이렇게 보면 '지'는 순자가 말한 감각 활동을 통한 학습 활동 혹은 지식의 누적 활동을 의미하고(순자가 말한 '學'에 해당한다), '각'은 이성의 사유 혹은 사려 활동이다(순자가 말한 '思'와 유사하다). 그러나 '지'는 물론이고, '각' 역시 향내적인 자각 활동은 아니다. 비록 '각'을 이성의 사유활동으로 이해할 수 있을지라도, 이는 향외적인 '지'의 결과를 근거로 진행하는 인식이다. 비록 예의라는 표준에 대해서는 순자와 주희가 정반대의 입장을 취하지만,[35] 예의 혹 성리라는 표준에 관한 심의 인식에 대해서는 그 입장이 일치한다. 때문에 필자는 순자와 주희의 심론을 동일계통의 지성주체로 분류한 것이다. 반면 육구연철학에서는 심즉리이고 심즉성이며, 심외무성心外無性이고 심외무리이기 때문에 도덕실천의 표준인 성리는 심의 향내적 자각(思) 활동을 통하여 현현된다. 비록 향외적인 지각 활동을 부정할 필요는 없지만, 성리에 대한 인식과는 본질적 관련이 없는 부차적인 지식 추구 활동일

33) 『朱文公文集』, 권67, "物至而知. 知之者心之感也."
34) 『朱文公文集』, 권67, "知是知此一事, 覺是忽然自理會得."
35) 순자는 예의를 외적인 것으로 인식하고, 주희는 성리를 내적인 것으로 인식한다.

뿐이다. 따라서 심과 성리는 주객대립의 인식관계로 설정되지 않고 주객무대립의 자아성찰 혹은 자아인증의 관계로 설정될 수밖에 없다.

주희와 육구연은 지행론에 관해서 모두 선지후행先知後行을 긍정하고, 지행병중知行並重과 지경행중知輕行重에 대해서도 동일한 입장을 취한다. 선지후행을 긍정한다면 '앎', 즉 격물치지와 발명본심이 학문의 시작임은 당연하다.[36] 주륙지변의 의리적 근거는 성즉리와 심즉리에 있지만, 두 사람의 논쟁 소재는 학문의 방법에 관한 것이었다. 따라서 논쟁의 구체적 전개는 사실 격물치지와 발명본심이 시작이고, 지리와 태간은 이에 대한 서로의 평가이며, 도문학과 존덕성은 지리와 태간 문제의 연속이다. 따라서 먼저 격물치지와 발명본심의 기본적 의미를 서술하고, 그 다음 지리와 태간, 그리고 존덕성과 도문학의 문제를 서술할 것이다. 또 이것에 대한 서로의 득실은 마지막에 논할 것이다.

주희철학에서 격물치지의 목적은 궁리에 있다. 궁리는 현상의 사물을 인식하여 지식을 축적하는 것도 아니고, 그것의 물리를 규명하려는 것도 아니다. 궁리의 대상은 사물의 소이연과 소당연의 리이다. 주희가 제시한 '격格'에는 세 가지 의미가 포함되어 있다.

첫째, '접촉'의 의미이다. '격'은 본래 강신의 의미로서, 그것으로부터 '온

36) 격물치지는 주희만 주장한 것이 아니라 육구연 역시 격물치지를 강조한다. 안영석은 주희와 육구연 두 사람의 격물치지에 관하여 대립적 관점에서 다음과 같이 종합 해설하고 있는데, 그 차이점을 일목요연하게 소개하고 있다. 먼저 주희의 격물치지설의 특성을 '向外窮理的 인식이론'과 '識別知 위주의 인식' 및 '주객대립의 성격'으로 규정하고 있다. 또 '向內明理的 인식방법'과 '전인격적 직관 · 體得의 방법' 및 '주객합일의 인식방법'으로써 육구연 격물치지설의 특성을 규정하고 있다.(안영석, 「주자 · 양명 · 상산의 격물치지설」, 『철학논총』 제21집, 2000 여름, 150~160쪽 참고) 또 張立文은 "정이와 주희의 격물은 궁리에 있고, 육구연의 격물은 심을 지극히 하는 至心과 심을 올바르게 하는 正心이다"라고 말하였다.(張立文, 『走向心學之路』, 中華書局, 1992, 166쪽)

다'는 의미의 '래來'와 '이르다'(至)로 인신引伸되었고, 다시 '접촉하다'의 '접接'의 의미로 확장된 것이다. 주희가 취한 '격'의 첫 번째 의미는 바로 '구체적인 사물에 접하다'라는 것이다. 그러나 사물에 접하는 것이 '격'의 궁극적인 의미가 아니므로 사물의 외표에서 내면의 리로 진입해야 한다. 즉 '격'에는 물로부터 리로의 인식 과정의 의미가 포함되어 있다. 때문에 주희는 "격물을 접물로 해석하면 그 종극의 공부가 밝혀지지 않는 바가 있다"[37]라고 한 것이다.

둘째, '격'에는 적습, 즉 '점漸'의 의미가 포함되어 있다. 이것은 관통으로 나가는 전체 과정이다.

셋째, 종극의 경지에 이르는 것이다. 이는 지지知至로서 활연관통의 경지가 바로 이것이다. 때문에 주희는 "사사물물에는 모두 리가 있는데, 십분[38]의 십을 궁구하였을 때 비로소 격물한 것이다"[39]라고 하였다. 따라서 '격물'은 접물과 치지궁리 및 활연관통의 세 가지 의미를 종합하여 이해해야 한다.

치지는 심의 지각능력을 확충하는 것이다. 주희의 심이 지각심이라는 것은 주지의 사실이다. 주희철학에서 심은 '기의 정상' 혹 '기의 허령자'로서, 그것의 기본적 기능은 성리에 대한 인식이다. 주희는 『대학』「격치보전格致補傳」에서 "이른바 '치지가 격물에 있다'고 하는 것은 나의 앎을 지극히 하고자 하면 사물에 이르러 그 사물의 이치를 궁구해야 함을 말한 것이다. 대개 사람 마음의 허령함은 모르는 바가 없고, 천하의 사물에는 이치가 있

37) 『朱文公文集』, 권44, 「答江德功」, "訓格物以接物則於究極之功有所未明."
38) 分은 10%를 의미한다. 따라서 十分에 이르러야만 100%, 즉 완전에 이를 수 있다.
39) 『朱子語類』, 권121, "事事物物皆有個理, 窮得十分盡, 方是格物."

지 않음이 없지만 사물의 리를 다 궁구하지 못하였기 때문에 지식에도 극진하지 못한 바가 있는 것이다. 그러므로 『대학』에서의 첫 가르침은 반드시 학자들로 하여금 천하의 사물에 이르러 이미 알고 있는 리를 더욱 궁구하여 지극함에 이르게 하는 것이다. 노력함이 오래되어 어느 날 문득 활연관통에 이르면, 모든 사물의 겉과 속 · 정밀함과 거침이 이르지 않음이 없고, 내 마음의 전체대용은 밝혀지지 않음이 없게 된다. 이것을 일러 사물의 리를 궁구했다고 하는 것이며, 이것을 일러 앎의 지극함이라고 한다"[40]라고 하였다. 심을 지각심으로 설정하고, 그것의 대상으로서 리를 설정한 체계는 순자의 심론과 유사하다. 다른 점은 순자가 예의를 완전히 심 밖의 표준으로 설정하고 있는 반면 주희는 리의 내재성을 긍정한다는 것이다. 그러나 주희 역시 순자와 마찬가지로 리를 인식함에 있어 직접 향내적인 자각 방법을 취하지 않고 먼저 주객대립의 형식으로써 향외적인 인식 방법을 취한다는 점은 동일하다.[41]

주희철학에서 격물치지는 격물과 치지라는 두 가지 일을 종합한 표현 같지만 실제로는 한 가지 일의 두 내용에 불과하다. 격물과 치지를 형식적인 개념 측면에서 보면 구별이 가능하지만, 실제적인 전개 측면에서 말하면 나누어 구별할 수 없다. 양자를 분리해서 말하면, 격물은 수단이고, 치지는 목적이라고 할 수 있다. 또 격물은 사물을 대상으로 한 것이고, 치지는 심을

40) 『大學』, 「格致補傳」, "所謂致知在格物者, 言欲致吾之知, 在卽物而窮其理也. 蓋人心之靈, 莫不有知, 而天下之物, 莫不有理, 惟於理有未窮, 故其知有不盡也. 是以大學始敎, 必使學者卽凡天下之物, 莫不因其已知之理而益窮之, 以求至乎其極. 至於用力之久, 而一旦豁然貫通, 則衆物之表裏精粗無不到, 而吾心之全體大用無不明矣. 此謂物格, 此謂知之至也."

41) 그러나 주희는 비록 리를 향외적인 인식방법을 취하여 추구하지만, 그 리는 자신이 본래적으로 갖추고 있는 리와 이질적인 존재가 아니다. 엄격하게 말하면 주희는 사물에서 리를 인식하여 자신의 리와 서로 인증하는 방식을 취한다.

대상으로 한 것이다. 또한 격물치지에는 이미 거경함양의 공부가 전제되기 때문에 거경함양과 격물치지는 두 날개처럼 병진하면서 전개된다. 따라서 격물치지에는 한편으로는 심의 본질인 명리明理의 작용을 회복하고, 또 다른 한편으로는 사물의 도리에 대한 인식으로 넓게 확장하고 깊게 심화시킨다는 의미가 포함되어 있다. 격물의 과정이 많으면 많을수록 내 마음의 인지작용은 더욱 영명해지며, 사물의 도리에 대한 지식 역시 양적으로 풍부해지고 질적으로 순일純一해진다. 이는 '지' 즉 도덕판단이 주관성을 극복하여 점차 객관적인 합리성을 확보한다는 의미로 해석할 수 있다. 객관성의 극치인 보편성 그 자체의 인식이 바로 지지이다.

주희는 진지낙행眞知樂行을 주장한다. '낙행'은 앎의 순일이 수반하는 실천의 자연스러움이다. 실천이 천리와 합일하여 자연스러움에 이르려면 반드시 앎이 진실해야 한다. 앎의 진실과 순일은 격물치지의 누적을 통하여 성취할 수 있다. 앎의 진실과 순일이 활연관통의 경지 즉 '지지'라면, 격물치지는 그것에 이르는 전 과정이다. 이 과정이 바로 '적습'이다. 적습으로부터 관통을 간략하게 말하면 '점'으로부터 '돈'의 경지에 이르는 과정이라고 할 수 있다. 주희 인식론은 철저한 점교 중심이다. 격물의 기본 차서는 '근近'으로부터 시작하여 '원遠'에 이르는 것이다.(由近至遠) 왕수인이 유년 시절에 대나무를 '격'하다 병을 얻었다는 일화가 있는데,[42] 이는 그가 격물의

42) 『傳習錄』 下, "衆人只說格物要依晦翁. 何曾把他的說去用? 我著實曾用來. 初年與錢友同做聖賢要格天下之物, 如今安得這等大的力量. 因指亭前竹子, 令去格看. 錢子早夜去窮格竹子的道理, 竭其心思至於三日, 便致勞神成疾. 當初說他這是精力不足, 某因自去窮格, 早夜不得其理, 到七日, 亦以勞思致疾, 遂相與嘆聖賢是做不得的他大力量去格物了. 及在夷中三年, 頗見得此意思, 方知天下之物本無可格者. 其格物之功, 只在身心上做. 決然以聖人爲人人可到, 便自有擔當了. 這裏意思, 卻要說與諸公知道."

선후차서에 대한 이해가 부족하였기 때문이다. 격물에 가까운 곳으로부터 먼 곳으로의 확장과 선후완급의 차서가 있다면, 치지에도 필연적으로 옅음(淺)과 깊음(深)의 차별이 있을 수밖에 없다. 주희는 박학博學과 심문審問 그리고 신사愼思와 명변明辨으로써 옅음으로부터 깊음에 이르는 치지의 과정을 설명하였다.[43] 이것 외에 주희는 거침(粗)에서 정묘(精)로의 과정을 제시한다. 이는 표면(表)에서 안(裏)으로 이르는 과정이다. 외면의 거침으로부터 내면의 심오함으로 진입해야만 '격'의 전체 의미를 실현하는 것이며, 치지 역시 '지지'의 경지에 이를 수 있다. 때문에 주희는 "거침은 알지만 정묘함을 모르면 모두 '격'이라고 말할 수 없기 때문에 바깥과 안 그리고 거침과 정묘함을 다하지 않음이 없어야 한다고 말한 것이다"[44]라고 하였다. 격물의 '가까운 곳에서 먼 곳으로'와 치지의 '옅음에서 깊음으로', '거침에서 정묘함으로'의 과정이 '점'의 적습이다. 이는 양적인 확대와 질적인 심오 과정이다. 다시 말하면 지행의 '지'가 주관적 신념인 격률 혹은 준칙의 단계로부터 객관적인 보편법칙으로 입문하는 과정이라고 할 수 있다.

주희는 '점'의 적습으로부터 한 차례의 비약을 제시한다. 이것이 바로 활연관통[45]이다. 활연관통은 격물 측면에서 보면 '격'의 세 번째 의미인 종

---

43) 『朱子語類』, 권15, "以事之詳略言, 理會一件又一件. 以理之淺深言, 理會一重又一重.……博學之, 審問之, 愼思之, 明辨之, 成四節次第恁地方是."

44) 『朱子語類』, 권18, "知其粗不曉其精, 皆不可謂之格, 故言表裏精粗無不盡."

45) 주희는 때로 脫然과 洒然 그리고 廓然과 忽然 등의 표현으로써 豁然의 의미를 대체하기도 한다. 그러나 홀연은 단지 활연의 시간적 의미만 대체해 줄 뿐 기타 의미는 대체해 주지 못한다. 활연의 문자적 의미는 開明이다. 물론 활연은 갑자기 다가오는 천리에 대한 완전한 체득이지만 이 체득은 선종의 돈오처럼 적습의 과정을 미필연적으로 전제하는 체득이 아니다. 탈연은 解除의 의미이고, 쇄연은 '깨끗하게 씻어 내다'의 의미이며, 곽연은 '넓히다'의 의미이다. 이 삼자에는 홀연이라는 시간적 의미와 함께 후천적인 공부의 축적인 적습의 의미가 포함되어 있다. 만일 홀연의 의미로만 활연을 대체하면 적습을 본질로 하는 주희의 격물치지 공부의 특색이 드러나지 않는다.

극에 다다름이고, 치지 측면에서 보면 치지의 지극 즉 '지지'이다. 앞에서 해설한 바와 같이, 혹자는 주희의 격물치지를 귀납적 방법으로, 그리고 활연관통의 '지지'를 귀납을 통해 얻어진 일반화 혹은 보편화의 지식으로 이해하고 있는데, 격물치지와 귀납 그리고 '지지'와 일반화 지식은 성격이 다르다. 비록 그 방법은 유사하지만 격물치지는 객관세계에 대한 경험지식을 추구하는 방법이 아니고, 활연관통의 '지지' 역시 개연성을 본질로 하는 일반화된 지식이 아니다. 격물치지의 목적인 궁리는 다多인 류類 개념이 아닌 절대적 보편자인 순일의 리를 추구하며, 활연관통의 '지지' 역시 일반화된 지식이 아니라 일반성 혹은 보편성 그 자체를 의미한다. 적습을 통하여 질적 도약 혹은 비약이 이루어지면, 도리에 대한 앎의 근원近遠과 천심淺深 그리고 정조精粗의 차별이 모두 하나의 순일로 귀속된다.

이상을 종합하면, 주희의 격물치지 인식론은 다음의 몇 가지 특성을 갖는다.

첫째, 심과 리의 주객대립 구도이다. 심은 인식주체이고, 리는 인식대상이다.

둘째, 주희가 비록 성리의 내구성內具性을 긍정하지 않은 것은 아니지만, 심과 리의 인식에 있어서는 향외의 인식 방법을 취한다. 다시 말하면 심에 존재의 소이연지리로서의 리가 존재하지만, 그것의 가치는 반드시 격물치지의 방식으로 통하여 인지되고 드러난다.

셋째, 리에 대한 심의 완전한 인식은 소수의 경험으로 불가능하고 반드시 다수의 경험 누적을 통하여 이를 수 있다. 비록 근기에 따라서 차이는 있을 수 있지만 적습은 불가결의 과정이다.

넷째, 주희의 인식론은 돈이 아니라 점이다. 즉 돈교가 아니라 점교의 형태이다. 이러한 주희의 인식론은 육구연의 인식론과는 정반대적 입장이다.

육구연의 발명본심은 하나의 독립적인 수양공부가 아니라 선립기대, 그리고 그것에 포함된 변지辨志와 의리지변 및 복기본심을 모두 포괄한 공부론이다. 이른바 '발명'이란 무에서 유로의 생生이 아니라 은隱에서 현顯으로의 '복復'이다.

육구연은 교학 방법부터 주희와 다르다. 그는 교학에서 경전이나 형식적인 독서의 방법을 취하기보다는 당사자의 도덕의식을 계발하는 방식을 취한다. 육구연의 기본적인 의식구조가 바로 심즉리이기 때문에 경전의 내용이 자신의 도덕의식과 일치하지 않는다면, 경전은 단지 하나의 문자 집적물에 불과할 뿐이라고 생각하였다. 때문에 "이 일이 내 마음에서 불안하다면 리와 합치하지 않은 것이다"[46]라고 하였고, 또 "육경이 나를 주석하고, 내가 육경을 주석한다"[47]라고 한 것이다. 선립기대는 비록 맹자의 학설을 근거로 한 말이지만, 육구연은 그것의 의미를 스스로 체득하여 학문의 제일방법으로 삼았다. 대체 즉 본심이 자신에게서 확립되었으면, 기타 일체의 일은 본심의 주재에 의해 천리와 합일하고, 호선오악으로 표현되어 위선거악이라는 구체적인 도덕행위로 실현되는 것이다. 때문에 그는 "도를 깨달으면 끝이 곧 근본이고, 가지가 곧 잎이다. 근본이 있으면 스스로 가지와 잎이 있게 된다"[48]라고 하였다. 근본은 심이고, 가지와 잎은 심에 의해 주재된 일체의 도덕행위를 말한다. 그러나 선립기대는 대체만을 확립하면 일체의 일이 도리에 합치하고 시의적절하게 표현된다는 의미로 이해하는 것

46) 『象山全集』, 권5, "此事之不安於心, 未契於理."
47) 『象山全集』, 권34, "六經注我, 我注六經."
48) 『象山全集』, 권36, "知道則末卽是本, 枝卽是葉. 又曰, 有根則自有枝葉."

보다는 본말이 도치되지 않아야 함을 강조한 것이라고 이해하는 것이 합리적이다.

선립기대와 복기본심은 경험층의 자아로부터 본래적인 초월적 자아를 회복하는 공부이다. 이 선립기대에는 두 가지 의미가 포함되어 있다. 하나는 도덕주체 의식을 수립하는 것이다. 즉 심즉리의 도덕적 본심을 수립하는 것이다. 다른 하나는 도덕본심의 본질적 작용을 발휘하는 것이다. 그것의 이론적 근거와 작용적 근거는 모두 심 자신에 있다. 심즉리이기 때문에 대체는 심 외의 다른 것에서 추구할 수 없고, 심이 곧 양지양능의 작용이기 때문에 심을 올바르게 정립하면 양지양능의 작용은 곧바로 발현되어 만사를 주재할 수 있다.

육구연철학에 있어 심은 사람이 사람으로서 존재할 수 있는 초월적 근거이다. 심, 즉 초월적 근거가 외물에 의해 교폐交蔽[49]되기 때문에 자신을

49) 맹자와 육구연 철학에서 본심의 자각 작용이 발현되지 못한 주요 원인으로 외물에 의한 교폐를 든다. 그러나 필자는 이 문제에 직면할 때마다 항상 다음과 같은 의문을 가져왔다. 본심의 본질작용은 자각이다. 자각은 맹자가 말한 '思'의 활동이다. 실제로 맹자철학에서 군자 혹 대인과 소인의 구별은 본심의 有無에 있지 않고 '存'과 '不存'에 있다. 그러나 간직할 수 있고, 간직할 수 없는 핵심 관건은 바로 본심의 자각 작용 발현에 있다. 따라서 도덕본심의 '思'와 '不思'는 본심의 존망을 결정하는 것이며, 이것으로써 대인과 소인의 구별을 설명할 수 있다. 그러나 우리를 곤혹스럽게 하는 것은 '思'가 만일 본심의 본질작용이라면 본심은 왜 '不思'할 수 있는가이다. 자각하지 못하는 본심도 본심으로 볼 수 있는가? 만일 여전히 본심으로 보아야 한다면 그 본심은 선행의 근거임과 동시에 또 불선의 근거가 아닌가? 혹자는 이렇게 대답할 것이다. 자각하지 못한다는 말은 실제 내용이 없는 虛說이고, 실제 의미는 바로 '오로지 이목 기관의 욕망에 따라 외물을 좇는다'는 것이다. 그러나 만일 이렇게 해석할 수밖에 없다면 다음과 같이 한 차례 더 물을 수 있다. 즉 "왜 우리는 이목 기관의 욕망에 따라 외물을 좇는가?" 이 문제를 고민하다가 필자는 다음과 같은 결론을 내렸다. '나'라는 하나의 주체생명에서 활동의 방향은 여러 가지가 있는데, 그것 사이에는 오로지 가치의 우열만이 있을 뿐 가능성의 우열은 없다. 따라서 자신이 우월한 가치를 가진 도덕의 영역을 선택하면 군자가 되고, 자연생명의 욕구에 따라 발동하면 소인이 된다. '나'라는 주체생명은 이 두 영역을 선택할 수 있는 가능성의 존재이고, 그렇게 선택할 수 있는 근거

돌이켜 보고서 심즉리의 심을 회복시켜야 한다. 이 심이 일단 회복되면 자신의 주재작용을 발휘하여 천지의 정신과 격리되지 않으면서 만물의 변화에 순응하고 만사에 응대하게 된다. 본심은 주이고 본이다. 육구연은 "이리를 밝히면 주재할 수 있고, 진실로 주의 위치를 확립하면 외물이 이 마음을 움직일 수 없고, 사설이 미혹시킬 수 없다. 내 친구의 병폐는 바로 이러한 도리를 알지 못하여 안에 주가 없다는 것이다"[50]라고 하면서 주희의 격물치지를 비판하고 있다. 선립기대의 립(立)은 '무'에서 '유'로의 '립'이 아니라 '은'에서 '현'으로의 '복'이다. 따라서 선립기대의 실질 의미는 복기본심이다. 이것이 바로 육구연 학문의 본령本領이다. 때문에 학문은 반드시 본령을 깨닫고 본령에 따라서 시행하는 것이 중요하다.

본령인 복기본심은 먼저 근본을 파악하는 공부이다. 함양과 찰식으로 비유하면, 선찰식후함양先察識後涵養이다.[51] 육구연철학에서 근본을 파악하는 것은 향외적으로 격물치지하는 것이 아니라 본심이 스스로 자각성찰하여 자신의 작용을 드러내는 것으로, 이는 자각자증自覺自證의 앎이다. 이는 본심이 자신을 인식하는 것이지 심 밖의 대상에서 구하는 지식이 아니다. 육구연은 복기본심의 방법으로 몇 가지 세목을 제시한다.

첫째, 먼저 대체를 배양하는 것이다. 대체를 배양하는 구체적인 방법은

역시 함께 갖추고 있다. 전자의 근거는 양지와 양능의 작용이고, 후자의 근거는 자연생명의 욕구이다.

50) 『象山全集』, 권1, "明得此理, 卽是主宰, 眞能爲主, 則外物不能移, 邪說不能惑. 所病於吾友者, 正謂此理不明, 內無所主."

51) 주희는 선함양후찰식이라는 입장을 견지한다. 이것에 육구연철학을 대비시켜 말하면, 선찰식후함양이라고 할 수 있지만, 이는 이론적인 입장이고, 실제적인 공부의 진행에 있어서 선후는 큰 의미를 갖지 못한다. 비록 주희가 선함양후찰식의 입장을 견지한다고 할지라도 상황에 따라서 선찰식후함양으로 진행되어도 무방하다. 육구연철학에서도 마찬가지이다.

맹자가 제시한 과욕寡欲이다. 그는 "학자는 밭(田地)을 정결하게 해야 한다"[52]는 점을 강조하였는데, 그가 말한 전지田地는 곧 심지心志이고, 정결의 구체적인 방법은 과욕이다. 과욕의 방법으로써 대체를 함양할 수 있으면, 본심이 대체임을 자각할 수 있고, 이 대체에 의하여 인생의 방향을 도덕으로 결정할 수 있다. 이것이 바로 입지立志, 즉 대지大志를 확립하는 것이다. 대지의 확립이 곧 복기본심이다. 이것이 바로 도덕가치 실현의 시작이다. 본심의 양지 작용은 본심의 존재와 가치를 자각하여 드러내고, 양능의 작용은 양지의 시비선악 판단에 따라서 호선오악하고 위선거악한다. 이 모든 과정은 도덕주체, 즉 본심의 자아실현일 뿐이다.

둘째, 의로움과 이익의 구별이다.(義利之辨) 육구연은 대지를 확립함에 있어 하나의 표준을 제시하는데, 바로 '의'와 '리'이다. 의로움과 이익은 사람의 지향성이다. 의로움은 공적인 지향성이고, 이익은 사적인 지향성이다. 본심은 스스로 시비선악을 판단할 수 있는 양지의 작용으로 말미암아 자신의 지향이 의로움인지 아니면 이익인지를 바로 그곳에서 판별하여 드러낸다. 이익을 지향하고 있음에도 불구하고 그것을 자각하지 못한다면 이는 본심이 회복되지 않았음을 의미한다. 의로움과 이익을 분명하게 판별하여 드러내면, 이는 곧 본심이 회복되었음을 의미한다. 육구연의 도덕론에서 입지는 도덕의식의 각성을 의미하고, 의리지변은 입지의 지향성을 분별하는 것이며, 복기본심은 사욕私欲과 의론 혹 의견意見으로부터의 돌파를 의미한다. 이처럼 육구연의 발명본심 공부론은 일심의 드러남이고, 일심의 확장이며, 일심의 보편적인 윤택 활동이다. 모든 것이 일심으로부터 시작하고, 심

52) 『象山全集』, 권35, "學者須是打疊田地淨潔."

으로 귀속된다. 이러한 발명본심의 공부론은 철저하게 본심의 양지와 양능을 근거로 한 것이다. 육구연은 "거울 속의 꽃을 보는 것과 같다"[53]는 표현으로써 시비선악에 대한 양지 판단 작용의 명료함을 설명하고 있다. 거울은 심이고, 거울 속의 꽃은 리이다. 거울 속의 꽃인 리를 인식하는 것은 바로 자신의 심 속의 리를 보는 것이다. 이러한 육구연의 발명본심 위학론에는 주희처럼 격물과 치지의 분리도 없고, 종합도 없으며, 치지와 궁리의 결합도 없고, 치지궁리와 성의의 결합도 없다. 때문에 주희의 입장에서 보면 태간太簡이고, 육구연의 입장에서 보면 이간易簡인 것이다.

제3절. 태간과 지리

태간과 지리 문제 역시 성즉리와 심즉리 그리고 격물치지와 발명본심이라는 이론적 근거와 방법론으로부터 수반된 상대방 학문에 대한 평가이다. 태간은 육구연의 이간에 대한 주희의 인식이고, 지리는 주희의 격물치지에 대한 육구연의 평가이다. 두 사람은 격물치지와 발명본심에 대하여 서로 다르게 이해하고 있고, 그것을 근거로 상대방 학문을 평가하기 때문에 본질과는 벗어난 비평만을 왕래하였다. 따라서 필자는 먼저 이간과 지리의 본래 의미를 해설하고서 두 사람의 잘못된 이해와 그것에 대한 입장을 서술하겠다. 먼저 이간의 문제를 해설하겠다.

이간은 『역전』에서 온 말이다. 『역전』에서는 "건은 위대한 시작을 이루

53) 『象山全集』, 권34, "如鏡中觀花."

어 내고, 곤은 만물을 완성하는 작용을 한다. 건으로써 이지易知할 수 있고, 곤으로써 간능簡能할 수 있다"[54]라고 하였다. 『역전』의 표현을 근거로 해 보면, '이지'와 '간능'은 단순한 방법론상의 '쉽고 간단'의 의미만은 아닌 것 같다. 그것에는 건과 곤이라는 두 작용이 내재되어 있다. 육구연은 건과 곤이라는 천지의 능력을 내재화하여 심성의 양지와 양능으로써 건곤의 역간 원리를 설명한다.

> 내가 이 리를 아는 것은 건이고, 이 리를 실천하는 것은 곤이다.[55]

> 건의 작용 때문에 '이지'하고, 곤의 작용 때문에 '간능'한다. 이易하기 때문에 '이지'하고, 간簡하기 때문에 이종易從[56]할 수 있다.[57]

우주론 입장에서 보면, 건은 시작원칙이고, 곤은 완성원칙이다. 도덕론 입장에서 보면, '지'는 시작원칙이고, '행'은 완성원칙이다. 육구연은 건의 '이지'를 '사려하지 않아도 알 수 있다'는 양지의 작용으로 전환시켜 이해하였다. 그러므로 "내가 이 리를 아는 것은 건이다"라고 말한 것이다. 양지는 시비선악을 판단하는 '지'의 작용이다. 이 '지'가 바로 시작원칙이다. "곤의 작용 때문에 간능한다"에서의 곤은 '배우지 않아도 자연스럽게 할 수 있다'는 양능의 작용을 가리킨다. 그러므로 "이 리를 실천하는 것은 곤이다"라고

54) 『周易』, 「繫辭上」, "乾知大始, 坤作成物. 乾以易知, 坤以簡能."

55) 『象山全集』, 권34, "吾知此理卽乾, 行此理卽坤."

56) 필자는 易知와 簡能 및 易從을 문자 그대로 표현하겠다. 왜냐하면 문자의 직접적인 의미는 '쉽고 간단하다'이지만, 육구연은 방법론상의 쉽고 간단함으로써 그것의 의미를 제한하지 않는다. 만일 쉽고 간단하다로 번역하게 되면, 이는 주희의 입장을 따르는 것과 동일하게 된다.

57) 『象山全集』, 권1, "乾以易知, 坤以簡能. 易則易知, 簡則易從."

말한 것이다. 양능은 양지가 판단한 내용을 확충하는 행의 작용이다. 행은 실천원칙으로서 가치 완성의 마침(終)이다. 양지 때문에 '이지'하고, 양능 때문에 '간능'하는 건곤의 작용은 모두 나의 본심이 갖추고 있는 선천적인 기능이다. 도덕행위는 모두 양지와 양능의 작용으로 말미암아 발현되고 구체화되기 때문에 이간 원리의 지행론이라고 칭한다.

모종삼은 도덕주체의 양대 특성인 양지와 양능을 '각覺'과 '건健'[58]으로 표현하였다. '각'은 도덕의 시작활동이다. 사단지심의 '단'은 바로 '각'의 단계를 가리킨다. 단은 시초로서 명각 실체 작용의 출현이다. '각'의 특질로 말미암아 비로소 지선한 정감인 사단지심이 나타날 수 있다. '건'은 창생의 동력으로서 자신의 발현을 중단하지 않는 건행불식健行不息이다. 사단지심은 건행불식의 동력에 의하여 표현된 선한 정감이다. '각'은 도덕생명의 약동으로서 『논어』에서 말하는 불안不安과 불인不忍이다. 불안불인은 공포와는 다른 도덕심령의 작용으로 말미암아 발생된 느낌이다. '건'은 '각'의 작용

58) 『心體與性體』에는 覺과 健으로써 도덕실체의 특성을 설명하는 곳이 많다. 覺과 健은 도덕실체의 역동성을 표현하는 것으로서, 우주론과 본성론 모두에 적용된다. 즉 모종삼은 於穆不已한 천도천명의 내재로써 본성을 해석하고, 그 이론을 공자·맹자 그리고 육왕의 심성론에도 그대로 적용시킨다. 따라서 역동적인 천도의 내재인 도덕본체 역시 역동성을 갖는다. 모종삼은 도덕본체의 역동성을 공자철학에서는 仁의 覺과 健의 작용으로 설명하고, 맹자철학에서는 양지와 양능의 작용으로 설명한다. 모종삼이 覺과 健으로써 仁의 기본 특성을 설명하는 것은 맹자의 양지와 양능을 근거로 한 것이다. 양지와 양능 두 가지 작용은 모두 도덕규범에 대한 의지의 자율성이며, 인간 행위의 도덕적 주재 활동이다. 모종삼이 제시한 仁의 覺은 惻隱과 不安不忍의 자각을 의미하고, 健은 健行不息의 健으로, 가치실현의 '於穆不已' 혹 '純亦不已'한 작용을 의미한다. 이는 맹자철학에도 동일하게 적용되는데, 가치에 대한 자각이 바로 仁의 覺인 양지의 작용이고, 가치에 대한 자각 판단의 실현인 健의 작용이 양능의 작용이다. 覺과 健은 송명리학의 지행론에도 적용이 되는데, 覺은 시비와 선악을 판단하는 작용, 즉 知善知惡 혹 知是知非의 활동이고, 健은 선을 좋아하고 악을 싫어하며, 선을 드러내고 악을 제거하는 실천능력, 즉 好善惡惡과 爲善去惡의 활동이다. 모종삼은 이러한 도덕주체의 覺(양지)과 健(양능)의 작용을 근거로 도덕규범에 대한 의지의 입법성을 체계화한다.

을 통과하여 발현되는 도덕생명이 자신의 중단을 허용하지 않는 생생의 작용이다. 선을 좋아하고 악을 싫어하며, 선을 성취하고 악을 제거하는 양능의 작용이다. 이처럼 육구연이 주장하는 '이간'은 양지와 양능이라는 본체의 작용을 근거로 한 위학론의 평가이기 때문에 단순히 방법상의 쉬움 혹은 간단의 의미는 아니다. 또한 유학사상에서 보면 『역전』의 건과 곤의 작용을 심성론에 안착시켜 양지와 양능으로 이해한 것은 수용할 수 있다.

그러나 주희는 육구연의 '이간'을 방법상의 간단과 쉬움으로 이해한다. 『주자어류』에 다음과 같은 내용이 수록되어 있다.

> 아호사의 모임에서 그는 시를 지어서 말했다.[59] "이간공부는 결국 장구하고 광대하다." 이른바 이간이라는 것은 적당히 처리하여 (소홀히 하고 되는대로 하여) 아주 쉽게 할 뿐, 전체적으로 보아 자세하지 않은 것이다. '건으로써 이지한다'고 하였는데, 건은 지극히 굳센 것이다. 지극히 굳센 것은 하고자 하면 바로 하기 때문에 '이'인 것이다. 곤은 지극히 순조로운 것이다. 이치에 순응하기 때문에 할 수 없는 것이 없다. 때문에 '간'이라고 한 것이다. 이것은 조화의 이치를 말한 것이다. '오래할 수 있으면 현명한 사람의 덕'이라고 한 곳에서 '오래할 수 있다'는 것은 날로 새로워져 그침이 없다는 것이다. '크게 할 수 있으면 현명한 사람의 일'이라 한 곳에서 '크게 할 수 있다'는 것은 재물이 넉넉하여 끝이 없다는 것이다. '이간'에 얼마나 많은 일이 있었는데, 어찌 쉽게 간략하다고 말할 수 있다는 말인가.[60]

59) 아호지회에 관해서는 이 장 제5절에서 상세하게 논의하겠다.

60) 『朱子語類』, 권16, "鵝湖之會, 渠作詩云: '易簡工夫終久大.' 彼所謂易簡者, 苟簡容易爾, 全看得不子細. '乾以易知'者, 乾是至健之物. 至健者, 要做便做, 直是易. 坤是至順之物. 順理而爲, 無所不能. 故曰簡. 此言造化之理. 至於'可久則賢人之德', 可久者, 日新而不已. '可大則賢人之業', 可大者, 富有而無疆. 易簡有幾多事在, 豈容易苟簡之云乎!"

물론 육구연의 '이간론'에 방법상의 쉬움과 간단함이라는 의미가 포함되어 있지 않는 것은 아니지만, 육구연 '이간론'의 이론적 근거는 본심의 양지와 양능의 작용이다. 주희는 자신의 박학과 독서 그리고 격물치지에 비해 향내적인 발명본심의 위학론이 지나치게 쉽고 간략하게 느껴졌을 것이다. 이러한 부분적인 이해를 근거로 한 주희의 평가는 그것에만 그치지 않고 쉽게 선학과의 연상을 불러일으켰으며, 결국 이단론으로 발전하게 된다.

주희가 육구연의 이간을 '태간'이라고 오해하였다면, 육구연은 주희의 격물치지에 대하여 '지리'하다는 평가를 한다. '지리'에 대한 육구연의 평가는 비단 주희의 격물치지에만 그치는 것이 아니라, 옛사람은 물론이고 당시의 학자들에게도 동일했다. 『상산전집』 권34에서는 "부자의 말은 이간한데, 유자의 말은 지리하다"[61]라고 하였고, 또한 오로지 서책을 통한 문자적 훈고와 해석만을 중시하는 학자들을 '지리'하다고 평가하였다.[62] 또 "지금의 학자들은 주저하고 앞으로 나아가지 않으면서 학문을 안다고 하지만, 이는 실제로 학문을 알았다고 할 수 없다. 또 학문에 뜻을 두고 있다고 하지만, 실제로 학문에 뜻을 두었다고 할 수 없다. 만일 학문을 알고 학문에 뜻을 두었다면 왜 주저하면서 앞으로 나아가지 않는가? 학자가 해야 할 사업은 무궁무진하다. 옛 성현들은 그 길을 어렵다고 생각하지 않았으며 그 문호를 지리하게 한 적이 없다"[63]라고 하였고, '이러한 '지리'한 학문은 학술로써 천하를 죽이는 것'[64]이라는 혹독한 비평을 하고 있다.

---

61) 『象山全集』, 권34, "夫子之言簡易, 有子之言支離."
62) 사실 이러한 육구연의 평가에는 박학과 독서를 강조하는 주희철학의 방법론에 대한 폄하가 내재되어 있다.
63) 『象山全集』, 권5, "今時學者, 悠悠不進, 號爲知學耳, 實未必知學. 號爲有志耳, 實未必有志. 若果知學有志, 何更悠悠不進. 事業固無窮無盡. 然古聖賢未嘗艱難其途徑, 支離其門戶."

그렇다면 육구연이 말한 '지리'의 의미는 무엇이고, 주희가 일부분 수용한 '지리'의 의미는 무엇인가? 주희는 육구연과의 아호지회에서 육구연이 자신의 학문에 대하여 '지리'하다[65]고 평가하자, 육구연의 이간론을 옳다고 여겨 적극적으로 수용하지는 않았지만, 자신의 학문 방법을 돌이켜 보고서 상당히 '지리'한 면이 있다고 생각하였고,[66] 자신의 제자들에게도 '지리'한 면을 극복할 것을 상당히 강조하였다. 그는 "요즘 사람들이 범사에 그렇게 지리한 것은 철저하게 알지 못하였기 때문이다"[67]라고 하면서 '지리'한 면을 극복할 수 있는 방법으로 "배우는 사람이 공부에 대해 논의할 때는, 마땅히 그 사람에 따라 실질적인 공부를 제시해 주어야 하며, 쓸데없이 말할 필요는 없다. 사람들이 따를 곳을 알아서 평이하고 명백한 곳으로 들어가도록 하는 것이 좋다. 만약 실마리를 범범하게 주고서 절박하게 스스로 구하라고 몰아댄다면, 아마도 배우는 사람의 병을 더할 뿐이다"[68], "도리는 눈앞에 있는 도리이다. 평이하면 저절로 말해 낸 것도 곧 좋다. 말해 내는 것이 어려우면 곧 좋지 않다"[69]라는 것을 제시한다. 이것을 보면, 주희가 자신의 학문 방법에 '지리'한 면이 있다고 한 것은 박문과 독서에만 힘을 쓰면서 도리를 추구하지 않는 것과 현묘한 도리에만 힘을 쓰면서 실질적이고 가까운 일상의 도리에 대해서는 무관심한 것에 대한 지적임을 알 수 있다. 주희의 이러한 지적은 당연히 수용할 수 있는 것이고, 자신의 학문 방법

64) 『象山全集』, 권1, "此豈非以學術殺天下哉?"

65) "支離事業竟浮沈."

66) 『宋元學案』, 「象山學案 · 案語」를 보기 바람.

67) 『朱子語類』, 권9, "今人凡事所以說得恁地支離, 只是見得不透."

68) 『朱子語類』, 권9, "學者議論工夫, 當因其人而示以用工之實, 不必費辭. 使人知所適從, 以入於坦易明白之域, 可也. 若泛爲端緒, 使人迫切而自求之, 適恐資學者之病."

69) 『朱子語類』, 권9, "道理有面前底道理. 平易自在說出來底, 便好. 說得出來崎嶇底, 便不好."

이 수반할 수 있는 문제점을 극복하도록 자기 스스로 경계하는 말이기도 하다. 그러나 육구연이 주희의 학문 방법을 '지리'하다고 평가한 것은 방법론의 번쇄와 박학 및 독서를 지적한 것일 뿐만 아니라 주희의 학문 방법이 근본적으로 도덕의 본질과 직접적 관련이 없다(不相干)는 점을 지적한 것이다.[70] 육구연은 주희의 학문을 간접적으로 의론·의견·시문 등으로 평가하고, 또 허설허견으로 평가하는데, 이는 곧 주희의 학문이 성현의 학문과 본질적으로 관련이 없음을 의미한 것이다.

그렇다면 주희의 격물치지론이 육구연의 평가처럼 성현의 학문정신과 본질적으로 관련이 없는가? 필자는 그렇게 생각하지 않는다. 앞에서 설명한 것처럼 주희의 학문에는 자신의 의식구조뿐만 아니라 일정한 시대정신이 내재되어 있다. 주희가 제시한 격물치지는 실제적인 일에서 객관적인 인식방법을 통하여 도덕판단의 보편성을 확보하고자 한 방법이다. 점진적인 학습과 도덕경험을 통하여 누적된 지식을 근거로 시비선악에 대한 객관성을 일분일분一分一分 제고할 수 있다. 주희가 강조한 적습과 누적이 바로 객관성과 보편성을 확보하는 과정이다. 필자는 주희가 격물치지를 학문의 본질적 방법으로 삼은 까닭을 주희의 주관적인 의식구조[71]와 더불어 선학과의

70) 蔡仁厚,『宋明理學』南宋篇(臺灣: 學生書局, 1983), 261쪽.

71) 모종삼은 주희와 순자의 심태를 맹자·육구연과는 다른 실재론적 의식구조로 이해한다. 모종삼은『心體與性體』곳곳에서 주희의 의식구조는 실재론적 의식구조와 유사하다고 한다. 그러나 모종삼이 사용하고 있는 '실재론적 의식구조'에서 '실재론'은 철학사에서 사용되고 있는 용어와 관련이 없다고는 할 수 없지만, 상당한 거리가 있는 것 같다. 일반적으로 '실재론'은 '인간 인식의 대상이 인간의 지각이나 사유에 관계없이 독립적으로 존재한다는 철학적 견해'로서 관념론과 대비되는 주장이다. 모종삼이 주희의 의식구조를 실재론과 유사하다고 한 이유는 다음과 같다. 모종삼에 따르면, 주희는 본체론적으로 성즉리만을 긍정할 뿐 심즉리는 긍정하지 않는다. 물론 경지상에서 보면 심은 도심이기 때문에 심즉리라고 할 수 있다. 그러나 이는 합일의 '卽'이지 본체론적 의미의 '卽'이 아니다. 성이 곧 심이 아니기 때문에 공부의 관건은 성 자신에게 있지

차별성에서 찾는다. 왜냐하면 송명리학의 시대적 과제는 도가와 불가에 빼앗긴 학술의 주도권을 회복하는 것이었고, 그중의 대표적 학술이 선종이었기 때문이다. 선종에서는 즉심견성, 견성성불을 내세워 모든 도리를 주관적인 심에서 찾는다. 이 점은 심즉리를 긍정하는 육구연철학도 마찬가지이다. 심즉리는 의지의 자율성은 확보할 수 있지만, 주관성 극복이라는 난제도 함께 갖고 있다. 왜냐하면 도덕규범에 대한 자각 판단 형태는 얼마든지 차별적으로 나타날 수 있기 때문이다. 그 양태가 천차만별이라면 도덕규범의 보편성과 객관성은 어떻게 확보할 것인가? 극단적인 표상의 차이는 합리성과 객관성에 대한 회의를 수반할 수 있다. 주희는 불교와 유가의 차별성을 도덕의 객관성 확보에서 찾고자 하였다. 주희의 격물치지는 실제적인 일에서 도덕판단의 객관성을 제고하기 위한 매우 합리적인 방법이다. 따라서 육구연이 주희의 격물론을 '지리'하다고 평가한 것은 심즉리라는 원칙에 입각하여 오로지 발명본심의 학문 방법론만을 정시正視하고 주희의 격물치지론의 가치를 홀시忽視한 것이라고 할 수 있다.

제4절. 존덕성과 도문학

존덕성과 도문학은 『중용』에서 유래한 말이다. 『중용』 27장의 내용은

않고 심에 있게 되며, 심은 안으로 성찰하여 자신의 활동 방향을 선으로 결정할 수 없고, 반드시 거경함양하고서 격물치지하여 '所當然之則'과 '所以然之理'를 인식해야만 비로소 자신의 활동 방향을 선으로 결정할 수 있고, 情을 주재하여 向善할 수 있다. 아마 모종삼은 실제적인 사물에서 도덕실천의 원리를 찾고자 하는 주희의 의식을 실재론적 의식구조라고 한 것 같다.

다음과 같다.

> 위대하도다. 성인의 도여! (우주에) 만물을 꽉 차게 발육하여 그 높고 큼이 하늘에 합치하였다. 충족하고 여유롭고 크구나! 예의는 3백 가지요, 위의는 3천 가지나 된다. 훌륭한 사람이 나온 후에야 실행할 수 있다. 그러므로 "지극한 덕성을 소유한 자가 아니면 그 지극한 도가 모이지 않는다"라고 말한 것이다. 그러므로 군자는 덕성을 높이 받들고 학문에 힘을 쏟으며, 광대하게 추구하면서도 정묘함을 다하며, 고명한 경계를 추구하면서도 중용 도리를 실행한다.[72]

필자는 이곳에서 존덕성과 도문학을 "덕성을 높이 받들고 학문에 힘을 쏟는다"로 번역하였지만, 이는 주희와 육구연의 해설을 반영하지 않고 중립적인 입장에서 무색무취한 번역이다. 만일 이처럼 중성적인 입장에서 존덕성과 도문학을 해석한다면, 유가철학발전사에서 등장하는 모든 유학자들은 존덕성과 도문학을 겸중하였다고 할 수 있을 것이다. 지금까지 어느 누가 덕성을 경시하였으며, 학문에 힘을 쏟음에 태만하였는가? 그러나 주희와 육구연이 규정한 존덕성과 도문학의 의미는 서로 상이하였기 때문에 궁극적인 의미에서 양자의 화회가 어려웠던 것이다.

존덕성과 도문학에 대한 논변은 '지리'와 '태간' 문제의 연속이지만, 그것의 의리적 근거는 심즉리와 성즉리에 있다. 다시 말하면 자각주체와 지성주체 중심의 학문에서 출현할 수밖에 없는 문제이다. 존덕성과 도문학에

---

72) 『中庸』, 27章, "大哉! 聖人之道! 洋洋乎, 發育萬物, 峻極於天. 優優大哉! 禮儀三百, 威儀三千. 待其人而後行. 故曰: '苟不至德, 至道不凝焉.' 故君子尊德性而道問學, 致廣大而盡精微, 極高明而道中庸."

대한 겸중의 태도는 두 사람 모두 동일하다. 문제는 주희와 육구연 두 사람이 이해하고 있는 존덕성과 도문학의 의미가 서로 다르기 때문에 설령 주종 혹은 본말의 측면에서 존덕성과 도문학의 문제를 논할 수 있을지라도 두 사람 모두 긍정할 수 있는 합일점은 도출하기 어렵다는 점에 있다.[73]

장학성은 『문사통의』 「주륙」에서 "주희의 학문은 도문학에 치우쳤기 때문에 육구연의 학문을 따르는 학자들은 주희의 학문을 지리에 가깝다고 공격하였다. 육구연의 학문은 존덕성에 치우쳤기 때문에 주희의 학문을 따르는 학자들은 육구연의 학문을 허무에 빠졌다고 공격하였다"[74]라고 말하였다. 이는 주륙 양인의 존덕성과 도문학의 평가에 대한 일반적인 이해이다. 그러나 도문학과 존덕성에 대한 주륙의 입장은 이것과 다르다. 먼저 존덕성과 도문학에 대하여 주희는 "덕성을 높이고, 넓고 큼을 다하며, 높고 밝음을 극진히 하고, 옛것을 근거로 하며, 두터운 것은 돈독히 하는 것은 존덕성이다. 정밀하고 은미함을 다하며, 중용의 도리를 따르고, 새롭게 다가오는 것을 알며, 예를 숭상하는 것은 단지 도문학일 뿐이다"[75]라고 하였다. 이 구절만 보면 존덕성과 도문학의 구별이 분명하지 않다. 또 『주자어류』 권64에서도 존덕성과 도문학에 대하여 전문적으로 해설하고 있는데, 전체 내용을 살펴보더라도 존덕성과 도문학에 대한 구별은 그리 명확하지 않다. 때로는 "학문으로써 나를 넓히고, 예로써 나를 귀약해야 한다"(博我以文, 約我以禮)는

---

73) 필자는 두 사람 사이에서는 도문학과 존덕성에 관한 주종 혹은 본말의 합의점도 찾기 어려울 것이라고 생각된다.

74) [淸] 章學誠, 『文史通義』(臺灣: 中華書局, 1989), 「朱陸」, "謂朱子偏於道問學, 故爲陸氏之學者, 攻朱氏之近於支離. 謂陸氏之偏於尊德性, 故爲朱氏之學者, 攻陸氏之流於虛無."

75) 『朱子語類』, 권64, "尊德性·致廣大·極高明·溫故·敦厚, 只是尊德性. 盡精微·道中庸·知新·崇禮, 只是道問學."

말로 설명하기도 하고, 때로는 "위에 것은 모두 대강의 공부이고, 아래의 것은 모두 세밀의 공부이다"(上截皆是大綱工夫, 下截皆是細密工夫)라는 말로써 설명하기도 하지만, 양쪽 공부 중에 어느 한편에 치우치지 않기를 당부한다(兩邊做工夫都不偏). 그러나 『주문공문집』에 실려 있는 내용을 보면, 주희가 말한 존덕성과 도문학의 의미를 짐작할 수 있을 것 같다.

> 독실하게 신뢰하고서 힘써 실천한다면 천하의 리를 실현하는 것이 비록 지극히 어렵다고 할지라도 오히려 틀림없이 이를 수 있을 것이다. 하물며 선은 바로 사람들이 본래 갖추고 있는 것이어서 실천하는 것이 어렵지 않을 것이다. 그러나 혹 기품이 혼우昏愚하고 물욕이 심고深固하면 그 형세가 비록 순조롭고 또 쉬울지라도 반드시 용맹하게 힘을 쓰고 통절痛切하게 공부를 더한 뒤에야 그 처음을 회복할 수 있다. 그렇기 때문에 맹자는 또 『상서商書』의 말을 인용하여 "만일 약이 독하여 정신이 어지럽지 않으면 그 질병이 낫지 않는다"라고 하였다.[76] 만약 단지 한가롭게 하면서 진실로 하지 않는다면 비록 본래 심히 쉽더라도 도리어 지극히 어렵게 될 것이다. 이 장의 말은 비록 매우 간략하지만 그 곡절을 반복적으로 소개하여 배우는 사람들로 하여금 가장 심오하면서도 간절하게 알게 해 준다. 제군들은 다시 마땅히 숙독하고 깊이 생각하며 반복적으로 완미하여 일상에 나아가 착실하게 공부를 해야만 비로소 얻을 수 있다. 『중용』에서 말한 존덕성은 바로 이것을 말한 것이다. 그러나 성현이 사람을 가르칠 적에 시종과 본말이 차근차근 차례가 있어 정밀하고 거칠며 크고 작은 것에 빠진 것이 없다. 그러므로 존덕성과 아울러 도문학이라는 것이 있는 것이다. 비록 마땅히 각각의 공부가 있어야 하지만, 존덕성과 도문학은 서로 판연하게 다른 두 개의 일이 아니다.…… 배우는 사람은 여기에서 진실로 마땅히 존덕성을 주로 해야 하지

76) 『孟子』, 「滕文公下」.

> 만, 도문학에도 노력을 다하지 않으면 안 된다. 요컨대 마땅히 서로서로 더하고 서로서로 발명함이 있도록 한다면 자연히 두루 관철하고 통달하여 도체의 온전함에 부족한 곳이 없을 것이다.[77]

이곳에서 주희가 말한 존덕성은 기품의 제한을 극복하여 천리를 드러내는, 즉 존천리거인욕에 해당하는 것이고, 도문학은 존덕성에 관한 성현의 가르침을 시종과 본말의 차서를 준수하면서 올바르게 이해하는 것임을 알 수 있다. 따라서 비록 존덕성과 도문학으로 나누어 말할 수 있지만, 사실 도문학은 독서를 통하여 존덕성을 실천하는 공부 외의 다른 것이 아니다. 때문에 주희는 "존덕성과 도문학은 서로 판연하게 다른 두 개의 일이 아니다"라고 말한 것이다. 주희는 육구연에게 자신의 학문이 도문학에 치우치고 존덕성에 부족함이 있다고 긍정하였는데, 이 문장만을 보면 주희가 존덕성을 결코 간과하지 않았음을 알 수 있다. 『주문공문집』에 또 다음과 같은 내용이 기록되어 있다.

> 자사 이래로 사람을 가르치는 방법은 오로지 존덕성과 도문학이라는 두 가지를 핵심으로 삼았는데, 지금 자정이 말한 것은 오로지 존덕성에 관한 일이고, 내가 평소에 논한 것은 도리어 도문학에 관한 것이 많았다. 그러므로

---

77) 『朱文公文集』, 권74, 「玉山講義」, "但在篤信力行, 則天下之理雖有至難, 猶必可至. 況善乃人之所本有而爲之不難乎? 然或氣稟昏愚而物欲深固, 則其勢雖順且易, 亦須勇猛著力, 痛切加功, 然後可以復於其初. 故孟子又引商書之言曰: '若藥弗瞑眩, 厥疾弗瘳.' 若但悠悠, 似做不做, 則雖本甚易而反爲至難矣. 此章之言雖甚簡約, 然其反復曲折, 開曉學者, 最爲深切. 諸君更宜熟讀深思, 反復玩味, 就日用間便著實下功夫始得. 中庸所謂尊德性者, 正謂此也. 然聖賢敎人, 始終本末, 循循有序, 精粗巨細, 無有或遺. 故才尊德性, 便有箇道問學一段事. 雖當各自加功, 然亦不是判然兩事也.……學者於此, 固當以尊德性爲主, 然於道問學, 亦不可不盡其力. 要當使之有以交相滋益, 互相發明, 則自然該貫通達, 而於道體之全無欠闕處矣."

> 저 학문을 하는 자들은 대부분 스스로를 지키는 것은 볼만하지만, 의리를 보는 것은 전혀 자세하지 않고, 또 따로 일종의 그릇된 도리를 말하며 막고 덮어 기꺼이 놓으려 하지 않는다. 나는 비록 의리에 대해서는 감히 함부로 말하지 못하겠지만, 도리어 스스로를 위하고 남을 위하는 긴요함에 있어서는 힘을 얻지 못하는 것이 많았음을 깨달았다. 지금 마땅히 뒤돌아 성찰하고서 노력하여 단점을 제거하고 장점을 모으면 거의 한쪽으로 떨어지지 않을 것이다.[78]

이곳에서 주희는 존덕성과 도문학을 '자사 이래로 사람을 가르치는 방법의 핵심'으로 규정하고 있다. 주희에게 있어 존덕성과 도문학은 심성론과 본체론에 관한 것이 아니라 공부, 즉 수양론에 관한 것이다. 따라서 주희는 의리에 대해서는 "함부로 말하지 못하겠다"라고 한 것이다. 만일 주희가 존덕성과 도문학을 심성론 혹은 본체론에 관한 것으로 인식하였다면, "단점을 제거하고 장점을 모은다"라는 결론을 결코 쉽게 내리지 않았을 것이다. 왜냐하면 주희철학에서 성즉리와 심즉리는 결코 타협의 대상이 아니기 때문이다.

존덕성과 도문학에 대한 육구연의 입장은 주희보다도 단호하고 분명하다. 그는 주희가 서신에서 자신의 학문은 도문학적인 측면이 강하고 육구연의 학문은 존덕성 측면이 강하기 때문에, 양쪽의 단점을 없애고 장점을 취하자(去兩短, 合兩長)고 한 제의에 대하여, "주원회(朱子)가 양쪽의 단점을 없애고, 양쪽의 장점을 합한다고 하지만, 나는 옳지 않다고 생각한다. 존덕성도

78) 『朱文公文集』, 권54, 「答項平父」, "大抵子思以來敎人之法, 惟以尊德性·道問學兩事爲用力之要, 今子靜所說, 專是尊德性事, 而熹平日所論, 却是問學上多了. 所以爲彼學者多持守可觀, 而看得義理全不子細, 又別說一種杜撰道理遮蓋, 不肯放下. 而熹自覺雖於義理上不敢亂說, 却於緊要爲己爲人上多不得力. 今當反身用力, 去短集長, 庶幾不墮一邊耳."

모르면서 어떻게 도문학이 있을 수 있다는 말인가"[79]라고 하면서 불가하다는 입장을 단호하게 표현할 뿐만 아니라, 한 걸음 더 나아가 존덕성과 관련 없는 의견에 빠진 사람은 이욕에 빠진 사람과 대화하는 것보다 더욱 어렵다고 하기도 한다.[80] 왜냐하면 육구연이 이해하고 있는 존덕성의 덕성은 바로 심즉리와 심즉성의 심성이기 때문이다. 따라서 존덕성은 일반적 의미의 '덕성을 높힌다'는 것이 아니라 심즉리의 심성을 도덕의 제일 원리로 긍정한다는 것이다. 육구연에 의하면, 덕성을 '존尊'한다는 것은 심즉리의 의리를 수용하지 않고서는 불가하다. 이는 주희에게 성즉리와 함께 심즉리를 본체론적으로 긍정하라는 요구와 동일하다. 비록 주희가 "군자의 학문은 존덕성으로써 큰 것을 온전히 하고 나서 반드시 도문학을 통하여 작은 것을 남김없이 해야 한다"[81]라고 하면서 양자의 겸전을 강조하고, 또 육구연에게도 "단점을 없애고, 장점만을 합하자"고 요구하지만, 존덕성의 덕성에 대한 이해 차이로 말미암아 양자의 화회는 진행되지 못하였다. 왜냐하면 육구연의 입장에서 보면, 존덕성에 대한 올바른 긍정이 전제되지 않으면 도문학은 일정한 방향성이 없는 공허한 독서와 박학에 불과하기 때문이다.[82]

주희는 육구연 학문에 존덕성의 측면이 강하고 도문학은 약하다고 평가하지만, 육구연은 주희의 학문을 도문학으로도 인정하지 않는다. 육구연은

---

79) 『象山全集』, 권36, "朱元晦, 欲去兩短合兩長, 然吾以爲不可. 旣不知尊德性, 焉有所謂道問學."
80) 『象山全集』, 권34, "此道與溺於利欲之人言猶易, 與溺於意見之人言却難." 육구연은 주희의 도문학을 존덕성과 본질적 관련이 없는 의견 혹 의론으로 치부한다. 따라서 이곳에서의 의견은 곧 주희의 도문학을 지칭한다.
81) 『朱文公文集』, 권74, "君子之學, 旣能尊德性以全其大, 便須道問學以盡其小."
82) 육구연은 "책을 보지 않으면 말에 근본이 없다"(『象山全集』, 권34)고 하였다. 즉 육구연은 독서를 결코 반대하지 않았다. 단지 덕성에 대한 올바른 인식이 전제되어야만 독서의 방향이 정도로 결정된다는 것을 강조하였을 뿐이다.

주희의 도문학을 도덕과 본질적으로 관련이 없는 사사로운 '의견' 정도로 취급한다. '의견을 없앤다'(除意見)는 주장이 이곳에서 비롯된 것이다. 주희는 '의견을 없앤다'의 주장에 대하여 상당히 민감한 반응을 보인다. 『주자어류』에 다음과 같은 내용이 수록되어 있다.

> 나는 일찍이 자정(육구연)과 말을 한 적이 있는데, 자정은 나의 견해를 의견이라고 생각하였다. 내가 말하였다. "나쁜 의견은 있어서는 안 되지만, 올바른 의견은 없애서는 안 된다." 자정이 말하였다. "이것은 불필요한 말이다." 내가 말하였다. "불필요한 말은 의론이라고 할 수 없다. 합리적인 의론은 의론이라고 아니해서는 안 된다."[83]

주희와 육구연의 대화를 근거로 존덕성과 도문학에 대한 두 사람의 이해를 간략하게 요약하면 다음과 같다. 먼저 주희에게 있어서 존덕성의 덕성은 성즉리의 성이다. 이 성은 맹자처럼 반구저기하여 인식할 수 없고, 반드시 심의 격물치지와 궁리 활동을 통해야만 인식된다. 격물치지에서 격물의 대상은 대단히 광범위하다. 때문에 '박博'을 강조한 것이다. 도문학은 실제로 격물치지의 활동이다. 그러나 주희는 지행병진을 주장하였기 때문에 '지'를 근거로 '행'에 나갈 수도 있고, '행'하면서도 도리를 알 수 있다. 따라서 도문학에는 실천도 포함된다. 주희는 이처럼 '박'의 인식을 통하여 존덕성의 덕성인 성리를 인식하려고 하였고, 그것을 근거로 도덕가치를 성취하려고 하였다. 때문에 비록 존덕성을 긍정하지만 도문학의 경로를 통하지 않으면 사실상 존덕성은 허무에 가까운 것일 수 있다. 반면 육구연에게 있

83) 『朱子語類』, 권124, "某向與子靜說話, 子靜以爲意見. 某曰: '邪意見不可有, 正意見不可無.' 子靜說: '此是閑議論.' 某曰: '閑議論不可議論, 合議論則不可不議論.'"

어서 존덕성의 덕성은 심즉리의 심이기 때문에 주희처럼 박학을 첫 번째 학문 방법으로 내세우지 않는다. 도덕실천의 제일 관문은 맹자가 말한 방심放心한 심을 회복하는 복기본심이다. 비록 복기본심에 박학이 조연의 역할을 하지 않는 것은 아니지만 그것이 곧 본질적인 공부는 아니다. 따라서 도문학이 필연적인 전제 조건이 될 수 없는 것이다.

필자는 주희와 육구연의 존덕성과 도문학 논쟁을 살펴보면서 두 학자의 도덕철학의 화해는 불가능할 것 같은 느낌을 강하게 받았다. 이는 주관적인 느낌이 아니라 객관적인 이론상으로도 불가능하다. 비록 동일하게 위로는 양묵의 학설을 배척하고, 아래로는 불로의 학설을 비판하면서 공자 이래로 전수되어 온 유가철학을 유지하려고 하지만, 성즉리와 심즉리라는 이론체계의 다름으로 말미암아 양자의 화학적인 화해는 어렵다. 설령 성즉리와 심즉리라는 도덕철학의 종지는 서로 긍정하고, 방법론상에서 장점을 서로 취하고 단점을 버리자고 양자가 합의한다고 할지라도 그것 역시 불가할 것이다. 왜냐하면 위학爲學의 방법론은 이미 성즉리와 심즉리에서 결정되었기 때문이다.

제5절. 아호사와 백록동서원 논변

주희와 육구연이 서로 직접 대면하고서 논쟁한 것은 두 차례에 불과하다. 순희淳熙 2년(1175) 초여름, 육구연과 그의 형 육구령이 여조겸의 초청으로 주희와 신주 연산의 아호사에서 처음 모임을 가졌다. 이 모임에 관하여 주형도朱亨道는 "아호사의 모임에서 교육에 대한 논쟁이 있었는데, 주자는 사람들에게 많은 책을 읽게 하고 요약처로 귀착하게 해야 한다고 말하였고, 육상산·육복재(陸九齡) 형제는 먼저 사람의 본심을 밝힌 뒤에 널리 살펴보게 해야 한다고 인식하였다. 주자는 육상산의 교육방법을 태간하다고 비판하였고, 육상산은 주자를 지리하다고 비판하여 서로 의견 일치를 볼 수 없었다"[84]라고 한다. 또 순희 8년(1181)에 남강南康의 백록동서원에서 두 번째 만나고서 의리지변에 관하여 논의하였다. 또다시 순희 15년(1188)에 무극과 태극에 관한 논변을 서신을 통하여 전개한다. 따라서 필자는 제5절에서 아호사와 백록동서원의 논변 내용을 소개하고서, 제6절에서 무극과 태극에 관한 주륙의 차이를 해설할 것이다.

아호지회와 백록동서원에서의 논변 내용은 이미 앞에서 서술한 내용과 일정 부분 중복된다. 아호지회에서의 논의 대상은 학문 방법에 관한 것으로, 복기본심과 격물치지가 그 대상이었다. 백록동서원에서의 논의 대상은 '의리'에 관한 것으로, 이는 앞에서 '의리지변'과 '변지'를 통하여 그 대강의 내용을 해설하였다. 이곳에서 다시 한 번 논변의 내용을 소개하는 주된 원인은 두 논변의 성격에 대한 후학자들의 평가 때문이다. 명대의 정민정과 현대의 학자인 진영첩 그리고 진래 등은 아호지회의 성격을 대립으로 규정하고, 백록동서원의 만남을 화해로 규정한다.[85] 그러나 필자가 보기에 주희와 육구연 사이의 이후 서신 내용(무극태극지변을 포함하여)을 보면, 양자 사이에 진정한 화해는 없었던 것 같다.[86] 먼저 아호지회에 관한 내용을 간략하

84) 『宋元學案』, 권77, 「槐堂諸儒學案·朱亨道傳」.
85) 程敏政, 『道一編』, 권3, 「朱子跋白鹿洞書堂講義」; 陳榮捷, 『朱子新探索』, 383쪽; 陳來, 『朱子哲學硏究』, 356쪽.(고재석, 「주희와 육구연의 백록동서원 모임에 관한 연구」, 『동양철학연구』 제61집, 2010, 252~253쪽 재인용)

게 소개하겠다.

아호지회는 남송시대 학술계의 커다란 사건이었다. 리학자의 대표 인물인 주희와 심학자의 대표 인물인 육구연이 직접 대면하여 자신들의 철학적 견해를 주고받은 현대판 철학회였다. 비록 그들이 전개한 토론의 내용은 많지만 주제는 학문의 방법, 즉 교육에 관한 것이었다. 주희는 격물치지를 근거로 복기본심의 방법을 '태간'이라고 비평하였고, 육구연은 복기본심을 근거로 격물치지를 도덕과 본질적 관련이 없는 '지리'라고 비평한다. 두 사람은 자신의 학문 방법에 대해 각자 시를 통하여 자신의 정당성과 상대방의 부당성을 동시에 드러냈는데, 표현은 간략하지만, 내용은 함축적이다.

설리시說理詩는 송명리학자, 그중에서도 주희와 왕수인이 자신의 사유체계를 함축적으로 표현할 때 사용한 방편이었다. 일반적으로 육구연을 철학자 겸 시인이라고 평가하지는 않지만, 주희와 왕수인은 철학자임과 동시에 시인이었다.[87] 두 사람 모두 시의 형식에 대하여 구속받지 않았으며, 평담하고 호방하며 상쾌한 낭만적인 시풍을 드러냈다. 송명유학자들은 명리견성明理見性의 방법으로 시를 선택하였다. 인간의 성정과 관련된 시는 인성론 구조 차이를 파악할 수 있는 소재이고, 학문과 관련된 시는 선을 성취하고

86) 주희가 아호지회 이후 "육자수 형제의 기상이 매우 좋다"(『朱文公文集』, 권31, "子壽兄弟氣象甚好.")고 하였고, 백록동서원의 만남에서도 "우주가 생겨난 이래로 이처럼 아름다운 계곡과 산이 있었기 때문에 이처럼 훌륭한 손님이 오게 된 것이 아닌가"(『象山全集』, 권36, 「年譜」, "自有宇宙以來, 已有此溪山, 還有此佳客否.")라고 칭송하였지만, 인품과 학문의 이론 문제는 동질적인 것이 아니다. 따라서 이러한 문구를 근거로 백록동서원 만남의 성격을 화해로 규정하는 것은 성급한 판단이라고 할 수 있다.

87) 장세후에 의하면, 주희의 시는 총 1476수가 전해지는데, 그중 주희의 시라고 단정할 수 없는 60~67수를 제외하면 진짜 주희의 시는 1409수에서 1416수라고 한다.(장세후, 「朱熹詩 硏究」, 영남대학교 박사학위논문, 1996, 85~96쪽 참고) 반면 왕수인의 시는 약 600수 정도라고 전해진다.

악을 제거하는 수양론 차이를 밝힐 수 있는 소재들이다. 리학자와 심학자의 철학사상 차이를 극명하게 밝힐 수 있는 시는 적지 않다. 대표적인 것으로 육구연과 주희의 아호지회와 관련된 시이다. 주희와 육구연의 방법론상의 주요 논쟁은 아호사의 모임에서 발단되었다. 육구연과 주희의 시정詩情을 통하여 그들의 사상이 어떻게 다른가를 파악하고자 두 수를 예로 들어 보겠다.

육구연의 시

황폐한 무덤은 슬픔을 자아내고 종묘에서는 흠모하지만 墟墓興哀宗廟欽
천년 흘러도 이 마음은 사라지지 않으리. 斯人千古不磨心
물방울이 흘러 모여서 바다를 이루고 涓流積至滄溟水
조약돌 높이 쌓여서 태산과 화산의 봉우리 되네. 拳石崇成泰華岑
이간공부는 결국 오래 힘쓰면 큰 학문이 되겠지만 易簡工夫終久大
지리한 사업은 끝내 시세 따라 부침을 하리라. 支離事業竟浮沈
낮은 곳으로부터 높은 경지에 오르고 싶다면 欲知自下升高處
지금 바로 진실과 거짓을 분별하시라. 眞僞先須辨只今

육구연은 먼저 묘지 앞에서 드는 애처로운 마음과 종묘 앞에서 우러나오는 공경한 마음은 성인과 범인 그리고 상하고금의 모든 사람에게 공통적으로 일어나는 현상임을 긍정한다. 이는 성인과 범인의 본심이 동일함을 긍정한 것이고, 또 그러한 도리야말로 천고의 세월이 흘러도 변하지 않는다는 것으로, 심즉리에 대한 설명이다. 두 번째 연聯에서는 지금 당장 우러나오는 본심의 현현은 미소하지만 쌓이고 쌓이면 성인의 덕업을 이룰 수 있음을 말한다.[88] 이는 주희가 육구연 공부론이 '너무나 간단하다'고 비평한 것

88) 이는 맹자가 말한 "(사단의 마음은) 마치 불이 처음 타오르는 것과 같고, 샘이 처음

에 대한 대응이다. 세 번째 연에서는 직접 주희의 격물궁리설과 거경함양을 비평한다. 다시 말하면 양지와 양능 작용을 구비한 본심에 의거하지 않은 수양론은 도덕과 본질적인 관련이 없다는 것이다. 네 번째 연에서는 지금 이곳에서 드러나는 본심이야말로 의로움(眞)과 이익(僞)을 판별할 수 있는 유일한 근거이며, 하학상달下學上達을 이룰 수 있는 유일한 근거라고 주장한다.[89] 이에 대하여 3년 뒤에 주희 역시 시로써 화답하였는데, 내용은 다음과 같다.

주희의 시

덕스럽고 의로운 풍류를 일찍이 흠모했거늘	德義風流夙所欽
이별한 지 삼 년이 되니 더욱 그리웠네.	別離三載更關心
우연히 지팡이 짚고 성 밖 골짜기로 나가고	偶扶藜杖出寒谷

솟아나는 것과 같다. 진실로 그것을 확충시킬 수 있으면, 사해 안의 모든 사람을 편안하게 하기에 충분하다. 그러나 확충시키지 않으면 부모마저 섬기기에도 부족하다"(『孟子』, 「公孫丑上」, "若火之始然, 泉之始達. 苟能充之, 足以保四海. 苟不充之, 不足以事父母.")는 것과 같은 의미이다.

89) 육구연의 형인 陸九齡(復齋 · 子壽)도 아호사에서 시를 지었는데, 육구연과 동일한 심학자의 정취와 도덕의식을 드러낸다. 그의 시는 다음과 같다. "어릴 땐 사랑을 알고 자라서는 흠모할 줄 아니, 옛 성인이 서로 전한 건 이 마음뿐이네. 터가 있다면 집을 지을 수 있다지만, 토대 없이 봉우리를 이룬다는 말 듣지 못했네. 傳註에 마음 쓰다 도리어 쓸모없는 학문이 되었고, 정미함을 추구하다가 오히려 불우함에 빠졌네. 진중한 벗은 부지런히 절차탁마한다지만, 지극한 즐거움은 지금이라는 걸 알아야 한다네."(孩提知愛長知欽, 古聖相傳只此心. 大抵有基方築室, 未聞無址忽成岑. 留情傳註翻榛塞, 着意精微轉陸沉. 珍重友朋勤切琢, 須知至樂在於今.) "서로 전한 건 이 마음뿐이다"는 심의 보편성을 의미한 것이고, "傳註에 마음 쓰다 도리어 쓸모없는 학문이 되었고, 정미함을 추구하다가 오히려 불우함에 빠졌네"는 주희의 경전에 대한 주석 그리고 격물궁리를 비판한 것이다. 또 "지극한 즐거움은 지금이라는 걸 알아야 한다네"는 육구연의 마지막 구절인 "지금 바로 진실과 거짓을 분별하시라"와 같은 것으로 본심의 양지 작용을 근거로 격물치지와 같은 번잡한 공부가 필요 없이 바로 이 자리에서 시비와 선악을 판별한다는 의미이다.

다시 부질없이 가마를 타고 먼 산봉우리를 넘었네.	又枉藍輿度遠岑
옛 학문을 헤아려 더욱 깊고 정밀히 하고	舊學商量加邃密
새로운 지식을 함양하여 다시 심오하게 하였네.	新知涵養轉深沈
옛사람 말하지 않은 오묘한 이치 말하려 고민하면서	卻愁說到無言處
인간 세상의 학문에 고금이 있음을 믿지 않네.	不信人間有古今

이곳에서 주희는 옛 학문을 기초로 새로운 지식을 추구해야 함을 밝히고 있다. 주희는 심의 인지와 변별 기능에 대해서는 긍정하였지만 도덕규범에 대한 심의 입법성에 대해서는 긍정하지 않았다. 성즉리만을 긍정하고 심즉리를 부정한 이유가 바로 여기에 있다. 도덕규범에 대한 의지(심)의 입법성을 긍정하지 않았기 때문에 주희는 격물궁리와 거경함양을 공부론의 핵심으로 삼은 것이다. 불완전한 심은 언제든지 외물에 교폐될 수 있기 때문에 경敬으로써 함양해야 하며, 당장 이곳에서 드러나는 심의 판단은 완전하지 않기 때문에 부단한 독서와 경험의 집적을 통해서 지극의 경지를 추구해야만 한다. 따라서 오로지 일심에서만 추구하는 육구연의 학문을 '무언의 가르침' 즉 실제성이 없는 공허한 가르침이라고 비평한 것이고, 또 실제적인 고금의 인간 세상과 별리된 것이라고 비평한 것이다.

아호지회를 통하여 드러낸 '태간'과 '지리'라는 표현은 상대방 학문 방법의 정면적 가치를 올바르게 바라보지 못한 두 학자의 아집과 편견이다. 즉 자신의 학문만을 정설로 인식하고 상대방 학문을 올바르게 이해하지 못하였다. 주희와 육구연 두 사람의 상대방 학문에 대한 비평 태도를 보면, 육구연이 비교적 간략하게 직접적으로 표현한 반면 주희는 긴 문장을 통하여 은유적인 방법으로써 비교적 완곡하게 표현한다.

그 후 순희 8년에 육구연이 지남강군知南康軍을 역임하고 있던 주희를 방문하면서 2차 만남이 이루어졌다. 주희는 백록동서원으로 육구연을 안내하였고, 육구연은 그곳에서 의리지변에 관한 강의를 하였다. 소재는 『논어』에 출현하는 "군자는 의로움에 밝고, 소인은 이익에 밝다"[90]는 구절이었다. 『상산전집』에 수록된 내용은 다음과 같다.

> 공자는 "군자는 의로움에 밝고, 소인은 이익에 밝다"고 하였다. 이 장의 의리는 의로움과 이익으로써 군자와 소인을 구분하는 것이다. 그 말의 의미가 분명하지만, 그것을 읽는 사람이 절실한 마음으로 자기를 성찰하지 않는다면 아마 자신에게 별다른 도움이 되지 않을 것이다. 나는 평소에 이 구절을 읽으면서 느낀 바가 없었던 적이 없었다. 학자는 이곳에서 자신의 지향을 분명하게 분별해야 한다. 사람들이 밝은 바는 습관에서 비롯되었고, 그 습관은 자신의 지향에서 비롯되었다. 의로움에 지향점을 두면 그 습관은 반드시 의로움에 있을 것이고, 습관이 의로움에 있으면 의로움에 밝게 될 것이다. 지향점을 이익에 두면 그 습관은 반드시 이익에 있을 것이고, 습관이 이익에 있으면 이로움에 밝게 될 것이다. 그러므로 학자들은 그 뜻의 지향을 분별하지 않으면 안 된다.[91]

'지志'에는 두 가지 의미가 있다. 하나는 지향 즉 '마음이 가는 바이고', 다른 하나는 주재 즉 '마음이 주재하는 것이다.' '지'에는 선택의 기능이 있다. '지'가 도덕가치 즉 의義·인仁·도道·공公 등의 가치를 지향하면 군자의

---

90) 『論語』, 「里仁」, "君子喩於義, 小人喩於利."

91) 『象山全集』, 권23, "子曰: '君子喩於義, 小人喩於利.' 此章以義利判君子小人, 辭旨曉白. 然讀之者不切己觀省, 亦恐未能有益也. 某平日讀此, 不無所感. 竊謂學者於此, 當辨其志. 人之所喩由其所習, 所習由其所志. 志乎義, 則所習者必在於義, 所習在義, 斯喩於義矣. 志於利, 則所習者必在於利, 所習在利, 斯喩於利矣. 故學者之志不可不不辨也."

인품을 성취할 수 있고, 이利·사私 등을 지향하면 소인으로 추락하는 것이다. 공자는 "나는 15세에 학문에 뜻을 두었다"[92]라고 하였는데, 뒤 구절의 내용을 보면 공자가 지향한 방향은 도덕가치의 실현이라는 군자의 인품이었음을 알 수 있다. 때문에 공자는 "인생의 목표를 도의 실현에 두고 덕에 근거해야 하며 인에 의지해야 하며 예술을 함양해야 한다"[93]라고 한 것이다. 입지는 지향점을 세우는 것이고, "인생의 목표를 도의 실현에 둔다"는 것은 인이라는 도덕생명을 실현하여 군자의 인품을 완성한다는 것이다. 맹자는 상지尙志를 강조하였는데, 그가 말한 고상함(尙)이란 다름 아닌 인의이다.[94] 또 맹자는 "지로써 기를 다스려야 한다"(以志帥氣)고 하였는데, 이때의 '지'는 '의'와 합일한 호연지기의 기상이다.

육구연이 강조한 '의리지변'과 '변지'는 공자의 "나는 15세에 학문에 뜻을 두었다"와 "인생의 목표를 도의 실현에 둔다" 그리고 맹자의 '상지'를 계승한 것이다. 육구연에 의하면, 우리의 도덕본심은 양지와 양능의 작용을 겸비하고 있어, 자신의 마음이 지향하는 바가 의로움인지 아니면 개인의 사사로운 이익인지를 그 자리에서 분별할 수 있다. 주희 역시 '타인은 모르지만, 오로지 자신만이 알 수 있는 독지獨知가 있다'고 하였는데, '독지'는 다름 아닌 맹자가 말한 양지이다. 이는 도덕실천의 시작점이고, 군자와 소인 인격의 갈림길이다. 한마디로 표현하면 몽각관夢覺關이다. 때문에 육구연

92) 『論語』, 「爲政」, "子曰: 吾十有五而志于學, 三十而立, 四十而不惑, 五十而知天命, 六十而耳順, 七十而從心所欲不踰矩."

93) 『論語』, 「述而」, "子曰: 志於道, 據於德, 依於仁, 游於藝."

94) 『孟子』, 「盡心上」, "王子墊問曰: '士何事?' 孟子曰: '尙志.' 曰: '何謂尙志?' 曰: '仁義而已矣. 殺一無罪, 非仁也. 非其有而取之, 非義也. 居惡在? 仁是也. 路惡在? 義是也. 居仁由義, 大人之事備矣.'"

은 강학 초기 시절부터 학자들에게 변지와 의리지변에 힘써야 함을 강조하였던 것이다.

『상산전집』에 수록된 내용을 보면, 백록동서원에서 육구연이 의리지변을 강의하자, 주희는 크게 감동하여 다소 쌀쌀한 날씨임에도 불구하고 땀이나 부채질을 하였고, 지금의 사람들은 독서를 관직을 얻기 위한 도구로 사용한다는 육구연의 강의를 듣고서 눈물을 흘린 자들도 있었다고 한다.[95] 필자는 이 내용의 사실 여부를 떠나 백록동서원의 내용과 후기에 관한 기록을 보면서 한 가지 특징을 발견할 수 있었다. 『주문공문집』과 『주자어류』에는 이에 관한 기록이 상세하지 않은 반면 『상산전집』에는 그 내용이 상세하게 기록되어 있다는 점이다. 이를 보면, 백록동서원의 만남에 관하여 육구연은 상당히 득의한 심정을 가졌고, 반면 주희는 부정적이었고 불만의 태도도 있었음을 미루어 짐작할 수 있다. 따라서 진영첩과 진래 등이 백록동서원의 만남 성격을 화해로 규정한 것은 육구연과 주희의 표면적 태도만을 보고서 판단한 성급한 견해라고 할 수 있다. 실제로 주희는 백록동서원 모임 이후에 육구연의 의리지변에 대하여 불만을 표시한다.

> 육자정의 학설은 대부분 이천(정이)과 다르다. 예를 들어 이천은 "군자는 의로움에 밝고, 소인은 이익에 밝다"는 것을 해석하면서 "오로지 깊이 깨달았기 때문에 독실하게 좋아할 수 있었다"라고 하였는데, 육자정은 오히려 "(도리를) 좋아한 후에 깨달을 수 있다"[96]라고 하였다. 이 말도 크게 잘못된 것

95) 『象山全集』, 권36, 「年譜」, "元晦深感動, 天氣微冷, 而汗出揮扇."; "今人讀書便是利, 如取解後, 又要得官. 得官後, 又要改官. 自頂至踵, 無非爲利. 說得來痛快, 至有流涕者."

96) "좋아한 후에 깨달을 수 있다"는 말은 앞에서 육구연이 말한 "의로움에 지향점을 두면 그 습관은 반드시 의로움에 있을 것이고, 습관이 의로움에 있으면 의로움에 밝게 될 것이다"를 가리켜 말한 것이다.

은 아니지만, 이천의 해석만은 못하다.[97]

이 말은 육구연과 주희의 지행론과 관련이 있는 것 같지만, 사실은 본체, 즉 성리에 대한 서로 다른 이해에서 비롯된 것이다. 지행론에 대한 육구연과 주희의 기본적 입장은 동일하다. 모두 선지후행을 강조한다. 육구연은 "이 도리를 아는 것은 건이고, 이 리를 실천하는 것은 곤이다. 아는 것이 먼저이기 때문에 '건의 앎이 처음 시작이다'라고 말한 것이다. 실천하는 것은 뒤이기 때문에 '곤은 만물을 완성한다'고 말한 것이다"[98]라고 하여 '지'(乾)를 '행'(坤)에 앞에 둔다. 주희 역시 "선후를 논하자면, 마땅히 치지가 선이다. 경중을 논하자면, 마땅히 힘써 행하는 것을 중하게 생각해야 한다"[99]라고 한다. 그러나 비록 지행의 선후에 관한 입장은 동일하지만, 그 원리에 대한 입장은 다르다. 주희가 인용한 "오로지 깊이 깨달았기 때문에 독실하게 좋아할 수 있었다"라는 정이의 말은 격물치지를 통하여 도리를 올바르게 인식한 후에 그 도리에 대하여 좋아함을 표현할 수 있었다는 것으로, 이는 격물치지와 성의의 관계를 표현한 것이다.[100] 육구연에 의하면, 본심

97) 『朱子語類』, 권78, "子靜說話多反伊川. 如'君子喩於義, 小人喩於利.' 解云'惟其深喩, 是以篤好', 渠却云'好而後喩.' 此語亦無解, 終不如伊川."

98) 『象山全集』, 권34, "吾知此理, 卽乾, 行之理, 卽坤. 知之在先, 故曰'乾知太始.' 行之在後, 故曰'坤作成物.'"

99) 『朱子語類』, 권9, "論先後, 當以致知爲先. 論輕重, 當以力行爲重."

100) 주희의 지행론에서 가장 문제가 되는 것은 격물치지의 결과와 誠意의 결합에 있다. 격물치지의 결과는 성리에 대한 인식이고, 이 성리에 대한 인식이 바로 '行'의 시초인 意의 합리성 여부를 결정한다. 그렇다면 어떻게 '意'는 이질적인 성리에 의하여 순화되는가? 주희 지행론의 난제는 바로 여기에 있다. 성리는 정태적인 실체임과 동시에 원리이기 때문에 스스로 발현하여 정감을 주재할 수 없다. 성리를 인식하여 인식한 성리에 의거하여 '意'를 순화하는 역할은 모두 심에 있다. 만일 심이 지선의 실체라면 등가관계인 성리에 대하여 스스로 흥미를 갖는 것은 논리적으로 필연성을 갖지만, 주희철학에서 심은 지선의 실체가 아니다. 그렇다면 성리에 대하여 심은 왜 흥미를 갖는가? 또

은 양지와 양능의 작용을 겸비하고 있기 때문에 양지의 기능인 시비선악에 대한 판단(知善知惡)과 선을 좋아하고 악을 싫어하는 기능(好善惡惡)을 동시에 표현하고, 또 격물치지와 같은 향외적 인식 활동 없이 선에 대한 희열의 마음을 즉각적으로 표현한다. 이러한 입장 차이는 성즉리와 심즉리라는 서로 다른 심성론에서 도출될 수밖에 없는 결론이다. 또한 백록동서원 모임 이후 주희와 육구연은 의론 · 의견 · 정본定本 · 선학 등의 소재를 통하여 이견을 노출시켰고, 무극과 태극에 관한 논변에서 또 한 차례의 극한 대립을 보였다. 따라서 주륙화회론은 원대의 학자들에 대한 후학자들의 평이고, 주희와 육구연 당시에는 학문적 의미의 주륙화회는 사실상 출현하지 않았다

어떻게 이질적인 성리에 의하여 순화되는가? 이 문제를 해결하려면 성리와 심 양자의 동질성을 확보해야 한다. 주희철학에서 심과 성의 동질성은 무엇인가? 그것은 도덕가치 외에 다른 것일 수 없다. 주희는 도덕가치에 대한 심의 선호를 靈明과 精爽으로 표현하였다. 만일 영명과 정상의 의미를 성리에 대한 지각 능력에만 한정시킨다면 知至와 誠意 관계의 부자연스러움은 해소할 수 없다. 때문에 성리에 대한 지각 작용과 아울러 가치의 본원인 성리에 대한 자발적인 흥미도 영명과 정상의 의미에 포함시켜야 한다. 이렇게 해야만 '知至'와 '誠意' 관계의 부자연스러움을 해소할 수 있는 최소한의 근거를 확보할 수 있다. 육구연의 지행론에서 이 문제는 비교적 해설하기가 쉽다. 심은 양지이고, 양능이기 때문에 知善知惡과 好善惡惡이 본심에 의하여 이루어진다. 지행론에서 '知善知惡'은 '知'에 해당하고, 好善惡惡은 '行' 즉 誠意에 해당한다. 후에 왕수인은 "『대학』에서는 진실한 '知'와 '行'을 지적하여 사람들에게 보여 주면서 지행은 '아름다운 색을 좋아하고, 악취를 싫어하는 것과 같은 것이다'라고 하였다. 아름다운 색을 보는 것은 '知'에 속하고, 아름다운 색을 좋아하는 것은 '行'에 속한다. 바로 그 아름다운 색을 보았을 때 이미 스스로 자연스럽게 이것을 좋아하게 된 것이지, 아름다운 색을 보고 난 후에 또다시 다른 마음으로 그 색을 좋아하는 것은 아니다. 악취를 맡는 것은 '知'에 속하고, 악취를 싫어하는 것은 '行'에 속한다. 그 악취를 맡았을 때 이미 스스로 자연히 그 냄새를 싫어한 것이지, 그 악취를 맡고 난 후에 또다시 다른 마음으로 그 악취를 싫어한 것이 아닌데 어떻게 '知'와 '行'을 분류할 수가 있겠는가. 이것이 바로 지행의 본체이다"(『傳習錄』 上, "故大學指個眞知行與人看, 說如好好色, 如惡惡臭. 見好色屬知, 好好色屬行. 只見那好色時, 已自好了, 不是見了後, 又立個心去好. 聞惡臭屬知, 惡惡臭屬行. 只聞那惡臭時, 已自惡了, 不是聞了後, 別立個心去惡, 知行如何分得開? 此便是知行的本體.")라는 지행합일설을 주창하였는데, 이는 양지와 양능의 작용을 근거로 하여 정립한 것이다.

고 보는 것이 타당할 것이다.

제6절. 무극과 태극에 관한 논변

무극과 태극에 관한 주륙의 논변은 앞의 여러 문제들과는 성격이 다르다. 격물치지와 발명본심, 지리와 태간, 존덕성과 도문학의 문제는 성즉리와 심즉리라는 심성에 대한 이해 차이에서 나타날 수밖에 없는 문제이다. 그러나 무극과 태극의 문제는 주돈이의 『태극도설』에 출현하는 두 개념을 근거로 '『태극도설』을 유가 혹은 도가의 작품으로 볼 것인가'에 관한 문제이고, 또 태극과 무극 그리고 음양에 관한 문제이다. 주희의 입장에서 보면, 이 문제들은 자신의 리기론 성격을 직접적으로 드러내면서 심성론의 성격을 유추할 수 있기 때문에 상당히 중요하다. 그렇지만 육구연의 입장에서 보면 철학적 이론 문제보다는 개인의 학술사적인 성격에 치중된 문제들로서 심성론과는 직접 관련이 없는 것 같다. 따라서 이 논쟁을 통해서 리학과 심학의 대립적 성격을 찾기는 어려울 것 같다는 것이 필자의 견해이다.

무극과 태극에 관한 논변은 형이상과 형이하, 리기불리부잡, 도기, 태극과 무극, 태극과 음양 등의 여러 개념과 그것들의 관계 등의 문제를 수반하였지만, 심성론보다는 리기론에 관련된 것이 많고 또한 주류를 이룬다. 앞에서 서술한 여러 논변은 성즉리와 심즉리라는 본체론에 의하여 기본 방향이 결정되었기 때문에 두 사람의 논변에서 성패 혹은 우열을 논하기가 어렵다. 그러나 무극태극에 관한 논변은 사유체계의 엄밀성, 그리고 심성론과의 정합성 측면에서 그 득실을 따져 본다면 앞의 여러 문제와는 달리 성패와 우열을 논할 수 있는 여지가 있다.

필자는 성패의 관건을 리기론과 심성론의 정합관계에 초점을 두고서 살펴보고자 한다. 왜냐하면 태극과 무극의 문제를 심성론과 분리시켜 놓고 쟁론의 내용만을 보면 모두 수용할 수 있는 견해이기 때문에 특별한 의미를 발견할 수 없다. 리기론과 심성론은 송명리학의 양대 범주이며, 두 범주가 엄밀한 정합관계를 이루고 나서야 리기론을 심성론의 존재론적 근거로 삼을 수 있다.

1. 논쟁의 소재와 『역전』에서의 '무'의 의미

주희와 육구연의 무극태극에 관한 논변의 발단이 주희와 육구연이 아닌 주희와 육구소陸九韶(子美)에서부터 시작되었다는 것은 주지의 사실이다. 주희와 육구소 논쟁이 촉발된 원인은 주희가 1172년에 쓴 「서명해의西銘解義」 그리고 1173년에 쓴 「태극도설해太極圖說解」와 관련이 있다. 육구소가 주희의 두 글을 본 것은 1185년 무렵이고, 주희에게 서신을 보낸 것은 대략 1186년으로 추정된다.[101] 육구소는 주희에게 두 편의 서신을 보냈는데, 서신의 내용은 『주역』에서는 '유'만을 말했을 뿐 '무'를 말하지 않았고, 또한 주돈이의 『통서』에서는 '무극'이라는 두 자를 말하지 않았으며, 태극이라는 두 글자만으로도 성현이 세운 도의 본원이 미묘하고 중정한 것임을 충분히 밝힐 수 있는데, 무극이라는 두 글자를 더하면 머리 위에 머리를 두는 것이고

101) 이동욱, 「주륙 무극태극 논쟁 연구」, 『동양철학』 제33집(2010), 251~254쪽.

자칫 허무한 경지에 빠질 수 있다는 것이다.[102] 이는 주희가 육구소에게 답한 서신에서 "무극을 말하지 않으면 태극이 하나의 사물과 동일하게 되어 만물 변화의 근원이 되기에 부족하고, 태극을 말하지 않으면 무극은 공적에 빠져 만물 변화의 근원이 될 수 없다"[103]라고 한 것에 대한 대답이다. 필자는 육구소의 지적이 타당하다고 생각한다. 왜냐하면 유가의 의리에 비춰 볼 때, '무극'이라는 개념은 필요충분조건이 아니다. 태극만을 말해도 만물 변화의 근원을 충분히 해설할 수 있다. 그러나 설령 말한다고 할지라도 불가할 것은 없다고 생각된다. 오히려 유가철학에서 긍정하는 초월적 본체의 특성을 더 잘 드러낼 수도 있다. 이 점에 관해서는 후반부에서 논하겠다. 또한 육구소는 무극이라는 용어는 『주역』과 주돈이의 저작인 『통서』에 출현하지 않는다는 점을 지적한다. 이 두 가지 점은 육구연에게도 동일하게 제시된 것인데, 육구연은 이로부터 한 걸음 더 나아가 주돈이의 『태극도설』을 도가의 학설로 규정한다.

이로써 주륙의 무극태극 논쟁의 핵심은 태극에 있는 것이 아니라 무극에 있음을 알 수 있다. 태극에 대해서는 송명리학자 거의 모두가 천도 자체로 이해한다. 문제는 '무극'에 있다. 무극이라는 개념은 어디에서 유래한 것이고, 그 의미는 무엇인가? '무극'을 실체로 이해할 수 있는가? 태극의 작용과 형태를 설명하는 무극이라는 용어는 송명리학자들이 전거로 삼은 경전

102) 『大易緝說』, 권2, "易言有, 今乃言無."; "通書言中焉 · 止焉, 未嘗一及無極字."; 『宋元學案補遺』, 「梭山學案補遺」, "太極二字, 聖人發明, 道之本原, 微妙中正, 豈有下同一物之理? 左右之言, 過矣. 今於其上, 又加無極二字, 是頭上安頭, 過言虛無好高之論也."(이동욱, 「주륙 무극태극 논쟁 연구」, 『동양철학』 제33집, 2010, 252쪽 재인용)

103) 『朱文公文集』, 권36, "不言無極, 則太極同于一物, 而不足爲萬化之根, 不言太極, 則無極淪于空寂, 而不能爲萬化之根."

에는 출현하지 않는다. 그렇다면 유가철학에서는 무극이라는 용어를 사용해서는 안 된다는 말인가? 즉 무극이라는 용어는 도가 혹은 도교의 전유물인가?[104)]

유가철학의 발전사에서 보면, 태극이라는 개념은 『역전』에 처음 출현한다. 『역전』의 이론은 태극과 음양 두 개념을 축으로 확장되고, 또 이 두 개념으로 귀속된다. 송명리학자들은 일반적으로 태극을 초월적인 형이상의 실체[105)] 즉 도로 인식하고, 음양을 원기元氣 활동의 두 방향으로 인식한다. 뿐만 아니라 그들은 대부분 『역전』의 태극을 존재와 가치의 본원으로 삼고서 자신의 우주론과 도덕가치론을 전개한다. 태극은 모든 존재의 형이상적 실체이고, 만물의 존재 원리이며, 도덕가치의 초월적 근원이다.

후대의 철학자가 '『역전』의 철학적 의리를 어떻게 이해할 것인가'는 학자 사유의 자유이다. 그러나 그것에 대한 이해가 자신의 철학체계 속에서 서로 유기적인 정합관계를 이루고 있어야 한다. 필자는 이곳에서 주희와 육구연의 이해에 초점을 두고 있지만, 주요 초점은 주희보다는 육구연에 두고 있다.

김병환과 이동욱은 주륙 논쟁의 핵심 소재를 주희의 리기이원론과 육구

---

104) 김병환은 『역전』 자체가 도가류의 사상이 침투된 문헌이라는 점을 완전하게 부인하기 어렵고, 『역전』 이전의 문헌은 『장자』에도 태극이라는 개념이 출현하기 때문에 '태극'이 유가철학의 개념이라는 주장은 일단의 논의를 필요로 한다고 한다.(김병환, 「신유학의 태극 개념 연구」, 『동양철학』 제18집, 2002, 245쪽)

105) 김병환은 태극을 하나의 실체로 이해하는 것에 의문을 제기한다. 그는 주희가 말한 "태극은 단지 하나의 리일 뿐이다"(『朱子語類』, 권94, "太極只是一個理而已.")의 표현을 근거로 태극은 리의 상위 개념이 아니라는 점을 강조한다.(김병환, 「신유학의 태극 개념 연구」, 『동양철학』 제18집, 2002, 264쪽) 유가철학의 리기론에 심도 있는 연구 경험이 있는 학자들은 태극과 리의 관계를 상하로 나눠 보지 않는다. 왜냐하면 태극은 하나의 실체이면서 원리, 體이면서 理이기 때문에, 태극을 실체라고 규정한 어떤 학자도 태극의 독립성 혹은 리와는 차원이 다른 것으로서의 태극이라는 의미를 이해하지 않는다.

연의 리기일원론의 대립으로 이해한다.[106] 이는 풍우란의 견해를 따른 것으로 학계의 일반적인 관점인 것 같다. 그러나 필자는 이러한 견해에 동의하지 않는다. 먼저 주희의 리기론을 리기이원론으로 규정한 것에 대한 문제는 이미 앞장에서 서술하였기 때문에 논의하지 않을 것이다. 육구연과 왕수인을 비롯한 심학자의 우주론을 리기일원론으로 규정할 수 있을까? 필자는 심학자의 우주론을 리기일원론으로 이해하건 아니면 리기이원론으로 이해하건 관계없이 그것이 그들의 확정적인 이론이라면, 그것과 심성론은 유기적인 정합관계를 이루어야 한다고 생각한다. 그렇다면 과연 심학자들의 철학체계에서 우주론과 심성론은 정합관계를 이루고 있는가? 필자는 이 점에 대하여 대단히 회의적이다. 왜냐하면 그들은, 심성론 체계에서는 숭고한 도덕신념과 맹자의 본심에 대한 정확한 이해를 근거로 도덕규범에 대한 의지의 입법성을 긍정하는 자율도덕론을 정립하였지만, 우주론에 대한 이해는 일반적인 상식 수준을 벗어나지 못하였고, 이에 대한 이해도 그리 정밀하지 못하며, 그것과 심성론이 서로 유기적 정합관계를 맺고 있지 않기 때문이다. 반면 주희의 『역전』에 대한 이해는 『역전』의 의리에 대한 이해의 적부適否와 관계없이 적어도 우주론(리기론)과 심성론이 엄밀한 정합관계를 이루고 있다. 이 점에 관해서는 후반부에서 다시 논의할 것이다.

태극을 천도 자체로 이해는 것은 『역전』과 송명리학자의 공통적인 관점이다. 그렇다면 '무극'은 어디에서 유래한 것이고, 그 의미는 무엇인가? '무극'은 실체인가? 아니면 작용 혹은 형태를 설명하는 형용사인가? 『역전』에 '무극'이라는 용어는 출현하지 않는다. 그러나 이를 근거로 『역전』에 '무극'

---

106) 이동욱, 「주륙 무극태극 논쟁 연구」, 『동양철학』 제33집(2010), 260쪽; 김병환, 「신유학의 태극 개념 연구」, 『동양철학』 제18집(2002), 263쪽.

혹 '무' 관념이 존재하지 않는다고 단정할 수 있을까? 필자는 비록 『역전』에 '무극'이라는 용어가 출현하지는 않지만, 유불도 삼가의 철학에서 모두 수용할 수 있는 '무극'과 '무'의 관념이 존재하고, 또 유가식의 '무극'과 '무' 관념도 존재한다고 생각한다. 주돈이의 『태극도설』에 출현하는 '무극이태극'에 관한 주희와 육구연의 논변에서 이 문제들이 집중적으로 논의되고 있다.

혹자는 주돈이가 말한 '무극이태극'에서 '무극'은 노자가 말한 '유생어무有生於無'의 '무'에서 온 것이기 때문에 순수한 유가철학 의리가 아니라고 한다. 대표자로는 육구연과 노사광을 들 수 있다. 육구연은 기본적으로 유有(태극)와 무無(무극)[107]를 선후차서가 있는 두 개의 존재로 인식하고 있다. 육구연의 주장에 따른다면, 주돈이철학에서 '무극'은 만물 변화의 근본으로서 초월적인 형이상의 실체이고, 태극은 음양미분陰陽未分의 '원기'이다. 반면 태극과 무극을 일체의 양면으로 보는 학자도 있다. 대표자는 주희와 모종삼이다. 주희는 무극과 태극을 평행관계, 즉 일자의 두 가지 의미로 인식하였다. 육구연은 이러한 주희의 주장에 반대하면서 주돈이의 『태극도설』 의미는 노자의 학문에 가깝고, 또 주돈이철학을 대표하지도 않는다고 단정하였다. 그렇다면 다음 두 가지 문제가 발생한다. 하나는 주돈이의 '무극이태극'이 노자의 '유생어무'에서 유래하였고, 무극은 '유생어무'의 '무'인가? 무극의 유래는 『역전』에서는 찾을 수 없는가? 다른 하나는 노자의 '유생어무'에서의 '무'와 '유'는 반드시 선후차서가 있는 두 개의 존재로 이해해야 하는가?[108]

---

107) 노자가 말한 '有生於無'에서 有와 無를 두 층차의 서로 다른 존재로 인식하는 것은 육구연뿐만이 아니라 대부분의 송명유학자의 공통된 관점이다.

첫 번째 문제에 관하여 먼저 필자의 결론을 말하면, 비록 『역전』에는 '무극'이라는 표현이 없지만 그 의미는 내재되어 있고, 또 『태극도설』과 주돈이의 또 다른 저작인 『통서』를 연결시켜 놓고서 보더라도 주돈이의 '무극'이라는 개념은 노자보다도 『역전』에서 유래하였다고 보는 것이 타당하다. 먼저 『역전』의 태극에 포함되어 있는 '무'의 의미를 살펴보고서, 그것을 근거로 주돈이가 말한 '무극'의 의미를 해설할 것이다.

『역전』의 태극 속에 포함되어 있는 '무'의 의미는 여러 가지로 해설할 수 있다. 동사(부정)로도 이해할 수 있고, 형용사(무한성 · 지극성 · 보편성 · 편재성)로도 이해할 수 있다. 필자는 이곳에서 '신' 관념과의 관련성으로부터 '무' 자의 의미를 찾고자 한다. 즉 형용사의 측면에서 '무' 자를 해석하고, 이를 근거로 '무극'의 의미를 해설하겠다.

> 이러한 까닭에 역에는 태극이 있고, 태극은 양의를 생하며, 양의는 사상을 생하고, 사상은 팔괘를 생한다.[109]

이 구절에 대하여 공영달은 "태극은 천지가 아직 나눠지기 전이고, 원기는 (음과 양을) 혼합하여 하나인 것인데, 이것이 태초의 태일이다"[110]라고

108) 두 번째의 문제는 이 논문의 주요 내용은 아니다. 그러나 필자는 『도덕경』에 출현하는 '유'와 '무'를 반드시 두 층차의 異者로 인식할 필요는 없다고 생각한다. 왜냐하면 비록 노자가 『도덕경』, 1장에서 "무는 천지의 시작이고, 유는 만물의 근원이다"(無, 名天地之始. 有, 名萬物之母)라고 하였고(이는 왕필의 해석이 아니라 왕안석의 해석이다), 52장에서는 "천하에는 시작이 있는데, 그것을 천하의 근원으로 삼는다"(天下有始, 以爲天下母)라고 하였다. 이 두 구절만 보면, 始와 母는 서로 다른 두 존재가 아니라 하나의 존재이다. 만일 '무'를 근본으로 삼고, '유'를 '무'의 파생자로 이해한다면, 1장과 52장의 의리는 서로 충돌된다. 따라서 노자의 '유무'관계도 '유'를 실체사로 이해하고, '무'를 형용사로 이해할 수 있는 여지가 있다.

109) 『周易』, 「繫辭上」, "是故易有太極, 是生兩儀, 兩儀生四象, 四象生八卦."

주석하였다. 공영달의 주석에 의하면, 태극은 기에 속한 것으로, 음양으로 나눠지기 전의 원기이다. 그는 태극을 기화의 본원으로 이해하였다. 그러나 주희는 "대개 천지에는 오직 동정의 양단이 부단히 순환하고 있을 뿐 다른 것은 없는데, 이것을 역이라고 한다. 그러나 동하고 정함에는 반드시 동정을 하게 하는 리가 있는데, 이것이 이른바 태극이라는 것이다"[111]라고 하였다. 주희에 의하면, 동정을 하는 것은 음양의 기이지만, 이 음양동정의 소이연은 태극이다.[112] 대부분의 리학자들은 태극을 리로 해석하고, 기와 층차가 다른 이질적 존재로 인식한다. 그러나 이것과 관계없이 필자는 태극 속에 포함되어 있는 '무'의 의미를 '생생불측의 신'과 관련지어 해설할 수 있다고 생각한다. 「계사상」에 다음과 같은 내용이 있다.

> 낳고 낳는 것을 '역'이라 하고, 상을 이루는 것을 '건'이라 하며, 이루어진 상을 본받는 것을 '곤'이라 하고, 수를 끝까지 헤아려 다가올 미래를 아는 것을 '점'이라 하며, 변화를 통해 드러나는 것을 '일'이라 하고, 음과 양의 변화를 헤아릴 수 없는 것을 '신'이라 한다.[113]

---

110) 『鄭氏周易注』, "太極天地未分之前, 元氣混合爲一, 卽太初太一也."

111) 『朱文公文集』, 권45, "蓋天地之間只有動靜兩端循環不已, 更無餘事, 此之謂易. 而其動其靜則必有所以動靜之理焉, 是則所謂太極者也."

112) 주희철학에서 태극은 음양동정의 소이연의 理이지만, 일반적으로 태극은 '理의 總和'로 이해한다. 주희는 태극을 '一'로 표현하고, 분수지리를 '多'로 표현하였는데, 양자의 관계에 대해서는 주의가 필요하다. 주희철학에서 태극은 순일한 '하나' 그 자체이다. 비록 태극으로부터 動靜의 理와 陰陽의 理 혹은 仁義禮智 등을 말할 수 있지만, 태극이 분열하여 여러 다양한 理로 되는 것이 아니다. 단지 動과 靜, 陰과 陽 등의 事에 대하여 動靜의 理 혹은 陰陽의 理로 표현할 뿐이다. 따라서 주희가 간혹 표현하고 있는 '動靜의 리가 있다' 혹은 '陰陽의 리가 있다' 등의 표현은 모두 방편에 불과하다. 많은 일에 대하여 태극은 그 일에 따라서 다양한 理를 드러낸다. 수많은 理는 태극에 모두 귀속되기 때문에 '태극은 수많은 理를 갖추고 있다'고 방편적으로 말한 것이다. 그러나 理는 단지 '하나'일 뿐이고, '많은 것'은 현상의 相일 뿐이다. 태극은 萬理 혹은 衆理의 統體이다.

이곳에서 분명하게 알 수 있는 것은 역이면서 도인 태극은 죽은 사체死體가 아니라 '한 번 동하고 한 번 정하게 하는 역동적인 원리이면서 실체'라는 사실이다. 이 초월적 실체인 역(태극)의 활동인 일음일양은 현상의 음양과는 달리 감각기관의 인식대상이 아니다. 때문에 "음과 양의 변화를 헤아릴 수 없는 것을 신이라고 한다"고 한 것이다. 『역전』에서는 '변화를 예측할 수 없다'는 의미로 '신'을 제시하였고, 그것으로써 태극의 작용을 설명하였다. 필자는 이러한 신묘한 태극의 활동을 가장 아름답게 해설한 학자는 주돈이라고 생각한다. 『통서』「동정」장에 다음과 같은 내용이 수록되어 있다.

> 동하면 정이 없고, 정하면 동이 없는 것은 사물이다. 동하지만 동이 없고, 정하지만 정이 없는 것은 신이다. 동하지만 동이 없고, 정하지만 정이 없는 것은 동하지 않거나 정하지 않는다는 것이 아니다. 사물은 (동과 정을 함께) 통하지 않지만, 신은 (동과 정에 함께 통하여) 만물에 오묘하게 작용한다.[114]

모종삼은 '동이무동動而無動'을 '동하여도 동의 형상이 없다'로 해설하였고, '정이무정靜而無靜'을 '정하여도 정의 형상이 없다'[115]로 해설하였다. 이

---

113) 『周易』, 「繫辭上」, "生生之謂易, 成象之謂乾, 效法之謂坤, 極數知來之謂占, 通變之謂事, 陰陽不測之謂神."

114) 『通書』, 「動靜」, "動而無靜, 靜而無動, 物也. 動而無動, 靜而無靜, 神也. 動而無動, 靜而無靜, 非不動不靜也. 物則不通, 神妙萬物." 혹자는 동을 '움직임' 혹은 '활동' 등으로 번역하고, 정을 '멈춤' 혹은 '고요함' 등으로 번역하기도 하지만, 『통서』에서의 동정은 단순한 움직임(활동)과 멈춤(고요함)만의 의미가 아닌 生生의 활동, 즉 변화의 전 과정을 표현한 것이다. 필자는 동과 정에 관하여 여러 가지 해석을 적용해 보았으나, 동정의 의미를 오히려 감소시키는 부작용이 수반될 가능성이 크다고 판단되어 대부분 직접 동과 정으로 표기하였다.
"사물은 (동과 정을 함께)~ 오묘하게 작용한다"는 『周易』, 「說卦傳」의 "신이란 만물을 오묘하게 이루는 것을 말하는 것이다"(神也者, 妙萬物而爲言者也)를 계승하여 말한 것이다.

115) 이 해설은 모종삼의 저작인 『心體與性體』 전체에 출현한다. 특히 第2部, 第1章에 많이

는 '신'에 대한 적절한 해설이라고 생각한다. 이것을 『역전』과 관련지어 해석하면, '신'은 '한 번 음이 되고 한 번 양이 되는, 혹은 한 번 동하고 한 번 정하는' 역동적인 태극의 작용이다. 동정의 작용을 갖고 있다는 것은 태극이 단지 정태적인 원리로서만이 아닌 동태적인 실체라는 점을 의미한다. 그러나 태극은 유한적인 현상의 존재가 아니기 때문에 동과 정 어느 일면에 구속되지 않는다. 때문에 '동하여도 동이라는 구체적인 형상이 없고, 정하여도 정이라는 구체적인 형상이 없는 것이다'. 형상이 없다는 것은 동과 정이라는 상대적 형상에 구속당하지 않고 양면을 교통하면서 생생의 작용을 끊임없이 유지한다는 의미이다. '동이무동'은 '동이 없다'는 의미가 아니다. 만일 진실로 동이 없다면 그것은 정에 불과하다. '정이무정' 역시 마찬가지이다. 그렇기 때문에 주돈이는 "동하지만 동이 없고 정하지만 정이 없는 것은, 동하지 않거나 정하지 않는다는 것이 아니다"라고 말한 것이다. 『역전』「계사상」에서는 이러한 태극의 신묘한 동정을 "신은 특별한 장소에 놓여 있지 않고, 또 어느 한 고정적인 체가 없다"[116]는 말로써 표현한다. '신무방神無方'은 신의 작용이 모든 만물에 고루 편재해 있다는 의미이다. '역무체易無體'는 역(태극)이 만물에 두루 운행하면서 어느 한 사물 혹 어느 한 면에 고정적으로 머물러 있지 않다는 의미이다. 이는 태극의 실체성을 부정하는 표현이 아니라 '무심無心'으로 작용하는 태극의 보편성과 무사성無私性을 표현한 것이다. 즉 동하여도 동의 형상이 없고 정하여도 정의 형상이 없기 때문에, 동의 형상에도 고정적으로 머물지 않고 정의 형상에도 고정적으로 머물지 않으면서 양자를 두루 관통한다. 이러한 의미는 『역전』「계사상」의

출현한다.

116) 『周易』, 「繫辭上」, "神無方, 易無體."

"역은 생각하는 것도 없고 억지로 하는 것도 없다. 고요히 움직이지 않으나 감응하면 나아가 천하의 모든 일에 완전히 통하게 된다. 천하에서 지극히 신묘한 것이 아니라면 그 누가 이와 같이 할 수 있겠는가"[117]라는 말을 보면 충분히 그렇게 해석할 수 있는 근거를 확보할 수 있을 것 같다. '역무사易無思'와 '무위無爲'는 태극의 무심 운행을 표현한 것이다. 태극의 적연부동과 감이수통은 바로 '동이무동'과 '정이무정'의 작용을 달리 표현한 것이다. 적寂과 감感은 태극의 신묘한 동정이다. 무사시無事時에는 적연하지만, 유사시有事時에는 감통한다. 이상을 종합하면, 『역전』에서는 태극을 실체로 삼고, 신을 태극의 작용으로 삼고 있음을 알 수 있다. 그리고 태극과 신이 추상적 표현이라면, 이것의 구체적인 표현이 바로 '적연부동'과 '감이수통'이다.

필자는 이상의 논의를 근거로 태극 속에 포함되어 있는 '무' 혹은 '무극'의 의미를 도출할 수 있다고 생각한다. '신무방'과 '역무체'에서의 '무'는 태극의 '무방소'와 '무형적無形迹' 그리고 '무성색無聲色'과 '무정체無定體'[118]이고, 이것의 작용적 근거가 바로 태극의 오묘한 작용인 신이다. 중국철학에서 '무'의 의미는 다양하게 사용된다. 때로는 공무空無의 허虛 의미로 사용되고, 때로는 경지의 의미로 사용되며, 때로는 주돈이의 『통서』에서처럼 작용의 의미로도 사용된다. 만일 작용의 의미로서 '무'와 '무극'을 이해한다면, 『역전』에 '무극'의 의미가 없다고 단정하는 것은 무리라고 생각한다. 무극 역시 '궁극이 없다'는 무한의 의미와 작용의 의미로도 이해할 수 있고, 또 지대무한至大無限의 성인 인격의 경지로도 이해할 수 있다. 물론 '공무'의 '허'로도

117) 『周易』, 「繫辭上」, "易無思也, 無爲也. 寂然不動, 感而遂通天下之故. 非天下之至神, 其孰能與於此?"

118) '고정적 형상이 없다'는 의미이다.

이해할 수 있음은 당연하다. 따라서 『역전』에 비록 '무극'이라는 표현이 출현하지 않지만, 이것을 근거로 『역전』 혹은 유가철학에는 '무극'의 관념이 부재하다고 단정하는 것은 성급한 결론이다.

2. 『태극도설』의 '무극이태극'에 관한 주륙 논쟁과 득실

앞에서 간략하게 언급하였지만, 주희는 태극과 음양의 기를 형이상자와 형이하자로 엄격하게 구분한다. 『역전』의 태극을 '리로 이해할 것인가?' 아니면 '기로 이해할 것인가?' 이에 대한 역대 유자들의 견해는 통일되어 있지 않다. 필자는 두 방면으로 해석 가능한 근거가 『역전』에 충분히 내재되어 있다고 생각한다.[119] 이는 학자들의 자유분방한 사유의 몫이기 때문에 이에 대하여 이분법적 사고로써 대립하거나 혹 집착하는 것은 철학의 발전사에 있어 좋은 현상은 아니라고 생각한다. 필자는 기본적으로 『역전』을 공맹철학의 전승발전으로 이해하고서 유가철학의 대표적 경전으로 간주한다면, 태극을 리로 이해하고, 음양을 기로 이해하여 양자를 형이상과 형이하로 구분하는 주희의 방식이 합리적이라고 생각한다. 왜냐하면 공자는 인이라는 순수한 도덕의지를 긍정하였고, 맹자는 성선을 주장하여 기성氣性 혹은 재성才性[120]과 구분되는 도덕본성을 제시하였기 때문에 선악혼잡의 기와는

---

119) 『역전』에서는 태극과 음양이 표면적으로는 본원과 제2차적 파생관계로 설정되어 있다. 따라서 태극을 아직 음양으로 분리되기 이전(未分)의 元氣로 이해할 수 있다. 그러나 주희를 중심으로 한 리학자들은 도덕실천의 내재적 근거인 성의 지선성 확보를 위하여 선악미분 혹은 선악혼재인 기와 다른 이질적 존재(至善者)를 요청하지 않을 수 없었다. 따라서 리학자들은 태극과 음양의 직접적인 관계를 분리하여 리와 기로 설정한 것이다.

120) 기성 · 재성은 주희가 말한 기질지성과 구별하여 이해해야 한다. 일반적인 의미로 재성과 기성 및 기질지성은 동일한 의미로 사용되지만, 주희는 본연지성이 기에 타재하여

이질적인 지선의 존재를 상정하는 것이 당연하다. 그러나 주희의 이해 방식에 대한 필자의 긍정은 형식적인 구분에 동의하는 것에 불과하다. 왜냐하면 주희는 적연부동과 감이수통의 적감이라는 활동성을 태극에서 이해하지 않고 기의 작용으로 귀속시켰기 때문이다. 『역전』에서는 분명 역(태극)과 신을 체와 용의 관계로 이해한다. 이러한 체용은 태극과 신의 관련적 의미의 체용[121]이 아니라, '체가 곧 용이고, 용이 곧 체'(體卽用, 用卽體)인 일자적 관계의 체용이다. 이러한 주희의 이해는 『역전』의 태극에 대한 부분적 계승이라고 할 수 있다. 반면 육구연은 태극과 음양을 나누지 않고 일음일양하는 자체를 도라고 인식하였다. 이것은 곧 음양을 형이상자라고 생각한 것이다.[122] 뿐만 아니라 '무극' 혹은 '무'를 도가의 산물로 이해하였다. 필자는 '무극이 태극'에 관한 양자의 논쟁을 탐구하면서 심학자들의 한계를 살펴볼 수 있었는데, 그것은 바로 그들이 존재론 혹은 우주론에 대한 흥미 부족으로 말미암아 그것에 대한 사유가 정밀하지 못하였을 뿐만 아니라, 우주론과 심성론

나온 성을 기질지성이라고 한다. 그러나 이러한 해석은 주희의 해석일 뿐 일반적인 해석은 아니다. 광의적으로 말하면 기성 · 재성 · 기질지성은 도덕본성을 제외한 기타 자연적 본능과 재능 그리고 기능적 능력을 의미하지만, 협의적으로는 재능과 기능적 능력을 의미한다.

121) 주희철학에서 신을 기의 작용에 포함시키더라도 양자의 관계를 체용으로 표현할 수 있다. 왜냐하면 리기는 불리부잡의 관계로 놓여 있기 때문이다. 필자는 이러한 체용관계를 관련적 의미의 체용으로 표현하고자 한다.

122) 장윤수, 「태극도설에 관한 주륙논변」, 『퇴계학과 한국문화』 제19호(2011), 133쪽. 주광호는 육구연의 도와 음양의 관계를 정호의 "기 역시 도이고, 도 역시 기이다"(『二程遺書』, 권1, "器亦道, 道亦器.")와 같은 의미로 이해한다.(주광호, 「주희와 육구연의 무극태극 논쟁」, 『철학연구』 제36집, 2008, 494쪽) 그러나 정호는 도와 기에 대한 형이상자와 형이하자의 구분을 명확하게 표시하였고,(『二程遺書』, 권11, "繫辭曰: '形而上者謂之道, 形而下者謂之器.' 又曰: '立天之道曰陰與陽, 立地之道曰柔與剛, 立人之道曰仁與義.' 又曰: '一陰一陽之謂道.' 陰陽亦形而下者也. 而曰道者, 惟此語截得上下最分明. 元來只此是道, 要在人默而識之也.") 육구연처럼 음양을 형이상자로 규정하지도 않았다. 만일 육구연이 道器不離의 입장에서 말한 것이라면, 주희의 견해를 반대하지 않아야만 한다.

의 유기적 정합성도 이루지 못하였다는 사실이다. 이는 육구연에게만 해당되는 것이 아니라 왕수인에게서도 동일하게 발견된다. 다음은 이상의 결론에 대한 구체적인 사례이다.

먼저 태극과 신에 관한 주희의 이해를 살펴보자. 주희는 '신'을 형이상자인 태극의 작용으로 이해하지 않는다. 주희는 황직경黃直卿(黃榦)이 '신' 자는 오로지 기에서만 말하는 것이 아닌 것 같다고 질문하자, "내가 형이하의 측면에서 (신을) 말한 까닭은 결국 기에서 광채를 많이 발출하는 것이 신이기 때문이다"[123]라고 대답한다. '신'에 대한 주희의 입장은 심성론에도 동일하게 적용된다. 『주자어류』 권95에서 "한 사람의 몸에서 말하면, 역은 심과 같다. 도는 성과 같다. 신은 정과 같다"[124]라고 말한다. 주희는 도와 신을 일체의 두 가지 의미로 이해하지 않고 있다. 주희철학에서 태극은 리의 총화로서 순수한 우주의 변화원리이면서 인생의 최고 규율일 뿐이다. 적감의 작용인 신은 기에 속한 동정이다. 때문에 『주자어류』에는 "리가 음양 위에 올라타 있는 것은 사람이 말에 타고 있는 것과 같다. 또 말하였다. '말이 한 번 나가고 한 번 들어오면 사람도 그것에 따라서 한 번 나가고 한 번 들어온다'"는 말이 수록되어 있다.[125] 명대의 유자인 조단曹端(月川)은 "말이 한 번 나가고 한 번 들어오면 사람도 그것에 따라서 한 번 나가고 한 번 들어온다"는 주희의 말에 대하여 "사람은 죽은 사람이고, 리는 죽은 리이다"[126]라고 하였다. 필자는 조단의 지적이 약간 조소에 가깝다고 생각한다.

---

123) 『朱子語類』, 권95, "直卿云: '看來神字本不專說氣, 也可就理上說. 先生只就形而下者說.' 先生曰: '所以某就形而下說, 畢竟就氣處多, 發出光彩便是神.'"

124) 『朱子語類』, 권95, "先生曰: 就人一身言之, 易猶心也. 道猶性也. 神猶情也."

125) 『朱子語類』, 권94, "理搭在陰陽上, 如人跨馬相似. 又云: '馬一出一入, 人亦與之一出一入.'"

126) [淸] 董榕輯, 『周子全書』, 권5, 「曹端 辨戾」, "人爲死人, 理爲死理." 『明儒學案』, 권44, 「論曹

분명 지나친 표현이다. 주희의 리가 비록 정태적인 소이연의 리일지라도 '죽은 리'라고 표현할 수 없다. 그러나 조단의 말을 통하여 주희가 이해한 리가 정태적인 소이연이라는 사실은 분명하게 알 수 있다.

『상산전집』을 살펴보면, 성과 태극에 대한 육구연의 논의가 매우 적었음을 발견할 수 있다. 그는 본성의 의미를 본심에 귀속시키고서 본심의 무조건성과 절대성 그리고 초월성과 보편성을 통하여 천도를 이해하려고 한다. 다시 말하면 육구연은 주체성의 본심을 통하여 형이상의 초월적 실체를 체득하려고 하였다. 이는 분명 공자가 긍정한 '인의 실천을 통하여 천도를 체득하는'(踐仁知天) 방법이고, 맹자가 말한 "본심을 온전히 실천하면 본성을 알 수 있고, 천도를 알 수 있다"(盡心知性知天)는 길이다. 그러나 『역전』에서 제시한 태극에 대한 이해는 정밀하지 못하다. 엄격하게 말하면 『역전』의 태극을 자신의 심성론에 유기적으로 적용하지 못하였다. 필자는 육구연의 주장이 정밀하지 못한 까닭으로 육구연의 이해 부족과 의식구조의 특성을 들 수 있다. 이것과 함께 외연적인 요소도 작용하였다고 생각한다. 외연적인 요소는 두 가지를 들 수 있는데, 하나는 이 논쟁을 시작한 사람이 육구연이 아니라 그 형인 육구소라는 점이다. 육구연은 주희와 육구소의 논변을 중간에서 이어 전개한 것이어서 충분한 준비가 되지 않은 상태였다. 또 육구연과 주희의 이 논쟁은 이미 아호사의 논쟁을 거친 후에 일어난 것으로, 이때에는 두 사람의 감정이 상당히 악화된 상태였다. 이 때문에 육구연은 호승심이 발동한 것이다. 주희보다 육구연이 사용한 용어와 어투가 상당히 거칠고 격정적인데, 이는 육구연의 주관적 정서 때문인 것 같다. 이 점은

月川」에서도 인용하였다.

주돈이의 『태극도설』의 시비 문제와 '무극이태극'과 '태극음양'에 관한 논변에서 분명하게 드러난다.

중국철학 발전사에 있어 『상서』와 더불어 주돈이의 『태극도설』은 다양한 이설과 논쟁의 소재를 제공하였다. 주희와 육구연의 논쟁도 그중 한 사건이다. 『태극도설』에 관하여 주희는 주돈이의 대표작으로 인정하고서 『태극도설』의 태극을 근거로 우주와 인생의 최고 원리와 규율 의미를 정립하였다. 주희는 『태극도설』에 출현하는 무극과 태극을 도체의 두 의미로 이해하였다. 무극과 태극 사이에는 선후차서가 없고, 형이상자와 형이하자의 층차 구별도 없다. 태극은 도체의 '실체성을 표현한 문자'(實體辭)이고, 무극은 도체의 무형장 · 무방소 · 무성무취의 의미를 드러내는 문자(形態辭)이다. 그는 '무극이태극'에 관하여 "무극이면서 태극인 것은 이 '이而' 자에 차서가 없기 때문이다"[127]라고 주장하였고,[128] 또 「태극도설해」에서 "하늘의 일은

127) 『朱子語類』, 권94, 「周子之書」, "無極而太極, 此而字, 無次序故也."

128) 노사광은 『태극도설』에 출현하는 '而' 자의 쓰임과 '太極本於無極'의 '本' 자의 의미, 그리고 '無極之眞'을 근거로 육구연의 학설을 지지한다. 먼저 '而' 자의 사용부터 살펴보자. 원문은 "無極而太極. 太極動而生陽, 動極而靜, 靜而生陰, 靜極復動"이다. 노사광은 '無極而太極'의 '而' 자만을 제외하고 나머지 '而' 자가 모두 선후관계를 나타낸다는 점을 근거로 '無極而太極'의 '而' 자도 마땅히 선후관계로 해석해야 한다고 주장한다. 그러나 노사광의 주장에 따라서 '而' 자를 해석하면 무극과 태극만이 분리되는 것이 아니라 動과 靜 그리고 陰과 陽이 각각 나눠져 4개의 독립영역을 확보하게 된다. 어느 유학자도 陰 · 陽 · 靜 · 動을 각각 독립적인 존재로 이해하는 데 동의하지 않을 것이다. 왜냐하면 動은 陽의 속성이고, 靜은 陰의 속성이기 때문이다. 이러한 문제점에 대하여 주희는 이미 간파한 것 같다. 때문에 『朱子語類』, 권94에서 "태극이 動하여 陽을 생하고, 靜하여 陰을 생한다. 이것은 動한 후에 陽이 있고, 靜한 후에 陰이 있게 되어, 완전히 양단으로 나누어 먼저 이것이 있고 후에 저것이 있게 되는 것이 아니다. 태극의 動이 바로 陽이고, 靜이 바로 陰이다. 動할 때에는 靜이 보이지 않고, 靜할 때에는 動이 보이지 않는다"(太極動而生陽, 靜而生陰. 非是動而後有陽, 靜而後有陰, 截然爲兩段, 先有此後有彼也. 只太極之動便是陽, 靜便是陰. 方其動時, 則不見靜, 方其靜時, 不見動)라고 하였다. 또 '太極本無極'의 '本' 자는 두 가지 해석이 가능하다. 하나는 '本於'이고, 다른 하나는 '本是'이다. '本於'라면 '태극이 무극에 근본한다'의 의미이고, '本是'라면 '태극은 본래 무극이다'의 의미이

아무런 소리도 없고 냄새도 없으나, 실제로 조화의 중심이고 각종 사물을 이루는 근저이다. 때문에 무극이면서 태극이라고 한 것이다"[129]라고 하였다. 반면 육구연은 "사산 형이 말하였다. '『태극도설』과 『통서』는 서로 통하지 않아 주자周子의 작품이 아니라고 의심한다. 그렇지 않다면 아마 (周子의) 학문이 아직 완성되기 전의 작품일 것이다. 그렇지 않다면 타인의 문장을 전한 것인데, 후인들이 이를 분명하게 변별하지 못하였다.'…… 『태극도설』은 무극 두 글자로서 시작을 삼는다. 그러나 『통서』 전편에는 무극을 한 차례도 언급하지 않았다. 이정자(정호와 정이)의 언론과 문장도 지극히 많지만, 역시 한 차례도 무극을 언급하지 않았다. 설령 처음에는 실제로 이 태극도가 있었다고 할지라도 후에 무극을 한 차례도 언급하지 않을 것을 보면 그 학문의 도가 진전되면서 스스로 (『태극도설』을) 옳다고 생각하지 않았음을 알 수 있다"[130]라고 하였다. 육구소의 문장은 실전되어 알 수 없다. 육구

다. 그러나 우리는 왜 두 가지 해석이 모두 가능한데 반드시 노사광의 해석에 따라서 '本於'로 이해해야 하는가? 마지막으로 '無極之眞'을 보자. 특이한 것은 이 구절에는 태극이 없다는 것이고, 또 이 구절을 이어서 나온 "二五之精, 妙合而凝"에서는 태극이 없고 음양(二)과 수화목금토의 오행(五)이 바로 나온다는 점이다. 노사광의 주장을 충실히 따른다면 이곳에는 마땅히 태극이 있어야 한다. 설마 '眞'이 태극이라는 말인가? 그렇다면 '무극의 태극'으로 해석되기 때문에 양자의 차별적 관계보다는 오히려 무극과 태극의 일자관계를 정당화시켜 준다. 이 점 역시 주희에 의해 일찍이 간파된 것 같다. 주희는 『朱子語類』, 권94에서 "단지 無極之眞이라고만 말하였으나 眞이 바로 태극이다"(只言無極之眞, 眞便是太極)라고 하였다. 주희의 지적에 따른다면, 무극과 태극은 一者이고, 이로부터 음양의 二와 오행의 五가 출현하는 것은 매우 자연스러운 의미체계로 성립된다.(황갑연, 「주렴계의 『太極圖說』에 관한 고찰」, 『韓中哲學』 제3집, 1997, 270~275쪽)

129) 「太極圖說解」, "上天之載無聲無臭, 而實造化之樞紐, 品彙之根柢也. 故曰無極而太極."

130) 『宋元學案』, 권12, 「濂溪學案下」, "梭山兄謂: '太極圖說與通書不類, 疑非周子所爲. 不然, 或是其學未成時所作. 不然, 則或是傳他人之文, 後人不辨也.'……太極圖說以無極二字冠首. 而通書終篇未嘗一及無極字. 二程言論文字至多, 亦未嘗一及無極字. 假令其初實有是圖, 觀其後來未嘗一及無極字, 可見其道之進, 而不自以爲是也."

연은 기본적으로 무극을 노자의 "유는 무에서 생한 것이다"(有生於無)의 '무' 의미로 이해하였다. 그가 내세운 근거는 주돈이의 다른 저작인 『통서』에도 '무극'이라는 두 자가 출현하지 않는다는 것과 정호와 정이도 '무극'이라는 용어를 언급하지 않았다는 것이다.

유가철학에서 보면, 무극을 『역전』의 '무' 관념처럼 무방소無方所·무형적無形迹·무사無思·무위無爲·무체無體의 형용사로 이해하는 것은 의리상 문제가 없다. 그러나 무극을 태극과 독립된 하나의 실체로 이해하면 도가철학의 영향 혹은 성분이라는 오해를 피하기 어려울 것이다. 태극과 무극의 관계에 대하여 주희는 "태극에 관하여 나는 주렴계(주돈이) 선생의 본뜻을 말하면서, 학자들이 태극을 특별히 하나의 사물로 잘못 인식할까 걱정이 되어 '무극' 두 자로써 이 점을 밝힌 것이다.…… 무극은 무형의 의미이고, 태극은 리가 있음을 의미함이 분명한데, 어찌 허무와 높은 경지를 좋아한다고 말할 수 있는가"[131]라고 한다. 주희의 입장은 분명하다. 무극은 태극의 형용사이고, 태극은 실체를 나타내는 용어이며, 양자는 일체의 양면적 의미이다.

주희가 무극의 필요성을 이처럼 강조하자 육구연은 "무릇 태극이라는 것은 실제로 이 리가 있다는 것이다. 성인은 이것으로부터 발명하였을 뿐이다. 아무 내용 없이 학설을 세워 후인들로 하여금 말과 글로써 장난하게 한 것이 아니다. 그것이 모든 변화의 근본이 되는 것은 본래 스스로 정해진 것이다. '족足'과 '부족不足' 그리고 '능能'과 '불능不能'이 어찌 (무극을) 말하고 말하지 않기 때문이겠는가"[132]라고 비평한다. 이는 올바른 지적이다. 육구

131) 『朱文公文集』, 권36, "且如太極之說, 熹謂周先生之意, 恐學者錯認太極別爲一物, 故著無極二字以明之.……則無極卽是無形, 太極卽是有理明矣, 又安得虛無而好高乎?"

연의 지적처럼 무극의 언급과 태극의 존재성은 본질적 관련이 없다. 그러나 무극을 언급하였다고 할지라도 유가철학 의리에 엄중한 문제를 야기하지는 않는다. 오히려 태극의 본래 의미를 더욱 온전하게 드러낼 수 있다. 주희는 육구연의 지적을 수용하고서 "복희가 역을 지으면서 (팔괘를) 그린 이래로, 문왕이 역을 설명하면서 건원으로부터 시작한 이래로, 태극이라는 말을 언급한 적이 없다. 그러나 공자는 (태극을) 말하였다. 공자는 역을 찬술하면서 태극으로부터 시작하였지만, 무극을 언급한 적이 없다. 그러나 주자周子는 무극을 말하였다. 어찌 전대의 성인과 후대의 성인들이 조리를 같이하고 모두 하나로 꿰뚫은 것이 아니겠는가? 만일 이곳에서 실제로 태극의 진실한 본체를 분명하게 볼 수 있다면, (태극을) 말하지 않은 사람일지라도 (의리가) 적지 않음을 알 수 있고, (태극을) 말한 사람일지라도 (의리가) 많지 않음을 알 수 있을 것이다. 어찌 이 점에 대하여 의견이 이처럼 분분한가"[133]라고 회답하였다. 주희의 이 답변은 오늘날의 시각에서 보면 유가철학 계열에서 '무극'이라는 용어를 사용해도 무방함을 충분히 설명하고 있다.[134] 그러나 육구연의 반론은 상당히 도전적이다. 그는 무극이라는 문자적 표현에 집착하여 그것의 정면적 의미를 올바르게 이해하지 못하고서 "만일 태극을 깨달았으면 위에 반드시 무극이라는 글자를 붙여서는 안 되고 아래에 반드시 진체眞體라는 글자를 붙여서는 안 된다. 위에 무극을 더하

132) 『象山全集』, 권2, "夫太極者, 實有是理. 聖人從而發明之耳. 非以空論立論, 使後人簸弄於頰舌紙筆之間也. 其爲萬化根本, 固自素定. 其足不足, 能不能, 豈以人言不言之故邪?"

133) 『朱文公文集』, 권36, 「答陸子靜」, "伏羲作易, 自一畫以下, 文王演易自乾元以下, 皆未嘗言太極也. 而孔子言之. 孔子贊易自太極以下, 未嘗言無極也. 而周子言之. 夫先聖後聖, 豈不同條而共貫哉? 若於此有以灼然實見太極之眞體, 則知不言者不爲少, 而言者不爲多. 何至若此之紛紛哉?"

134) 장윤수, 「태극도설에 관한 주륙논변」, 『퇴계학과 한국문화』 제19호(2011), 134쪽.

면 바로 침상 위에 침상을 겹치는 것이고, 아래에 진체를 붙이는 것은 집 아래에 집을 얽어맨 것이다"[135]라고 하였다. 그러나 앞에서 살펴본 바와 같이 『역전』에 비록 무극이라는 용어가 출현하지 않지만, 무의 관념은 존재하고, 또 그러한 무 관념은 유가철학에서 긍정하고 있는 실체가 본래 갖추고 있는 것이기 때문에, 무극을 형용사로 이해한다면 주돈이의 '무극이태극'은 유가철학에서 당연히 수용할 수 있는 표현이다.

3. 태극과 음양에 관한 주륙의 이해

북송의 주돈이와 장재 그리고 정호와 정이는 먼저 『중용』과 『역전』으로부터 들어가 공맹철학으로 회귀하는 경향을 보이고 있다. 비록 주돈이의 철학에서는 공맹철학의 성분이 미미하게 나타나지만, 전체적인 학문의 흐름에서 볼 때 그 역시 예외는 아니라고 판단된다. 그들이 먼저 『중용』과 『역전』으로부터 들어간 까닭은 심성론에 대한 형이상학적 근거를 확보하기 위함이다. 이렇게 함으로써 심성에 의해 실현된 도덕가치는 절대성과 보편성을 갖추게 된다. 주희 역시 『역전』을 형이상학 건립에 주요 철학적 의리 근거로 삼고 있지만, 『역전』에서 긍정한 도체의 활동성을 리가 아닌 기에 놓고서 이해한 점이 다르다. 따라서 『역전』에 대한 주희의 이해는 자신의 사유를 통해 정립한 리기 관념에 의한 재해석이라고 할 수 있다. 필자가 보기에 육구연은 『역전』과 『중용』의 형이상학 의리에 대하여 별다른 흥미를 갖지 못한 것 같다. 그는 단지 심성론의 입장에서 당시에 유행한 태극음

135) 『宋元學案』, 「濂溪學案」, "若實見太極, 上面必不更著無極字, 下面必不更著眞體字. 上面加無極字, 正是疊床之床, 下面著眞體字, 正是架屋下之屋."

양론을 이해하였지만, 그것 역시 정묘하지 못할 뿐만 아니라 심성론과 형이상학의 유기적 정합성을 이루지 못하고 있다.

리기불리부잡은 비록 주희가 구체적으로 말한 것이지만, 이것은 비단 주희철학에만 부합하는 이론이 아니라, 『중용』과 『역전』 그리고 송명리학 전체 의리에도 적용되는 이론이다. 태극과 음양은 초월적 본체 입장에서 말하면, 리와 기로서 서로 섞일 수 없는 부잡의 관계로 설정되어 있다. 그러나 기화의 운행 측면에서 말하면, 리와 기는 떨어질 수 없는 불리의 관계이다. 리는 기가 없으면 놓일 곳도 없고, 유행할 수도 없다. 본체론 측면에서 말하면 태극과 음양은 '둘'(二-不雜)이고, 운행의 측면에서 말하면 태극과 음양은 '하나'(一-不離)라고 말할 수 있다. 이러한 태극과 음양의 관계에 대한 주희의 설명은 매우 분명하다. 주희는 『통서』 「성상」의 주해에서 "음양은 기이고, 형이하자이다. 한 번 음이 되고 한 번 양이 되게 하는 까닭은 리이고 형이상자인데, 이는 도이면서 곧 리를 말함이다"[136]라고 하였다. 주희는 음양을 형이하자인 기로 인식하였고, 도를 형이상자인 리로 인식하였다. 기는 일동일정 혹 일음일양하는 당사자이다. 리는 일음일양과 일동일정의 소이연의 리이기 때문에 실현의 리라고 할 수 있다. 그러나 주희철학에서 리는 역동적인 실체가 아닌 것 같다. 그는 "이 기는 리에 의거하여 유행하는데, 이 기가 모이면, 리도 그곳에 있다. 기는 응결할 수 있고 조작할 수 있지만, 리는 오히려 어떤 정감과 의지가 없고 헤아려 살피지 않고 아무런 조작함이 없다. 단지 이 기가 응결하고 모이는 곳에 리는 그 가운데 있을 뿐이다"[137]라고 하였다. 이는 동정의 주체가 리가 아닌 기라는 점을 밝힌 것이

136) 『通書』, 「誠上」, "陰陽氣也, 形而下者也. 所以一陰一陽者理也, 形而上者也, 道卽理之謂也."
137) 『朱子語類』, 권1, "此氣是依傍這理行, 及此氣之聚, 則理亦在焉. 蓋氣則能凝結造作, 理却無情

다. 리는 동정의 소이연의 리일 뿐 동정의 동력이 아니고, 능원能源도 아니다. 그러나 비록 동정의 주체는 기일지라도, 기는 리의 동정 원리에 따라서 동정할 뿐이다. 때문에 "이 기가 응결하고 모이는 곳에 리는 그 가운데 있을 뿐이다"라고 말한 것이다. 이는 리기불리부잡의 의미임과 동시에 리가 실현의 원리임을 밝힌 것이다.

주희는 "리라는 것은 따로 있는 하나의 사물이 아니라 기 중에 있는 리이다. 기가 없으면 리도 걸려 있을 곳이 없다"[138]라고 하였으며, 또 "리가 있으면 곧 기가 유행하면서 만물을 발육한다"[139]라고 하였다. 이러한 리기불리부잡론은 『역전』에 내재되어 있는 태극과 음양의 관계에 대한 명확한 개념적 해설이라고 할 수 있다. 단지 다른 곳이 있다면, 『역전』의 태극이 신과 일자인 동태적인 실체라면, 주희는 동력 의미의 신을 형이하자인 기의 영역에 귀속시키고, 태극을 단지 법칙과 표준 혹은 규율과 원리의 의미로 해석하였다는 것이다. 그러나 필자는 주희가 태극을 정태적인 원리로 인식한 것에는 유학자로서의 주희의 고뇌가 내재되어 있다고 생각한다. 또 이러한 주희의 인식은 유학 발전의 신기원을 개발한 것이라고도 할 수 있다. 이 점에 관해서는 마지막에서 언급할 것이다.

태극이라는 용어는 『장자』「대종사大宗師」에 처음 출현한다.[140] 태극과 음양의 관계를 논하기 전에 먼저 『역전』「계사상」에서 말한 "이런 까닭에 형이상자를 도라 하고, 형이하자를 기라 한다"[141]에 관한 논의를 먼저 해야

意, 無計度, 無造作. 只此氣凝聚處, 理便在其中."

138) 『朱子語類』, 권1, "理又非別爲一物, 卽在乎是氣之中. 無是氣, 則是理亦無掛搭處."

139) 『朱子語類』, 권1, "有理, 便有氣流行, 發育萬物."

140) 『莊子』, 「大宗師」, "在太極之先而不爲高."

141) 『周易』, 「繫辭上」, "是故, 形而上者謂之道, 形而下者謂之器."

한다. 왜냐하면 도와 기에 대한 이해는 주희와 육구연이 동일하고, 태극과 음양에 대한 이해는 서로 다르기 때문이다. 이 문제를 원만하게 해설하려면 먼저 송명리학에서 자주 출현하는 '도기'와 '태극음양' 및 '리기'의 관계를 이해해야 한다. 송명리학에서 도 · 태극 · 리는 형이상자이고, 기器 · 음양 · 기氣는 형이하자이다.(육구연의 경우는 약간 다르다.) 송명리학자들은 형이상자와 형이하자를 표현할 때 반드시 리理는 기氣와 짝을 이루고, 도道는 기器와 짝을 이루며, 태극은 음양과 짝을 이루어 표현하지는 않았지만, 리와 기 · 도와 기 · 태극과 음양은 대부분 서로 짝을 이루어 표현되었다. 그 이유는 형이상자에 있는 것이 아니라 형이하자에 있다. 기氣와 기器 및 음양은 모두 형이하자이지만 각각에는 특수한 의미가 포함되어 있다. 리와 짝을 이루었을 때의 기氣는 형상과 형질 및 동력의 근본(형이상자로서의 근본 의미가 아니다)을 표시한다. 이때 기氣는 형상과 형질의 물질적인 근본 인소因素이고 에너지이며, 리는 기氣 활동의 원리이다. 도와 짝을 이루었을 때의 기器는 구체적인 형상과 형질 및 속성을 갖춘 유형 사물의 통칭이다. 이때 도는 유형 사물의 마땅한 사용처 혹은 당연히 그렇게 사용되어야 할 도리이다. 태극과 짝을 이루는 음양은 기氣의 운동성과 우주의 생화 과정을 표시한다. 태극은 근본이기 때문에 '하나'(一)이다. '하나'인 태극은 기氣와 함께 유행함으로써 '이二' · '사四' · '팔八'로 분화되는데, 음과 양이 태극 유행의 제2단계이다. 비록 음양미분의 상태인 원기도 기의 원초라는 측면에서 보면 '하나'라고 할 수 있지만 형이상자 즉 근본이 아니기 때문에 '하나'로 표현할 수 없다.[142)]

142) 황갑연, 「형이상자와 형이하자 개념에 대한 주자의 이해」, 『범한철학』 제19집(1999), 3쪽.

『역전』에서도 도를 형이상자로, 기器를 형이하자로 인식하였고, 정호[143]와 주희[144] 그리고 육구연[145]도 동일하게 인식하였다. 이것만을 보면, 형이상자와 형이하자에 대한 기본적인 관점은 주희와 육구연이 동일한 것 같지만, 육구연은 도기와 태극음양 및 리기에 대한 사유가 철저하지 못하다. 육구연과 주희의 다음 논변을 보면 어렵지 않게 알 수 있다.

> 만일 직접 음양을 형기로 삼고 도라고 할 수 없다면 감히 받들기 어렵겠다. 역의 도는 한 번 음이 되고 한 번 양이 되는 것일 뿐이다. 앞과 뒤…… 출사함과 운둔, 무엇 하나 한 번 음이 되고 한 번 양이 되는 것이 아닌 것이 있는가?…… 지금 음양을 도로 간주하지 않고 직접 형기라고 한다면 그 누가 도와 기를 구분하는 데 어두운가?[146]

만일 육구연의 의도가 리기의 불리부잡을 표현하고자 함이라면 육구연의 주장은 수용될 수 있을 것이다. 그러나 직접 음양을 도로 인식한다면 유가철학의 일반적 관점도 아니고, 형이상과 형이하에 대한 자신의 입장과도 일치되지 않는다. 때문에 주희는 육구연의 질의에 대하여 다음과 같이 대답하였다.

> 만일 음양을 형이상자로 삼는다면, 형이하자는 또 어떤 것인가? 다시 한 번

---

143) 『二程遺書』, 권1, "形而上爲道, 形而下爲器."
144) 『朱文公文集』, 권58, "理, 形而上之道也, 生物之本也. 氣, 形而下之器也, 生物之具也."
145) 『象山全集』, 권35, "自形而上者言之, 謂之道. 自形而下者言之, 謂之器."
146) 『象山全集』, 권2, "至如直以陰陽爲形器, 而不得爲道, 此尤不敢聞命. 易之爲道, 一陰一陽而已. 先後始終……出入行藏, 何適而非一陰一陽哉?……今顧以陰陽爲非道, 而直爲之形器, 其孰爲昧於道器之分哉?"

가르침을 청하고 싶다! 나의 견해와 저 들은 것에 따르면 모든 형상이 있는 것은 모두 기이고, 이 기의 리가 되는 것은 모두 도이다.…… 당신의 견해는 어떤지 모르겠다.(원주: 이 말은 지극히 분명하다. 간절히 바라건대 조금만 사색하여 보면 나의 어리석은 말이 무리가 아님을 알 수 있을 것이고, 나머지는 이것을 유추하면 된다.)147)

주희는 이곳에서 육구연에게 '조금만 더 사색'(略加思索)할 것을 권유하였다. 이는 도와 기器에 대한 육구연의 기본 입장은 주희와 다를 바 없는데, 육구연이 음양을 직접 도, 즉 형이상자로 이해하기 때문에 답답한 마음에서 완곡하게 지적한 것이다. 이는 주희의 좋은 태도라고 할 수 있다.

태극과 음양에 대한 육구연의 정묘하지 못한 이해의 원인은 심학자의 의식구조에서도 찾을 수 있고, 심학의 특성에서도 찾을 수 있다. 육구연은 리기론 체계를 부정하지는 않았지만 리기론 체계에 적극적인 관심을 보이지도 않았고 따라서 심성론과의 정합관계를 탐구하지 않았다. 기본적으로 육구연은 우주만물을 존재론 측면에서 파악하지 않고 도덕실천 대상이라는 측면에서 이해한다. 다시 말하면 육구연은 존재론 입장에서 우주만물의 생성과 변화 문제에 별다른 관심이 없었던 것 같다. 단지 '이미 존재하고 있는 만물에 마땅히 어떻게 해야 하는가'라는 실천 문제에만 관심을 보였다. 육구연을 비롯한 심학자들의 핵심 사상은 심성론이지 결코 존재론 혹 우주론이 아니다. 혹자는 심학자들의 우주론을 리기일원론이라고 주장하기도 하지만, 필자는 심학자들의 우주론에 대해서 별다른 의미를 부여하지 않는다.

---

147) 『朱文公文集』, 권36, "若以陰陽爲形而上者, 則形而下者復是何物? 更請見教! 若熹愚見與夫所聞, 則曰凡有形有象者皆器也, 其所以爲是器之理者皆道也.……不知尊意以爲如何?(原注: 此一條亦極分明. 切望略加思索, 便見愚言不爲無理, 而其餘亦可以類推矣.)"

왜냐하면 그들의 리기론에 대한 이해는 일반적인 상식 수준에 불과하기 때문이다. 풍우란은 정호와 육구연을 동일 계열의 학자로 이해하고서 리기불분理氣不分을 리학자와 구별할 수 있는 심학자의 특색이라고 주장하였다.[148] 그러나 풍우란의 주장 역시 문자의 표현만을 보고서 판단한 것이다. 왜냐하면 정호는 리와 기氣 혹은 도와 기器의 개념적 구분을 엄격하게 한다. 단지 체험을 통한 경지의 입장에서 리와 기氣 혹은 도와 기器의 관계를 '즉卽' 자로써 표현하기도 한다. 이는 단지 원융적인 경지상에서 한 말이지 본체적으로 리와 기氣가 일자라는 의미는 아니다. 따라서 정호와 육구연의 관계는 표현상 우연의 일치일 뿐이다.

주희와 육구연은 송명리학을 대표하는 거유이다. 육구연철학은 순수한 맹자학의 계승 발전이다. 육구연은 맹자의 성선설과 "인의예지는 심을 근본으로 한다"[149], 그리고 "본심을 온전히 실천하면 본성을 알 수 있고, 천도를 알 수 있다"(盡心知性知天)는 의리를 근거로 삼아 심즉리를 제시하였다. 그러나 육구연철학은 우주론보다는 심성론에 편중된 것이었기 때문에 『역전』의 태극과 음양 그리고 신에 대한 이해에 대해서는 정밀 혹은 원만하다는 평가를 내리기 어렵다. 필자는 육구연처럼 태극과 음양을 분리하지 않으면 순수한 도덕의지인 본심의 형이상학적 근거를 도출하기 어렵다고 생각한다. 태극을 음양미분의 상태로 이해하고, 그것을 형이상자로 이해한다면, 태극 역시 음양의 기일 뿐이다. 모든 도덕규율과 선악은 원기인 태극을 근원으로 삼을 수밖에 없는데, 이때 순선한 도덕의지인 본심은 태극의 양인가? 아니면 음인가? 음과 양이 서로 대립적 성격인 기의 양면인 것은 분명

148) 馮友蘭, 『中國哲學簡史』(臺灣: 藍燈文化事業公司, 1993), 876쪽.
149) 『孟子』, 「盡心上」, "仁義禮智根於心."

하지만 양을 선으로, 혹은 음을 악으로 규정한다면 존재계 역시 선과 악이라는 이분법적 대립구도로 설정되어야 한다. 그러나 전통유가철학에서는 음양의 부조화로써 악을 설명할 뿐 음과 양을 서로 선과 악으로 나누어 규정하지는 않는다. 또 음양의 조화로써 선을 설명한다고 하더라도 조화의 표준은 마땅히 따로 설정해야 한다. 그것이 바로 리 혹은 도이다.

앞에서 필자는 『역전』의 태극과 음양에 대한 육구연의 이해 부족 원인을 두 가지로 설명하였다. 하나는 심학자의 심태, 즉 의식구조 문제이다. 육구연이 형이상학과 우주론에 어두운 것은 지나친 실천성 위주의 심즉리, 즉 자율실천론에 치중하였기 때문이다. 맹자는 "우주만물이 모두 나에게 갖추어져 있다"[150]라고 하였고, 육구연은 이를 계승하여 "우주가 바로 내 마음이고, 내 마음이 바로 우주이다"[151]라고 하였으며, 또 "내 마음속에 가득 차 있는 것이 발현되면 우주에 가득 차 있는 것은 리가 아닌 것이 없다"[152]라고 주장하였다. 맹자와 육구연에게 있어 우주는 내 마음의 가치 실현 대상이지 형이상학적 사유대상은 아니었다. 다른 하나는 주희철학과의 관련인데, 이는 필자의 순수한 추측이다. 육구연과 주희가 변론할 당시 그들 모두 50대로 학문적으로 성숙한 나이였다.[153] 따라서 육구연의 태극음양에 대한 이해를 학문이 성숙하지 않은 일시적 주장이라고 판단하기 어렵다. 당시의 주장은 모두 주희와 육구연에게 있어서 확정적인 이론이었다. 그러나 당시 학문의 주류는 주희였지 육구연이 아니었다. 주희는 심과 성을 분리하여, 성을 리로 이해하고, 심을 기에 속한 존재로 이해하였는데, 이러한

150) 『孟子』, 「盡心上」, "萬物皆備於我."
151) 『象山全集』, 「年譜 13歲」, "宇宙便是吾心, 吾心卽是宇宙."
152) 『象山全集』, 권34, "滿心而發, 充塞宇宙無非此理."
153) 육구연의 나이는 50세였고, 주희는 58세였다.

심성구조는 주희철학의 영향 아래에서 상당히 보편적으로 유행하였다. 이러한 학문적 기풍에서 육구연은 음양의 기로 인식된 심의 위상을 형이상자로 제고하기 위하여 음양과 태극을 일자의 관계로 이해한 것 같다.

반면 주희는 당시의 유학 부흥의 최대 논적을 선학으로 삼았다. 선학의 대표적 주장은 즉심견성, 견성성불이다. 심 밖에 성이 있지 않고, 부처 역시 심 밖에 존재하지 않는다. 주희는 유학 중흥의 사명감에서 선학과 다른 유학체계 건립에 주력하였고, 이로 말미암아 중화신설中和新說에서 성과 심을 분리하여 성을 리로, 심을 기로 이해하였다. 이러한 의리의 존재론적 근거가 바로 리기론이다. 심과 성이 등가관계의 일자가 아니면, 성리는 심이라는 활동성 의미가 배제된 정태적 원리로 존재할 수밖에 없다. 주희철학에서 심성론과 리기론은 하나의 유기적 정합관계로 놓여 있기 때문에, 심성론에서 활동성 의미인 심이 성에서 분리되면, 우주론에서 태극과 신이 분리되는 것은 당연한 결과이다. 이것이 바로 주희 사유의 엄밀성과 일관성이다.

제7절. 이단에 관한 논변

앞의 여섯 절에서 논의하였던 내용이 모두 대립적 성격이었다면, 이 절에서 주희와 육구연이 이단으로 규정하고서 변척한 학술 대상은 상당 부분 교집합을 이루고 있다. 불교 · 양주 · 묵자 · 노장 사상 · 고자의 의외설義外說에 대한 주륙의 견해는 기본적으로 동일하다. 황종희가 "(주자와 육상산은) 서로 동일하게 강상의 도리를 수립하였고, 명교(유학)를 받들었으며, 공자와 맹자의 학술을 종주로 삼았다"[154]라고 하였듯이, 유학의 내성외왕의 정신을 학술의 종지로 삼고 있다면, 변척의 대상은 동일할 수밖에 없었을 것이다.

그렇다면 이단에 관한 논변에서는 주륙이 원만한 화해의 입장을 취하였는가? 절대 그렇지 않다. 오히려 주희는 육구연의 학설을 고자[155] 혹은 선학으로 치부하였고, 육구연 역시 주희의 학설을 시문·의론·의견으로 취급하면서 유학의 정론으로 인정하지 않았다. 불교와 노장 그리고 고자와 묵자에 대한 비판은 공맹의 내성외왕의 정신을 표준으로 삼은 것이고, 주륙이 서로 상대방의 학술을 이단으로 규정한 것은 성즉리와 심즉리의 차이에서 비롯된 것이다.

유가철학발전사에서 필자가 가장 유감과 함께 불만스럽게 생각한 곳은 바로 타자 학술 사상에 대한 편협하고 폐쇄적인 이단 규정이다. 이단이라는 용어가 처음 출현한 곳은 『논어』이다. 공자는 "이단을 전공하면 해가 될 뿐이다"[156]라고 하였다. 그렇지만 공자는 이단의 대상을 분명하게 지칭하지 않았다.[157] 단지 향원鄕愿이 이에 해당될 것이라고 추측할 뿐이다. 주희는 정자程子(이천)의 말을 인용하여 불가와 양묵의 학설이 이에 해당된다고 하였지만, 이는 맹자의 영향을 받은 것으로, 공자의 견해와는 무관하다.[158]

---

154) 黃宗羲, 『宋元學案』, "同植綱常, 同扶名敎, 同宗孔孟."

155) 『朱子語類』, 권124, "象山死, 先生率門人往寺中哭之. 旣罷, 良久, 曰: '可惜死了告子?'"

156) 『論語』, 「爲政」, "子曰: 攻乎異端, 斯害也已."

157) 이 점에 관하여 육구연은 "『논어』에 '이단을 전공하면 해가 될 뿐이다'라고 하였지만, 이곳에서 말한 이단이 누구를 지칭한 것인지 알 수 없다. 맹자에 이르러 비로소 양주와 묵자의 학술을 배척하였고, 허행의 학설을 배척하였으며, 고자의 학설을 배척하였다. 후대 사람들이 양주와 묵자 등의 학설을 이단이라고 하지만, 『맹자』라는 서책에도 이단이 무엇이지 지목하지 않았다. 공자가 말한 이단이 누구의 학설을 가리켜 말한 것인지 알 수 없다"(『象山全集』, 권24, "論語有'攻乎異端, 斯害也已'之說, 然不知所謂異端者果何所指? 至孟子乃始闢楊墨, 闢許行, 闢告子. 後人指楊墨等爲異端, 孟子之書亦不目以異端. 不知夫子所謂異端者果何等耶?")라고 하였다.

비록 『맹자』에 이단이라는 용어가 출현하지는 않지만, 그것보다도 더욱 격렬한 비평인 사설邪說이라는 용어가 총 5차례 출현하는데, 대부분 양주와 묵적의 학설을 비판하는 데 집중되어 있다.

한국과 중국철학사상 발전사를 살펴보면,[159] 이단사설 혹 사문난적斯文亂賊 등 문화패권주의적 성격을 드러내는 용어는 유가철학에서 집중적으로 사용되는 경향을 보인다. 선진시대 제자백가의 철학사유 전개에서 갖가지 은유와 비유의 풍자를 통하여 상대방 철학사유의 부족과 단견을 힐난하지만, 그것에 대한 전면적인 부정은 오로지 맹자와 법가철학에서만 두드러지게 나타난다. 노자와 장자의 유가철학에 대한 비판은 그 사유체계의 불완전성에 대한 지적일 뿐 전면적인 부정은 아니다. 묵자 역시 공자의 인애仁愛를 별애別愛라고 규정하고 자신의 겸애兼愛와 대비시키지만, 이단 혹은 사설이라는 평가는 하지 않는다. 이는 자신의 학설을 상대방의 사유체계와 비교하여 상대적 우위에 놓는 것으로서, 객관적인 평가 여부를 떠나 인정의 영역에서는 수용할 수 있다. 그러나 맹자는 양주와 묵적을 비롯한 농가와 여타 처사들의 학설에 대하여 무군무부無君無父 혹은 금수지견禽獸之見이라는 극단

158) 『論語』에 隱者에 관한 고사는 출현하지만, 양주와 묵적에 대한 언급은 없다. 또 荷蓧老人에 관한 고사에서 공자가 자로에게 하조노인을 다시 한 번 찾아볼 것을 권한 내용을 보면, 은자에 대한 공자의 태도는 맹자처럼 극단적인 배척은 아닌 것 같다.

159) 불교에서도 이단이라는 용어가 출현한 적이 있지만, 그것은 종교적 차원에 해당한 것일 뿐, 학술계에서의 이단 논쟁은 명확하지 않다. 초기 불교에서 정통과 이단 논쟁은 두 가지 방향으로 전개되었다. 하나는 타 종교와의 비교 속에서 진행된 주류 논쟁이고, 다른 하나는 석가모니의 말씀을 근거로 한 正法과 非法 논쟁이다. 주류 논쟁은 당시에 불교가 브라만의 사제계급 그리고 왕족과 귀족 등의 지지를 받음으로써 결말을 보았고, 正法과 非法의 논쟁은 부파불교에서 나타나기는 하였지만 그것이 정통과 이단으로 확장되었다는 명확한 흔적은 발견하기 어렵다. 『도덕경』과 『장자』 그리고 『묵경』에는 '이단'이라는 용어가 출현하지 않는다. 도가철학자들은 대립자를 상호 의존적 관계로 인식하기 때문에 정통과 이단이라는 상대적 개념은 하나의 도에서 융화될 수 있다.

적 혹평을 하기도 하였는데, 이는 객관적인 이론은 물론이고 인정의 영역에서마저도 그것들의 가치를 부정하는 것이다. 필자는 후대, 특히 송명리학과 한국의 성리학에서 최고조를 이룬 이단사설 혹 사문난적의 논쟁 근원은 바로 맹자에게서 비롯되었다고 생각한다. 먼저 양주와 묵자에 대한 맹자의 평가를 보자.

> 공도자가 말하였다. "선생님을 잘 모르는 사람들은 선생님께서 논변을 좋아한다고 하는데, 왜 그렇게 말하는지 감히 여쭙겠습니다." 맹자가 말하였다. "내가 어찌 논변하기를 좋아하겠는가? 나는 부득이해서 그런 것이다!…… 성왕이 다시 출현하지 않으니 제후들이 방자하고 처사들이 함부로 의론을 내세워 천하에 양주와 묵적의 언론이 가득 차게 되었다. 천하의 언론은 양주에게 돌아가지 않으면 묵자에게 돌아갔다. 양주는 위아주의만을 내세우니, 이는 군주를 부정하는 것이다. 묵자는 겸애주의만을 내세우니, 이는 부모를 부정하는 것이다. 부모를 부정하고 군주를 부정하니 이는 금수와 같다.…… 나는 이 점을 두려워하여 선왕의 도를 굳게 지키고 양주와 묵자의 학설을 배척하며, 방탕한 말을 추방하고 사사로운 학설이 다시 나오지 못하게 하려고 한다.…… 내가 어찌 논쟁을 좋아해서 그렇겠는가? 나는 부득이 그럴 수밖에 없었기 때문이다. 말로 양주와 묵적을 막아낼 수 있는 사람은 성인을 따르는 사람이다."[160)]

묵자의 겸애주의 성격은 『묵자』라는 서적에 소개되어 있지만, 양주의 학설은 저작이 전해지지 않고 있기 때문에 타자의 기록과 언급에 의지할

---

160) 『孟子』, 「藤文公下」, "公都子曰: '外人皆稱夫子好辯, 敢問何也?' 孟子曰: '予豈好辯哉? 予不得已也!……聖王不作, 諸侯放恣, 處士橫議, 楊朱・墨翟之言盈天下. 天下之言, 不歸楊則歸墨. 楊氏爲我, 是無君也. 墨氏兼愛, 是無父也. 無父無君, 是禽獸也!……吾爲此懼, 閑先聖之道, 距楊墨, 放淫辭, 邪說者不得作.……豈好辯哉? 予不得已也. 能言距楊墨者, 聖人之徒也.'"

수밖에 없다. 맹자는 "양자楊子는 오로지 자기만을 위하여 한 오라기의 털을 뽑으면 천하가 이롭게 될지라도 (털을) 뽑지 않는다. 묵자는 겸애를 주장하여 발뒤꿈치가 다 닳아 없어질지라도 천하를 이롭게 하는 일이라면 한다"[161]라고 하였다. 이는 양주와 묵자에 대한 맹자의 주관적인 인식이기 때문에 사실과 일정 부분 출입이 있을 수 있지만, 양주의 학설이 위아주의爲我主義의 성격을 갖고 있고, 묵자의 학설이 공동체 중심의 성격을 갖고 있음은 미루어 짐작할 수 있다.

이곳에서 맹자는 양주와 묵자의 학설을 '무군무부'라고 규정하였다. '무군무부'는 후대의 송명리학과 조선 성리학자들이 불교의 학설을 비평할 때 자주 사용하는 용어이지만, 근원은 맹자에게서 비롯되었다. 맹자와 양묵 도덕론의 형식적 체계는 다르지만, 지향하는 목적은 동일하다. 맹자에 의하면 군자가 긍정하는 성은 인의예지를 내용으로 하고, 심의 자발적인 자각 활동을 통하여 표현된다.[162] 이는 도덕규범에 대한 도덕의지의 입법 작용을 긍정하는 것으로, 도덕의지의 자율원칙을 적극적으로 긍정하는 도덕론 형태이다. 이것과 '천하의 이익을 일으킨다'(興天下之利)는 공리주의 성격의 묵자 도덕론 형태가 다르지만, 형식적인 측면에서 보면, 양자 모두 선을 지향하고, 그 목적 역시 치란治亂에 있기 때문에 양립 가능하다. 양주의 학설은 문헌의 기록이 빈약하여 상세하게 고증하고 분석할 수 없지만, 정치 불간섭주의 등 노장철학과 일맥상통하기 때문에 지향하는 목적은 개인의 안심입명을 통한 사회의 안녕을 추구하는 것 같다. 그렇다면 비록 양주의 위아주의와 묵적의 겸애주의 그리고 허행許行의 농가학설이 추구하는 이상이 다르

161) 『孟子』, 「盡心上」, "楊子取爲我, 拔一毛利而天下, 不爲也. 墨子兼愛, 摩頂放踵利天下, 爲之."
162) 『孟子』, 「盡心上」, "君子所性, 仁義禮智根於心."

기 때문에 맹자가 그들의 학술사상에 긍정을 표시할 필요는 없다고 할지라도, 그들 학설의 차별적 가치마저 부정하고서 무군무부 혹 금수의 학설 등이라는 혹평을 할 필요는 없다. 이는 공자의 화이부동和而不同의 원칙에도 어긋난다. 공자는 '화이부동'을 제시하여 상대방 학설을 수용하지 않을지라도 맹자처럼 사설 등과 같은 극단적인 배척의 입장은 취하지 않았다. 맹자가 이단배척을 통하여 공문孔門의 정통화 수립을 추구하였다고 할지라도 공자의 '화이부동' 입장에서 보면 인의예지 중심의 도덕 유일주의에는 분명 편당偏黨 혹은 동이불화同而不和의 소인적 성격이 있음을 부정하기 어렵다.

『맹자』라는 문헌을 보면, 맹자는 '방자한 제후'와 '함부로 의론을 내세우는 처사'를 동일한 지위에 놓고서 비평하고 있다. 방자한 제후는 당시 전국시대에 오로지 부국강병만을 모색하는 군주들이고, 함부로 의론을 내세우는 처사는 양주와 묵자를 가리켜 말한 것이다. 맹자는 왜 방자한 제후와 양묵의 학설을 병렬하고서 그들의 정치행태와 학설을 동일하게 부정하였는가? 이곳에서 맹자는 유비논증을 취하고 있는 것 같은데, 유비논증의 효력은 비교되고 있는 대상들 사이에 강한 유사성이 전제되어야 한다. 맹자가 선택한 유사성은 무엇인가? 바로 이익(利)이다. 맹자는 양주와 묵적 학설의 본질 내용을 '이익'으로 규정하고서, 이 이익과 당시 제후들의 부국강병의 사리私利를 동질적인 성격의 이익으로 규정하였다. 그러고서 천하 혼란의 책임을 일정 부분 양묵에게 전가하는데, 과연 당시 군주들이 추구하는 이익과 양묵이 긍정하는 이익 사이에 강한 유사성이 있는지 의문이다. 만일 유사성이 있다고 한다면, 맹자 자신이 주장한 여민동락與民同樂에서의 '락'의 대상이 민중의 이익이라면, 맹자의 이익과 당시 군주의 이익 사이에도 유사성이 있다고 할 수 있는데, 이 문제는 어떻게 처리할 것인가? 『맹자』의 문헌을 분석하면 맹자가 '의'와 '리' 사이에 선후 혹 본말의 입장을 취하고는 있지만, 공리의 성격을 완전히 배격하지는 않는다. 대만의 원보신은 "맹자의 도덕론을 공리주의를 근거로 한 최대 다수의 이익원칙으로 이해하기보다는 차라리 '의'와 '리'의 관계를 선의후리先義後利의 관계로 이해하는 것이 옳을 것 같다"163)라고 한다. 맹자가 긍정하는 '후리'와 묵자의 공리 그리고 양주의 '리'는 모두 일정한 도덕적 가치를 갖고 있는 공적인 성격의 이익으로서, 당시 군주들이 추구하는 사적인 성격의 이익과 동일하게 취급하기 어려울 것 같다.

주희는 맹자가 '논변을 할 수밖에 없는 까닭으로, 양주와 묵자의 학설이 사람의 마음을 해치기 때문'이라고 한다. 반시거潘時擧가 맹자가 논변을 좋아한다는 구절에 대해 묻자 주희는 "당시에 종횡가와 형명가의 무리들에 대해서는 맹자가 관여하지 않았는데, 이는 그들이 단지 조야한 것들만을 파괴하였기 때문이었을 것이다. 양주와 묵적의 학설은 사람의 마음을 해치므로 반드시 그들과 논쟁을 해야만 했다"164)라고 대답한다. 필자는 중국 고대정치사에 관한 몇 권의 주요 서적을 살펴보았지만, 춘추전국시대 혼란 책임을 양주의 위아주의와 묵자의 공리주의에 일정 부분 책임을 전가하는 학자는 찾아볼 수 없었을 뿐만 아니라, 주희처럼 양묵의 학설이 사람의 마음을 해칠 수 있다는 객관적인 근거도 찾을 수 없었다. 사실 양묵의 학설과 당시의 혼란 상황은 실질적 관련도 없고, 이념적 관련도 없다. 또한 맹자의 왕도정치이념이 성선설을 기초로 한 것이라면, 개인의 안심입명과 다수의

163) 袁保新, 『孟子三辨之學的歷史省察與現代詮釋』(臺灣: 文津出版社, 1992), 150쪽.

164) 『朱子語類』, 권55, "問孟子好辯一節. 曰: 當時如縱橫刑名之徒, 孟子卻不管他, 蓋他只壞得箇粗底. 若楊墨則害了人心, 須著與之辯."

행복 원칙이 맹자 왕도정치이념의 제1원칙으로는 정립될 수 없다고 하더라도 제2 혹은 제3의 원칙으로 수용 불가할 이유도 없다.

이러한 맹자의 이단 배척은 당대의 한유를 거쳐 송대에 이르러 절정에 이른다. 물론 이단으로 규정한 대상은 확대되는데, 주요 대상은 불교이다. 그러나 이단에 대한 평가, 즉 군신과 부자의 도리를 버린다는 '무군무부'라는 평가는 동일하게 적용되고 있다. 주희와 육구연 역시 예외가 아니다.

주희와 육구연이 이단을 배척한 주된 원인은 이단이 유가의 윤리도덕 질서와 정신에 해를 끼친다는 것에 있다. 따라서 그들은 이단을 배척함으로써 유가의 도덕정신을 보존함과 동시에 학술계의 주도적 지위를 공고히 하려고 하였다. 이 점에 대해서는 주륙이 동일한 입장을 견지한다. 그러나 이단에 대한 규정과 목적에서는 미세한 차이가 발견되기도 한다. 먼저 이단 배척의 목적 측면에서 보면, 주희는 유가의 강상 질서 유지와 보존에 초점을 두고서 이단 배척을 전개한다. 반면 육구연은 윤리강상의 질서보다는 이단의 학설이 인심人心의 본래 모습을 해쳐 도덕의 실천 방향을 그릇되게 할 수 있다는 것에 초점을 두고서 이단 배척을 전개한다. 주희가 '무군무부'라고 규정한 것은 그들의 학설이 군신유의와 부자유친이라는 양대 강상의 질서를 위배하기 때문이다. 그러나 육구연은 요순의 도리를 '동同'으로 규정하고, 이것과 다른 것을 '이異'라고 규정한다. 오로지 심즉리 학설만이 요순의 '동'에 부합하기 때문에 심즉리를 근거로 구방심 혹 복기본심의 방법론을 취하지 않는 학술은 모두 이단에 속하게 된다.

주희는 "묵씨는 사랑에 차등이 없으므로 자기 부모 보기를 지나가는 사람 보듯이 한다. 양씨는 자기만 알기 때문에 자기 몸만을 닦으면서 천하국가를 저버린다. 그러므로 군주를 부정하는 곳에 이른다. 이 두 학설의 요지는, 양묵의 학설은 도리에 어긋나고 도리를 따르지 않는다는 것이다. 예를 들어 한 그루의 나무에서 순리대로 나와 위로 자라는 것이 도리를 따르는 것이다. 이제 한 가지가 도리에 따르지 않고 아래로 자라난다면 도리에 어긋난 것이다"[165]라고 하였다. 주희가 말한 도리는 부자유친과 군신유의라는 강상의 도리이다. 주희는 나무의 가지가 위로 생장해 가는 것처럼 부자와 군신의 도리는 당연이면서 필연의 도리인데, 양주는 자기만을 위하기 때문에 공동체를 부정하고, 묵적은 천하 만민을 똑같이 사랑하기 때문에 부모와 행인을 동일하게 취급한다고 생각하여 필연적으로 무군무부의 지경에 이른다고 단정한다. 이 단락에 이어서 제자가 "묵자의 겸애사상이 어떻게 무부의 지경에 이르는가"라고 묻자 주희는 "사람이 부모에게 효도할 때에 일곱 개의 손과 여덟 개의 다리가 있다고 해도 얼마나 사랑할 수 있을까? 자기 부모를 빈틈없이 사랑하기란 어렵다. 아마 묵씨가 부모를 사랑하는 것은 거친 옷과 현미로도 반드시 감당할 수 없을 것이다. 대개 그들은 겸애를 추구하므로, 부모를 사랑하는 것이 반드시 소원하고 효도함이 넓지 못하니, 부모를 무시하는 것이 아니고 무엇이겠는가"[166]라고 대답한다. 양주와 묵적의 학설에 대한 주희의 비평에 새로운 창의적인 견해는 없다. 단지 보다 상세한 예증으로써 맹자의 입장을 변호하고 있을 뿐이다.

사실 주희에게 이단의 최대 적수는 양주와 묵적이 아니라 불교였다. 그

---

165) 『朱子語類』, 권55, "墨氏愛無差等, 故視其父如路人. 楊氏只理會自己, 所謂修其身而外天下國家者. 故至於無君. 要之, 楊墨卽是逆理, 不循理耳. 如一株木, 順生向上去, 是順理. 今一枝乃逆下生來, 是逆理也."

166) 『朱子語類』, 권55, "問: '墨氏兼愛, 何遽至於無父?' 曰: '人也只孝得一箇父母, 那有七手八脚, 愛得許多! 能養其父無闕, 則已難矣. 想得他之所以養父母者, 粗衣糲食, 必不能堪. 蓋他旣欲兼愛, 則其愛父母也必疏, 其孝也不周至, 非無父而何.'"

이유에 대하여 주희는 다음과 같이 해설한다.

> 이단사설이라면 불가와 노장의 학문인데, 이들은 스스로 하나의 학파를 이루기 때문에 가장 의로움을 해친다.[167)]

> 섭미도가 물었다. "오로지 불교만을 말하고 양주와 묵적을 말하지 않은 것은 어째서입니까?" (주희가) 말했다. "양주와 묵적의 위아설과 겸애설은 얕아서 사람들을 미혹시키지 못한다. 오직 불교에 의해서만 사람들이 가장 잘 미혹된다. 처음에 그들의 주장을 보면 그 자체로 도리가 있어서, 그들의 설명을 따라 더욱 깊이 들어갈수록 더욱 사람에게 해를 끼친다."[168)]

> 물었다. "정자는 불교의 말은 도리에 가깝기 때문에 양주와 묵적보다 그 피해가 심하다고 했다.[169)] 위아설은 '의'에 의심을 갖게 하고, 겸애설은 '인'에 의심을 갖게 하니, 그 재앙은 이미 말로 표현할 수 없다. 그런데 불교는 어째서 더욱 심하다고 하는 것인가?" 말했다. "양주와 묵적은 단지 억지로 이처럼 만들었을 뿐이다. 그러나 불교는 가장 정밀하고 은미해서 사람을 움직이게 만드는 성분이 있다."[170)]

주희는 양주[171)]와 묵적 그리고 불교의 학설이 모두 강상의 도리를 위배하고, 또 하나의 학파를 이루어 폐해가 심하지만, 그중에서도 불교의 폐해

---

167) 『朱子語類』, 권29, "若異端邪說, 釋老之學, 莫不自成一家, 此最害義."

168) 『朱子語類』, 권24, "味道問: '只說釋氏, 不說楊墨, 如何?' 曰: '楊墨爲我 · 兼愛, 做出來也淡而不能惑人. 只爲釋氏最能惑人. 初見他說出來自有道理, 從他說愈深, 愈是害人.'"

169) 불교와 도가는 양주 · 묵적과는 비교할 수 없을 정도로 그 말이 도리에 가깝다. 때문에 그 피해가 더욱 심한 것이다.(『二程遺書』, 권13)

170) 『朱子語類』, 권24, "問: '程子曰: 佛氏之言近理, 所以害甚於楊墨. 看來爲我疑於義, 兼愛疑於仁, 其禍已不勝言. 佛氏如何又卻甚焉?' 曰: '楊墨只是硬恁地做. 佛氏最有精微動得人處.'"

171) 주희가 말한 양주에는 노자와 장자까지 포함된다.

정도가 가장 심하다고 생각하였다. 그것은 바로 불교의 이론이 가장 정밀하고 엄밀하여 도리에 가장 가깝게 느껴지기 때문에 사람들이 가장 쉽게 불교의 이론에 미혹될 수 있다는 것이다. 이를 보면, 주희가 불로의 학설을 모두 변척하였지만, 실제로 주희가 객관적인 이론을 근거로 대적하고 있는 대상은 노장의 학설이 아니라 불교임을 알 수 있다. 주희는 "천하에는 두 가지 도리가 없고, 성인은 두 마음이 없는데, 어떻게 불교를 배척하는가"라고 묻자 "두 가지 도리가 없기 때문에 드러낼 수 없는 것이다"[172]라고 한다. 즉 주희에게 있어 불교를 포함한 모든 이단은 성인의 학설과 양립할 수 없는 학술인 것이다.

불교와 노장 사상을 이단으로 규정한 것은 주희와 육구연이 동일하다. 그러나 이단의 대상과 범위에 대한 주희와 육구연의 규정에는 미묘한 차이가 있다. 육구연은 '동'과 '이'를 대립시켜 놓고서 '동'이 아닌 '이'에 속한 학문을 이단으로 규정한다.

> '이'와 '동'은 대립한다. 비록 동일하게 요순의 도리를 섬겼다고 할지라도 그가 배운 학문의 단서가 요순과 다르다면 이단이기 때문에 (그 이단이) 어찌 불교와 노자의 사상에만 그치겠는가? 어떤 사람이 나에게 "이단이 무엇인가"라고 묻는다면, 나는 "먼저 동일한 단서를 이해해야 한다"라고 대답할 것이다. 무릇 이것과 단서가 다른 것이라면 모두 이단이다.[173]

172) 『朱子語類』, 권97, "芮國器嘗云: '天下無二道, 聖人無兩心, 如何要排佛?' 曰: '只爲無二道, 故著不得它.'"

173) 『象山全集』, 권34, "蓋異與同對. 雖同師堯舜而所學之端緖與堯舜不同, 卽是異端, 何止佛老哉? 有人問吾異端者, 吾對曰予先理會得同底一端. 則凡異此者皆異端."

이곳에서 육구연이 말한 '동일한 단서'는 무엇을 지칭하는가? 육구연은 "다른 논의 · 다른 취향 · 다른 규모 · 다른 흔적 · 다른 행동 · 다른 사공이 있으면 도와 본질적 관련이 없는 것으로, 이것이 바로 이단이다"174)라고 하였다. 육구연이 말한 '다른 것'(別有)은 다름 아닌 '심즉리'와 다른 것을 의미한다. '동일한 단서'인 심즉리와 의리 규모가 다르다면 그것이 바로 이단이다. 따라서 육구연이 말한 '이단'에는 불로의 사상과 고자뿐만 아니라 심지어 주희의 철학사상까지 포함된다고 할 수 있다. 『상산전집』 권34에 다음과 같은 대화가 실려 있다.

선생은 상산에 거주하면서 배우는 사람들에게 자주 다음과 같이 말하였다. "너의 귀는 스스로 총명하고, 너의 눈은 스스로 밝다. 부모를 섬길 때는 스스로 효를 할 수 있고, 형을 섬길 때는 스스로 존경할 수 있다. 본래부터 하나의 모자람도 없기 때문에 타자로부터 추구할 필요 없이 스스로 세울 뿐이다." 배우는 사람들이 이 말을 듣고서 대부분 흥기하였다. 의론을 세운 자가 있자, 선생은 "이것은 허설이다"라고 하였다. 또 "이것은 시문의 견해일 뿐이다"라고 하였다. 배우는 사람이 이 말을 듣고서 "맹자는 양주와 묵자의 학설을 배척하였고, 한유는 불교와 노장의 사상을 배척하였으며, 육구연 선생은 시문을 배척하였다"라고 하자, 선생은 "이 말도 좋다. 그러나 양주와 묵자 그리고 불교와 노장의 사상을 배척하는 것은 약간의 기상이 있는 것 같지만, 나는 단지 시문만을 배척할 뿐이다"라고 하였다.175)

---

174) 『象山全集』, 권35, "別有商量, 別有趣向, 別有規模, 別有形迹, 別有行業, 別有事功, 則與道不相干, 則是異端."

175) 『象山全集』, 권34, "先生居象山, 多告學者云: '耳自聰, 目自明. 事父自能孝, 事兄自能弟. 本無少缺, 不必他求, 在乎自立而已.' 學者於此亦多興起. 有立議論者, 先生云: '此是虛說.' 或云: '此是時文之見.' 學者遂云: '孟子闢楊墨, 韓子闢佛老, 陸先生闢時文', 先生云: '此說也好. 然闢楊墨佛老者, 猶有些氣道, 吾却只闢得時文.'"

육구연이 말한 "너의 귀는 스스로 총명하고…… 형을 섬길 때는 스스로 존경할 수 있다. 본래부터 하나의 모자람도 없기 때문에 타자로부터 추구할 필요 없이 스스로 세울 뿐이다"라는 것은 바로 심즉리를 근거로 세운 복기본심과 발명본심을 가리켜 말한 것이다. 따라서 이것과 다른 것은 모두 허설이고 시문인 것이다.

주희와 육구연의 이단 논쟁은 두 사람 간의 문제뿐만 아니라 기타 학술까지 포함된 것으로, 사실 유가철학과 기타 철학사상의 대립이라고 할 수 있다. 그러나 필자가 앞에서 이미 밝힌 바와 같이 주희와 육구연의 이단 논쟁은 기본적으로 맹자의 입장을 계승한 것으로 창의적인 견해는 없다. 오히려 다른 학술사상에 대한 폐쇄적인 입장만을 고착화한 것으로 이후의 중국과 한국의 전체 학술사상 발전에 저해요인으로 작용하였을 뿐이다.

제8절. 주륙 비판의 득실

주륙지변은 주희와 육구연 당대의 리학과 심학 논쟁에 그친 것이 아니라 이후 중국 학술계의 논쟁을 유불의 논쟁에서 주륙의 논쟁으로 전환시킨 일대 사건이었다. 명대 진건은 『학부통변』「제강」에서 "주자가 학술계에 등장하기 이전에 천하의 학자들은 유학과 불가의 동이同異 문제를 두고서 논쟁을 전개하였는데, 주자 사후에는 논쟁의 주제가 주륙동이논변으로 전환되었다"[176]라고 하였다. 주희 사후에 유불의 논쟁이 사라진 것은 아니지

176) 『學蔀通辨』, 「提綱」, "朱子未出以前, 天下學者有儒佛異同之辯, 朱子旣沒之後, 又轉爲朱陸異同之辯."

만, 논쟁의 주류 지위를 주륙지변이 차지하게 되었다. 원 · 명 · 청대를 거치면서 주륙 논쟁은 주요 학자들의 관심 대상이었고, 심지어 조선 성리학계에서도 예외가 아니었다.

필자는 성즉리와 심즉리에 대한 주륙 두 사람의 득실 문제는 철학 의리 자체로는 논의하기 부적합하고 단지 학술사상사를 근거로 논의할 수밖에 없다고 생각한다. 왜냐하면 주희는 성즉리를 근거로 성을 정태적 소이연지리 혹 실현의 원리 혹 실체로 이해하였고, 심을 성리에 대한 인식 기능을 갖춘 지각주체로 이해하였다. 이러한 이론적 형식으로부터 격물치지와 거경함양 그리고 도문학을 통한 존덕성을 강조하는 것에는 엄밀한 정합관계가 있다. 육구연도 마찬가지이다. 심즉리이기 때문에 심은 도덕규범에 대한 입법 작용을 갖춘 도덕실체 혹은 선의지이다. 선의지는 자율적으로 자신의 활동을 선으로 결정할 수 있고(양지), 이를 실현할 수 있기(양능) 때문에 복기본심의 공부론을 주장할 수밖에 없다. 또 양지와 양능이라는 두 작용을 근거로 이간의 공부론을 제시한다. 따라서 먼저 심즉리의 도덕실체를 긍정해야 한다. 이것이 육구연의 존덕성이다.

그러나 학술사상사를 근거로 양인의 득실을 논하자면, 판단할 수 있는 근거는 있다. 그것은 바로 도통이다. 즉 주륙 두 사람 모두 긍정하고 있는 도통을 내세울 수밖에 없다. 다행히 주희와 육구연 모두 맹자를 공자학의 전승자로 인식하고 있기 때문에 맹자의 도덕론을 본말 정립의 핵심 근거로 삼아야 한다. 앞에서 서술한 바와 같이 맹자는 "인의예지는 심을 근본으로 한다"(仁義禮智根於心)고 하였고, "리의는 내 마음을 즐겁게 한다"(理義悅我心)고 하였으며, 심선을 통하여 성선을 증명하였다. 비록 맹자가 심즉리를 언표하지는 않았지만 이는 분명 주희의 성즉리보다는 육구연의 심즉리에 가깝다.

수양론 역시 '잃어버린 마음을 되찾는다'(求放心)와 '먼저 대체를 확립한다'(先立其大)를 본질적 공부로 내세우기 때문에 육구연의 발명본심(복기본심)과 일치한다.

다음은 격물치지와 발명본심에 대한 주륙 비판의 득실이다. 먼저 발명본심에 대한 주희의 비판을 보자. 발명본심에 대한 주희 오해의 핵심은 그것을 선학으로 오인한다는 것에 있다. 주희의 이러한 의식구조는 소년시기의 선학에 대한 경험이 결정적 원인으로 작용한 것 같다. 『주자어류』 권104에 "내 나이 14~15세 시기에 이러한 일이 재미있다고 느껴져 그것을 마음으로 좋아하게 되었다. 나는 스스로 어리석음에 머무를 수 없어 실제로 조금씩 노력하여 그것을 얻으려고 하였다"[177]는 기록이 있다. 이곳에서 말한 '이러한 일'은 바로 선학을 가리킨다. 또 같은 곳에 "내 나이 15~16세 시기에 마음이 이곳(禪)에 쏠렸다. 하루는 병옹[178]이 거처하는 곳에서 한 승려[179]를 만나 그와 이야기를 나눈 적이 있다. 그 승려는 단지 나와 상응하여 말하였을 뿐 옳고 그름에 대해서는 말하지 않았다. 그러나 유병산과 말하면 나도 '밝고 환'(昭昭靈靈)한 선을 이해할 수 있었다. 유병산은 뒤에 나와 말하였다. 내가 곧 이 승려의 말에 더욱 오묘함이 있다고 생각하여 그에게 물었는데, 그가 말한 것이 매우 좋았다. 후에 과거에 응시할 때 그 승려의 말에 따라서 헛소리를 하였다.[180] 그때에는 문자도 지금처럼 세밀하지 않아

---

177) 『朱子語類』, 권104, "某自十四五歲時, 便覺得這物事是好底物事, 心便愛了. 某不敢自昧, 實以銖累寸積而得之."

178) 병산 유자휘를 가리킨다.

179) 「年譜」를 보면 유자휘의 처소에서 密庵의 주승인 宗杲의 제자 道謙禪師를 만나 불법을 배웠다고 기록되어 있다.

180) 「年譜」 19세 시기를 보면, 2월 省試에 참가하여 道謙의 禪說을 잘 해설하여 급제하였다는 기록이 있다. 그러나 주희는 후에 禪學을 이단으로 규정하였기 때문에, 이곳에서

다른 사람들에게 거칠다는 소리를 들었다. 과거의 고시관이 내 말에 감동되어 합격시켰다. 후에 동안의 주부로 임직하니 그해 내 나이 24~25세 시기였고, 처음 이 선생(이동)을 만났다. 이 선생과 (선의 도리를) 말하자 이 선생은 단지 잘못되었다고만 말하였다. 그러나 나는 오히려 이 선생이 (선의 도리를) 잘 이해하지 못한 것이라고 의심하여 재삼 질문하였다. 이 선생의 인품은 간소하면서도 중후하였지만, 말을 잘하지는 못하였다. 단지 성현의 말씀을 보라고 가르쳤을 뿐이다. 나는 잠시 선에 대하여 논의하지 않기로 하였다. 아직 마음속에 선이 남아 있었지만 성인의 서적을 읽었다. 읽고 또 읽고, 하루하루 다시 읽자 성현의 말씀에 대하여 점차 흥미를 가지게 되었다. 지난날을 뒤돌아보고서 석씨의 말을 생각하니 점점 잘못됨이 터져 나와 수백 가지로 나타났다"[181]라는 기록이 있다. 사실 주희가 소년 시절에 선학을 배운 것은 문제가 되지 않는다. 그러나 주희는 학문의 구조가 선학과 유사하면 곧장 그것을 불교라고 단정하는 우를 범한다. 대표적인 것이 바로 육구연의 심즉리와 발명본심에 대한 오해이다. 사실 선종에서 말한 "직지인심直指人心, 견성성불見性成佛"은 심의 본래면목에 깨우침을 강조한 것이다. 심의 본래면목이 바로 성이고, 견성은 심 외의 다른 것을 보는 것이 아니라 '본래무일물本來無一物'임을 깨닫는 것이다. 심학에서 심성의 관계, 대표적인

헛소리(胡說)라고 하였다.

181) 『朱子語類』, 권104, "某年十五六時, 亦嘗留心於此. 一日在病翁所會一僧, 與之語. 其僧只相應和了說, 也不說是不是. 卻與劉說, 某也理會得箇昭昭靈靈底禪. 劉後說與某. 某遂疑此僧更有要妙處在, 遂去扣問他, 見他說得也煞好. 及去赴試時, 便用他意思去胡說. 是時文字不似而今細密, 由人粗說. 試官爲某說動了, 遂得擧. 時年十九. 後赴同安任, 時年二十四五矣, 始見李先生. 與他說, 李先生只說不是. 某卻倒疑李先生理會此未得, 再三質問. 李先生爲人簡重, 卻是不甚會說. 只敎看聖賢言語. 某遂將那禪來權倚閣起. 意中道禪亦自在, 且將聖人書來讀. 讀來讀去, 一日復一日, 覺得聖賢言語漸漸有味. 卻回頭看釋氏之說, 漸漸破綻, 罅漏百出."

것으로 진심지성盡心知性에서 '진심'을 통한 '지성'이 '본래무일물'을 깨닫는 것이 아님은 분명하다.

격물치지에 대한 육구연의 오해는 주희의 경우보다 더욱 심하다. 육구연은 주희의 격물치지를 의론 혹 공맹의 유학정신과 본질적으로 관련이 없는(不相干) 지리한 학문으로 치부하는데, 이는 그가 주희 격물치지의 정면적 의미를 이해하지 못함에서 비롯된 지나침이다. 주희가 심을 지각주체로 설정하고, 성리를 심의 인식대상으로 삼은 것은 부정할 수 없는 의리적 사실이다. 그러나 격물치지는 단순히 외적 사물의 리를 인식하여 그것으로써 심 활동의 표준으로 삼는다는 의미가 아니다. 앞에서 이미 밝힌 바와 같이 주희철학에서의 리는 결코 밖의 사물에서 주어지는 것이 아니라 기의 령(氣之靈) 혹은 기의 정상(氣之精爽)이라는 심의 인지작용을 통하여 바깥의 사물의 리를 인식하여 그것으로써 심 자신의 소이연지리와 서로 인증(內外合一)하는 관계이다. 이는 객관적인 사물에서 리를 인식하여 내면의 리를 밝혀 드러내는 것으로, 오히려 오로지 본심에서만 시비선악의 근거를 추구하는 육구연의 주관적 인식론보다 시비선악 판단의 객관성을 제고하는 방법으로 이해할 수 있을 것 같다. 필자는 이것이 바로 주희 격물치지의 정면적 의미라고 생각한다.

또한 오로지 맹자의 '구방심' 혹 '선립기대' 그리고 육구연의 발명본심에만 의지하면, 도덕실천 시에 불가결한 요소인 절목에 관한 지식을 성취할 수 없다. 예를 들어, 부자와 군신 그리고 사제지간의 절목은 상식적인 지식으로도 충분히 설명이 가능하지만, 남북 간 문제 · 핵 문제 · 이스라엘과 팔레스타인 대립 문제 · 사교육 열풍의 문제 · 미국산 소고기 수입의 문제 등은 발명본심을 통한 본심이 해결할 수 있는 문제가 아니다. 이상과 같은 복잡한 상황을 고려해야 하는 절목에 관한 지식은 오히려 격물치지의 전용을 통하여 해결할 수 있다고 생각한다.[182)]

필자는 앞의 무극과 태극의 문제에서 리기론과 심성론의 유기적 정합에 관한 육구연의 부족을 지적한 바 있다. 이는 무극에 관한 문제가 아니라 태극과 음양에 관한 문제이다. 육구연은 태극과 음양을 모두 형이상자인 도로 인식하였는데, 태극과 음양의 기에 대한 분리가 전제되지 않으면 순선한 도덕의지의 근원을 설명하기 어렵다. 만일 태극을 음양미분의 상태로 이해하고, 그것을 형이상자로 이해한다면, 태극 역시 음양의 기일 뿐이다. 그렇다면 도덕규율과 선악은 원기인 태극을 근원으로 삼을 수밖에 없는데, 이때 순선한 도덕의지인 본심은 태극의 양인가? 아니면 음인가? 음과 양이 서로 대립적 성격인 기의 양면인 것은 분명하지만 양을 선으로, 혹은 음을 악으로 규정한다면 존재계 역시 선과 악이라는 이분법적 대립구도로 설정되어야 한다. 이는 전통유가철학의 세계관과 일치하지 않는다. 또한 유가철학에서는 음양의 부조화로써 악을 설명할 뿐, 음과 양을 서로 선과 악으로 나누어 규정하지는 않는다. 또 음양의 조화로써 선을 설명한다고 하더라도 조화의 표준은 마땅히 따로 설정해야 한다. 모종삼은 주희와 육구연 사이의 무극태극에 관한 논변 내용을 『심체여성체』[183)]에서 상세하게 해설하고서, "무극을 언급해도 되고, 언급하지 않아도 된다. 두 사람의 변론이 이곳에까지 이르렀으면 마땅히 서로 웃으면서 마음속으로 그 의미를 터득하려고 해야 할 것이다. 그러나 현자일지라도 주관적인 고집을 면할 수 없었기 때문에 본래 의도와는 관계없이 옆길로 나아갔고, 변론을 하면 할수록 서로 외

---

182) 이 문제는 제6장 리학과 심학의 종합 가능성에서 상세히 논할 것이다.
183) 牟宗三, 『心體與性體』 第1冊, 第2部 分論 1: 濂溪與橫渠, 第1章 周濂溪對于道體之體悟.

면하게 되었다. 문자와 행간에 대하여 서로 오해하거나 상대방의 의도를 온전히 파악하지 못한 곳이 너무나 많기 때문에 그 하나하나를 모두 지적할 수는 없다"라고 하고서 "『태극도설』의 진위에 관해서는 육구연이 실패자이다"라고 결론을 내린다. 필자 역시 무극과 태극에 관한 변론에서는 주희가 승리자인 것 같다.(적어도 리기론과 심성론의 정합관계를 근거로 볼 때) 그러나 중요한 것은 두 사람의 태도이다. 주희와 육구연은 동일하게 공자와 맹자의 도를 창현하면서 유학의 심령으로써 민중을 계도하고, 세계에 하나의 합리적인 질서를 제공하여 무도無道의 세계를 유도有道의 세계로 전환시키려고 분발하고 노력하였지만, 심성에 대한 심즉리와 성즉리의 인식 차이로 말미암아 상대방 학술사상의 정면적 가치를 올바르게 바라보지 못하였다. 그것 역시 운명이라고 치부할 수 있지 않을까?

제4장
원·명대 철학
—리학과 심학 논쟁의 부활—

원대 유학의 일반적인 시각은 주륙화회론이다. 그러나 정말로 원대 성리학의 성격이 '주륙화회론'이고, 이것이 명대 심학의 선하先河였다고 한다면, 원대와 명대의 철학은 주희를 중심으로 한 리학의 심학화 과정이라고 할 수 있을 것이다. 그러나 필자는, 원대 성리학은 결코 주륙화회론이 아니고, 또한 원대의 철학이 왕수인 심학의 선하였다고도 인식하지 않는다. 필자는 일반적으로 주륙화회론자로 불린 허형許衡과 오징吳澄 및 정옥鄭玉의 저작과 그에 관한 선행연구논문을 분석한 결과, 그들은 철저한 주희철학 계승자였을 뿐 결코 주륙화회론자가 아니었음을 어렵지 않게 발견할 수 있었을 뿐만 아니라, 그들의 철학사상이 명대 초기의 주희철학자들에게는 일정 부분 영향을 끼쳤다고 할지라도 왕수인의 치양지 중심의 심학 출현과는 본질적으로 무관함도 발견할 수 있었다. 필자가 보기에 원대의 주륙화회론은 위학의 두 방법인 도문학과 존덕성의 관계에서 주희가 육구연에게 '단점은 버리고 장점을 서로 취하자'(去短合長)라고 한 주장과 본질적으로 다르지 않았다.[1] 만일 이러한 학문적 입장도 주륙화회론이라고 할 수 있다면, 주륙화회론의 원류는 바로 주희일 것이다.

필자는 앞 장에서 이미 밝혔듯이 주륙의 화회는 태도상으로는 가능할 수 있고, 위학의 방법론을 공유한다는 측면에서도 가능할 수 있지만, 성즉리와 심즉리를 종지로 삼고서 질과 양을 균등하게 종합한다는 것은 불가함을 밝혔다. 그러나 이 점을 배제하고서 좀 더 느슨하고 광의적인 입장에서 논한다면, 화회는 여러 측면에서 논의할 수 있을 것도 같다.

첫째, 어느 일방이 자각적 성찰을 통하여 자신이 견지하고 있는 철학적 신념이 유학의 본질에 어긋남을 스스로 인식하고 상대방의 학술을 긍정적으로 수용하는 것이다. 다시 말하면 주희가 성즉리와 거경함양 및 격물치지가 공맹학술의 본질에서 일탈하였음을 자각하고서 육구연의 심즉리와 복기본심을 수용하거나, 반대로 육구연이 자신의 심즉리와 복기본심이 불교의 선학임을 통찰하고서 주희의 학술을 수용하는 것이다. 이러한 형태가 아마 가장 궁극적인 의미의 화회일 것이지만, 주희와 육구연의 당시에도 이러한 화회는 없었고, 유가철학의 발전 과정에서 이러한 극적인 화해는 출현하지 않았다.

둘째, 주희와 육구연이 성즉리와 심즉리라는 자신의 심성론 종지를 견지한 채 상대방 학술의 위학 방법론을 보조의 수단으로 수용하는 것이다. 주희와 육구연 당시에 주희가 외형적으로 이러한 조화를 시도하였지만, 존덕성과 도문학에 대한 서로의 이해가 극명하게 달랐기 때문에 화회는 이루어지지 않았다. 외형적으로만 본다면 원대의 성리학은 이 형태에 속한다고

1) 주희는 道問學을 致知窮理로, 尊德性을 실천으로 인식하여, 육구연에게 '去短合長'을 요구하였다. 남송의 주자학자에 비해 원대 유학자들은 궁리와 함께 실천을 강조하였다. 때문에 필자는 이렇게 묘사한 것이다.

할 수 있을 것이다.

셋째, 자신의 학술을 고수하면서 동시에 상대방의 학술적 가치를 긍정해 주는 태도 역시 화회의 일종이라고 할 수 있을 것이다. 공자가 주장한 화이부동을 존중한다면 주희와 육구연뿐만 아니라 유가와 도불의 화회도 가능할 것이다.

넷째, 리학과 심학의 학술은 성즉리와 심즉리에 의하여 결정된다. 따라서 자신이 성즉리 혹은 심즉리 중 어느 하나의 의리를 유가철학의 근본정신의 소재라고 판단하는 순간 수평적인 주륙화회는 불가하다. 필자 역시 주륙화회의 수평적인 화회는 불가하다고 생각한다. 화회는 양적인 종합이 아니라 유가철학의 근본 종지를 유지하면서 가감이 이루어져야 한다. 다시 말하면 주희의 성즉리를 제1원칙으로 삼고, 거경함양과 격물궁리를 위학의 근본으로 삼으면서도, 활발발活潑潑한 양심을 성찰하기 위하여 복기본심(발명본심)과 같은 역각을 보조의 방법론으로 취해도 무방할 것이다. 뿐만 아니라 육구연의 심즉리를 제1원칙으로 삼고, 복기본심과 같은 역각체증과 치양지를 위학의 근본으로 삼는다고 할지라도, 주희의 격물궁리 방법론을 원용하여 본심과 양지의 판단과 실현이 시의적절한가를 검증할 수도 있을 것이다.

다섯째, 이는 필자가 견지하는 리학과 심학의 화회론이다. 필자는 공맹철학을 유가철학의 기본 방향으로 공인한다면, 주희와 육구연의 학술 중에서 어느 일방을 전면적으로 재수정하여 주종 혹은 본말의 관계로 정립하고서 양자의 종합을 시도하고자 한다. 이러한 시도가 리학과 심학 중 어느 일방 혹은 양방 모두의 불만을 초래할 수 있을지라도 시대정신에 비춰 볼 때 일정 부분 정당성을 확보할 수 있다면 의미 있는 작업이라고 생각된다. 이 점에 관해서는 제6장에서 논하겠다.

제1절. 원대 주륙화회론

앞에서도 밝혔듯이 필자는 허형과 오징 그리고 정옥 등 원대 성리학자의 주륙화회론은 진정한 의미의 주륙화회를 올바르게 인식하지 못한 허구라고 생각한다. 진정한 의미의 주륙화회가 이루어지기 위해서는 주희와 육구연 철학의 이동異同을 올바르게 장악해야 한다. 채인후는 "주희와 육구연의 이동은 800년 동안 여러 사람의 입에서 오르내렸지만, 그 차이와 같음의 실질적 의미를 올바르게 이해한 사람은 매우 적다"라고 하였다.[2] 채인후에 따르면, 일반적으로 주륙의 차이를 단지 '성즉리'와 '심즉리'라는 문자에서만 착안하여 양자의 차이를 '성' 자와 '심' 자의 차이로만 규약하는 경향을 보인다. 그러나 성즉리와 심즉리의 차이는 심과 성의 차이에 있는 것이 아니라 '도덕실천의 최후 근거를 선의지(심)로 설정하는가? 아니면 의지를 배제하고서 표준 혹은 법칙(성리)으로만 설정하는가'에 있다. 따라서 원대의 성리학자들이 리학과 심학의 차이를 올바르게 인식하고서 절충을 시도하였다면, 의미 있는 화회론으로 정립될 수도 있겠지만, 그것에 대한 정확한 인식 없이 단지 양자를 수평적으로 포괄하면서 겸중하려는 태도만을 보였다면, 학술적 의미의 진정한 화회론이라고 칭하기 어려울 것이다. 이 문제를 논하기 이전에 원대의 유학을 개관한다는 입장에서 '주희철학 중심의 원대 유학' 그리고 '실용주의'와 '실천 중심의 유학'을 주제로 하여 원대 유학의 특성을 간단하게 소개하겠다.

2) 蔡仁厚, 『宋明理學』 南宋篇(臺灣: 學生書局, 1983), 255쪽.

1. 원대 유학의 특성

원은 몽골족이라는 이민족에 의하여 수립된 왕조이다. 중국왕조 역사의 흐름을 보면, 호한胡漢이 교대로 중국을 지배한 경우가 많다. 송(漢)에서 원(蒙古)으로, 다시 명(漢)으로, 다시 청(女眞)으로의 교체가 대표적인 경우이다. 대부분의 역사가들이 한족 출신이기 때문에 이민족에 의한 지배 왕조에 대한 평가가 그리 우호적이지 않은 편이다. 특히 한족에 대하여 비교적 가혹한 정치를 편 황제에 대한 평가는 매우 열악하다. 원대에 대한 역사가의 평가 역시 전반적으로 부정적인데, 대표적인 평가가 바로 "오로지 전쟁으로써 나라를 세우고, 무력으로써 나라를 다스렸다"(馬上得國, 馬上治國)는 것이다. 나라를 세운 것과 나라를 다스린 것이 오로지 무력에 의해 이루어졌다는 평가는 원대에는 문화적 정책(文治)이 아예 없었음을 의미한다.

원대의 유학 정책에 대한 평가 역시 부정적이다. 역동적인 성향의 유목민족이 정적인 농경문화의 유산인 유학의 이념을 적극적으로 수용하고 장려하며, 더 나아가 국치의 이념으로 추존한다는 것은 상식적으로 이해하기 어렵다. 물론 청조는 원조에 비해 상대적으로 유학을 긍정하고 장려하였지만, 이는 원대 정치 실패에 영향을 받은 측면이 있다. 그러나 원조는 비록 송과 명처럼 유학을 통치의 이데올로기로 추존하지는 않았다고 할지라도 유학에 대해 전혀 무관심하지는 않은 것 같다. 과거제도를 부활하였고, 원 세조世祖 시기에는 몽고국자학蒙古國子學과 함께 한학국자학漢學國子學을 두었으며, 그곳에 정규 생원을 두었다. 학습하는 교과목이 오경경의五經經義였다는 사실만으로도 유학에 대하여 무관심하지 않았음을 엿볼 수 있다.[3] 뿐만 아니라 송사宋史를 편찬함에 있어 「유림전儒林傳」과 함께 「도학전道學傳」을 따로 두어 도통의 문제에 관심을 보였다는 사실은 유학에 대한 원 왕조의 관심이 상당하였음을 보여 준다. 따라서 원조의 유학 홀대는 송·명과 비교하여 정도상의 차이일 뿐이라고 생각된다.

또한 사방득謝枋得과 정사초鄭思肖[4]의 주장처럼, 원대에 유학자를 10등급 중에서 9등급에 속한 부류로 분류하고서 걸인과 유사하게 취급하였다면, 명의 건국 주역인 주희철학자들의 출현을 설명하기 어려울 것 같다. 필자가 보기에 원대의 유학은 정주학 중심이 분명하다. 정주학은 남송시대에 완성되었는데, 만일 원의 90년 동안에 유학이 철저하게 소외되었다면 원말명초에 다수의 주희철학자들이 활동하였다는 역사적 사실을 상상하기 어렵다. 명 초의 정주학은 사실 원대의 정주학 중심과 궤적을 같이한다.

그러나 원대의 철학에서는 사실상 특이점을 발견하기 어렵다. 따라서 현전하는 철학사에서도 원대의 철학을 비중 있게 다루지 않는다. 일반적으로 송명리학 혹은 송명유학이라고 칭할 뿐 송원명철학이라고 칭하는 학자는 매우 드물다. 노사광의 『중국철학사』에서는 원대의 철학자를 아예 언급하지 않고 있으며, 소공권蕭公權의 『중국정치사상사』에서도 원대에 관한 기록이 없다. 총 3책으로 구성되어 있는 모종삼의 『심체여성체』[5]는 송대 철학에 관한 내용이지만, 제4책에 해당된다고 할 수 있는 『육상산에서부터 유즙산까지』(從陸象山到劉蕺山)는 송대에서 명대까지의 철학사상을 다루고 있는

3) 권중달에 의하면, 원 세조는 漢學國子學을 두고서 漢學을 학습시켰고, 지방에 학교를 설립하여 전국의 학교 수가 21,300개소에 달했으며, 制擧와 科擧 등 인재 등용의 제도를 일찍부터 정립하였다.(권중달, 「원 대의 유학과 그 전파」, 『인문학연구』 제24집, 1996, 96쪽 참고)

4) 이 책 제4장의 2) 실천주의와 실용주의 참고.

5) 『心體與性體』에는 吳澄에 관한 기록이 한두 차례 나올 뿐이다.

데도 그 중간인 원대 사상가에 관한 내용은 없다. 전목錢穆의 『송명리학개술宋明理學槪述』과 황공위黃公偉의 『송명청리학체계론사宋明淸理學體系論史』에는 비록 원대 철학에 관한 내용이 있지만, 차지하고 있는 비중은 현저하게 낮다.

필자는 한 가지 가정을 해 보았다. 만일 명대에 왕수인의 심학이 출현하지 않았다면, 명대 철학은 원대와 그 성격이 유사하였을 것이다. 사실 명대의 유학정책은 그리 좋은 평가를 받지 못한다. 특히 팔고문八股文에 대한 비평이 심하다. 팔고문은 명대 과거시험의 기본 형식이다. 팔고문은 매우 까다로운 형식으로 이루어져 있고, 성현의 말씀이나 주희철학의 명구만을 인용하여 답안을 작성해야만 하기 때문에 창의적인 답안이 도출되기 어려웠다. 혹자는 팔고문을 진시황의 분서갱유에 비유할 정도로 명대 문화에 해악을 끼쳤다고 주장하기도 한다.[6] 왕수인은 이러한 팔고문의 과거를 공리주의로 규정한다. 원대의 유학은 명의 초중기와 유사하다. 만일 명대에 왕수인이 출현하지 않았다면, 명대 역시 원대처럼 어떤 특별한 의리의 발전과 출현도 없는 밋밋한 철학의 시대였을 것이다. 그렇다면 정말 왕수인이 출현하지 않았다면 명대의 철학사도 원대처럼 취급하였을까?[7]

---

6) 申採湜, 『동양사개론』(삼영사, 1997), 585쪽.

7) 錢穆은 『國史大綱』에서 원대의 문화를 평가하면서 군인처럼 전쟁에 참여할 수도 없고, 장인처럼 물건도 생산하지 못하며, 포수처럼 수렵도 하지 못하고, 농민처럼 납세도 하지 못하는 유학자를 걸인과 거의 동급으로 취급하였다고 한다.(『國史大綱』, 권下, 臺灣: 商務印書館, 1975, 493쪽) 중국 근현대 상당수의 역사가들의 원대 문화 평가는 지극히 열악하다. 이러한 평가는 원 초 당시의 사방득의 견해를 그대로 수용한 것이다. 그러나 원대 유학에 관하여 전문적 연구를 한 蕭啓慶은 이러한 주장에 대하여 다른 주장을 한다. 그는 "법률적으로 정해진 권리와 의무 측면에서 보면, 원대 儒戶의 대우는 그렇게 나쁘지 않았다. 제색호계 가운데 유호의 지위가 절대로 낮았다고 칠 수 없다. 앞의 사람들이 원대 儒人들의 신분을 지나치게 낮게 평가한 것은 과장된 것이다"(蕭啓慶, 『元代的儒戶』, 臺灣: 新文豊出版公司, 36쪽; 권중달, 「원조의 유학정책과 원말의 유학」,

1) 주희철학 중심의 원대 유학

원대 유학에 대한 선행연구 저작은 송대와 명대 유학에 비해 현저하게 적은 편이다. 대부분의 저작과 연구논문에서 원대 유학의 특성을 '주희철학 중심'과 '실용주의' 및 '실천 중심'으로 규정하고 있다. 주희철학이 육구연의 심학에 비해 양적으로 풍부하고 광범위하게 유포되었다는 점도 있지만, '심즉리'를 근본 종지로 내세우는 심학의 의리는 통치자의 입장에서 보면 적극적으로 수용되기 어려운 요소가 있다. 주희를 중심으로 한 리학에서 도덕활동의 표준인 성리는 우리의 의지와 관계없이 선천적으로 주어진 것이다. 의지는 이러한 성리를 인식할 수 있고, 그것에 따라서 정념을 주재할 수 있을 뿐이다. 군신 간에 존재하는 충이라는 규범은 의지의 선택 판단과 관계없이 주어진 것으로서, 의지는 그것을 올바르게 인식하고 준수해야만 한다면, 통치자의 입장에서는 당연히 수용할 것이고, 매력적인 통치의 이데올로기로 인식될 것이다. 그러나 심학에서는 법칙 혹은 규범에 대한 제정권을 심, 즉 우리의 의지에 부여한다. 예를 들어 충이라는 규범을 부정하지는 않지만, 충과 불충에 대한 의미 부여와 함께 정당한 방법까지 심에 의하여

164쪽 재인용)라고 한다. 그렇다면 중국 근현대 역사가와 사상가들은 왜 원대 문화에 대하여 이처럼 낮게 평가하는가? 이에 대하여 권중달은 중국 근현대 지식인들의 민족주의를 그 이유로 내세운다. 즉 서세동점의 상황에서 중국의 지식인들은 민족주의적 교육을 통하여 중국의 자존을 세우려고 했던 것이다.(권중달, 「원 대의 유학과 그 전파」, 『인문학연구』 제24집, 1996, 97쪽) 필자는 권중달의 견해에 일정 부분 동의한다. 국가가 누란의 위기에 처해 있을 때 민족의 자긍심을 고취하고자 또는 자국 문화의 상대적 우월성을 강조하고자 이민족의 문화를 폄하하는 경우가 있기도 하고, 또 암울했던 과거의 역사 흔적을 애써 망각하기 위하여 정면적 가치를 긍정하지 않는 경우가 있기도 하다. 대표적으로 서양에서도 마케도니아 알렉산더의 동방정벌에 대해서는 미화하지만, 몽고족의 西征에 대해서는 오로지 무력만이 지배하였다고 평가절하하는데, 같은 이유이다.

결정되기 때문에 통치자의 입장에서 보면 상당한 위협감으로 작용할 수도 있다. 명대 중후기에 양명학 전습금지령傳習禁止令이 등장하였는데, 그것의 근본적인 원인은 바로 심학의 기본 성격이었다. 이러한 점은 중국은 물론이고 조선의 상황에서도 마찬가지로 적용되었다.

또한 육구연 학술의 외형적인 형태가 선학과 유사하기 때문에, 민족주의 입장에서 유학을 부활시켜 불교에게 빼앗긴 학술의 주도권을 회복하려는 유학자들이 심학의 의리를 수용하기에는 상당한 심리적 부담도 따랐을 것이다. 현전하는 철학사와 선행연구를 살펴보면, 원대에는 진정한 의미의 육학陸學 계승자가 거의 없었던 것 같다. 설령 있다고 할지라도 학술적인 지위가 미천하여 학자들의 주의를 끌지 못하였을 것이다. 허형과 오징 그리고 정옥의 유학에서도 육구연의 심학은 주희 성리학의 보조 역할에 그쳤을 뿐 수평적으로 대립하는 지위를 차지하지는 못하였다.

앞에서 밝힌 바와 같이 원대 유학의 주류는 정주학이다. 원대의 유학은 크게 북방에 유학을 전파시킨 조복趙復·요추姚樞·허형許衡·유인劉因 계열과 남동부 금화金華지역에서 주희의 고제자인 황간黃榦과 하기何基 그리고 왕백王栢의 학술을 계승한 김이상金履祥과 허겸許謙 계열로 나눌 수 있다. 조복은 원래 원군의 포로였는데, 원군에 의하여 연경에 끌려와 정주학을 전파한 사람이다. 정주학이 원대의 관학으로 정립된 것은 조복의 공헌이라고 할 수 있다. 때문에 진영첩은 원대에 정주학이 주류로 성립된 까닭은 역사의 우연이라고 평한다.[8] 조복은 정주학자의 저술과 유학의 경전 그리고 주석서를 요추에게 전하였고, 「전도도傳道圖」·「이락발휘伊洛發揮」·「사우도師

8) 陳榮捷, 『朱學論集』(臺灣: 學生書局, 1987), 299쪽.

友圖」·「희현록希賢錄」 등을 저술하여 성리학의 도통을 밝히려고 노력한 학자였다. 또한 양유중楊惟中과 요추는 태극서원太極書院과 주돈이 사당을 세워 장재·정호·정이·양시楊時·유초遊酢·주희 등을 육군자六君子로 배사配食하였으며, 많은 서적을 모아 조복으로 하여금 태극서원에서 강학하게 하였다.[9)]

조복의 정주학 중심의 도통관은 『송사』에 그대로 적용된다. 『송사』는 원대의 탁극탁托克托이 수찬한 것이다. 탁극탁은 『송사』와 함께 『요사遼史』와 『금사金史』를 완성한 사람인데, 『요사』와 『금사』에는 『사기』에서부터 유래된 「유림전」을 두고 있지 않은 반면, 오로지 『송사』에만 「유림전」과 함께 「도학전」을 두고 있다. 「유림전」은 『사기』 이래로 지속되었지만, 「도학전」은 『송사』 이전에도 없었고 그 이후에도 없다. 그런데 「도학전」에서는 주돈이를 비롯한 북송오자北宋五子 그리고 주희만을 도통의 전승관계로 볼 뿐 육구연은 도통에서 벗어난 것으로 인식하고 있다. 「도학전」은 비록 탁극탁에게서 이루어졌지만, 도통에 관한 정리 작업은 탁극탁이 세운 것이 아니라 원대 초기에서부터 이미 시작된 것이었다.

원대에 도통의 문제를 이처럼 중시한 것에 대하여 정성희는 "원대의 유학자들은 정상적인 사승에 의하여 학문을 전수한 것이 아니라는 점을 인식하고 있었기 때문에 도통 문제에 더욱 집착하게 되었고, 또 후학자들에게 성리학을 전수해 주는 사람의 입장에서도 도의 수수授受 맥락을 분명하게 인식시켜 도학에 대한 자부심을 가지게 할 필요가 있었다"[10)]라고 한다. 이처럼 북방에 유학을 전파시킨 조복 계열의 학술과 남동부의 금화학파 모두

9) 정성희, 「원 대 유학의 주륙화회 사상」, 『양명학』 제3호(1999), 297~298쪽.
10) 정성희, 「원 대 유학의 주륙화회 사상」, 『양명학』 제3호(1999), 297쪽.

정주학이다. 때문에 진영첩은 원대의 신유학은 실질적으로 주희의 신유학이라고 단언한다.[11] 이 밖에도 원대 과거의 주요 과목은 정주학이었고, 고려 말에 수입된 성리학도 정주학인 점을 보면, 원대 유학은 사실상 정주학의 천하였음을 알 수 있다. 육구연의 심학은 몇몇 학자들에게 학술의 태도 혹은 위학의 방법론에서 긍정적인 평가를 받았을 뿐 하나의 독립적인 계보로 확립되어 유포되지는 않은 것 같다. 육구연 심학의 진정한 부활은 명 중기 이후 왕수인의 치양지 등장 이후이다. 혹자들은 동남부의 금화학파에서 드러낸 실천주의적 경향만을 보고서 육구연 학술의 수용이라고 하기도 하는데, 이는 황간이 당시 궁리 중심의 인식론에서 벗어나 궁행을 강조하였고 그것이 제자들에 의하여 계승되었기 때문일 뿐, 육구연의 학술과는 무관하다.

2) 실천주의와 실용주의

원대의 유학은 본질적으로 주희철학의 연속이지만, 발전의 양상은 남송시대의 주희철학과는 다른 모습으로 전개되었다. 대표적인 것으로 실천주의와 실용주의를 들 수 있다. 실천주의와 실용주의 성격으로 주희철학이 전개된 원인은 크게 두 가지로 나눠 설명할 수 있다. 하나는 주희철학 내부의 문제이고, 다른 하나는 원대라는 외연적 상황이다.

실천주의의 출현은 주희철학 내부의 문제라고 할 수 있다. 유가철학의 본질적인 목적은 궁행, 즉 실천에 있다. 중국유가철학 발전사에서 앎(知)만을 강조하고 실천(行)을 강조하지 않거나, 앎을 경시하면서 실천만을 강조한

11) 陳榮捷, 『朱學論集』(臺灣: 學生書局, 1987), 299쪽.

학자는 없다. 앎은 실천의 전제조건이고, 실천은 앎의 구체적인 현현이다. 따라서 유가철학에서 선지후행과 지행병진, 그리고 지행합일[12]과 지경행중을 강조한 것은 의리상 당연이고 필연이다. 주희와 육구연도 예외가 아니다.[13] 그러나 주희가 진지낙행을 강조하자 낙행의 전제조건인 진지眞知(知至)를 위하여 궁리에 지나치게 몰두하는 모습을 보이게 되었는데, 이것이 송말 주희철학 말류 병폐 중의 하나였다.

원래 진지낙행설은 비단 주희뿐만 아니라 유가 지행론의 공통된 주장이다. 지행 문제를 논할 때 다음 세 가지 형태를 설정할 수 있다. 첫째는 '알면서도 실천하지 않는 경우'(知而不行)이고, 둘째는 '실천하였지만 실천해야 할 까닭을 알지 못한 경우'(行而不知)이며, 셋째는 '알면 곧 실천으로 옮기는 경우'(知卽行)이다. 두 번째의 경우는 적법성에 대해서는 논의할 수 있지만 의리에 대한 지각이 전제되지 않은 것이기 때문에 맹목적인 행위(冥行)이다. 따라서 유가철학에서는 이러한 어두운 행위에 대하여 도덕성의 가치를 부여하지 않는다. 주희가 관심을 갖는 경우는 첫 번째와 세 번째의 경우이다. 왕수인은 알면서도 실천하지 않는 경우를 '진정한 앎이 아니다'(未知)라고 하지만[14] 주희는 '앎이 아직 지극한 상태에 이르지 않았다'(知之未至)고 한다.[15] 비록 앎의 불완전이라는 의미는 동일하지만 주희가 비교적 구체적이다. 주희에 의하면 앎(知)에는 천지淺知와 상지常知[16]그리고 심지深知와 진지眞知의

12) 주희와 육구연 및 왕수인이 모두 지행합일을 긍정하지만, 왕수인의 지행합일론은 주희의 입장과 다르다. 이 점에 관해서는 제2절에서 상세하게 논의할 것이다.

13) 지행의 선후 관점은 주희와 육구연 모두 선지후행을 견지한다.

14) 『傳習錄』 上, "愛曰: 如今人盡有知得父當孝, 兄當弟者, 却不能孝, 不能弟, 便是知與行分明是兩件. 先生曰: 此已被私欲隔斷, 不是知行的本體了. 未有知而不行者. 知而不行, 只是未知."

15) 『朱子新學案』 2冊, 380쪽, "見得分明, 則行之自有力. 乃是知之未至, 所以爲之不力."

16) 상식 수준의 일반적인 지식.

차별이 있다. 지지知至가 성의誠意의 전제조건이기 때문에 '천지'와 '상지'의 '지'는 성의의 부자연스러움을 수반할 수밖에 없다. 다시 말하면 '지'의 얕음과 깊음의 차이가 실천의 불락不樂과 락樂의 차이를 결정한다. 주희는 '진지'를 얻는 방법으로 구체적인 체험을 강조한다. 이는 '지'가 단순한 심의 사유만이 아니라 실천을 통해서도 얻어짐을 긍정한 것이다. 실천 역시 앎을 추구하는 하나의 방법이다. 지행병진설이 바로 이것이다. 지선행후는 주희의 일관된 입장이다. 격물치지가 성의의 조건이고, 격물치지의 목적이 성의이기 때문에 '지선행후'와 '지경행중'은 필연적으로 도출될 수밖에 없는 이론이다. 그러나 주희의 후학들은 주희 지행론의 본의를 간과하고서 '진지'를 취득하는 유일한 방법인 격물궁리에 집착하는 경향을 보였는데, 남송 말기의 정주학자에게서 쉽게 볼 수 있는 현상이었다.17)

또한 주희철학에서 심성론의 존재론적 근거인 리기론이라는 형이상학적 의리는 주희 시대에 이미 궁극의 경지에 이르렀기 때문에 주희의 후학들은 주희의 형이상학을 올바르게 이해하는 데 초점을 두었을 뿐 이와 다른 새로운 형이상학 의리 창출에 특별한 관심을 보이지 않았다. 정확하게 말하면 주희를 능가하는 학자가 출현하지 않은 것이다. 이제 남은 것은 방대한 주희의 도덕철학 체계를 어떻게 수신修身에 적용하여 도덕적 군자의 인품을 완성하는가의 문제였다. 유학은 본래 안심입명安心立命과 같은 소극적 태도를 지향하지 않고 적극적인 실천을 통한 인격완성을 지향하기 때문에 실천주의는 출현할 수밖에 없는 사조였다고 할 수 있을 것이다.

원대 실천주의 유학을 연 황간의 경우가 대표적인 사례이다. 황간이 주

17) 명 중기에도 동일한 현상이 출현한다. 이것이 왕수인 지행합일설 출현의 외연적 요인 중 하나였다.

희의 형이상학에 관심을 갖지 않은 것은 아니지만, 태극을 비롯한 형이상학 실체 개념에 있어 주희보다 진전된 면을 보이지 못하였다.[18] 황간은 상달보다는 하학, 즉 직접 신심身心을 학문의 대상으로 삼아 천리를 보존하고 인욕을 제거하는 도덕적 수양에 치중하였다. 이러한 전통은 하기와 왕백 그리고 김이상에 의하여 전승되었고, 원조의 실용주의 정책과 맞물려 원대 성리학의 주류로 자리 잡게 된다. 실천주의는 원대 유학자들이 『대학』에서 격물치지보다는 수신·제가·치국·평천하에 관심을 갖게 하는 데 영향을 미쳤다. 다시 말하면 주희철학이 주지주의적인 전통에서 실천주의적 전통으로 재편성된 것이다. 원대 주희철학자들이 대부분 경세와 관련된 실무적 지식에 상당한 관심을 보인 것은 이 때문이다. 또한 격물치지를 제1 의리로 삼은 『대학』보다는 일상에서의 실천을 강조하는 『소학』을 강조하게 된다.

다음 외연적 원인으로는 몽골인의 실용주의 혹은 공리주의 문화관을 들 수 있다. 몽골인의 실용주의 문화관은 상업주의적 경향이 강한 색목인과의 결합에서 발견할 수 있다. 이러한 몽골인의 실용주의 가치관과 문화관은 원대 민족주의 유학자들이 자조적인 말로 구유십개九儒十丐를 결정하는 근거에서도 찾을 수 있다. 송말원초에 활동하였던 사방득은 "골계의 영웅[19] 들은 유학자를 놀리면서 다음과 같이 말한다. '우리 대원의 법제에서는 사람을 10등급으로 구분하는데, 첫 번째가 관官이고, 두 번째가 리吏이다. 앞에 놓인 것이 귀한 것이다. 귀하게 취급한 까닭은 그 사람들이 나라에 유익하기 때문이다. 7등급은 장匠이고, 8등급은 창娼이며, 9등급은 유儒이고, 10등

18) 이동희, 「원 대 및 명 초 주자학의 전개 양상」, 『동양철학연구』 제22집(2000), 469쪽.
19) 滑稽는 익살스러운 행동의 의미이다. 滑稽劇은 상해와 소주 그리고 항주에서 유행하는 재담극이다. 따라서 골계의 영웅이란 다름 아닌 골계극에 출현하는 재담꾼을 가리킨다.

급은 걸乞이다. 뒤에 놓인 것일수록 천한 것인데, 그것을 천하게 여기는 까닭은 나라에 무익하기 때문이다"[20]라고 말하고 있다. 정사초는 원의 10등급을 "1등급은 관官이고, 2등급은 리吏이며, 3등급은 승僧이고, 4등급은 도道이며, 5등급은 의醫이고, 6등급은 공工이며, 7등급은 렵獵이고, 8등급은 민民이며, 9등급은 유儒이고, 10등급은 걸乞인데, 각자에 해당하는 역할들이 있었다"[21]라고 기록하고 있다. 이른바 "뒤에 놓인 것일수록 천한 것인데, 그것을 천하게 여기는 까닭은 나라에 무익하기 때문"이라는 말이야말로 원 왕조의 실용성(유용성) 중시 정책을 극명하게 표현해 주는 구절이다.

실용주의적 문화관과 가치관을 내세운 원조의 통치에서 유학자들은 일정 부분 자기변화를 꾀하지 않을 수 없었을 것이다. 원의 세조를 도와 남송 멸망에 공헌하였던 학경郝經은 "학자가 머리를 묶고서 뜻을 세우고 서책을 암송하고 도리를 배우면서도 그것이 무용지물에 그친다면 될 말인가"[22]라고 하면서 유용성을 강조한다. 뿐만 아니라 국자학에서 사서四書 중심의 유학만을 교육하는 것에 대해서도 이견을 제시하였는데, 대부분 유용성의 입장에서 유학의 문제점을 비판한다.[23] 따라서 실천주의와 실용주의 중심의 원대 유학은 일종의 실학[24]적 경향을 띠었다고 할 수 있다.

---

20) 謝枋得, 『謝疊山集』, 권2, "滑稽之雄, 以儒爲劇者曰: '我大元法制, 人有十等, 一官二吏. 先之者, 貴之也. 貴之者, 謂有益於國野. 七匠八娼, 九儒十乞. 後之者, 賤之野, 賤之者, 謂無益於國也.'"

21) 鄭思肖, 『鐵函心史』, 권下, "一官, 二吏, 三僧, 四道, 五醫, 六工, 七獵, 八民, 九儒, 十乞, 各有所統轄."

22) 郝經, 『陵川集』, 권24, "士結髮立志, 誦書學道, 卒乎無用, 可乎哉?"

23) 이에 관한 연구는 권중달, 「원 대의 유학과 그 전파」, 『인문학연구』 제24집, 제2장 참조.

24) 實學이라는 용어는 유학의 발전사에서 다양한 의미로 사용된다. 먼저 주희는 유학의 理는 인격을 수양하고 공동체의 가치를 실현하는 근거이며, 이를 기본으로 한 학문이 바로 實學이라고 주장한다. 상대적으로 도가와 불가의 학문은 實學의 범주에서 벗어난 것이다. 반면 육구연은 心卽理를 주장하여, 理는 본심을 근본으로 하기 때문에 實理이고, 이러한 實理를 근본으로 하여 이루어진 행위를 實行이라고 하며, 이러한 實理와 實

이상을 종합하면, 실용주의 성격은 원조 문화의 특성과 관련이 있고, 섭적葉適[25]의 공리주의와도 일정 부분 연관이 있을 것이다. 실천 중심은 일반적으로 황간에서 비롯되었다고 하지만, 주희철학의 발전에서 보면 필연적으로 등장할 수밖에 없는 사조이다. 왜냐하면 심성론과 리기론을 비롯한 형이상학적 이론은 주희 시대에 거의 완료되었고, 남은 것은 그것을 지행론에 어떻게 적용시키고 구체적인 실천으로 현현하는가의 문제만이 기다리고 있었기 때문이다. 게다가 원조에서 유학을 적극적으로 장려하지도 않았기 때문에 형이상학적 이론 문제를 탐구할 수 있는 객관적인 여건도 충분히 조성되지 않았다. 때문에 원대의 실용주의 문화와 결합되어 실천 중심의 유학은 더욱 광범위하게 유포되었던 것이다.

2. 허형과 오징 및 정옥의 학술을 통해서 본 주륙화회론의 실상

주륙화회라는 용어가 철학사에 정식으로 제출된 것은 아마 황종희에게

行을 연구하는 학문을 實學이라고 칭하였다. 비록 불가나 노장에 대해서도 비판하였지만 주요 공격 대상은 주희의 학문이다. 조선에서도 實學이 출현하는데, 그것은 처음에는 도가와 불가의 학설에 대응하는 의미로 사용되었지만, 후대에는 주희의 성리학과 반대 경향의 학문으로 사용되었다. 조선 후기의 실학자들은 조선의 유학, 즉 주희 성리학은 당시 현실 사회가 요청하는 쓸모 있는 학문으로서의 역할을 하지 못한다고 생각하였기 때문에 주희철학을 탁상공론의 학문으로, 자신들의 학문을 實事求是 · 利用厚生 · 經世致用의 학문으로 간주하였다. 그러나 주희도 利用厚生과 實事求是 및 經世致用을 강조하였다. 단지 조선의 후기 유학자들이 주희의 본뜻을 왜곡시켰을 뿐이다. 이렇게 본다면 원대의 실학은 조선 후기의 實學과 그 의미가 가깝다고 할 수 있다.

25) 일반적으로 水心선생이라고 부른다. 절강성 永嘉 사람으로서 영가학파의 대표적 인물이다. 철학적 측면에서 송대 성리학의 空談에 반대했고, 도는 개개의 사물과 분리될 수 없다고 주장했다. 유가의 서적과 인물 모두에 대해 비평했고 도가 · 불가에 대해서도 반대했다. 공리적인 학문을 주로 연구했으며, 재정 · 통상 · 노동력 · 상거래를 중시하고 화폐유통을 주장했다.

서 비롯된 것 같다. 황종희의 화회론은 주희의 재전再傳제자에 해당하는 조방趙汸(東山)에게서 비롯된 "주자와 육구연의 철학사상이 처음에는 서로 달랐지만, 나중에는 서로 같아졌다"(朱陸早異晩同說)라는 것을 근거로 한 것이다.[26] 그러나 주륙조이만동설朱陸早異晩同說은 객관적 근거가 없는 허구이다. 『주자어류』에 기록된 주희가 만년에 확정하여 표시한 학문의 종지와 경지 그리고 방법론의 진로 등을 살펴보아도 주희가 육구연의 심학을 긍정적으로 수용하였다는 근거는 찾아볼 수 없다. 물론 단장취의斷章取義하여 본다면 유사한 구절 몇 개는 찾을 수 있을 것이다. 황종희는 「송원학안서록宋元學案序錄」에서 오징(草廬)과 정옥(師山)을 주륙화회론자로 규정하고 있다. 그렇지만 화회의 실질 내용에 대해서는 구체적인 언급이 없기 때문에 화회의 실제 내용을 파악하기는 어렵다. 현대의 학술계에서도 원대의 허형과 오징 및 정옥을 주륙화회론자라고 이해한 학자가 있기는 하지만, 필자의 조사에 따르면 소수이고, 다수의 학자들은 그들을 진정한 의미의 주륙화회론자로 칭하기에는 무리가 있다고 인식한다.[27] 필자가 보기에도 그들의 화회는 위학의 태도와 방법에서 육구연의 학술을 일부분 긍정적으로 수용한 것에 불과할 뿐 진정한 의미의 화회론자로 칭할 수는 없을 것 같다. 그들의 학술사상

---

26) 顧炎武는 『日知錄』, 권18에서 황종희의 주륙화회의 연원에 대해 기록하고 있다. 대강의 내용은 다음과 같다. "주륙조이만동설은 조방의 『對江友六君子冊』에서 맹아하였고, 程敏政(篁墩)이 그것을 이어 다시 朱陸異同을 3절로 나누었다. 처음에는 얼음과 숯처럼 상반되었고, 중간에는 서로 의심하면서 상반되었으며, 마지막에는 광대뼈와 잇몸이 서로 의지하고 보존하는 관계로 정립되었다. 이것을 이어서 왕수인의 「주자만년정론」이 있게 되었다."

27) 진영첩은 원대의 신유학은 실질적으로 주희의 신유학이라고 규정하면서, 비록 원대의 사상이 주희철학을 근본으로 삼고 있지만, 육구연 학술의 영향을 받아 주희와 육구연의 학술을 조화하려는 모습이 있었고 하나로 회통하려는 움직임이 있었는데, 오징과 정옥이 대표자라고 한다.

에서 나타난 심학적 요소들은 주희도 긍정한 것인데, 단지 육구연이 주희에 비해 그것을 더욱 강조하였을 뿐이고, 주희의 후학들에게서는 잘 드러나지 않았던 실천주의적 성격이 그들에게서 적극적으로 표현되자 곧 심학적 성분으로 이해하고서 화회라는 성급한 규정이 나온 것 같다. 먼저 허형의 학술에 대해서 논하겠다.

허형(魯齋)은 오징과 더불어 원대 유학의 대표자로 인식되고 있다. 오징이 남방에서 활동하였다면, 허형은 북방에서 활동하였기 때문에 원대에 "북방에는 허형이 있고, 남방에는 오징이 있다"(北許南吳)[28]는 말이 있게 되었다. 허형의 학설은 대부분 정주의 리학을 근거로 정립된 것이다. 그는 30대에 요추에게서 정이의 『역전』과 주희의 『사서집주』 그리고 『소학』 등에 관한 서책을 얻어 읽고서 자신의 학문 방향을 정립한 것 같다. 그 후에 원조에 나아가 여러 관직을 섭렵하면서 과거제 실시를 건의하였고, 금金대까지 시행되었던 시부詩賦 중심의 시험과목을 경학經學 중심으로 교체할 것을 건의하여, 후에 정립된 주희의 『사서집주』 중심의 시험과목 정립에 큰 영향을 주기도 하였다.

허형은 『소학』을 중시하였는데, 이 역시 원대의 실천주의적 경향과 궤적을 같이한 것이다. 그는 "『소학』에서 강조한 물 뿌리고 청소하며 사람에 응대하는 것을 진덕의 기초로 삼아야 한다. 이렇게 하지 않는다면 마땅히 다른 곳에서 스승을 찾아야 할 것이다"[29]라고 하면서 『소학』이 덕성완성의 시작이면서 기초임을 강조한다. 또한 "성인의 도는 마땅히 참된 지식을 얻

28) 陳正夫·何植靖, 『許衡評傳』(『中國思想家評傳叢書』, 南京大學出版社, 1995), 1쪽.(오석원, 「허형의 심성론」, 『동양철학』 제10집, 1998, 재인용)
29) 蘇天爵, 『元朝名臣事略』(中華書局, 1996), 「左丞許文公傳」, 167쪽.

어서 실천으로 옮겨야 하며, 마땅히 도리를 마음에서 추구해야 한다. 장구와 훈고만을 말해서야 되겠는가"[30], "이정자(정호와 정이)와 주자는 작문을 말하지 않고 오로지 명덕과 신민만을 말하였을 뿐이다. 명명덕은 학문의 대절목이다"[31]라고 하면서 송대 문장의 비실학적 경향을 비판하기도 하였다.[32]

원대의 유학자들은 일반적으로 리기와 태극 등의 형이상학적인 문제에 그리 큰 관심을 보이지 않았다. 허형의 경우도 마찬가지이다. 그의 심성론은 주희의 심성론과 완전히 일치한다. 먼저 심과 성 그리고 명덕에 관한 그의 입장을 보자.

> 심의 형체는 비록 작지만 가운데에 천지만물의 리를 가득 담고 있는데, 이것이 이른바 성이라는 것이고, 명덕이라는 것이다. 허령불매하고 신묘하여 그 작용을 예측하기 어려운 것은 천지와 마찬가지이다.[33]

---

30) 『魯齋遺書』, 권2, "聖人之道, 當眞知, 當踐履, 當求之於心. 章句訓詁云乎哉?"

31) 『魯齋遺書』, 권1, "二程朱子不說作文, 但說明德新民. 明明德是學問中大節目."

32) 정이가 작문을 반대한 것은 사실이지만, 주희가 작문을 강조하지 않았다는 것은 사실과 다르다. 정이는 作文害道를 주장할 만큼 文에 대하여 부정적인 입장을 취하였다. 그러나 주희는 文과 道의 관계에 대한 유가철학의 전통적인 입장을 준수하면서 리기론과 심성론을 기초로 재정립한다. 본래 유가철학에서는 文과 道의 독립성을 부정하고, 양자의 관련성을 중시한다. 道와 文의 관련이 주종·목적과 수단이건 아니면 유기적 일체이건 관계없이 양자를 일치시켜 이해하는 것이 유가철학의 일관된 입장이다. 道의 실질 내용은 도덕이고, 도덕은 인격의 高下를 결정하는 요소이다. 文은 道를 드러내거나 실현하는 꾸밈이다. 道가 1차적인 것이고, 文이 2차적인 것이다. 인격의 고하는 그 사람의 人品을 결정하고, 창작의 재능과 기교 혹은 필력은 작가의 文品을 결정한다. 주희는 人品과 文品에서도 인품으로부터 문품을 독립시키려는 움직임에 대하여 德과 文의 본말관계를 재정립함으로써 유가철학의 일관된 입장을 재확인한다. 그러나 덕성만을 강조하고 文의 기능과 역할을 부정하려는 도학가의 입장에 대해서도 "마음속으로 이해하고 있으면서도 말로 충분히 표현하지 못하면 멀리 전해질 수 없다"는 표현으로써 文의 작용과 가치를 긍정한다. 즉 비록 人品의 배양에 먼저 힘써야 하지만 그것과 아울러 文品의 배양도 병진할 것을 강조한다.

33) 『魯齋遺書』, 권3, "心形雖小, 中間蘊藏天地萬物之理, 所謂性也, 所謂明德也. 虛靈不昧神妙不

이 구절이야말로 허형과 주희철학의 심성론이 본질적으로 동일함을 보여 주고 있다. 주희는 '성이 만리를 갖추고 있다'는 말과 함께 '심이 만리를 갖추고 있다'는 말도 한다. 전자는 성구리性具理이고, 후자는 심구리心具理이다. 주희의 심성론에서 이 양자는 모두 성립한다. 주희철학의 골간은 성즉리이기 때문에 성구리에서의 '구' 자는 성즉리를 해설하기 위한 방편이다. 따라서 '성구리'에 대해서는 아무런 의혹도 갖지 않는다. 그러나 허형은 "심 가운데에 천지만물의 리를 가득 담고 있다"고 하였다. 엄격하게 말하면, 주희의 철학에서 심은 하나의 현상, 즉 기器(然)이기 때문에 선천적으로 소이연지리(천리)를 갖추고 있다. 그러나 오로지 심만이 격물치지를 통하여 자신에게 갖추어진 만리를 현현할 수 있다. 그렇기 때문에 허형은 "리는 사람의 마음에 갖추어져 있다"[34]라고 한 것이다. 또한 주희가 비록 명덕을 심과 성을 관련시켜 말하고 있지만, 주희철학에서의 명덕은 성이지 심이 아니다. 따라서 "이것이 이른바 성이라는 것이고, 명덕이라는 것이다"라는 말은 주희철학과 일치한다. 허령불매는 심의 인지작용을 형용한 것이다. "천지와 마찬가지이다"라는 말에 관해서 혹자는 정호의 "인자는 만물과 혼연일체를 이룬다"[35]는 말을 연상할 수도 있겠지만, 사실 이는 주희의 "천지는 만물을 생성하는 것으로써 천지의 심을 삼는다. 또한 사람과 만물이 생성됨에 있어도 각각 천지의 심을 얻어 자신의 심으로 삼는다"[36]는 말과 본질적으로 동일한 의미이다.

또한 심과 성의 관계를 격물치지로써 설명하는 것 역시 주희와 일치한

測, 與天地一般."

34) 『魯齋遺書』, 권5, "理具於人心."

35) 『二程遺書』, 권2上, "仁者渾然與物同體."

36) 『朱文公文集』, 권67, 「雜著」, "天地以生物爲心者也. 而人物之生, 又各得夫天地之心以爲心者也."

다. 그는 “성을 아는 것은 물격이고, 그 마음을 다하는 것은 지지이다. 먼저 성을 안 후에야 그 마음을 다하는 것이지, 그 마음을 다하고서 성을 아는 것이 아니다”[37]라고 하였는데, 물격物格은 성리에 대한 심의 완전한 앎의 상태이다. 즉 앎의 지극한 상태이다.(知至) 그러나 이것보다도 더욱 중요한 것은 허형의 『맹자』에 출현한 ‘진심지성’에 대한 이해가 주희와 완전하게 일치한다는 것이다. 사실 『맹자』에 출현하는 진심과 지성에 대한 이해는 반드시 주희의 견해와 일치하는 것은 아니다. 만일 진심의 ‘진’을 실천적인 의미인 확충으로 해석하면, ‘진심지성’은 심의 자각과 실천 활동을 통하여 심이라는 주체가 곧 ‘사람이 사람으로서 존재할 수 있는 근거, 즉 성 자신임을 깨닫는 것’이라고 해석해도 무방하다. 필자는 이러한 해석이 오히려 『맹자』와 부합한다고 생각한다. 그러나 주희는 진심의 ‘진’을 실천적 의미인 확충으로 해석하지 않고 완료의 의미로 해석하여, ‘지성’의 결과로 이해하였다. 주희는 『맹자집주』에서 “심은 사람의 신명이기 때문에 모든 리를 갖추고 있으면서 만사에 응한다. 성은 심이 갖추고 있는 도리이며 천리가 나오는 곳이다. 사람은 이 심을 갖추고 있기 때문에 전체가 아닌 것은 없지만 궁리하지 않으면 교폐되는 바가 있기 때문에 이 심의 양을 다하지 못함이 있게 된다. 그러므로 그 심의 전체를 지극히 하여 다하지 않는 바가 없게 하면 반드시 사물의 도리를 궁구하여 모르는 바가 없게 할 수 있다. 이미 그 리를 지각하였으면 도리가 나오는 곳도 다른 것이 아니다. 『대학』의 서를 빌려 말하자면, 지성은 격물에 관한 것이고, 진심은 지의 지극에 관한 것이다”[38]라고 하였다. 이곳에서 주희는 “진심은 ‘지’의 지극에 관한 것이

37) 『魯齋遺書』, 권1, “知其性是物格, 盡其心是知至也. 先知其性然後能盡心, 非盡其心而後知其性.”
38) 『孟子集註』, 「盡心上」, “心者, 人之神明, 所以具衆理而應萬事也. 性則心所具之理, 而天又理之

다"라고 한다. 이는 진심이 지지의 결과임을 의미한다. 때문에 『주자어류』에서도 다시 한 번 "지성한 후에 진심하였다고 할 수 있다. 먼저 알고 난 후에 다하였다고 할 수 있는 것이지 먼저 다하였다고 한 후에 비로소 알았다고 하는 경우는 없다. 대개 먼저 안 후에 다하였음을 볼 수 있다"[39]라고 한 것이다. 따라서 허형이 말한 "먼저 성을 안 후에야 그 마음을 다하는 것이지, 그 마음을 다하고서 성을 아는 것이 아니다"라는 말은 진심을 지성의 결과로 이해하는 주희의 입장과 완전하게 일치하는 것이다.

이처럼 심성의 관계와 격물치지에 대한 허형의 이해는 주희와 일치하고 있지만, 허형의 어떤 표현들은 주희철학에서 약간 일탈한 것처럼 보인다. 후학들은 그러한 구절을 보고서 허형의 사상에 심학적 경향이 있다고 하지만, 그것과 허형 학술의 본질은 별다른 관련이 없는 것 같다. 허형은 "존덕성은 심을 보존하여 도체의 위대함을 지극히 하는 것이고, 도문학은 치지하여 도체의 세밀함을 다하는 것이다. 이 두 가지는 덕을 닦고 도를 모으는 대강령이다"[40]라고 하였는데, 그가 존덕성과 도문학을 겸중하였다고 해서 육구연의 영향을 받았다고 할 수 있겠는가? 주희 역시 어느 누구보다도 존덕성과 도문학의 겸전을 강조한 사람이다. 『노재유서』를 보면, 허형은 심을 상당히 강조하고, 심을 중심으로 학설을 전개하는 경향을 보인다. 그렇다고 해서 '허형이 긍정하는 심은 곧 육구연의 심이다'라는 등식은 성립하기 어

所從以出者也. 人有是心, 莫非全體, 然不窮理, 則有所蔽, 而無以盡乎此心之量. 故能極其心之全體而無不盡者, 必能窮夫理而無不知者也. 旣知其理, 則其所從出亦不外矣. 以大學之序言之, 知性則格物之謂, 盡心則知至之謂."

39) 『朱子語類』, 권60, "知性然後能盡心. 先知然後能盡, 未有先盡而後方能知者. 蓋先知得然後見得盡."

40) 『魯齋遺書』, 권5, "尊德性所以存心, 而極乎道體之大, 道問學所以致知, 而盡乎道體之細. 這兩件是修德凝道的大綱領."

렵다. 몽배원은 이러한 허형의 학술적 경향을 근거로 허형이 명대 양명 심학의 선하를 열었다[41]고 하지만, 객관적인 학술을 근거로 하여 볼 때 선뜻 수용하기 어렵다. 『노재유서』 권14 「요씨목암어」에서의 "선생의 학술은 줄곧 주자의 말을 스승으로 삼고서 궁리하기 위하여 치지하였고, 몸으로 그것의 실질을 실천하려고 하였다"[42]는 말처럼 허형의 일생은 주희철학의 궁구와 실천이라고 해야 할 것이다.

허형이 금의 유민이었다면, 오징은 남송 출신으로 주희의 4전四傳제자라고 할 수 있다. 앞에서 밝힌 바와 같이 허형이 북방 유학의 주류로서 유학의 북방 전파에 공헌을 하였고, 원조에 등용되어 과거제 등 유학을 구체적인 정사에 시행하려 했던 인물이라면, 오징은 허형과 달리 대부분 향리에서 머물며 후진 양성에 노력한 학자이다. 주륙화회론의 입장에서 보면, 오징은 허형보다도 주륙화회에 노력한 학자로 인식되어 왔다. 『송원학안』 「초려학안」에서 전조망全祖望은 오징의 학술을 다음과 같이 평가한다.

> 초려는 쌍봉의 학술에서 나온 인물이기 때문에 분명히 주자학자이다. 그 후에 육구연의 학술을 겸하였다. 초려는 또 정소개를 스승으로 섬겼다. 정소개는 도일서원을 짓고 주희와 육구연의 학술을 화회하려고 하였다. 그러나 초려의 저서는 주희의 학술에 가깝다.[43]

이곳에서 비록 전조망이 "육구연의 학술을 겸하였다"고 하였지만 결국

41) 蒙培元, 『理學的演變』(福建人民出版社, 1998), 183쪽.
42) 『魯齋遺書』, 권14, 「姚氏牧庵語」, "先生之學, 一二朱子之言爲師, 窮理以致其知, 反躬以踐其實."
43) 『宋元學案』, 권92, 「草廬學案」, "祖望謹案. 草廬出於雙峰, 固朱學也. 其後亦兼主陸學. 蓋草廬又師程氏紹開. 程氏嘗築道一書院, 思和會兩家. 然草廬之著書, 則終近乎朱."

은 "주희의 학술에 가까웠다"고 한 것처럼, 오징 학술의 종지는 주희철학이지 육구연의 학술은 아닌 것 같다. 김승현은 "오징의 심성론은 주희와 육구연의 이론체계를 두 축으로 삼고 있다고 하면서, 이로 말미암아 혹자는 오징의 심성론이 주희나 육구연 및 왕수인처럼 특기할 만한 철학적 독창성이 결여되어 있다고 평가하기도 하고, 혹자는 송대의 주희철학과 육구연철학을 화회시킴으로써 후일 명대의 양명학이 성립될 수 있는 중요한 단서와 계기를 제공하였다고 평가하기도 한다"라고 한다.44) 지금까지 오징에 대한 일반적인 인식은 김승현의 해설과 같다. 그러나 오징의 심성론이 정말로 주희와 육구연의 이론체계를 두 축으로 삼고 있는가에 대해서는 재론의 여지가 충분하다. 『존덕성과 도문학』이라는 책에서 전문적으로 오징의 철학사상을 연구한 방욱동은 표지글(內容提要)에서, "오징철학이 드러내고 있는 문제의식 · 도통관념 · 수양공부 · 전체적인 학술방향과 형식에서 보면, 오징은 주륙철학의 절충자가 아니라 주희철학의 계승자이기 때문에 마땅히 '후주자학자後朱子學者'라고 칭해야 한다고 한다"라고 한다.45) 필자는 비교적 방욱동의 견해에 동의한다. 그런데 오징은 비록 주희철학의 계승자라고 할지라도 송대의 주희철학자들처럼 육구연의 심학을 적대시하지는 않은 것 같다. 그의 문집에는 육구연철학을 긍정적인 시각으로 표현한 구절도 있고, 주희철학자들보다는 심학자들이 자주 사용하는 본심이라는 용어를 사용하고도 있으며, 공부의 방법에서도 맹자가 먼저 제시하고 심학자들이 위학의 본질 방법으로 삼고 있는 구방심을 내세우기도 한다. 따라서 외형적으로만 보면 오징을 주륙절충론자로 볼 수 있는 여지가 있다. 그렇다면 '오징이 과

44) 김승현, 「오징의 심성론」, 『동양철학』 제10집(1998), 28쪽.
45) 方旭東, 『尊德性與道問學』(人民出版社, 2005).

연 주륙절충론자인가?' 이 문제에 대한 해답은 오징의 심성론에서 찾아야 할 것이다.[46)]

오징철학의 심성관계는 심구중리心具衆理와 심통성정心統性情으로 총괄할 수 있다. 심구중리는 주희와 육구연 모두에게 해당되는 것이다. 심통성정은 비록 육구연철학과 어긋나는 의리는 아니지만, 주희에 의해서 크게 강조된 이론이다. 오징은 성리와 정감에 대한 심의 작용에 관하여 다음과 같이 말한다.

> 사람은 태어나면서 그 마음은 인의예지의 성을 갖추고 있다. 그것이 발동하면 희노애구애오욕의 정이 있게 된다.[47)]

> 하늘이 생한 것은 사람인데, 사람은 나면서부터 인의예지신의 성을 갖추고 있다. 사람은 이 성을 갖추고 있으면서 발동하여 희노애구애오욕의 정이 있게 된다. 심은 성과 정을 통괄한다.[48)]

이곳에서 오징이 말하고 있는 심구리와 심통성정은 주희와 그 형식이 일치한다. 주희는 중화구설에서는 성을 미발로 삼고 심을 이발로 삼았으나, 중화신설에서는 성에서는 미발과 이발을 말하지 않고 오로지 심에서만 미발과 이발을 말하였다. 따라서 발동하는 것은 심이지 성이 아니다. 이곳에서 오징은 "사람은 태어나면서 그 마음은 인의예지의 성을 갖추고 있다"[49)]

---

46) 오징의 리기론도 표준으로 삼을 수 있지만, 리기론에 대한 육구연의 이해가 분명하지 않기 때문에 리기론을 근거로 주륙화회 문제를 논하기는 적합하지 않은 것 같다.
47) 『吳文正公外集』, 권3, "人之生也, 其心之所具, 有仁義禮智之性. 其發也, 有喜怒哀懼愛惡欲之情."
48) 『吳文正公外集』, 권2, "天之生是人, 其生也, 有仁義禮智信之性. 人之有是性, 其發也, 有喜怒哀懼愛惡欲之情. 心統性情者也."

라고 하였지만, 사실 도덕가치 실현이라는 실질적인 측면에서 보면 심과 성의 관계는 후천적이다. 즉 심은 거경함양과 격물치지의 활동을 통하여 인지적 혹 지각적으로 성리를 갖추게 되고, 인식한 성리에 따라서 발동하여 정감의 활동을 중절하게 한다. 때문에 심은 성과 정을 통괄할 수 있다. 그러나 우리가 이곳에서 주의해야 할 것은 주희가 비록 '통統'을 "병사를 통솔하는 것과 같은 '통'이고, 그것의 '주主'라는 말이 있는 것이다"[50]라고 하였지만, "심은 성과 정의 주이니, 리 역시 환하게 드러난다. 지금은 다른 것으로 증거를 삼을 틈이 없다. 그렇지만 내 마음으로써 보면, 미발할 때는 지각의 작용이 혼매하지 않으니 어찌 심이 성의 주가 아니겠는가? 이발하면 품절에 어긋남이 없으니 어찌 심이 정의 주가 아니겠는가"[51]라는 주희의 말을 보면, 미발과 이발의 측면에서 '통'과 '주'를 말하고 있음을 알 수 있다. 즉 심이 성과 정의 주인 혹은 주재자라는 의미가 아니라 미발 시에는 지각 작용을 혼매하지 않게 하여 성리를 온전하게 간직하고 있으며, 이발 시에는 성리에 따라서 정감을 중절하게 한다는 의미이다. 따라서 심통성정의 '통' 역시 통솔보다는 '통괄' 혹은 '통섭'의 의미로 해석하는 것이 적절하다. 오징의 심론을 보면, '통'과 '주'는 주희철학을 준수하고 있다. 또한 "나의 일심은 중리를 갖추고 있으면서 만사에 응대한다"[52]는 표현 역시 주희의 "심이라

49) 선천적인 측면에서 말하면, 심뿐만이 아니라 우주 내의 모든 사물이 인의예지의 중리를 갖추고 있다. 그러나 갖추고 있지만 심이라는 인지적 기능이 없기 때문에 오로지 사람만이 자신에게 본래부터 갖추어진 성리를 격물치지 활동을 통해 인증하여 실현할 수 있다.

50) 『朱子語類』, 권98, "統如統兵之統, 言有以主之也."

51) 『朱文公全集』, 권42, "心主性情, 理亦曉然. 今不暇別引證據. 但以吾心觀之, 未發而知覺不昧者, 豈非心主乎性者乎? 已發而品節不差者, 豈非心主乎情者乎?"

52) 『吳文公外集』, 권3, "吾之一心, 則所以具衆理而應萬事者也."

는 것은 사람의 신명으로서 중리를 갖추고 있으면서 만사에 응대하는 것이다"[53]와 완전히 일치한다.

심이라는 것은 형체의 주재자이고, 성의 성곽이다.[54]

"심이 성의 성곽이다"라는 말은 오징이 처음 사용한 것이 아니라 소옹邵雍이 처음 사용하였고, 주희가 특히 애용한 말이다. 성곽은 둘러싸고 있는 것으로, 심이라는 성곽이 둘러싸고 있는 것은 성이다. 심이 존중해야 하고 준수해야 할 것은 바로 심속에 갖추고 있는 성이다. 따라서 표준과 법칙 의미로서의 진정한 '주'와 '통'은 성이지 심이 아니다.

오징철학에서 심의 작용은 지각에 있다. 그는 "사람의 마음은 허령불매하고 그 신명한 작용은 통하지 않는 곳이 없기 때문에 진실로 자신을 뒤돌아보고서 자각하면 알지 못하는 것이 없다"[55]라고 하였다. 혹자는 "뒤돌아보고서 자각하면"(反而思之)이라는 표현에 집착하여 육구연의 복기본심과 연결하여 이해할 수도 있을 것이다. 그러나 필자가 보기에 이 표현은 『맹자』에 출현하는 "심의 작용은 자각하는 것이다"[56]라는 말에서 유래한 것 같다. 또 오징이 주희의 격물치지 노선을 철저하게 준수한 것을 보면, '사思'를 '자각'으로 이해하는 것보다 '지각'으로 이해하는 것이 옳을 것 같다.

그렇지만 오징철학에는 육구연의 심학을 긍정적인 입장에서 수용하는 표현이 많다. 오징은 "주자와 육상산 두 선생의 가르침은 하나이다. 그러나

53) 『孟子集注』, "心者, 人之神明, 所以具衆理而應萬事者也."
54) 『吳文正公集』, 권26, "心也者, 形之主宰, 性之郛廓也."
55) 『吳文公外集』, 권3, "人心之虛靈知覺, 其神明無所不通, 苟能反而思之, 則無不可知者."
56) 『孟子』, 「告子上」, "心之官則思."

두 학파의 용렬한 문인들이 각자 자신만의 주장을 내세워 서로 헐뜯자 지금에 이르러 학자들이 혼란하게 된 것이다"[57]라고 하였고, 또 『원사元史』의 기록을 보면, "주자는 도문학에 공부를 많이 기울였고, 육자정은 오히려 존덕성을 주로 삼았다. 묻고 배우는 것이 덕성에 근본을 두지 않으면 그 폐단이 틀림없이 언어훈석의 말단에 치우칠 것이다. 그러므로 학문은 반드시 덕성을 근본으로 삼아야 한다"[58]는 말도 있다. 그러나 오징이 존덕성을 중시하였다고 할지라도 그것이 육구연이 심즉리를 근본으로 한 존덕성인가? 필자는 그렇게 생각하지 않는다. 아마 독서와 궁리하기 전에 하나의 경건한 태도를 갖추어야 한다는 것과 상당히 유사하다.[59] 즉 주희철학에서의 거경함양과 다르지 않다. 또 오징은 심학이라는 용어를 리학과 대립적인 관점에서 이해하지 않는다. 그는 "심으로써 학문을 삼는 것은 오로지 육상산만이 그런 것이 아니다. 요임금 · 순임금 · 우임금 · 탕왕 · 문왕 · 무왕 · 주공 · 공자 · 안연 · 증자 · 자사 · 맹자, 그리고 소강절 · 주자周子 · 장횡거 · 이정 등 그렇지 않은 바가 없다. 그렇기 때문에 오로지 육상산의 학술만을 가리켜 본심학이라고 한다면 이는 성인의 도를 아는 것이 아니다"[60]라고 하였는데, 이곳에서 오징은 분명 육구연의 학문을 심학 혹은 본심학으로 칭하고는 있지만, 그가 사용하고 있는 심학의 의미가 육구연 한 사람에게만 국한되지 않음을 강조하고 있다. 오징에게 있어서 도통을 계승하는 학자들은 모두

57) 『吳文公外集』, 권3, "二師之爲敎, 一也. 而二家庸劣之門人, 各立標榜, 互相詆訾, 至於今, 學者猶惑."

58) 『元史』, 권171, 「列傳 58」, "朱子於道問學之功居多, 而陸子靜以尊德性爲主. 問學不本於德性, 則其弊必偏於言語訓釋之末. 故學必以德性爲本."

59) 方旭東, 『尊德性與道問學』(人民出版社, 2005), 250쪽.

60) 『吳文正公集』, 권26, "以心爲學, 非特陸子爲然. 堯 · 舜 · 禹 · 湯 · 文 · 武 · 周公 · 孔 · 顔 · 曾 · 思 · 孟, 以逮邵 · 周 · 張 · 程諸子, 蓋莫不然. 故獨指陸子之學爲本心學者, 非知聖人之道也."

심학인 것이다.

이상을 종합하면, 오징은 분명 육구연의 심학에 우호적인 태도를 보이지만, 그것과 육구연철학을 올바르게 수용하였는가는 다른 문제이다. 또한 위학의 태도에서 겸중하려는 자세를 보였다면, 그것은 이미 주희로부터 시작된 것이다. 존덕성과 도문학에 대한 주희와 육구연의 의미 부여가 확연하게 다르기 때문에 중립적인 입장에서 양자를 겸중하려는 태도는 진정한 의미의 주륙화회라고 평가하기 어렵다. 우리는 '도문학은 주희의 전유물이 아니고, 존덕성은 육구연철학의 특허가 아니다'라는 점을 분명하게 인식해야 한다.

정옥(師山)은 원대 말기의 유학자이다. 그는 『원사』「열전列傳·충의전忠義傳」에 수록된 인물인데, 이는 그가 절의를 중시하였음을 표시한다. 필자는 『송원학안』「사산학안師山學案」과 정옥의 사상에 관한 선행연구를 몇 편 살펴보았는데, 대부분 그를 주희철학 계승자로 인식하고 있지만, 리기론과 심성론에 관한 하나의 체계적인 연구는 없는 것 같다. 거의 대부분 정옥을 주륙화회의 문제와 연결시켜 논의하고 있는데, 주로 근거로 삼은 것은 정옥의 학문관과 도통관이었다. 따라서 필자 역시 학문관과 도통관에 관한 정옥의 언설을 근거로 하여 주희와 육구연 철학에 대한 그의 입장을 해설할 것이다.

『송원학안』에서는 정옥을 주륙화회론자로 기록하고 있는데, 정도원은 『송원학안』과 정옥을 주륙화회론자로 인식하는 대부분의 연구에서 근거로 삼은 문장은 단 하나에 불과하다고 한다. 그 내용은 다음과 같다.

내가 말하였다. "나(정옥)의 집은 신안인데, 주자의 고향이다. 그대(葛熙)의 집은 임천인데, 육자陸子의 고향이다. 각자 들은 바를 말해도 되겠는가? 두 선생(주희와 육구연)이 서로 일어나 도학을 주창하면서 밝히는 것을 자신들의 임무로 삼았다. 육상산은 주자를 강동의 학이라고 칭하였고, 주자는 육상산을 강서의 학이라고 칭하였다. 양 학파의 학자들이 그들의 선생에게서 들은 바를 존중하고 아는 바를 실천한 지가 벌써 200년이나 흘렀다. 그러나 지금까지 두 학파의 내용을 같게 하도록 노력한 사람이 없었다. 육상산은 자질이 고명하기 때문에 간이함을 좋아하였고, 주자는 자질이 독실하였기 때문에 심오하고 정밀함을 좋아하였다. 각자 자신들의 기질에 맞게 학문을 하였기 때문에 학문에 들어가는 길이 달랐다. 그러나 인의도덕에 어찌 다름이 있겠는가? 똑같이 주공과 공자를 추존하고 똑같이 불교와 노자의 학설을 배척하였다.…… 강동에서는 강서의 학술을 가리켜 괴이하고 허탄한 행동이라고 하고, 강서에서는 강동의 학술을 가리켜 지리한 학설이라고 한다. 그리하여 두 학파의 차이가 더욱 심해졌다. 이 어찌 성현의 학문을 잘 배운 것이라고 할 수 있겠는가?…… 오호라! 맹자가 몰한 후 1400년이 되어서 주자周子가 태어났다. 주렴계의 학문은 직접 이정에게 전해졌으니 다름이 없었다. 두 선생(주희와 육구연)이 나온 후에 도학의 전승에 비로소 다름이 있게 되었다. 주정周程의 같음은 태극도 때문이고, 주륙의 다름 역시 태극도 때문이다. 하나의 도圖에 대한 같음과 다름 사이로부터 두 선생의 학문을 알 수 있을 것이다. 그대는 무창의 교관으로 가는데, 주자의 학설을 말하겠는가? 아니면 육상산의 학설을 말하겠는가? 부디 깨우친 바로써 나를 가르쳐 주기 바란다.[61]

---

61) 『師山集』, 권3, "予語之曰. '予家新安, 朱子之鄉也. 子家臨川, 陸子之鄉也. 請各誦其所聞, 可乎? 方二先生, 相望而起也, 以倡明道學爲己任. 陸氏之稱朱氏曰江東之學, 朱氏之稱陸氏曰江西之學. 兩家學者, 各尊所聞, 各行所知, 今二百餘年. 卒未能有同之者. 陸子之質高明, 故好簡易, 朱子之質篤實, 故好邃密. 各因其質之所近, 故所入之途不同. 及其至也, 仁義道德, 豈有不同者? 同尊周孔, 同排佛老.……江東之指江西, 則曰此怪誕之行也, 江西之指江東, 則曰此支離之說也. 而其異益甚矣. 此豈善學聖賢者哉?……嗚呼! 孟子歿千四百年而後, 周子生焉. 周子之學親傳之於二程夫子, 無不同也. 及二先生出而後, 道學之傳, 始有不同者焉. 周程之同, 以太極圖也, 朱陸之異, 亦以太極圖也. 一圖異同之間, 二先生之學, 從可知矣! 子之教於武昌也, 其爲朱氏之說乎?

이 글은 갈희葛熙의 요청으로 정옥이 지은 『무창학록武昌學錄』 서문이다. 이 내용만을 보면 정옥을 주륙절충론자로 부를 수 있을 것도 같다. 그러나 타인의 요청에 의하여 이루어진 서문이라는 점을 고려하고서 이 문장을 분석하면, 정옥 스스로 자신이 주희철학의 전승자임을 분명하게 드러내고 있다. 갈희는 육구연의 고향인 임천 사람으로서 육학에 속한 학자이다. 갈희의 요청에 의하여 지어진 『무창학록』의 서문이기 때문에 갈희의 학술적 입장을 비평하면서 자신의 학술을 드러내기는 어려웠을 것이다. 때문에 정옥은 주륙학술의 화회적인 성격을 드러내면서 갈희의 요청에 화답하였다고 이해하는 것이 합리적이다. 즉 정옥은 신안과 임천이라는 지역을 소재로 자신이 주자학에 속하고, 갈희가 육학에 속한다는 사실을 밝히고, 갈희에게 "주륙의 후학들처럼 어느 한편에 고립되어 상대방 학문의 긍정적인 가치를 간과하는 우를 범하지 말라"고 권고하고 있다.

또 정옥은 주륙의 차이의 원인을 기질의 다름에서 찾는데, 이것이 주륙학술 차이의 본질적 원인은 아닐지라도 양자 사이에 명확한 기질의 차이는 존재하는 것 같다. 그리고 정옥은 기질의 고명으로써 육구연 학문의 간이함을 설명하고, 기질의 독실로써 주희철학의 심오함과 정밀함을 설명한다. 주희와 육구연 사이에 실재주의와 이상주의적 차별이 존재함은 부인하기 어려울 것 같다.

그러나 이러한 정옥의 입장을 십분 고려한다고 할지라도 주희철학과 육구연철학의 차이에 대한 정옥의 이해는 상당 부분 사실과 괴리되어 있음을 어렵지 않게 발견할 수 있다. 정옥은 주륙학술의 차이가 심하게 된 원인을

抑爲陸氏之說乎? 幸誦其所聞以敎我."

두 학파의 후인들로 보고 그 책임을 전가하고 있지만, 사실 주륙학술은 주륙 당시에 이미 물과 기름처럼 융화되기 힘든 상태였고, 두 사람 사이의 감정 역시 매우 악화된 상태였다. 또한 정옥은 이곳에서 주륙의 차이가 태극도에 대한 이견에서 비롯되었다고 하는데, 『태극도설』에 대한 주륙의 논변은 두 사람 학술 차이 표현의 통로였을 뿐 본질적인 문제는 아니었다. 근본적인 차이는 성즉리와 심즉리, 즉 심을 도덕규범에 대한 입법의 실체로 이해하는가의 여부에 있다.

정옥의 행장을 보면, 그가 소년시절부터 주희철학에 뜻을 두었고, 주희의 『사서집주』를 탐독하면서 그 의미를 완미하려고 노력하였으며, 수양공부 역시 궁리에 힘쓰고 있음을 알 수 있다.[62] 정옥은 「여왕진경서與汪眞卿書」에서 "육상산이 고명하다고 할지라도 정명도(정호)에 미치지 못하며, 면밀함은 주자에 미치지 못한다"[63]는 말로써 육구연 학술을 간접적으로 비판하기도 한다. 주륙학술에 대한 정옥의 입장은 다음 한 구절의 말로써 다할 수 있을 것 같다. "학자는 마땅히 주희철학을 배워야 한다. 그러나 육구연의 학술을 비방할 필요는 없다."[64] 최일범 역시 정옥을 주륙화회론자로 규정하는 것은 문제가 있다고 한다.[65]

우리는 주륙화회론의 본래면목을 탐구하면서 반드시 하나의 입장을 분명하게 전제해야만 한다. 그것은 바로 '그들이 내세운 화회가 어떤 의미의 화회인가'가 먼저 제시되어야 한다는 것이다. 예를 들어, 주희는 도문학을 중시하고 육구연은 존덕성을 중시하였기 때문에, 만일 후대의 학자가 도문

62) 『師山遺文』, 附錄, 「師山先生鄭公行狀」.
63) 『師山集』, 권3.
64) 『師山集』, 권3, "學者自當朱子之學. 然亦不應謗象山."
65) 최일범, 「정옥의 심성론」, 『동양철학』 제10집(1998), 136쪽.

학과 존덕성을 겸전하려고 노력하였다면, 곧 그를 주륙화회론자라고 규정해도 되는가? 학술의 시비와 진위 문제는 절대 이처럼 느슨하게 논의해서는 안 된다. 도문학과 존덕성에 대하여 주륙 두 사람 모두 겸전하려고 노력했다. 이는 유학이라는 학술에 종사한 사람 모두에게 적용되는 기본 원칙이다. 문제는 '그들이 내세운 존덕성과 도문학의 참된 의미가 무엇인가'에 대한 올바른 인식이 있어야 한다. 또 후대의 학자가 심 혹은 본심 개념을 강조하였다고 해서, 그것만을 근거로 육구연 심학의 영향을 받았다고 한다면, 이것 역시 격화소양隔靴搔癢이라는 비판을 면치 못할 것이다. 전목은 주희철학을 심학이라고 규정하였다.[66] 필자 역시 주희철학을 심학이라고 규정할 수 있다. 그러나 전목이 말한 주희의 심학과 육구연의 심학은 분명 다르다. 따라서 주륙화회론자라고 규정하기에 앞서 그들의 학술에서 심과 성의 개념을 정확하게 분석해야만 하고, 학문의 방법론에서 리학적 방법론과 심학적 방법론이 어떤 관계를 형성하고 있는가에 대한 분석도 이루어져야 한다. 예를 들어 성즉리가 골간인데, "육구연의 복기본심이 위학의 본질 방법이다"라고 하면, 이는 심성론과 공부론 사이에 엄격한 정합성이 결여된 것이다. 심즉리와 격물치지의 관계 역시 마찬가지이다. 따라서 학술의 외형적인 형태만을 보고서 성급한 규정을 내려서는 안 될 것이다.

66) 錢穆, 『朱子新學案』 2冊(臺灣: 三民書局, 1982), 2쪽.

제2절. 명대 유학의 특성과 왕수인의 심학: 리학과 심학 논쟁의 제2장

역사에는 가정이 없지만, 만일 명대에 왕수인의 심학이 출현하지 않았다면, 명대의 유학은 원대와 본질적으로 큰 차별이 없었을 것이다. 『명사』 「유림전」의 기록을 보면, 명대에 진정한 학술의 시작은 왕수인에게서 비롯되었음을 알 수 있다.

> 명 초의 유자들은 모두 주자 문인의 지류와 말류들이었다. 사승관계에 근원이 있었고, 그 질서가 분명하였다. 조단(月川) · 호거인(敬齋)은 독실하게 실천하면서 준칙을 지키려고 하였다. 유학의 종통에서 내려오는 정전을 준수하면서 감히 그것을 고치려고 함이 없었다. 학술의 나뉨은 진헌장(白沙)과 왕수인(陽明)에서부터 시작되었다.[67]

원대의 유학자들이 비록 육구연의 심학에 대하여 남송의 유학처럼 적대시하는 경향을 보이지는 않았지만, 원대 유학의 주류는 주희철학이었다. 명대 유학 역시 왕수인이 출현하기 전까지는 정주학 중심으로 전개되었다. 먼저 외연적인 원인으로, 원대에는 초기에 조복이라는 정주학자가 포로가 됨으로써 주희철학이 관방철학으로 등장할 수 있는 계기가 마련되었고, 명 초기에는 학술 경험이 없는 명 태조(주원장)의 문인 중시 정책으로 말미암아 유학자들이 대거 정계에 진출할 수 있는 토대가 마련되었다. 그중에서도

67) 『明史』, 「儒林傳」, “原夫明初諸儒, 皆朱子門人支流餘裔. 師承有自, 矩矱秩然. 曹端 · 胡居仁, 篤踐履, 謹繩墨. 守儒宗之正傳, 無敢改錯. 學術之分, 則自陳獻章 · 王守仁始.”

송렴宋濂이라는 정주학자가 태조에게 중용되어 중요 국사를 담당하였고, 명 초 유학을 대표하는 방효유方孝儒 역시 그의 문인제자였기 때문에 명 초 학술계에 정주학의 영향력은 강화될 수밖에 없었다.[68] 또한 명은 몽고족의 통치를 종식시키고 등장한 한족 왕조였기 때문에 민족주의가 홍성하였고, 이러한 민족주의의 영향으로 중국 고유의 종교와 학술을 존중하려는 움직임이 강하였다. 육구연 학술은 그 형식적인 체계가 선학과 유사하였기 때문에 이러한 분위기에서 학자들의 적극적인 관심을 끌기에는 부족한 면이 있었다. 북송 제유와 주희 그리고 기타 유학자들이 공묘孔廟에 배향되었지만, 육구연은 제외되었다. 이 역시 이러한 기풍의 영향 때문이었다고 할 수 있다. 정치와 사회적인 측면에서 보면, 원대의 학술은 대부분 실무 중심의 실학적 경향이었다. 천문학 · 수학 · 의학 · 건축 등이 주류였고, 그러한 풍조는 명 초에도 지속되었다. 명 왕조는 이러한 실학뿐만 아니라 다양한 학술 기풍을 조성하려고 노력하였고, 이에 부응한 것이 바로 정주학이었다. 왜냐하면 주희는 『소학』과 함께 『대학』을 겸중하였고, 거경함양과 격물치지 등이 하나의 점교적인 형태로 구성되어 교육론적인 체계를 이루고 있지만, 육구연의 철학은 먼저 대체인 본심을 세울 것만을 강조하였기 때문에 교육적인 측면에서 보면 단계와 절차 등의 차서가 분명하지 않았다.

이처럼 명 초에는 정주학 중심으로 유학이 편성되었다. 그러나 명 초의 정주학은 원대와 마찬가지로 리기론과 심성통정 및 격물치지 등의 이론 중심으로 발전하지 않고 실천 중심으로 전개되었다. 이러한 상황은 명 중기에 접어들어 과거시험의 주요 교재인 사서오경이 정주학 위주로 채택되고, 과

68) 원 초와 명 초에 정주학자가 중용되었다는 점은 동일하지만, 전자는 비의도적이고, 후자는 의도적이었다는 점이 다르다.

거시험이 팔고문 형식으로 시행되면서 약간 변화되었다. 진영첩은 그 원인을 다음의 몇 가지로 요약하여 설명한다.[69]

첫째, 송대에 신유가철학자들이 리기론 등의 형이상학을 발전시킨 외적인 원인은 도불사상과의 대립에서 비롯된 것이다. 그러나 명 초에는 도불사상의 도전이 약했기 때문에 명 초 주희철학자들은 형이상학의 문제에 전념하지 않았다.

둘째, 리기론을 비롯한 거경함양과 격물치지 그리고 심통성정 등 신유가철학의 최고봉은 이미 주희에게서 극점에 이르렀다고 할 수 있다. 이론적인 문제에 대하여 주희 후학자들의 창신創新은 거의 없었다. 또 주희 이후 명 초의 학자들은 이미 수백 년 동안 탐구해 온 형이상학과 심성론 등에 더 이상의 매력을 느끼지 못했고 새로운 학문 영역의 개척이 요구되었는데, 그것이 바로 거경함양을 통한 심신의 수양이었다.

셋째, 만일 중국에 순수한 과학적 전통이 있었다면, 정주학의 격물궁리는 그것과 합일되어 새로운 지식을 창출하는 통로로 이용되었을 것이다. 그러나 중국에는 이러한 과학전통이 없었기 때문에 격물궁리설은 더 이상 학자의 주의를 끌지 못했다.

넷째, 명 초에 정주학이 실천주의로 전개되는 것에는 두 가지 역사적 사건이 영향을 끼쳤다. 하나는 대규모 편찬 사업이고, 다른 하나는 방효유의 순난殉難이다. 영락제는 무력으로 황위를 찬탈한 이후 칙령으로 호광胡廣 등에게 『성리대전』을 편찬하게 하였다. 이 책에는 정주학파의 주요 저작과 송·원대의 신유가 어록 등이 포함되어 있다. 그러나 이 거대한 사업의 목

69) 陳榮捷, 『朱學論集』(臺灣: 學生書局, 1987), 342~343쪽.

적은 신유가학설의 새로운 발양광대를 목적으로 한 것이 아니라, 단지 신유학에 흠정欽定이라는 외투를 입힌 것에 불과한 것이었다. 이러한 사업은 오히려 정주학의 활력을 감소시키는 역작용을 수반하였다. 즉 정주학이 명대 국가 이데올로기의 중심으로 자리 잡아 가자 정주학을 공부하는 학자들은 이를 통하여 심신을 수양하며 사회교육으로 확장하지 않고 오로지 입신양명의 과거에만 전념하였다. 이러한 관제주의적 학술 경향에 대하여 뜻있는 유자들은 흠정의 외투를 거부하였고, 과거 역시 거부하고서 개인의 실천을 통하여 심신의 완성과 자유를 추구하려고 하였다. 또한 당시 연왕燕王이었던 영락제는 반란을 일으켜 혜제惠帝를 축출하였다. 그는 자신의 행위를 정당화하기 위하여 당시의 대유大儒였던 방효유에게 조서를 초하도록 하였지만, 방효유는 이를 거부하고서 순사하였다. 방효유의 이러한 순난은 유자들로 하여금 정신적 각성과 긴장을 유발시켰고, 비현실적인 궁리보다는 방효유와 같은 도덕적 결단이 학문의 진정한 생명임을 자각하게 하였다.

이러한 여러 원인들로 말미암아 명 초 유학에서는 격물궁리의 지성적 측면보다는 '앎이 있으면 곧바로 실천해야 한다'는 지즉행知則行의 실천주의가 나타나게 된 것이다.

1. 양명학 등장의 시대적 배경과 시대정신

왕수인은 명 헌종憲宗 8년(1472)에 절강성浙江省 여요餘姚에서 출생하였다. 이 시기는 명 중엽으로서, 학술계에는 조단과 오여필吳與弼 그리고 설선薛瑄과 호거인胡居仁 등 정주학의 거유가 출현하면서, 정주학은 정통이라는 지위를 확보하고 있었다. 육구연의 심학은 선학으로 인식되어 배척되었고, 심지어 주희의 정학正學에 위배된다는 평을 받았기 때문에 육학을 계승하는 걸출한 학자가 출현하지 못할 상황이었다. 왕수인의 치양지 철학은 바로 이러한 시대적 배경에서 출현하였다.

왕수인의 치양지 철학 출현은 심즉리에 대한 왕수인의 자득이 본질적인 요인으로 작용하였지만, 시대적 상황도 적지 않은 영향을 끼쳤다. 주희철학과 왕수인철학 사이에는 약간의 기풍 차이가 느껴진다. 주희는 남송시대 사람으로서, 금의 위협 속에서 국가의 존망이 유지되었기 때문에 우환의식과 함께 강한 민족우월주의 성향이 포함되어 있다. 주희는 삼강三綱을 특히 중시하였는데, 이는 강력한 왕권을 통한 국론통일의 희구였고, 우환의식의 이념을 확고하게 정립하고자 함이었다.[70] 또한 리존기비理尊氣卑를 근거로 화이華夷의 차이를 강조하기도 하였다. 그러나 명대 중엽은 내우는 있었지만,[71] 특별히 외환이라고 칭할 만한 사건이 발생하지 않은 평온한 시기였다. 즉 한족을 제외한 이민족들은 북·동북·서·서북·서남 지역에서 자신들의 고유 영토를 수호하면서 한족들에게 일정 부분 경각심을 들게 할 정도의 위협은 주었지만, 국가의 존망을 지배할 정도의 위협세력은 아니었다. 따라서 왕수인은 비교적 여유 있는 시대적 상황에서 인생과 세계를 음미하면서 자유자족의 삶을 누릴 수 있었다. 왕수인에게 민족우월주의가 없었던 것은 아니지만, 주희처럼 이분법적인 분별 의식은 존재하지 않은 것 같다.[72] 때문에 그는 자연스럽게 사민평등론四民平等論을 내세울 수 있었던 것이다.

---

70) 『朱子語類』, 권24, "三綱五常, 裏古裏今不可易."; "然而所謂三綱五常, 這箇不曾泯滅得."; "三綱五常終變不得."

71) 당시 유근 일파에 의한 동창의 피해가 심했다.

72) 정동국, 「왕양명의 주만만년정론에 대한 일고」, 『중국어문학』 제34집, 595쪽 참고.

또한 과거제도의 팔고문 형식과 대규모의 편찬 사업 등은 유학의 관제화를 초래하였기 때문에 이에 순응하는 학자들과 유학의 본래 정신을 수호하려는 학자들 사이에 마찰이 존재하였다. 그러나 명 중기까지 이들은 모두 정주학자였다. 이러한 정주학 사이의 갈등에서 진헌장과 왕수인이 심학을 제창하자 비교적 정주학의 관제가 느슨한 남방지역을 중심으로 심학이 다시 한 번 부흥하게 된 것이다.

또한 명 중기에는 도시를 중심으로 상공업이 번영하고 자본을 중심으로 한 시민정신이 고취되면서 신분 고착화의 이념적 근거인 명분주의를 비평하기 시작하였다. 왕수인은 이업동도異業同道를 근거로 한 사민평등론을 주장하였고, 후에 왕간은 사우론師友論[73]과 조명론造命論[74]을 내세워 시대의 정신을 계도하였다.

그러나 이상의 것은 심학과 본질적 관련이 없는 외연적 원인이고, 심학 부흥의 본질적 관건은 자득정신에 있다. 앞에서 이미 밝힌 바와 같이 송대 유학자의 시대정신은 주로 불교에 빼앗긴 사상계의 주도적 위치를 회복하는 곳에서 표현되었다. 송명리학의 대표적 시대정신이 선학의 극복이라는 점은 여러 곳에서 발견할 수 있다. 그런데 한대에서부터 시작하여 송대를 거쳐 명 그리고 조선시대까지 불교(선)에 대한 유학자들의 이해는 일관되게

73) 사우론은 비록 제왕과 일반 평민의 정치적 신분이 평등하지는 않지만, 적어도 학문의 도에서는 서로 평등하며, 이 도를 공통분모로 하여 서로 교류할 수 있다는 君臣民 평등론이다.

74) 조명론은 '재능의 천분은 비록 하늘이 결정해 주었지만 운명은 인간 자신이 스스로 노력하여 개조할 수 있다'는 의미이다. 이는 당시 名에 입각한 결정론적인 직분을 주장하는 정주학자에 대한 도전이고, 또 천명을 숙명적으로 수용하려는 당시 학자들의 수동적이고 경직된 태도에 대한 반성이다. 정면적으로 말하면, 공자가 주장한 盡義以知命論의 적극적인 실천이라고 할 수 있다.

오해의 연속이었다. 육구연과 왕수인 역시 선학의 극복을 시대정신으로 삼기도 하지만, 왕수인의 유학에 대한 시대정신은 진리에 대한 자득정신으로 표출된다. 필자는 자득[75]이야말로 송대와 명대 유학자의 시대정신을 차별화할 수 있는 주요 소재라고 생각한다.

『명사』「유림전」의 "유학의 종통에서 내려오는 정전正傳을 준수하면서 감히 그것을 고치려고 함이 없었다"는 말에서도 알 수 있듯이 명 중기까지 정주학자들은 오로지 주희철학을 답습할 뿐 창의적 혹은 발전적 견해를 창출하지 못했다. 이러한 경직된 학술 풍조는 진헌장에 의해 타파되기 시작하였고, 왕수인에 이르러 본격적으로 비평받았다. 왕수인은 이러한 학술적 기풍을 타파하고자 "양주와 묵자 그리고 노자와 석씨의 도는 성인의 도와 다르지만, 그래도 자득하는 것이 있다"[76]라고 하였다. 또 "마음에서 추구하여 옳다고 판단되지 않으면 비록 그 말이 공자에게서 나온 것이라고 할지라도 옳다고 하지 못하겠다"[77]라고 하였다. 이 말은 다양한 각도에서 해석할 수 있지만, 필자는 시대정신과 연계시켜 이해한다. 다시 말하면 그것의 출처가 비록 성인의 언행을 기록한 『논어』라고 할지라도 자신이 판단한 시대정신과 부합하지 않으면 취할 수 없다는 것이다. 이러한 심학자들의 시대정신에 대한 자득의 표현은 후에 왕간王艮과 이지李贄에 의해 계승되었고, 더욱 극단화하여 주체주의 성격의 심학을 반동적으로 탄생시켰다.

75) 自得은 왕수인에 의하여 처음 표출된 것이 아니라 송대의 육구연에 의해 시작되었다. 육구연은 "맹자를 읽고서 마음으로 자득하였다"(『象山全集』, 권36, "因讀孟子而自得於心也.")라고 하였다. 육구연과 왕수인의 학술적 전승관계에 대한 여러 이설이 있지만, 심학의 본질인 자득을 두 사람 모두 중시하였다는 점에서 볼 때, 육왕철학 혹은 육왕의 심학이라는 칭호는 정당하다고 할 수 있다.

76) 『陽明全書』, 권7, 「文錄4 · 別湛甘泉序」, "彼於聖人之道異, 然猶有自得也."

77) 『傳習錄』 中, "求之於心而非也, 雖其言之出於孔子, 不敢以爲是也."

사실 '자득'은 육왕만이 강조한 것이 아니다. 그것의 근원은 마땅히 공자에게서 찾아야 한다. 공자는 "인의 실현은 나에게 달려 있는 것이기 때문에 남에게 의지할 필요가 있는가"[78]라고 하였고, 또 "인이 어찌 멀리 있는가? 내가 인을 실천하고자 하면 인은 그 자리에서 발현되는 것이다"[79]라고 하였다. '인'이 모든 시비선악 판단의 근거이고 표준이기 때문에 밖의 것에 의지할 필요가 없다. 이어서 맹자는 심선을 근거로 성선을 주장하였고, 그것의 작용을 양지와 양능으로써 설명하였다. 학문은 모두 자기가 스스로 자각하여 스스로 세우는 것이다. 맹자가 주장한 "잃어버린 마음을 되찾는다"(求放心)와 "먼저 대체를 세운다"(先立其大)는 모두 자각과 자성을 통한 자득을 강조한 것이다. 이것이 유학의 본래 특성인데, 명대의 정주학자들은 주희철학을 유학의 총규결로 긍정하고, 이를 준칙으로 삼아 받들기만 할 뿐 자기의 마음에 권형權衡이 없었다. 때문에 왕수인은 '자득'하였다면 비록 이단이라고 할지라도 자득이 없는 속유俗儒보다 우월하다고 평가한 것이다. 이러한 자득정신의 강조는 사상 해방으로 발전되었고, 또 학술에 하나의 생기를 불어넣어 유가의 본래 정신인 실천 위주의 학술 풍조를 조장하기도 하였다.

2. 왕수인의 심학

명대 왕수인철학은 주륙논쟁의 제2장임이 분명하다. 그러나 표면적으로 볼 때, 왕수인은 주륙논변에 크게 유념하지 않은 것 같다. 그가 "주륙이

---

78) 『論語』, 「顔淵」, "爲仁由己, 而由人乎哉?"
79) 『論語』, 「述而」, "仁乎遠哉? 我欲仁, 斯仁至矣."

동은 각자 득과 실이 있기 때문에 변척과 힐난을 할 필요가 없다. 나의 본성에서 추구하면 스스로 분명하게 알 수 있다"[80]라고 한 것을 보면, 비록 왕수인은 육구연의 학문이 선학이 아니고 간이직절簡易直截한 학문으로서 맹자학의 전승임을 밝히지만, 주안점은 육구연 학문의 계승에 두지 않고 자득을 근거로 한 새로운 학설의 창신에 있음을 알 수 있다.

필자는 주륙논쟁의 제2장이라는 측면에서 왕수인의 심학을 다음과 같이 평가한다. 주륙의 차이는 이미 성즉리와 심즉리에서 결정되었지만, 이후 양자의 차이는 도문학과 존덕성의 차이로 인식되어 양자를 겸전하려는 태도로써 느슨한 화회가 진행된다. 원대에서부터 시작된 화회의 주된 내용인 존덕성과 도문학이 비록 육구연이 긍정한 그것과 부합하지는 않지만, 표면적으로 화회는 존덕성과 도문학의 수평적 평행관계를 유지하면서 진행된다. 이러한 수평적 평행관계는 왕수인의 심학에 이르러 철저하게 붕괴되고, 본래의 존덕성과 도문학의 의미가 회복된다. 다시 말하면 왕수인이 긍정한 존덕성은 바로 육구연이 제시한 존덕성이고, 왕수인이 위학의 본질로 삼지 않은 도문학은 바로 주희의 도문학인 것이다. 따라서 왕수인의 심학이야말로 주륙논쟁의 진정한 제2장인 것이다.

왕수인은 심즉리를 학술의 본질로 삼지만, 심즉리보다는 양지즉천리良知卽天理라는 표현을 더 애용한다. 그는 천리인 양지를 근거로 자신의 학술을 치양지로 규결한다. 따라서 필자는 치양지로써 왕수인 심학의 종지를 서술하고, 아울러 그것을 통하여 육구연철학과의 차별성도 소개할 것이다.

80) 『陽明全書』, 권32, "朱陸異同, 各有得失, 無事辨詰. 求之吾性, 本自明也."

1) 왕수인철학에서의 양지 개념의 의미

왕수인은 「주자만년정론」을 제시하여 당시 정주학자들의 극심한 반발을 초래하였는데, 필자는 왕수인의 「주자만년정론」에 대하여 긍정적인 가치를 부여하지 않는다. 주희철학은 주희가 중화구설을 버리고 중화신설을 정립하면서 줄곧 일관된 체계로 전개된다. 중화신설부터는 성을 미발, 심을 이발로 이해하였던 구설의 이론을 바꾸어, 성에서는 이발과 미발을 논의하지 않고 오로지 심에서만 미발과 이발을 논하기 시작하였다. 이러한 사유는 인설과 리기론 그리고 거경함양과 격물치지의 공부론에서 분명하게 드러난다. 주희는 인을 '사랑의 리'(愛之理)로 인식하고, 성을 '심의 덕'으로 규정하였으며, 성을 단지 리(只是理)로 규정하여 성리에 역동성 의미를 부여하지 않는다. 따라서 주희는 육구연처럼 향내적인 심의 자각성찰을 본질공부로 삼지 않고 향외적인 격물치지를 본질공부로 삼았다. 이러한 사유는 만년까지 지속되었기 때문에 주희철학에서는 조년早年과 중년中年의 차이만 있을 뿐 만년정론이라는 것은 없다. 그러나 왕수인철학에서는 만년정론이라고 할 수 있는 것이 있는데, 그것이 바로 치양지이다. 그렇지만 왕수인의 조년과 중년 그리고 만년의 실질적인 내용은 차이가 없다. 모두 심즉리를 근거로 한 것이지만, 만년에 치양지를 근거로 지행합일과 격물(正物)성의론을 종합하였기 때문에 치양지를 만년정론이라고 한 것이다.

왕수인은 37세에 오성자족론吾性自足論을 내세우면서 주희의 격물치지설을 비판하였고, 38세부터 지행합일설을 주장하면서 주희의 지행이분知行二分을 비판하였으며, 40세에 육구연의 철학을 선학이라고 배척하는 정주학자들에게 육학이야말로 공맹철학을 계승한 유학의 정론이라고 옹호한다. 또

44세에 「주자만년정론」을 편집하였다가 47세에 그것을 각刻하여 세상에 공표하면서 주희의 만년정론은 육구연의 철학과 다르지 않다고 주장하였다. 그해 주희의 『개본대학改本大學』에 반대하면서 『고본대학古本大學』을 각하였고, 또 『전습록』을 각하였다. 그리고 50세에 치양지설을 세상에 공표하면서 자신의 철학체계를 완성하였다. 치양지가 왕수인철학의 만년정론이지만, 그는 줄곧 주희철학을 비판하면서 심학 의리의 정당성을 주장하였다. 따라서 필자는 왕수인의 치양지와 지행합일 그리고 「주자만년정론」을 소재로 하여 리학과 심학의 차이를 해설할 것이다.

왕수인의 치양지 철학을 이해하려면 먼저 양지의 개념 그리고 성립 과정 및 내용을 이해해야 한다. 맹자는 본심의 지선지악의 작용으로서 양지를 제시하고, 호선오악의 작용으로서 양능을 제시한다. 양지와 양능은 일심一心의 두 작용이지만, 두 개념에 대해서는 엄격하게 분리한다. 육구연 역시 지행의 이간원리를 양지와 양능으로써 해설하지만, 두 개념의 차이에 대해서는 맹자의 입장을 준수한다. 그러나 왕수인철학에 있어서 양지는 도덕주체 자체이다. 다시 말하면 심즉리의 심 자체이다. 그는 맹자의 양지와 양능을 하나의 양지에 포함시킬 뿐만 아니라 맹자의 사단지심 역시 하나의 시비지심인 양지로써 종합하며, 더 나아가 양지를 천리로 인식한다. 먼저 맹자의 양지와 양능에 대한 왕수인의 해설을 보자.

『맹자』에 양지는 단 한 차례 출현하고, 또 단독으로 출현하는 것이 아니라 양능과 관련지어 출현한다.[81] 그러나 왕수인은 "양지는 맹자가 말한 시비지심이며, 사람마다 모두 갖추고 있는 것이다. 시비지심은 사려할 필요

---

81) 『孟子』, 「盡心上」, "人之所不學而能者, 其良能也. 所不慮而知者, 其良知也. 孩提之童, 無不知愛其親也, 及其長也, 無不知敬其兄也. 親親, 仁也. 敬長, 義也."

없이 알 수 있는 것이고, 배우지 않아도 할 수 있는 것이다. 그러므로 양지라고 한다. 이것은 천이 명한 본성이고, 내 마음의 본체이므로 자연히 영명하게 비추고 분명하게 자각하는 것이다"[82]라고 한다. 양지가 하나의 시비지심이라는 그의 설명은 맹자 그리고 육구연과 일치한다. 그러나 맹자는 분명 "사람이 배우지 않고서도 할 수 있는 것은 양능이 있기 때문이고, 사려하지 않고서도 알 수 있는 것은 양지가 있기 때문이다"라고 하면서 '할 수 있는 능력'(양능)과 '알 수 있는 능력'(양지)을 구분하여 해설하고 있는 반면, 왕수인은 "시비지심은 사려할 필요 없이 알 수 있는 것이고, 배우지 않아도 할 수 있는 것이다"라고 하여 하나의 시비지심인 양지로써 '할 수 있는 능력'과 '알 수 있는 능력'을 해설한다. 다시 말하면, 왕수인철학에서 양지는 지선지악의 자각 작용이며, 호선오악의 능력인 것이다. 사실 심학의 의리에서 양지의 지선지악은 시간적으로 동시에 호선오악의 반응을 수반하기 때문에 양지로써 양능을 포괄해도 무방하다. 양지의 자각판단은 실천으로 투현되어 '지'와 '행' 사이에 단절이 없다. 왕수인은 지선지악과 호선오악의 동시 현현을 진지로 인식하고서 지행합일을 주창한다. 후에 왕기王畿(龍溪)는 "심의 양지를 지라고 하고, 심의 양능을 행이라고 한다.…… 할 수 있음을 아는 것이 지이고, 아는 것을 할 수 있는 것이 능이므로 지행의 본체는 원래 합일되어 있는 것이다"[83]라고 하였다. 양지와 양능의 작용을 분별하여 설명하면, 사랑해야 함을 알고 공경해야 함을 아는 것은 양지의 작용이고, 사랑할 수 있고 공경할 수 있는 것은 양능의 작용이다. 양지와 양능은

---

82) 『陽明全書』, 권26, "良知者, 孟子所謂是非之心, 人皆有之者也. 是非之心, 不待慮而知, 不待學而能. 是故謂之良知. 是乃天命之性, 吾心之本體, 自然靈照明覺者也."

83) 『王龍溪全集』, 권10, "心之良知謂之知, 心之良能謂之行.……知能處卽是知, 能知處卽是能. 知行本體原是合一者也."

동시에 나타나는 것이므로 사랑해야 함을 아는 것과 공경해야 함을 아는 것의 구체적인 내용이 바로 사랑할 수 있는 것과 공경할 수 있는 것이라고 할 수 있으며, 또 사랑할 수 있는 곳과 공경할 수 있는 곳에서 사랑과 공경에 대한 진정한 자각을 볼 수가 있다. 그러므로 "할 수 있음을 아는 것이 지이고, 아는 것을 할 수 있는 것이 능이다"라고 말한 것이다. 이는 왕수인의 지행합일에 대한 올바른 이해이다.

또 "양지는 단지 시비를 분별하는 심일 뿐이며, 이 시비는 다름 아닌 좋아함(好)과 싫어함(惡)일 뿐이다. 마땅히 좋아해야 할 것을 좋아하고 마땅히 싫어해야 할 것을 싫어하면 올바름과 그름을 다하게 되며, 마땅히 올바른 것을 올바르다고 하고 그른 것을 그르다고 하면 바로 만사의 모든 변화에 하나의 오차 없이 적응하게 된다"[84]는 말로써 시비지심과 수오지심을 하나의 양지에 포괄한다. 맹자가 제시한 수오는 도덕상의 의로움과 의롭지 못함 · 시비 · 선악에 대한 직접적인 반응이다. 수오는 바로 도덕상의 호오好惡 이외의 다른 것이 아니다. '호'는 도덕상의 의義 · 선善 · 시是에 대한 만족감이고, '오'는 도덕상의 불의不義 · 악惡 · 비非에 대한 증오의 감정이다. 시비선악 판단은 반드시 어떠한 정감을 수반하는데 이것이 바로 호오이다. 즐거움과 싫어함은 양지의 '시'와 '비'에 대한 직접적인 반응으로 시비의 실질적인 내용이라고 할 수 있다. 왕수인은 이러한 정감이야말로 도덕판단의 실질 내용이라고 간주하여 오로지 양지 본연의 정감에 따라서 만사를 처리하면 필연적으로 도리에 합치할 것이라고 생각하였다.

왕수인에 의하면, 시비지심은 당연에 대한 양지의 자결성이고, 호오의

84) 『傳習錄』 下, "良知只是個是非之心, 是非只是個好惡. 只好惡就盡了是非, 只是非就盡了萬事萬變."

정감은 시비지심의 본정本情이다. 이로부터 한 걸음 더 나아가 측은지심과 사양지심(공경지심)을 하나의 양지에 통속시킨다.

> 양지는 천리의 자연명각을 발견하는 곳일 뿐이며, 또한 진성측달의 마음일 뿐인데, 이 진성측달의 마음이 바로 양지의 본체이다. 그러므로 양지의 진성측달의 마음을 확충하여 그 마음으로써 부모를 섬기면 이것이 바로 효이고, 양지의 진성측달의 마음을 확충하여 그 마음으로써 형을 섬기면 이것이 바로 제이며, 양지의 진성측달의 마음을 확충하여 그 마음으로써 군주를 섬기면 이것이 바로 충이다. 모든 것은 양지 자신의 표현이며, 또한 진성측달의 구체적 발현이다.[85]

이른바 측달惻怛이란 맹자가 말한 측은지심이고, 진성眞誠은 순일무잡의 진실함 즉 공경지심이다. 이처럼 왕수인철학에서 하나의 시비지심인 양지는 인의예의 기타 삼단三端의 심을 관통한다. 이 점에 관하여 모종삼은 "인의예는 심의 실實이고, 지智는 실이면서 용이다. 심은 오로지 실이면서 용인 하나의 덕(知)이 자각판단하여 시비선악의 당연의 법칙을 결정한다"[86]라고 한다. 모종삼에 의하면, 인의예지는 모두 심의 실질 내용이지만 그중에서 지智(양지-시비지심)는 심의 실질 내용임과 동시에 명각 작용이다. 양지는 시비선악 판단의 표준이며, 또한 도덕법칙의 결정자이다. 양지의 결정은 다름 아닌 자신의 활동 방향에 대한 결정이다. 인의예의 내용은 양지의 결정에 의하여 표현된다. 그러므로 양지의 결정은 한편으로는 인의예의 내용을 발

85) 『傳習錄』 中, "良知只是一個天理自然明覺發見處, 只是一個眞誠惻怛, 便是他本體. 故致此良知之眞誠惻怛以事親, 便是孝, 致此良知之眞誠惻怛以從兄, 便是弟, 致此良知眞誠惻怛以事君, 便是忠. 只是一個良知, 一個眞誠惻怛."

86) 牟宗三, 『從陸象山到劉蕺山』(臺灣: 學生書局, 1984), 260쪽.

현하고, 다른 한편으로는 인의예를 통하여 자신을 표현한다.

왕수인의 『전집』에는 심즉리 혹은 양지즉천리를 표현한 곳이 많다.

> 리는 심의 조리이다. 이 리가 부모를 섬기는 행위에 발현되면 효이고, 임금을 섬기는 행위에 발현되면 충이고, 친구를 교제하는 행위에 발현되면 신이다. (심의 표현은) 천변만화하여 그 내용을 궁진할 수가 없지만 나의 일심으로부터 발현되지 않은 것은 없다.[87)]

> 너의 그 한 점의 양지는 너 스스로의 준칙이다. 너의 의념이 발동되는 그곳에서 양지는 스스로 올바른 것에 대해서는 올바르다고 판별하며, 그른 것에 대해서는 그르다고 판별하기 때문에 조금이라도 양지를 속일 수 없다. 네가 스스로 양지를 속이지 않고 양지로 하여금 자연스럽게 발현되게 한다면 선은 바로 보존되고 악은 바로 제거된다. 양지의 이러한 작용이 얼마나 온당하고 즐거운가?[88)]

> 허령불매한 심은 중리를 갖추고 있으며 만사를 발출한다. 심 외에 리가 없고, 심 외에 사가 없다.[89)]

> 올바름과 그름, 진실됨과 허위 등은 양지의 앞에서 바로 밝혀지게 된다. 양지에 합치되는 것은 올바른 것이고, 합치되지 않는 것이면 그른 것이다. 이는 마치 불교에서 말하는 심인과 비슷한 것으로 참으로 하나의 시금석이며 나침반과 같다.[90)]

---

87) 『陽明全書』, 권8, "理也者, 心之條理也. 是理也, 發之於親則爲孝, 發之於君則爲忠, 發之於朋友則爲信. 千變萬化, 至不可究竭, 而莫非發於吾之一心."

88) 『傳習錄』 下, "爾那一點良知, 是爾自家底準則. 爾意念著處, 他是便知是, 非便知非, 更瞞他一些不得. 爾只不要欺他, 實實落落依著他做去, 善便存, 惡便去. 他這裏何等穩當快樂!"

89) 『傳習錄』 上, "虛靈不昧, 衆理具而萬事出. 心外無理, 心外無事."

양지는 각종의 일에 직면하여 서로 다른 형상의 도덕규범을 표현한다. 양지는 자율적으로 시비선악을 결정하며, 또 자신이 결정한 시비선악의 조리에 따라서 구체적인 도덕정감을 표현한다. 양지가 판별한 시비선악은 모두 절대 불변의 상리常理이며 순선무악의 도덕정감이다. 때문에 "양지는 너 스스로의 준칙이다"라고 말한 것이다. 양지는 지행의 본체이고, 또 내재적이며 동시에 초월적인 도덕주체이다. 양지가 천리인 까닭은 바로 시비선악에 대한 양지의 자각과 실현 그리고 입법 작용에 있다. 심(양지) 안에 가득 차 있는 것은 다름 아닌 리이다. 리는 양지(심)에 의하여 발현되기 때문에 '심이 발현되는 곳에는 반드시 리가 있다'고 말할 수 있다. 이러한 양지(심)는 고정적인 형체가 없다. 부모에 즉면해서는 효의 리를 표현하고, 형제에게는 제, 친구에게는 신, 군주에게는 충의 도리를 스스로 자각하여 결정하고 표현한다. 따라서 심은 무체, 즉 고정적인 형체가 없다.

왕수인은 주희의 성즉리를 심리이분心理二分이라고 비평하면서 심즉리(양지즉천리)가 맹자학을 계승한 정통이며, 학술의 폐단을 제거할 수 있는 유일한 길임을 강조한다.

> 대저 사물의 리는 내 마음 밖에 있지 않기 때문에 내 마음 밖에서 사물의 리를 구하려고 하면 그 물리를 구할 수 없다. 사물의 리를 잃어버리고서 내 마음을 구하면 내 마음이란 것은 또 어떤 것인가? 심의 본체는 바로 본성이다. 그리고 이 본성은 바로 법칙 즉 리이다. 그러므로 부모를 섬기는 효도의 마음이 있으면 바로 거기에는 효도의 법칙이 있고, 이 효도의 마음이 없으면 효도의 법칙도 없는 것이다. 임금을 섬기는 충성의 마음이 있으면 바로

90) 『傳習錄』 下, "是非誠僞, 到前便明. 合得的便是, 合不得的便非. 如佛家說心印相似, 眞是個試金石·指南針."

> 거기에는 충성의 법칙이 있고, 충성의 마음이 없으면 충성의 법칙도 없는 것이다. 법칙 즉 리가 어찌 내 마음 밖에 존재할 수 있겠는가? 회암은 "사람이 학문을 하는 까닭은 심과 리를 얻기 위함이다"라고 말하였다. 심은 비록 일신의 주재자이지만 동시에 천하의 모든 법칙을 관리한다. 리는 비록 만물과 만사에 산재해 있지만 그러나 실은 내 마음의 밖에 있지 않다. 이러한 학설은 심과 리를 나누어 말하고 있는 것 같으면서, 또한 심과 리를 합하여 말하고 있는 것 같기도 하기 때문에, 학자들이 이미 심과 리를 둘로 보는 폐단을 해결하여 주지 못한다. 이것이 바로 후세에 오로지 본심만을 추구하여 물리를 잃어버린다는 걱정을 하게 하는 원인이다. 이것은 심이 곧 법칙 즉 리 자신임을 모르기 때문이다. 대저 심 밖에서 물리를 구하면 어두워서 통하지 않는 걱정이 있게 된다. 이것은 고자가 의는 심 밖에 있다고 주장하여 맹자가 이 학설에 대하여 의를 모르는 것이라고 비평한 것과 같다.[91]

왕수인이 말하고 있는 물과 리는 경험계에 존재하는 사물과 물리를 지칭하는 것이 아니라 일종의 행위물인 사事와 도덕행위의 규범(법칙)을 지칭한다. 충효 등의 도덕법칙은 모두 내 마음의 양지로부터 독립하여 자존자재自存自在하는 것이 아니라 양지에 본래적으로 갖추어진 도덕원리이다. 이 마음이 없으면 이 리도 존재하지 않는다. 이것은 바로 가치의 표준은 양지의 가치 자각으로부터 발현된다는 것을 의미한다. 주희에 의하면 심과 리는 본래적으로 둘이지 하나가 아니다. 그렇기 때문에 주희는 반구저기의 공부

91) 『傳習錄』 中, "夫物理不外於吾心, 外吾心而求物理, 無物理矣. 遺物理而求吾心, 吾心又何物耶? 心之體, 性也. 性卽理也. 故有孝親之心, 卽有孝之理, 無孝親之心, 卽無孝之理矣. 有忠君之心, 卽有忠之理, 無忠君之心, 卽無忠之理矣. 理豈外吾心耶? 晦菴謂人之所以爲學者, 心與理而已. 心雖主乎一身, 而實管乎天下之理. 理雖散在萬事, 而實不外乎一人之心. 是其一分一合之間, 而未免已啓學者心理爲二之弊. 此後世所以有專求本心, 遂遺物理之患. 正由不知心卽理耳. 夫外心以求物理, 是以有闇而不達之處. 此告子義外之說, 孟子所以謂之不知義也."

론을 취하지 않고 향외로 격물치지하여 사물의 리를 궁구하여 인식한 리로써 도덕활동의 표준을 삼으려고 하였다. 심의 소이연지리와 소당연지칙에 대한 지각이 '지'이고, 지각한 성리로써 심의 활동 표준을 삼아 의념을 순화하여 도덕행위를 발현하는 것이 바로 '행'이다. 의념을 순화하는 주체는 심이지만 순화의 표준이 심이 아니므로 심은 격물치지하여 표준을 인식한 후에야 비로소 순화의 근거를 세울 수가 있으며, 또 이질적인 표준으로 자신의 방향을 결정해야 하므로 지행은 동시에 발현될 수가 없고 반드시 시간적인 선후가 있게 된다. 왕수인은 주희철학에서 지와 행이 자연스럽게 결합되지 못한 근본적인 원인은 바로 심즉리를 긍정하지 않고 오로지 성즉리만을 긍정하는 곳에 있다고 생각하였다. 왕수인에 의하면 양지가 바로 천리의 본원이다. 리는 양지의 활동 조리이고, 양지는 동태적인 법칙의 활동이다. 지행의 '지'는 밖으로 추구할 필요 없이 자신에게 추구하면 그곳에서 자신이 마땅히 해야 할 방향을 자각한다. '행' 역시 양지 이외의 다른 역량에 의지할 필요 없이 자신의 중단을 허용하지 않는 양지의 본래적인 동력에 의거하여 진행된다. 지행은 모두 하나의 양지로부터 결정되고 진행된다. 그러므로 지행은 양지 내의 일이라고 할 수가 있다.

이처럼 왕수인철학에서 양지는 가장 핵심적인 개념이다. 때문에 그는 "양지를 없애 버린다면 또 무엇을 말할 수 있겠는가"[92]라고 한다. 그렇지만 유가철학의 발전사에서 하나의 작용처럼 이해되고 있는 양지를 본체로 정립한 경우는 없었다. 때문에 혹자는 "예로부터 가르침을 세움에 있어 '지'를 본체로 삼은 것을 듣지 못하였다"[93]고 비평한다. 왕수인이 제시한 양지에

---

92) 『陽明全書』, 권6, "除卻良知, 還有甚麼說得."
93) 『明儒學案』, 「止修學案」, "從古立教, 未聞以知爲體者."

는 주관적인 작용과 객관적인 실체 및 법칙 혹은 규범의 의미가 내포되어 있다. 시비선악에 대한 자각과 호선오악의 도덕 활동은 양지의 주관적인 활동이다. 또한 양지는 바로 인간의 존재 근거인 도덕 본성이다. 이것은 양지의 객관 실체성을 의미한다. 양지는 천리의 소재이다. 이것은 양지의 법칙성에 대한 설명이다. 이 점에 대하여 이해가 부족한 학자는 단지 주관적인 작용으로만 양지를 이해하였기 때문에 이와 같은 오해를 하는 것이다. 그렇다면 왕수인은 왜 심 혹은 성을 본체로 내세우지 않고 양지를 본체로 내세웠는가?

실제로 왕수인은 용장에서 학문의 정도를 터득한(39세) 이후에도 여전히 육구연이 제시한 심즉리의 본심으로 학문의 중심 개념을 삼았다. 만년에 역경을 극복한 후에 비로소 양지로써 공맹과 육구연이 제시한 도덕주체 관념을 통섭하였다. 그가 양지로써 학문의 핵심 개념을 삼은 것은 순수한 사유 작용을 통해서 이루어진 것도 아니고 또 특이한 학설을 세우기 위함도 아닌, 진실한 도덕체험과 역경을 경험한 후에 확정한 것이다. 왕수인이 양지로써 도덕심성을 통섭한 원인은 외부적인 측면과 내부적인 측면으로 나누어 설명할 수 있다. 외적인 요인은 불교 그리고 주희철학과 관련이 있다.[94]

첫째, 송명리학자는 거의 모두 심성리 세 개념으로써 자신의 철학을 전개하였지만 심성리 세 개념에 대한 이해는 서로 동일하지 않다. 특히 주희의 이해는 기타 학자들과 상이하다. 주희는 단지 성즉리만을 긍정하였을 뿐 심즉리는 긍정하지 않았다. 주희철학에서 허령불매의 작용을 가진 심은

94) 황갑연, 『공맹철학의 발전』(서광사, 1998), 189~190쪽.

기의 범주에 속하는 형이하자이다. 왕수인이 심으로써 본체를 삼는다면 일반 학자들은 그가 제시한 심을 주희철학에서의 지각심으로 오해할 가능성이 있다.

둘째, 왕수인이 처음 학문의 길로 착수한 것은 주희의 격물궁리이다. 주희의 격물치지를 통한 사물의 이치에 대한 궁구는 『대학』의 체계를 모델로 삼은 것이다. 왕수인도 주희와 같은 형태로 자신의 학설을 전개하기 위하여 『대학』의 치지를 치양지로 해석하였고, 격물을 정물正物로 해석하였다. 또 도덕실천의 방법론을 치양지로 삼았기 때문에 양지는 자연히 중심개념으로 성립될 수밖에 없었다.

셋째, 불교에도 심 관념이 있다. 그러나 불교에서 주장한 심은 식심識心이거나 자성청정심이지 유가에서 긍정한 인의를 내용으로 하는 도덕주체가 아니다. 이러한 상황에서 왕수인이 새로운 개념으로써 자신의 학설을 개진하려고 하는 것은 자연스러운 일이라고 할 수 있다. 이렇게 함으로써 불필요한 오해를 방지할 수 있으며, 또 타인의 학설과 다른 점을 부각시킬 수가 있다.

학문의 내적인 원인으로는 공자가 비록 '인'으로 도덕주체 관념을 세웠고, 또 모든 덕을 하나의 '인'으로 통괄하였지만, 송명시대에 이르러 '인'의 주체성 관념은 분명하지 않게 되었다. 맹자는 심성을 병렬하여 심으로써 본체의 주체성을 표시하고, 성으로써 본체의 객관 실체성을 표현하여 공자철학을 진일보시켰다. 송명시대에 이르러 주돈이와 장재 그리고 정호와 정이는 모두 천도 · 천명 · 성체性體 등의 초월적인 객관 실체로부터 학문 전개의 출발점을 삼았기 때문에 본체의 주체성에 대한 이해는 부족한 감이 있었다. 육구연은 심으로써 공맹의 '인'과 심성을 총괄하였다. 심은 활동성의 자유 의지로서, 시비선악의 판단과 선을 좋아하고 악을 증오하며 선을 실현하고 악을 제거하는 작용은 모두 심에 의하여 이루어진다. 단지 도덕실천론적인 측면에서만 논한다면 이전의 학자들보다 주체의 자율성이 두드러진다. 본심의 실제적인 내용은 가치판단과 자신의 판단 활동의 중지를 허용하지 않는 확충 활동이다. 그중 가장 근본적이고 시초적인 활동이 바로 도덕에 대한 자각 활동이다. 가치의 자각 활동이 바로 양지이다. 이로써 보면 공맹을 시작으로 육구연의 심즉리 철학에 이르기까지 도덕본체의 주체성 의미는 더욱 구체화되었고, 왕수인의 양지학에 이르러서 극점에 도달하였음을 알 수가 있다. 도덕의 실천은 양지를 본체로 삼는 것이 가장 근원적이고 절실하며, 또 주체의 자율성을 가장 잘 드러낸다. 이것이 바로 왕수인이 양지로써 인과 심성을 총괄한 학설 내부의 원인이다.

2) 치양지와 지행합일

왕수인이 주장한 치양지의 치致는 '앞으로 밀어낸다'는 의미다. 이는 맹자가 말한 확이충지擴而充之의 확충과 동일한 의미이다. 양지를 확충하여 충분히 실현하면 도덕행위는 완성된다. 왕수인 도덕철학에서 치양지는 가치실현의 시작과 마침이다. 공부의 착수도 치양지이고, 공부의 완성도 치양지이다. 그는 "내가 평생 동안 학문을 강의한 내용은 단지 치양지 세 글자일 뿐이다"[95]라고 하였다. 도덕근원은 양지이지만 양지를 실현하여 덕성의 가치를 완성하는 실천 과정은 치양지이다. 치양지를 떠나서 도덕실천은 있을 수 없다. 치양지야말로 양명철학에서의 철상철하徹上徹下의 공부인 것이다.

95) 『陽明全書』, 권26, "吾平生講學, 只是致良知三字."

치양지의 시작은 자각이다. 양지는 시비선악을 결정하는 표준임과 동시에 주체이기 때문에 어떤 일에 직면하면 행위의 표준을 양지 밖에서 추구할 필요가 없다. 양지는 '무엇이 선이고 또한 마땅히 어떻게 해야 한다'를 결정하는 주체이기 때문에 양지에 돌이켜 보고서 시비선악과 행위의 방향을 결정할 수 있다. 의념이 발생되는 초동의 단계에서 '타인은 모르지만 자기만 홀로 아는'(獨知)[96] 양지를 잃지 않고 보존하고 있으면 양지는 바로 그곳에서 의념의 선악 여부를 판단하고서 선한 의념(善念)을 드러내고 악한 의념(惡念)을 제거한다. 도덕실천의 선결 조건은 양지가 선악을 분명하게 판단하고, 또 그것을 실현하려는 의지를 올바르게 관찰하고서 그러한 상태를 잃지 않도록 하는 것이다. 왕수인은 "일념이 밝게 드러나면 자신을 뒤돌아보고 반성하여 의념을 순화한다"[97]라고 하였다. 자신을 뒤돌아보아 양지의 자각 능력과 호선오악의 작용을 체득하고, 양지가 도덕실천의 근본 동력임을 파악하는 것이 바로 도덕가치 실현의 선결 조건이며 치양지의 시초이다.

지행론의 입장에서 보면 지와 행은 모두 치양지의 '치'의 과정에 속한다. 자각은 '치'의 시초이며 내 마음의 양지가 드러나는 시초에 불과할 뿐 완성은 아니다. 반드시 밖으로 확충하여 그 전체의 내용을 모두 실현하였을 때 비로소 완성하였다고 할 수 있다. 비록 '체' 상에서 보면 양지 발현의 실마리를 아는 것도 전체 양지의 발현이라고 할 수는 있으나, '용' 상에서 보면 자각은 단지 시작 즉 하나의 '체증'에 불과할 뿐 실현이라고는 할 수 없다.

치양지의 '치'는 물욕에 의하여 의념과 양지가 서로 일치되지 않을 때에

96) 獨知는 주희의 표현이지만, 왕수인의 양지에도 적용할 수 있다.
97) 『傳習錄』 中, "一念開明, 反身而誠."

의미를 갖게 된다. 만일 의념과 양지가 서로 일치하였다면, 그것은 양지의 자연스러운 유출이기 때문에 '치'의 의미가 불필요하다. 이에 관하여 왕수인은 다음과 같이 말한다.

> 인간의 본성은 선하지 않는 바가 없기 때문에 양지는 불량한 바가 없다. 양지는 곧 미발의 중이고, 또한 곧 확연대공하고 적연부동한 본체이다. 이 본체는 모든 사람들에게 본래부터 공통적으로 갖추어져 있다. 그러나 이 본체는 물욕에 의해서 가려질 가능성이 항상 있기 때문에 배움을 통해 이미 가려진 바를 제거해야만 한다. 그러나 양지의 본체는 가려졌다고 할지라도 또한 배움에 의해서도 털끝만큼이라도 더해진 바도 없고 손상되어 잃게 되는 바도 없다. 양지는 불량한 바가 없지만 중中이나 적寂 혹은 대공을 완전하게 표현하지 못하는 것은 그 가려진 바를 아직 완전하게 제거하지 않고, 또한 양지를 순선무잡하게 간직하지 못하고 있기 때문이다.[98]

물욕에 교폐된 것은 양지가 아니라 인간 자신이다. 비록 행위자가 인욕에 가려져 양지가 스스로 양지 자신을 발현할 수 없다고 할지라도 양지는 여전히 하나의 증감도 없이 내 마음에 간직되어 있다.

『연보』의 기록에 의하면 왕수인은 용장에서 도를 깨달은(龍場悟道) 다음 해 귀양서원貴陽書院에서 지행합일설을 제창하였다. 당시의 학자들은 거의 주희의 지행론에 익숙하였기 때문에 왕수인이 제창한 지행합일설의 진의를 파악하지 못하고 이견만을 분분하게 제시하였다. 지행합일설에 대하여 오해가 발생한 근본적인 원인은 지행합일의 의리적 근거인 심즉리의 심과 양

98) 『傳習錄』 中, "性無不善, 故知無不良. 良知卽是未發之中, 卽是廓然大公·寂然不動之本體. 人之所同具者也. 但不能不昏蔽於物欲, 故須學以去其昏蔽. 然於良知之本體, 初不能有加損於毫末也. 知無不良, 而中·寂·大公之體未能全者, 是昏蔽之未盡去, 而存之未純耳."

지에 대한 이해가 부족하였기 때문이다.

왕수인이 주장한 지행합일에서의 '지'는 도덕가치 판단 즉 도덕실천 방향의 결정이다. '행'은 의념이 발동하여 구체적인 행위로 완성되는 전 과정이다. 의념의 발동은 '행'의 시작이다. 의념이 발동하여 사사물물에 감응하고 사사물물로 하여금 마땅히 존재해야 할 위치에 있게 해 줌(使事事物物得其正所)과 동시에 사물과 일체를 이룬다. 이것이 '행'의 완성이다. '지'와 '행'의 시작과 완성은 이론상 서로 분계가 있다. 그러나 이 과정은 동일한 본체인 양지의 자아 전개 과정일 뿐이다.

왕수인이 제시한 양지철학을 근거로 원칙적인 입장에서 지행을 논하면, 시비선악에 대한 자각판단과 호선오악의 정감은 동시에 드러난다. 따라서 지선지악의 판단과 호선오악의 의념은 결코 서로 다른 이질적인 것이 아니다.[99] 왕수인의 지행합일설의 주요 의미는 바로 이곳에 있다. 즉 지선지악의 판단이 호선오악의 의념을 필연적으로 수반해야 하는데, 그것을 자각과 함께 동시에 수반하지 못한다면 이는 양지의 전체 내용이 온전하게 드러난 것이 아니기 때문에 진정한 양지의 자각이 아니라고 한 것이다. 노사광은 "왕수인이 말한 지행합일은 발동처에서 말한 것으로 근원 의미를 취한 것이지 효험처에서 말한 것이 아니다. 그러므로 완성 의미를 취한 것이 아니다"[100]라고 하였는데, 이는 이 점을 적절하게 설명한 것이다.

---

99) 왕수인철학에서 知와 意는 이질적인 것이 아니다. 『傳習錄』 中에 수록된 내용을 보면 곧 알 수 있다. "심은 몸의 주이고, 심의 허령명각이 바로 이른바 양지라는 것이다. 그 허령명각의 양지가 감응하여 활동하면 意라고 한다. 양지가 있은 연후에 意가 있고, 양지가 없으면 意가 없으니 양지가 意의 체가 아니겠는가."(心者身之主也, 而心之虛靈明覺, 卽所謂本然之良知也. 其虛靈明覺之良知感應而動者, 謂之意. 有知而後有意, 無知則無意矣, 知非意之體乎.)

100) 勞思光, 『中國哲學史』 3, 433쪽.

의지는 내 마음의 양지가 발현한 것이므로 의지의 발현에는 이미 시비판단의 '지'와 호선오악의 정감이 동시에 내재되어 있다. 다시 말하면 '지' 속에 '행'이 내재되어 있는 것이다. 그러므로 '지'와 '행'은 본래적으로 서로 관통되어 있다. 이때의 합일은 근원적인 의미의 합일일 뿐 양지의 시비판단이 실제적인 행위로 발현되어 구체적인 가치를 완성하였다는 의미의 합일이 아니다. 지선지악의 '지'와 호선오악의 '행'은 내 마음의 양지가 동시에 발현한 것이기 때문에 양자 사이에 시간적인 선후는 없고 단지 논리적인 선후만이 존재한다. 그러나 양지의 지선지악과 실제적인 도덕행위 사이에는 시간적인 선후관계가 성립할 수 있다. 예를 들면 부모라는 존재에 직면하여 '마땅히 효를 행하여야 한다'는 도덕판단과 동시에 부모에게 효도하려는 의념이 발생하지만 이때의 '의념의 행'은 단지 의념 발동 단계의 '행'일 뿐 구체적인 효의 실행 혹은 완성 단계의 '행'이 아니다. 효도의 마음을 잃지 않고 간직하고 있으면, 현재 혹은 미래에 부모에게 마땅히 효를 실천해야 할 때 그 효도의 마음이 실제적인 행위로 드러난다. 이때의 '행'은 완성의미의 '행'이지 근원적 의미의 '행'이 아니다. 왕수인의 지행론에 대한 일반적인 오해는 서애徐愛의 문답에서 잘 드러나고 있다.

> 서애가 물었다. "지금 사람들은 단지 부친께 마땅히 효도를 해야 함을 알고 형에게는 아우 노릇을 해야 함을 알지만 실제로는 효도를 다하지 못하거나 아우 노릇을 잘못하기가 일쑤입니다. 이에 비춰 보면 지와 행은 분명히 두 가지 서로 다른 일입니다." 선생이 말하였다. "이는 이미 사욕에 의해서 지와 행이 단절되었기 때문에 지행의 본체가 아니다. 알면서도 행하지 않는 사람은 없다. 알면서 행하지 못하면 이것은 바로 알지 못한 것과 같은 것이다."[101)]

서애는 부모에게 마땅히 효를 해야 함을 아는 '지'와 효도의 마음을 실제적으로 실천하는 '행'은 서로 다른 두 가지 일이라고 생각하였기 때문에 양자 사이에 필연적인 연결관계가 없을 뿐만 아니라 시간적인 선후관계도 존재한다고 생각하였다. 이러한 의미의 지행론은 상식에 속한 일반적인 의미에서의 '지'와 '행'의 관계이다. 그러나 왕수인이 제시한 지행의 본체는 바로 내 마음의 양지를 가리킨다. 양지는 맹자가 말한 양지와 양능의 작용을 겸비한 도덕 실체이기 때문에, 외물에 감응하여 시비선악을 결정함과 동시에 외물을 향한 구체적인 의념을 발현한다. 이것이 바로 '행'의 시작이다. 만일 효에 대한 자각이 효의 의념을 수반하지 못한다면 이는 사욕이 그 사이에 협잡된 것이다. 왕수인은 이러한 상태를 "사욕에 의하여 '지'와 '행'이 단절되었다"고 말하였다. 지선지악은 지행의 '지'이고, 호선오악은 지행의 '행'이다. 지선지악하였으나 호선오악의 정감이 발현되지 않으면 지선지악은 실질 내용이 없는 지선지악이라고 할 수 있다. 실질 내용이 없는 '지'는 공적空寂한 '지'로서, 양지의 완전한 작용이라고 할 수 없다. 그러므로 왕수인은 "알지 못한 것이다"(未知)라고 한 것이다. 왕수인의 지행합일은 『대학』에서 아름다운 색을 보고, 동시에 그것을 좋아하는 것과 같은 이치이다.[102] 이것 외에 왕수인은 "지는 행의 주의이고, 행은 지의 공부이다. 지는 행의

101) 『傳習錄』 上, "愛曰: '如今, 人儘有知得父當孝, 兄當弟者, 却不能孝, 不能弟. 便是知與行分明是兩件.' 先生曰: '此已被私欲隔斷, 不是知行的本體了. 未有知而不行者. 知而不行, 只是未知.'"

102) 『傳習錄』 上, "故大學指個眞知行與人看, 說如好好色, 如惡惡臭. 見好色屬知, 好好色屬行. 只見那好色時, 已自好了. 不是見了後, 又立個心去好. 聞惡臭屬知, 惡惡臭屬行, 只聞那惡臭時, 已自惡了. 不是聞了後, 別立個心去惡.……知行如何分得開? 此便是知行的本體, 不曾有私意隔斷的. 聖人教人必要是如此, 方可謂之知, 不然, 只是不曾知. 此却是何等緊切着實的工夫? 如今苦苦定要說知行做兩個, 是什麼意? 某要說做一個, 是什麼意? 若不知立言宗旨, 只管說一個兩個, 亦有甚用?"

시작이고, 행은 지의 완성이다"[103], "앎의 확실함과 독실함이 바로 행이고, 행의 분명함과 자세함 및 정확함이 바로 앎이다. 지와 행의 수양공부는 본래 서로 떨어질 수 없는 것인데, 후세의 학자들이 이 지행을 둘로 나누어서 수행하고, 지행의 본체를 잃어버렸기 때문에 지행의 합일설이나 병진설 등이 나오게 되었다"[104] 등의 말로써 지행합일에 대하여 보조적인 설명하였다. 그러나 합일의 관건은 바로 지선지악과 호선오악이 의리상 필연의 관계로 정립되었고, 실제의 행위상에서도 반드시 동시에 현현되어야만 진정한 앎(眞知)이라고 할 수 있다는 것이다.

또 한 가지 중요한 점은 양지의 자각 활동과 도덕규범의 관계이다. 양지의 자각은 선의지의 받아들임과 거부 활동이다. 이는 곧 양지의 입법성과 자율성을 표시해 주고 있다. 양지가 스스로 자신의 활동 방향을 향선으로 결정하는 것은 바로 양지의 입법 작용이고, 양지가 스스로 선을 좋아하고 악을 싫어하는 것은 양지의 향선에 대한 자발성이다. '지'와 '행'은 본래 서로 관통되어 있는 것이기 때문에 외적인 기질의 방해와 사욕의 제약이 없다면 양자는 자연스럽게 하나로 일치되어 표현될 것이다. 사욕을 극복하고 양지의 본래 작용을 회복시키는 공부가 바로 치양지이다. 치양지를 하면 지행은 자연스럽게 합일되어 나타나기 때문에, 지행은 실제로 치양지의 과정에서 합일이라는 완성을 이루게 된다.

지행합일은 양지의 특성과 치양지의 과정 중에서 도출될 수밖에 없는 결과이다. 시비와 선악을 결정하는 양지의 명각은 정태적인 인식작용이 아

---

103) 『傳習錄』 上, "知是行的主意, 行是知的工夫. 知是行之始, 行是知之成."

104) 『傳習錄』 中, "知之眞切篤實處卽是行, 行之明覺精察處卽是知. 知行工夫本不可離, 只爲後世學者分作兩截用功, 失却知行本體, 故有合一竝進之說."

니라 동태적인 도덕생명의 진동이다. 내 마음이 외물에 감응하여 발현된 것이 바로 의념이다. 사람의 의념은 도덕이성에 의거하여 발현될 수도 있고, 이에 역행하여 발현될 수도 있다. 그러므로 의념에는 시비선악의 분별이 없을 수 없다. 악惡과 비非의 의념은 분명히 내 마음의 양지에 의거하여 발현된 의념이 아니다. 그러나 내 마음의 양지는 의념이 양지에 의거하여 발현되었건 다른 사욕에 의하여 발현되었건 발현된 의념이 선한 것인지 악한 것이지를 판별할 수 있다. 치양지의 공부는 바로 의념이 발동하는 곳에서부터 시작된다.

왕수인에 의하면 '지'와 '행'이 본래적으로 합일할 수 없는 이론적 원인은 심과 리가 이체異體라는 데 있으며, 그 공부의 원인으로서는 양지를 확충하지 못하기 때문이다. 이 점에 관하여 왕수인은 "양지와 양능은 일반 사람들이나 성인이나 같다. 단지 성인은 양지를 확충할 수 있었고, 일반 사람들은 양지를 확충할 수 없었다. 이것이 바로 성인과 일반 사람들을 분류하는 근거이다"[105]라고 말하였다. 양지의 유무와 작용에서 보면 성인과 범인의 차이는 없다. 그러나 양지를 실현하는 측면에서 보면 성인과 범인 사이에는 분명한 차이가 있다. 그 차이가 바로 양지의 확충 여부이다. 내 마음의 양지가 사사로운 의념에 의하여 교폐되지 않는다면 양지는 자연스럽게 향선으로 자신의 활동 방향을 결정함과 동시에 선과 악에 대하여 좋아함과 싫어함의 정감을 발현한다. 이때 행위는 자연스럽게 바르게 되고 또한 행위의 대상은 양지의 윤화 작용으로 말미암아 마땅히 존재해야 할 위치를 회복하게 된다. 양지는 인위적으로 확충하지 않아도 자연스럽게 발현되고, 의념도 순

105) 『傳習錄』 中, "良知良能, 愚夫愚婦與聖人相同. 但惟聖人能致其良知, 而愚夫愚婦不能致. 此聖愚之所由分也."

화공부를 할 필요도 없이 자연스럽게 순화되며, 사물도 격물이라는 공부가 필요 없이 자연스럽고 바르게 된다(正物). 그러나 일반 사람들의 마음은 사사로운 의념의 교폐를 피할 수가 없기 때문에 의념이 발동할 때 반드시 후천적으로 치양지의 공부를 통하여 시비선악을 판별하고 또 불순한 의념을 순화해야만 비로소 바른 행위로 표현된다.

3. 왕수인 「주자만년정론」의 허구

필자는 앞에서 명대 왕수인의 치양지를 주륙논쟁의 제2장으로 규정하였다. 그러나 정주학자들의 왕수인 심학에 대한 비평은 그의 치양지 철학보다는 왕수인이 47에 세상에 공표한 「주자만년정론」에 집중되었고, 비평의 표현과 강도 또한 극렬하였다. 비록 왕수인이 양지에 대한 자신의 자득을 근거로 주희의 성즉리와 격물치지 및 지행론을 비평하고, 또한 『고본대학』과 친민설을 내세우고 주희의 『개본대학』과 신민설을 배척하면서 치양지 학설을 완성하였지만, 이는 가깝게는 육구연의 심학을 계승한 것이고, 근원적으로는 맹자학을 계승한 것이어서 학술체계에 조리가 있었을 뿐만 아니라, 그 기상 역시 맹자와 합일된 면이 많았기 때문에 정주학자들의 비평은 일정 부분 한계가 있을 수밖에 없었다. 또한 당시 정주학은 이미 관제화된 지가 오래되었기 때문에 학문에 생기가 사라졌고, 또한 실천주의보다는 주지주의적 경향을 강하게 띠고 있었기 때문에 지행합일설을 중심으로 유학의 실천주의 회복을 주장하는 왕수인의 치양지 학문의 기세를 꺾기에는 역부족이었다. 그러나 44세에 편집하였다가 47세에 각하여 세상에 공표한 「주자만년정론」은 객관적인 사실적 관점에서도 주희의 만년정론이라고 할 수 없고, 고증 역시 불충분하였으며, 그 의도 또한 약간은 불순한 측면이 있었기 때문에 대대적인 정주학자들의 비평에 직면하였을 뿐만 아니라 학술계에도 큰 파장을 일으켰다.

필자는 「주자만년정론」에 수록된 서신을 살펴보았지만, 그곳에서 심즉리를 긍정할 수 있는 근거를 찾지 못했을 뿐만 아니라 중년의 서신도 섞여 있고, 단장취의한 흔적도 있으며,[106] 주희철학의 정수가 수록되어 있는 서책이 부재하다는 점도 발견할 수 있었다. 필자는 왕수인의 입장을 최대한 수용한다고 할지라도 주희의 만년 경지는 결코 심즉리를 근거로 한 것이 아니라고 생각한다. 만일 왕수인의 말처럼 주희의 만년 학술 경지가 육구연과 본질적으로 다르지 않았으며 심학적인 경향을 보였다면, 이는 주희의 순숙한 경지에서의 심리합일이었을 것이다. 왜냐하면 인심은 거경함양과 격물치지를 통하여 도심으로 전화될 수 있고, 도심은 심리합일이기 때문에 최후의 경지는 심즉리라고 할 수 있다. 그러나 설령 만년의 경지가 심즉리라고 할지라고 이때의 '즉'은 심과 리의 관련적 합일이지 본체 혹은 개념적 일자의 의미는 아니다.

「주자만년정론」은 학술계의 보편적인 긍정을 받지 못하고 있는 것이 사실이다. 따라서 「주자만년정론」은 리학과 심학 논쟁의 주요 소재가 되기에

---

106) 「주자만년정론」이 단장취의라고 규정할 수 있는 객관적인 근거는 크게 두 측면에서 나누어 볼 수 있다. 첫째, 「주자만년정론」에서 취하고 있는 서신은 34편에 불과하다. 주지하고 있는 바와 같이 주희의 저술은 방대하다. 『주자어류』와 『주문공문집』 그리고 『사서집주』와 『혹문』 등 그 양은 유학의 발전상에서 볼 때 空前의 일이다. 지금 보존되어 있는 서신이 약 1600통이 넘는다. 그런데 34편의 서신이 과연 정론을 대표할 수 있겠는가? 둘째, 주희가 서신으로 교류한 문인과 학자 그리고 대화에 기록된 인물은 약 430명이 넘는다. 그러나 「주자만년정론」에 수록된 인물은 23명이다. 약 20/1에 해당하는 인물과의 언설이 주희 학술의 전모를 대표할 수 있겠는가? 또한 23인의 서신도 全篇 내용을 수록하지 않고 일부 내용만을 수록하였다.

부적합하다고 할 수 있다. 그러나 그것으로 말미암아 리학과 심학의 논쟁이 다시 점화되었고, 또 그것을 통하여 주희철학에 대한 왕수인의 이해를 판단할 수 있을 뿐만 아니라 당시 정주학자들의 리학과 심학에 대한 이해 역시 살펴볼 수 있기 때문에 소재로 채택하여도 무방할 것 같다. 필자는 먼저 왕수인이 편찬한 「주자만년정론」의 서신에 대하여 간략한 소개를 하고서, 다음 이에 대한 후학자들의 비평을 근거로 하여 그 득실을 종합적으로 해설할 것이다.

먼저 「주자만년정론」의 왕수인 「자서自序」를 보면 그것을 저술한 의도와 주희의 저작들에 대한 왕수인의 관점을 알 수 있다. 주요 내용을 소개하면 다음과 같다.

그는 첫 구절에서 공맹학술의 전통이 사라졌는데 1500년 이후에 주돈이와 정호에 의하여 그 단서가 다시 부활되었다고 한다.[107] 맹자 이후에 공자의 유학 전통이 단절되었다는 것과 주돈이에 의하여 부활이 시작되었다는 점은 유학자 대부분의 공통된 시각이다. 그러나 이곳에서 왕수인은 정호만을 언급하고 있을 뿐 정이에 대한 언급이 없다. 이것이 도통의 전승에 대한 정주학자들과의 차이점이다. 왜냐하면 주희가 이정철학에서 정호가 아닌 정이의 철학을 계승하였다는 점은 이미 학계의 공인된 사실임에도 불구하고 정이를 언급하지 않고 정호만을 언급하였다는 점에서 다음 두 가지 추측을 할 수 있을 것 같다. 하나는, 왕수인은 처음부터 주희철학의 궁극적 단계를 심학으로 규정하려는 의도가 있었다. 다른 하나는, 왕수인은 주희철학의 본질과 전모를 올바르게 이해하지 못하였다.

107) 「朱子晩年定論」, 自序, "洙泗之傳, 至孟氏而息, 千五百餘年, 濂溪明道始復追尋其緖."

다음 왕수인은 자신이 젊은 시절에 과거의 사장詞章에 힘을 썼고 도불사상에 관심을 가졌지만, 성인의 학문과는 차이가 있음을 발견하고서 결국은 귀의하지 못하였다는 점을 서술하고, 용장에서 도를 터득하면서부터 대로大路처럼 평탄하고 간이직절한 도임을 인식하게 되었다고 한다.108) 이는 왕수인 조년 시기의 학술의 삼변三變 과정을 서술한 것이다. 황종희는 『명유학안明儒學案』 권10 「요강학안姚江學案」에서 왕수인의 심학으로 입문하기 전의 이질적 삼변에 관하여 다음과 같이 서술하고 있다.

> 선생(왕수인)의 학문은 사장을 두루 보는 것으로부터 시작되었다. 이어서 고정의 서적을 두루 보고 격물의 차서를 따랐다. 그러나 생각건대 물리와 나의 마음이 둘이어서 아무런 깨달음도 얻지 못하였다. 그리하여 오랫동안 불교와 도가의 학문에 관심을 가졌다. 그 뒤 어려운 곤경에 처해서는 마음을 굳건히 하고, '만약 성인이 이러한 어려움에 처했다면 다른 방법이 있겠는가'라고 생각하자, 홀연히 격물치지의 본의를 깨닫게 되었다. 성인의 도는 나의 본성에 본래 갖추어져 있기 때문에 밖에서 구할 필요가 없다. 선생의 학문은 무릇 세 차례 변하면서 비로소 성인의 학문에 입문하게 되었다.109)

비록 「자서」에서는 주희의 격물치지에 대한 언급이 없지만, 이곳의 내용은 입문 전의 이질적 삼변과 그 내용이 일치한다.

---

108) 「朱子晩年定論」, 自序, "守仁早勢業擧, 溺志詞章之習, 旣乃稍知從事正學.……因求諸老釋, 欣然有會於心, 以爲聖人之學在此矣. 然於孔子之敎, 間相出入, 而措之日用, 往往缺漏無歸. 依違往返, 且信且疑. 其後謫官龍場, 居夷處困, 動心忍性之餘. 恍若有悟, 體念探究, 再更寒暑, 證諸五經四子, 沛然若決江河而放諸海也. 然後嘆聖人之道坦如大路."

109) 『明儒學案』, 권10, 「姚江學案」, "先生之學, 始泛濫於詞章. 繼而遍讀考亭之書, 循序格物. 顧物理吾心, 終判爲二, 無所得入. 於是出入佛老者久之. 及至居夷處困, 動心忍性, 因念聖人處此, 更有何道? 忽悟格物致知之旨. 聖人之道, 吾性自足, 不假外求. 其學凡三變而始得其門."

이어서 그는 "다시 주자의 글을 검토하고 탐구해 보니, 주자가 만년에 구설의 잘못을 진실로 깨닫고 뼈아프게 뉘우치고 지극히 징계하면서 '스스로를 속이고 남을 속인 죄를 이루 다 속죄할 수 없다'[110]고 생각한 이유를 알게 되었고, 세상에 전해지고 있는 『집주』와 『혹문』 등은 주자 중년의 미정지설未定之說로서 주자가 그것의 잘못을 알고서 개정하려고 했지만 미처 하지 못하였으며, 『어류』는 주자의 문인들이 승심勝心으로써 자신의 견해를 첨가한 것이다"[111]라고 하였다. 이곳에서 중요한 것은 주희의 대표적인 저술이면서 주희 학술의 정수가 담겨져 있는 『집주』와 『혹문』을 중년의 '미정지설'이라고 규정하고서 주희의 정론에서 배제하고 있다는 점과, 『어류』는 주희의 순수한 학설이 아니라 문인들에 의하여 첨삭이 있기 때문에 역시 정론에서 배제되고 있다는 점이다. 물론 『어류』가 문인들에 의하여 약간의 출입이 있을 수 있다는 점은 긍정할 수 있지만, 그 전체를 부정하는 태도는 수용하기 어렵다. 또한 『사서집주』는 주희가 심혈을 기울여 완성한 것이고, 그곳에는 주희의 심성론과 리기론 그리고 수양공부론이 모두 함축되어 있는데, 이것을 중년의 미정지설로 규정한다는 것은 주희철학 자체를 폐기하는 것과 마찬가지이다.[112]

마지막으로 왕수인은 "자신의 학설이 주자와 다르지 않다는 것을 발견

---

110) 「주자만년정론」에는 주희가 만년에 후회하고 있는 내용이 많이 기록되어 있다. 그러나 그것의 내용은 육구연의 심즉리를 긍정하지 못한 것에 대한 후회가 아니라 존덕성이 절실하지 못하였음과 위학의 방법론이 지루하게 된 것 등 자신이 심신의 내면공부에 소홀하였음을 스스로 자책한 것에 불과하다.

111) 「朱子晩年定論」, 自序, "復取朱子之書而檢求之, 然後知其晩歲固已大悟舊說之非, 痛悔極艾, 至以爲自誑誑人之罪, 不可勝贖, 世之所傳集註或問之類, 乃其中年未定之說, 自咎以爲舊本之誤, 思改正而未及, 而其諸語類之屬, 又其門人挾勝心以附己見, 固於朱子平日之說, 猶有大相繆戾自."

112) 이상익, 「왕양명 주자만년정론에 대한 새로운 비판」, 『한국사상과 문화』 제18집(2002), 351쪽.

하고서 다행스럽게 여겼으며, 또 주자가 사람의 마음이 서로 동일하다는 것을 자신보다 먼저 깨달은 것에 대하여 기뻐하였다. 그러나 세상 사람들은 오로지 주자의 중년 미정지설만을 지키면서 만년의 정론을 탐구할 줄 모르고, 서로 쟁론하면서 정학을 어지럽히면서도 그것이 스스로 이단에 빠지는 것임을 알지 못한다"113)라고 결론을 내린다. 왕수인의 결론에 따르면, 주희 이후 문인들과 후학자들은 주희철학의 정론을 따른 것이 아니라 모두 중년의 미정지설만을 잡고서 주자학을 수호하려고 한 무지한 사람들일 뿐이다.

그렇다면 왕수인이 수록한 34편은 과연 주희의 만년 학술경지를 대표한다고 할 수 있을까? 필자는 견해는 부정적이다. 왜냐하면 34편에 수록되어 있는 내용이 대부분 문자적 표현만을 보면 심학자들이 즐겨 사용하는 표현이고, 또 심학에서도 긍정할 수 있는 이론과 방법론이며, 주희 스스로가 자신의 학설에 대해 반성(예: 支離하다는 소회)하는 것들이기 때문이다. 그 내용을 몇 가지 주제로 나누어 요약하면 다음과 같다.

첫째, 학문의 요체는 먼저 근본을 세우는 것이다.(「答黃直卿」, 「答呂子約」 2편, 「答何叔京」 2편)

둘째, 위학의 지리한 병폐를 경계함.(「答呂子約」 2편, 「與周叔謹」, 「答陸象山」)

셋째, 정좌공부의 유용성 강조.(「答潘叔昌」, 「答潘叔度」)

넷째, 문자와 의론에 빠지지 마라.(「與呂子約」, 「與周叔謹」, 「與吳茂實」, 「答張敬夫」, 「答呂子約」, 「答楊子直」, 「與劉子澄」, 「答劉子澄」)

다섯째, 맹자의 구방심 강조.(「與呂子約」, 「與周叔謹」)

---

113) 「朱子晚年定論」, 自序, "予旣自幸其說之不繆於朱子, 又喜朱子之先得我心之同然. 且慨夫世之學者, 徒守朱子中年未定之說, 而不復知求其晚歲旣悟之論, 競相呶呶, 以亂正學, 不自知其已入於異端."

여섯째, 함양공부 강조.(「答呂伯恭」, 「答周純仁」, 「答潘叔恭」, 「答潘叔恭」)

일곱째, 양심의 단예端倪를 살펴 간직하는 것이 공부의 본령이다.(「答何叔京」)

이상의 내용 외에도 착실하게 조존操存하고 세밀하고 절실하게 체인體認하여 심신에서 이해할 것(答竇文卿), 일용에서 수렴해야 하고 지경持敬과 집의集義의 공부(答潘叔恭 · 答潘叔恭), 격물치지(答陳才卿)에 관한 내용이 있다.

만일 「주자만년정론」에 수록된 이상의 내용들을 기타 주희의 저술과 단절시켜 놓고 보면, 주희 학술의 만년 경지는 심학이라고 규정해도 무방할 것 같다. 그러나 이상의 내용이 결코 주희철학의 본질을 대표할 수 없다는 것이 문제의 핵심이다. 왜냐하면 「주자만년정론」은 『주문공문집』에서 심성합일의 색채를 띠고 있는 문장만을 선별하여 수록한 것이기 때문이다. 따라서 이에 대한 정주학자들의 극렬한 비평은 당연한 결과라고 할 수 있다. 이 풍파는 대략 150년 동안 지속되었다.[114] 정주학자 중에서 가장 먼저 「주자만년정론」을 비평한 리학자는 나흠순羅欽順이고, 다음이 진건陳建이며, 이어서 풍가馮柯와 손승택孫承澤 및 육농기陸隴其 등이 비평하였다. 이들은 왕수인뿐만 아니라 육구연철학까지 모두 선학으로 규정하고, 그들이 고의로 주희를 무고하고 있음을 통격하였다. 이곳에서는 대표적으로 나흠순과 진건의 비평을 중심으로 「주자만년정론」과 관계된 부분만을 소개하겠다.

나흠순은 당시 왕수인과 쌍벽으로 이루고 있던 정주학의 거유였고, 교육자였으며, 정치가였다. 그는 『곤지기困知記』에서 왕수인의 심학을 총체적으로 비판하고 있는데, 그중에서 가장 의미 있는 부분은 고증에 관한 것이다. 특히 하숙경何叔京은 순희淳熙 을미년乙未年에 죽었는데, 이때 주희의 나

114) 陳榮捷, 『朱學論集』(臺灣: 學生書局, 1987), 355쪽.

이가 46세였다. 그렇다면 하숙경과의 서신은 주희 중년의 글이지 결코 만년의 글이 아니다.[115] 나흠순의 지적에 대하여 왕수인 역시 "중간에 나이의 조만早晩을 상세하게 고증하지 못한 점이 있다. 비록 모두 만년에 나온 것은 아닐지라도 대부분 만년에 나온 것이다"[116]라고 하면서 고증의 정밀하지 못함을 인정하고 있다. 그러나 핵심적인 관건은 결코 사실적인 고증에 있지 않고, 왕수인이 수록한 서신이 과연 주희철학의 본질을 대표할 수 있고, 그것으로써 주희 학술을 관통할 수 있는가에 있다.

진건은 『학부통변』에서 「주자만년정론」은 조방의 「대강우육군자책對江右六君子策」에서 비롯되었고, 다시 정민정程敏政(篁墩)의 「도일편道一編」에서 완성되었으며, 왕수인이 그것을 따랐다고 서술하고 있다.[117] 그러나 앞에서도 밝힌 바와 같이 주희의 재전제자에 해당하는 조방에게서 비롯된 '주희와 육구연의 철학사상이 처음에는 서로 달랐지만, 나중에는 서로 같아졌다'(朱陸早異晩同說)는 것 역시 객관적인 근거가 박약한 주관적인 주장에 불과하다. 또한 진건은 「자서」에서 주희의 리학과 육구연의 심학에 대하여 "처음에는 달랐으나 만년에 서로 같아졌다"가 아니라 "처음에는 같았지만 후에 서로 달라졌다"고 한다. 즉 주륙의 동이同異 문제를 왕수인 등은 전도시켜 이해하고 있다는 것이다.(顚倒早晩) 필자는 진건의 주장에 동의한다. 진건의 주륙조동만이설朱陸早同晩異說은 중화신설 이전 주희 학술의 전개 과정을 살펴보면

115) 羅欽順, 『羅整庵先生存稿』, 권1 참고.

116) 『傳習錄』 中, 「答羅整庵少宰書」, "中間年歲早晩誠有所未考. 雖不必盡出於晩年, 固多出於晩年者矣."

117) 陳建, 『學蔀通辨』, 「自序」, "其說蓋萌於趙東山之對江右六君子策, 成於程篁墩之道一編, 至近日王陽明因之, 又集爲朱子晩年定論. 自此說旣成, 後人不暇復考, 一切據信. 而不知其顚倒早晩, 矯誣朱子以彌縫陸學也."

어렵지 않게 이해할 수 있다.

주희는 이동(연평)을 만나기 전에 선학에 출입한 경력이 있다. 『주자어류』에 다음과 같은 내용이 수록되어 있다.

> 내 나이 14~15세 시기에 이러한 일이 재미있다고 느껴져 그것을 마음으로 좋아하게 되었다. 나는 스스로 어리석음에 머무를 수 없어 실제로 조금씩 노력하여 그것을 얻으려고 하였다.[118]

이곳에서 주희가 말한 '이러한 일'은 선학과 관련된 학술이다. 선학과 육구연 심학의 본질적 내용은 완전히 다르지만, 외형적인 형태만을 보면 상당히 유사하다. 모든 도덕행위뿐만 아니라 일체의 존재까지 일심을 근원으로 삼고 있다. 때문에 외형적인 측면에서만 보면, 당시 주희의 학술 경향은 리학보다는 심학에 가까웠다고 할 수 있을 것이다. 그러나 주희의 "내 나이 15~16세 시기에 마음이 이곳(禪)에 쏠렸다.…… 나는 잠시 선에 대하여 논의하지 않기로 하였다. 아직 마음속에 선이 남아 있었지만 성인의 서적을 읽었다. 읽고 또 읽고, 하루하루 다시 읽자 성현의 말씀에 대하여 점차 흥미를 가지게 되었다. 지난날을 뒤돌아보고서 석씨의 말을 생각하니 점점 잘못됨이 터져 나와 수백 가지로 나타났다"[119]라는 말에서 알 수 있듯이

---

118) 『朱子語類』, 권104, "某自十四五歲時, 便覺得這物事是好底物事, 心便愛了. 某不敢自昧, 實以銖累寸積而得之."

119) 『朱子語類』, 권104, "某年十五六時, 亦嘗留心於此. 一日在病翁所會一僧, 與之語. 其僧只相應和了說, 也不說是不是. 卻與劉說, 某也理會得個昭昭靈靈底禪. 劉後說與某. 某遂疑此僧更有要妙處在, 遂去扣問他, 見他說得也煞好. 及去赴試時, 便用他意思去胡說. 是時文字不似而今細密, 由人粗說, 試官爲某說動了, 遂得擧.(原注: 時年十九) 後赴同安任, 時年二十四五矣, 始見李先生. 與他說, 李先生只說不是. 某卻倒疑李先生理會此未得, 再三質問. 李先生爲人簡重, 卻是不甚會說. 只敎看聖賢言語. 某遂將那禪來權倚閣起. 意中道禪亦自在, 且將聖人書來讀. 讀來讀去, 一日

후에 주희는 선학으로부터 철저하게 일탈하여 이동의 학문과 교유하게 된다. 주희가 젊은 시절에 선학에 관심을 두고 다시 자각하여 유학의 학문세계로 진입한 사실은 후에 부정적인 작용으로 나타나기도 한다. 즉 외형적인 형태가 선학과 유사하면 주희는 곧 선학으로 간주하고서 부정하려는 태도를 취하였는데, 특히 그가 육구연 학술의 정면적 가치를 직시하지 못한 원인은 바로 이 젊은 시절 선학의 강한 인상 때문이었다. 또한 주희는 24세에 이동을 처음 만나고 31세에 정식으로 수학하였는데, 이동 학문의 주요 내용은 "종일토록 정좌하여 희노애락이 아직 발동하기 이전의 기상이 어떤 것인지를 체험하면서 이른바 중이라는 것을 구하려는 것이고, 구한 후에는 마치 얼음이 녹아내리듯 풀린다"는 것이다.[120] 이러한 이동의 학술은 후에 주희가 정립한 심성정 삼분三分과 선함양후찰식先涵養後察識 및 격물치지와는 전혀 성격이 다른 것이다. 오히려 육구연의 심학과 더욱 근접한 형태이다. 주희가 젊은 시절에 접한 여러 학문세계는 그의 중화구설 정립에 일정 부분 영향을 끼쳤을 것이다. 주희는 중화구설에서 성을 미발로, 심을 이발로 삼았는데, 심과 성에는 이발과 미발의 차이만 있을 뿐 내용적인 구별은 없다. 즉 당시 주희는 심과 성을 이질적 존재로 이해하지 않은 것 같다. 그러나 주희는 중화구설[121] 서문에서 "이 서신은 옳지 않다"(此書非是)고 하였고, 다른 서신에 대해서도 "이 서신에서 논한 내용은 더욱 잘못되었다"(此書所論尤

復一日, 覺得聖賢言語漸漸有味. 卻回頭看釋氏之說, 漸漸破綻, 罅漏百出."

120) 『朱文公文集』, 권97, 「延平行狀」, "先生旣從之學, 講論之餘, 危坐終日, 以驗夫喜怒哀樂未發之前氣象爲如何, 而求所謂中者.……故其言曰: '學問之道不在多言, 但默坐澄心體認, 天理若見, 雖一毫私欲之發, 亦退聽矣. 久久用力於此, 庶幾漸明, 講學始有力耳.'"

121) 『朱文公文集』, 권30, 「書 · 問答」, '與張欽夫十書之第三書'와 『朱文公文集』, 권30, 「書 · 問答」, '與張欽夫十書之第四書'.

乖戾)는 주해註解를 달았다. 즉 중화구설과 중화신설은 주희 학술의 분계점이다.

중화구설이 육구연의 심학과 동일한 것이라고 단정할 수 없지만, 불분명하나 심과 성을 일자의 관점에서 이해하고 있고, 선함양후찰식이 아닌 선찰식후함양의 태도를 취하고 있는 것만은 부정할 수 없다. 그러나 중화신설에서는 오로지 심에서만 미발과 이발을 논할 뿐 성에서는 미발과 이발을 논할 수 없다고 하고, 먼저 거경함양을 통하여 심지를 밝게 한 연후에 성리에 대한 인식이 가능하다는 점을 드러내기 시작한다. 즉 심과 성 및 정을 삼분하는 방향으로 나아갔고, 리와 기를 둘로 나누는 방향으로 나아갔다. 이러한 학문적 추세는 주희 41세의 세 편의 서신[122]에 그대로 반영되어 있는데, 모두 정이가 말한 "함양은 반드시 경을 사용해야 하고, 학문에 나아감은 치지에 달려 있다"(涵養須用敬, 進學則在致知)는 두 구절의 말에 관한 논의이다. 또 중화신설을 성립시키고서 2~3년 후에 「인설仁說」을 찬술撰述하였는데, 그곳에서 주희는 호상학湖湘學 계열의 학자들이 호굉의 학설을 계승하여 말한 '인'을 직접 비판하기 시작하였다. 형식적으로는 장식(장남헌)·호실(호광중)·호대원(호백봉)·오익(오회숙) 등의 학설을 비평한 것이지만, 간접적으로는 사량좌(사상채)가 말한 '각으로써 인을 해석한 것'(以覺訓仁)을 비평한 것이고, 또다시 간접적으로는 정호의 '인'에 대한 이해를 비평한 것이다. 주희는 성을 심의 덕으로 이해하였고, 인을 사랑의 리(愛之理)로만 이해하였기 때문에 '각으로써 인을 해석한 것'을 수용할 수 없었던 것이다.

---

122) 『朱文公文集』, 권33, 「書·問答」, '答呂伯恭四十九書之第四書'와 『朱文公文集』, 권35, 「書·問答」, '答劉子澄十六書之第二書' 및 『朱文公文集』, 권56, 「書·問答」, '答陳師德二書之第一書'.

주희가 『대학』으로 세운 학문의 규모, 심성정에 대한 형이상학적 해석, 그리고 리기론 등은 모두 중화신설로부터 출발된 것이다. 필자는 중화구설과 중화신설을 이질적인 발전으로 이해하고, 중화신설 이후 주희 학술의 전개를 동질적인 순숙의 과정으로 이해한다. 이러한 학술의 전개 단계와 발전 과정은 왕수인의 전삼변·후삼변과 상당히 유사하다.[123)]

또한 왕수인은 주희의 만년 경지가 육구연과 유사하다고 하지만, 『주자어류』에 수록된 주희 만년의 언설을 보면, 상당수 내용이 격물치지라는 점교적 형태를 준수하지 않고 첩경의 방법을 추구하거나 일시에 모든 것을 깨우치려는 태도를 지적하고 있음을 알 수 있다.[124)] 때문에 이상익은 왕수인이 「주자만년정론」을 편찬한 목적은, 주희 만년의 학술이 육구연과 왕수인 자신의 학술과 다르지 않다고 주장함으로써, 한편으로는 자신 학술의 정당성을 입증하고, 다른 한편으로는 기존의 정주학자들을 주희철학을 올바르게 이해하지 못한 이단으로 치부하고자 함에 있다고 한다.[125)]

---

123) 前三變은 '사장을 두루 보는 것으로부터 시작하여 다시 주희의 격물치지를 배우고, 나중에 용장에서 吾性自足'을 깨닫게 되는 이질적인 변화이고, 後三變은 龍場悟道 이후 '정좌를 통하여 마음을 밝게 하는 일에 힘을 썼고, 다시 50세 이후에는 오로지 치양지 석 자만을 주장하였으며, 마지막으로 越에 거주한 이후에 이미 깨달아 간직한 바를 더욱 원숙히 하고, 체득한 바를 더욱 승화시켰다'는 동질적인 변화이다.

124) 「答廖子晦書」·「訓廖德明」·「訓輔廣」·「訓餘大雅」·「訓潘時擧」·「訓陳淳」·「訓滕璘」 등인데, 이곳에는 주희 만년 학술의 종지와 경지 그리고 방법론에 관한 내용이 수록되어 있다. 그 내용은 심학과 전혀 무관하다.

125) 이상익, 「왕양명 주자만년정론에 대한 새로운 비판」, 『한국사상과 문화』 제18집(2002), 347쪽.

제5장
조선 성리학자들의 육왕학 비평과 적부
—리학과 심학 논쟁의 제3장—

주희와 육구연의 논쟁이 리학과 심학의 제1장이라면, 제2장은 명대의 왕수인의 치양지이다. 그리고 제3장이라고 할 수 있는 것이 바로 조선 성리학자의 육왕철학에 대한 비판이다. 제1장은 리학과 심학의 분계점이 정립된 시기이다. 비록 주희가 육구연보다 유연한 태도를 취하였지만, 서로 상대방의 정면적 가치를 긍정하지 않고 애써 외면하려는 태도를 취하였다. 이후 명대 중기까지 주희철학 중심으로 흘렀기 때문에 외적인 성세 측면에서 보면, 주희철학의 주도기라고 할 수 있을 것이다. 그러나 제2장인 왕수인의 주희철학에 대한 비평은 그것의 적부適否와 관계없이 명 말까지 학술계의 주도적인 지위를 차지하였기 때문에 심학의 주도기라고 할 수 있다. 제3장 조선 성리학자의 육왕철학에 대한 비판에서는 조선에서 심학의 지위가 너무 미미하였기 때문에 애초부터 이황을 중심으로 한 리학의 적수가 되기에 부족하였고, 변변한 심학자의 변론도 없었다. 따라서 리학과 심학의 제3장이라는 명칭 자체가 조금은 어색하게 들린다.

필자는 『오늘의 동양사상』(9호, 2003; 11호, 2004)에서 2002년과 2003년 한국의 중국유가철학 연구 현황을 분석한 적이 있다. 저서와 번역서 그리고 대표적인 학술지에 실린 논문을 중심으로 시대·학자·주제·범주·학회지별로 나누어 연구 현황을 분석하였다. 분석 결과에서 뜻밖의 현상이 나타났는데, 그것은 다름 아닌 조선유학계에서 방계, 심지어 이단으로 취급되었던 심학(陸王學)에 관한 연구가 매우 활성화되어, 한때(2002·2003)는 양적으로 정주학 연구를 추월하였다는 점이다. 조선이라는 역사적 배경을 고려할 때 이는 매우 획기적인 현상이다. 필자가 조선시대의 리학과 심학 논쟁을 서술하기에 앞서 이러한 상황 변화를 소개하는 것은 현재 양명학의 지위를 조선시대와 비교할 때, 그 위상의 변화가 거의 상전벽해에 가깝기 때문이다.

양명학은 1521년 전후에 조선에 전래되었지만, 당시 정주학을 종宗으로 한 조선 성리학자, 특히 이황 문하를 중심으로 격렬하게 비판받아 그 학문적 가치가 표창되지 못했다. 선진제가들 간의 논쟁, 유가와 도가, 그리고 유가와 불가의 논쟁은 그들의 심태 근저에 깔려 있는 세계관과 가치관의 차이에서 비롯된 것이기 때문에 상호 간의 비평은 오히려 당연하다. 그러나 남송시대 주희와 육구연, 주희와 왕수인, 왕수인과 조선 성리학자들은 동일하게 만물의 본래적 가치를 긍정하는 세계관을 가졌고, 인의예지를 내용으로 하는 도덕심성을 실현하여 자신의 인격뿐만 아니라 타인 그리고 만물의 본래적 가치마저도 완성하려는(成己成物) 적극적인 의식구조를 가졌다. 이러한 세계관과 가치관은 모두 공맹철학을 근거로 정립된 것이다. 그럼에도 불구하고 상호 간의 비평은 유가와 불가, 유가와 도가의 대립보다도 훨씬 심각하고 극단적으로 진행되었다.

주지하는 바와 같이 주희와 육구연은 상대방의 학문을 태간과 지리 혹은 선학과 의론 등으로 비난하였다. 왕수인 역시 주희의 학문을 패도와 양묵의 학문으로 비유하였고,[1] 조선 성리학자들은 한술 더 떠 왕수인의 학술 사상은 물론이고 인품까지도 소인 이하의 경지로 끌어내리기를 주저하지 않았다. 왜 그랬을까? 원인은 한두 가지가 아닐 것이다. 근본적인 원인은 상대방 학문에 대한 이해 부족이다. 주희와 육구연 사이의 오해, 그리고 주희철학에 대한 왕수인의 비평이 바로 이런 유형이다. 그러나 양명학에 대한 조선 성리학자들의 비판은 내적인 학술사상에 대한 이해 부족과 함께 정치사회적 배경이 더 본질적인 작용을 했다고 보는 것이 정확하다.

필자는 이곳에서 '외부적 배경을 배제한 철학적 의리를 중심으로' 논의를 전개할 것이다. 그 이유는 조선 성리학에 대한 필자의 이해 부족도 있지만, 정치사회적인 배경을 중심으로 연구를 진행하게 될 때 양명학에 대한 그들의 오해를 무비판적으로 정당화시켜 줄 수 있기 때문이다. 물론 양명학에 대한 이황과 그 계승자들의 비평을 당시의 정치사회적 배경을 근거로 고려하면 어느 정도의 당위성을 부여할 수도 있을 것이다. 필자는 그 점을 결코 부정하지 않는다. 그러나 그것은 제2차적인 문제이다. 필자는 1차적으로 양명학에 대한 조선 성리학자 비판의 적부성에 초점을 둔다. 왜냐하면 지금까지 리학과 심학 논쟁의 핵심은 서로 상대방 학술의 정면적 가치를 긍정하지 않음에서 비롯되었는데, 그러한 태도의 궁극적인 원인은 상대방 학문의 실질 내용을 올바르게 인식하지 못함에 있다. 주희가 육구연의 학술

1) 『傳習錄』 下, "先生因謂之曰: 諸君要識得我立言宗旨. 我如今說箇心卽理是如何, 只爲世人分心與理爲二, 故便有許多病痛.……其流至於伯道之僞而不自知. 故我說箇心卽理, 要使知心理是一箇? 便來心上做工夫, 不去英義於外, 便是王道之眞. 此我立言宗旨." 이곳에서 왕수인은 心과 理를 둘로 나누는 주희의 심성론을 춘추시대 五霸의 尊王攘夷 정신을 예로 들어 설명하고 있다. 즉 오패의 존왕양이는 패자들의 진실한 마음에서 우러나온 것이 아닌 허위의 마음이기 때문에 이치에 맞지 않다는 것이다. 伯道는 王道의 상대 개념인 霸道를 지칭한다.

을 선학으로 규정하고 태간이라고 비평한 것, 육구연이 오로지 맹자학만을 고집하고서 주희철학을 지리하며 의론에 불과하다고 한 것 역시 오해이고, 왕수인 역시 주희의 격물궁리를 비평하면서 '부모가 죽으면 효의 리도 함께 사라지게 된다'고 생각하였는데, 이것 역시 격물치지의 본래 의미를 올바르게 이해하지 못한 무지에 불과하다. 조선 성리학자의 양명학 비판은, 부분적으로 왕수인의 주희철학에 대한 오해의 실상을 정확하게 지적한 곳도 있지만, 기본적으로 오해라는 틀을 벗어나지 못하고 있다.

필자는 2004년도 학술진흥재단의 기초 학문 연구 분야인 강화학파 연구팀에서 수집한 조선시대 양명학 비판 자료를 중심으로 분석하였다. 연구팀에서는 총 18인의 자료를 제공하였는데, 그중 대다수는 이황 이후의 학자들이다. 이황의 「전습록논변傳習錄論辯」은 비록 단문에 불과하고 내용 역시 매우 간략하며 졸렬하지만, 이후 양명학 비판의 근거 자료로서의 위상을 갖고 있기 때문에 1차적인 자료로 참고하였다. 다음으로 유성룡과 박세채 그리고 이익의 비평이 비교적 체계성을 갖추고 있다. 그러나 필자가 보기에 정주학을 근본으로 삼고서 가장 철저하고도 체계적[2]으로 양명학을 비판한 학자는 한원진과 조선 말기의 이정직이다.[3] 따라서 필자는 이황과 한원진 그

2) '철저하고도 체계적'이라는 필자의 표현은 결코 양명학에 대한 그들의 이해가 정당하다는 것을 의미하지 않는다. 단지 비평의 외형적인 체계가 기타 비평자들에 비해 종합적이고, 계통적이라는 의미에 불과하다.

3) 박종홍은 우리나라에 서양철학을 처음 도입한 학자로서 石亭 李定稷(1841~1910)을 든다. 이정직은 칸트와 베이컨의 철학사상을 국내에 최초로 소개하였을 뿐만 아니라 어학·천문·지리·의학·서화 등에 대해서도 일가견을 이루었고, 文論과 詩論에 관해서도 체계적인 이론을 제시한 학자이다. 그러나 그의 학문적 성과에 비해 우리에게는 잘 알려져 있지 않다. 이정직이 성리학자인가에 대해서는 이견이 있을 수 있다. 혹자는 이정직이 실학파적 성격을 띠고 있다고 하지만, 이정직의 문집과 문고의 저서들은 한결같이 주자학을 立論의 근거로 삼고 있다고 한다. 「論王陽明」도 주희의 학설로 변척한 것이다. 필자는 기본적으로 이정직을 성리학자로 생각한다. 왜냐하면 「論王陽明」에서

리고 이정직을 중심으로 양명학 비판의 적부성을 논하겠다.

먼저 조선시대 반양명학자의 육왕학에 대한 일반적인 평가를 소개하고, 다음 양명학 비판의 주요 논거로서 '심즉리'·'양지'·'지행합일'·'친민설'·'신민설'을 소개한 뒤, 선진유학과 양명학의 입장에서 비평의 적부를 논할 것이다.

제1절. 조선 성리학자의 육왕학에 대한 일반적인 평가

육왕학이 조선에 언제 전래되었는가에 관해서는 아직 정설이 없다. 유명종은 심학과 양명학의 전래 시기를 다르게 본다. 유명종에 의하면,[4] 조선조 중종 재위 11년(1516)에 이미 심학을 장려하는 문장들이 보이고, 1517년에는 한효원韓效元이 원자元子를 교양하는 글에서 스승을 높일 것을 권한 여조겸(呂東萊)과 육구연의 글을 인용하였다. 그러나 왕수인이 「육상산문집서陸象山文集序」에서 언급한 '심학'은 1520년이기 때문에, 1520년 이전의 심학은 양명학을 지칭하지 않는다고 한다. 오종일은 왕수인의 『전습록』 전래 시기를 매우 자세하게 분석하였는데, 필자가 살펴본 자료 중에서 논거가 가장 세밀하고 분석 또한 엄격하다. 오종일은 「양명 전습록 전래고」[5]에서 양명학 전래에 관하여 다음과 같은 결론을 내린다. 양명학 전래는 1521년 이전 『전습

이정직이 양명학에 대해서는 많은 오해를 하고 있지만, 주희철학에 대한 이해는 매우 정확하고 빼어나기 때문이다.(이 부분에 관한 내용은 필자의 논문 「석정 이정직의 '論王陽明'에 대한 비판적 고찰」, 『정신문화연구』 제29권 제2호, 2006을 참고)

4) 유명종 「한국양명학의 제 문제」, 『양명학』 제2호(1998), 5~6쪽 참고.

5) 오종일, 「陽明 傳習錄 傳來考」, 『철학연구』 제5집(1978).

록』 초간본 간행과 평행하여 전래되었다. 또 당시에는 양명학을 이단시하거나 배척하지 않았으며, 조선에 자연스럽게 수용되어 적어도 이황 만년까지는 성행되었다. 뿐만 아니라 양명학은 정주학 추종자들에게도 어느 정도 영향을 주었으며, 특히 이황이 『심경心經』을 수용한 것과도 무관하지 않다.

조선시대 성리학자들의 양명학에 대한 가장 일반적이고 개괄적인 평은 양명학을 선학으로 보는 것이고, 또 '생지위성'의 성론을 견지하는 고자의 학문 혹은 노장의 학문으로 보는 것이다. 간혹 양주와 묵자의 학문이라고 평하는 학자도 있지만, 이는 양명학의 이단성에 대한 강조일 뿐이기 때문에 이에 대한 특별한 변론은 필요치 않다. 필자는 이곳에서 양명학과 선학 그리고 고자의 '생지위성'과 관련된 부분만을 논의하고자 한다.

육왕학과 선학은 세계관과 가치관 그리고 인성관이 분명히 이질적이지만, 주희철학의 관점에서 보면 양명학의 외형적인 체계가 선학과 유사한 부분이 있기 때문에 조선 성리학자들의 눈에는 양명학이 선학으로 비춰질 수도 있었을 것이다. 이 점은 주희도 예외가 아니다. 육구연에 대해서 주희는 고자의 학문과 노장 그리고 선학으로 비평한 적이 있다.

양명학을 불교의 선학으로 이해하는 것은 반양명학자 거의 모두에 해당되는 주장이다. 십청헌十淸軒 김세필金世弼과 눌재訥齋 박상朴祥이 먼저 육왕학을 선학이라고 규정하였다.[6] 이황도 수차례 육왕학을 선학으로 규정하였고, 심지어 유희춘柳希春은 "양묵의 학문에도 미치지 못한다"[7]라고 하였으

---

6) 『十淸先生集』, 권4, 「附錄」; 『訥齋先生集附錄』, 권2.(이 장의 조선유학자 문헌은 모두 1989년 민족문화추진회의 『韓國文集叢刊』에 수록된 것을 인용한 것임)

7) 『眉巖先生集』, 권16, 「經筵日記」, "爲不及於楊墨." 유희춘은 明의 謝廷傑이 왕수인을 공묘에 배향하기를 청하자 왕에게 "오상이 있어도 좋고, 없어도 좋다고 한 사람이다"라고 하면서 반대하였다.(유명종, 「한국양명학의 제 문제」, 『양명학』 제2호, 1998, 15쪽 재인

며, 유성룡 · 윤근수 · 홍여하 · 박세채 · 이민서 · 이만부 · 이익 · 한원진 · 안정복 · 정약용 · 이정직까지 모두 양명학을 선학으로 규정하였다. 이들이 양명학을 선학으로 규정한 근거는 다음 몇 가지로 종합할 수 있다.

첫째, 심즉리를 긍정한다.
둘째, 리를 근본으로 삼지 않고, 심을 근본으로 삼는다.
셋째, 격물궁리를 중시하지 않고 돈오의 방법을 본으로 삼는다.
넷째, 형이하자인 기를 리로 인식한다.

앞 장에서 누차에 걸쳐 해설한 바와 같이, 주희철학에서 심은 가치의 근원인 리와 동격의 실체가 아니다. 심은 형이하자로서 주요 기능은 성리에 대한 인식이다. 주희철학에서 심과 리의 관계는 '존재물과 존재 원리', '인식의 주체와 인식대상' 그리고 '가치 실현의 당체[8]와 가치의 표준'으로 나누어 설명할 수 있다. 먼저 존재물과 존재 원리 측면에서 보면, 심은 리기의 합성으로 이루어진 현상계의 구체적인 존재물이다. 모든 현상계의 존재물에는 반드시 존재의 원리인 소이연지리가 있다. 주희철학에서 심과 리는 바로 존재물과 존재 원리의 관계이다. 다음 지각 활동의 측면에서 보면, 심은 능지의 주체이고, 리는 소지의 객체이다. 심은 리에 대한 지각 작용을 갖춘 인식주체이고, 리는 심의 인식대상이다. 마지막으로 도덕실천 측면에서 보면, 심은 도덕적으로 선한 정감을 발현하는 당체이고, 리는 심 활동의 표준이다.

용)

8) 當體는 '그 자체', 즉 'itself'를 의미한다.

주희철학에서 가치의 최후 근거는 성리이지 심이 아니다. 그러나 성리에는 자발성이 없기 때문에 반드시 지각 기능을 갖춘 심에 인식된 후에 비로소 현현될 수 있다. 다시 말하면 심은 가치의 소재가 아니기 때문에 스스로 반구저기하여 자율적으로 자신의 활동 방향을 선으로 결정할 수 없고, 반드시 향외로 격물치지하여 리를 인식한 후에 정감의 활동에 선의 방향을 제시할 수 있다. 전자의 활동이 격물궁리이고, 후자의 활동이 심통성정이다.

반면 육왕철학에서는 심·성·리가 등가관계로서의 일자이다. 따라서 심즉리와 성즉리가 동시에 성립한다. 모종삼에 의하면, 심은 선의지로서 본체의 활동 의미를 표시하고, 성은 본체의 선험적 존재 의미를 표시하며, 리는 본체의 법칙 의미 혹은 규범 의미를 표시한다. 심 자신이 법칙의 소재이기 때문에 격물궁리를 통하여 리를 인식할 필요 없이 직접 반구저기하여 자신의 활동 방향을 향선으로 결정한다. 즉 리는 도덕의지인 심에 의하여 자율적으로 결정되는 것이지 인식의 대상으로 주어진 것이 아니다. 육왕철학에서 심은 도덕규범에 대하여 입법의 작용을 갖춘 선의지이다.

이상의 대강을 이해하고 있으면, 조선 성리학자들의 양명학 비판 근거를 그리 어렵지 않게 찾을 수 있다.

첫째, 한원진은 "심즉리 세 글자는 양명 논리의 종지이다. 이른바 심즉리와 심즉불心卽佛은 모두 이 구절로부터 전개된 것이다"[9]라고 하였다. '심즉리'를 '심즉불'로 이해한 것은 양명학에 대한 정주학 계통 학자들의 가장 근본적이고도 일반적인 오해이다. 그렇다면 왕수인의 심과 리, 그리고 불교에서의 심과 리는 동일한 성격의 주체이며 법칙인가? 결론부터 말하면, 절

9) 『南塘先生集』, 권27, 「雜著」, "心卽理三字, 卽陽明論理宗旨. 所謂心卽理者, 所謂心卽佛, 皆依此一句推演說去."

대 동일한 주체도 아니고, 법칙도 아니다.

'리'라는 관념은 유학과 불교에서 매우 다양한 의미로 사용된다. 그러나 양자 사이에는 엄격한 분별이 있다. 유학에서의 리는 인의예지와 천리를 내용으로 하는 실리實理 혹은 도덕가치의 원리를 지칭한다. 반면 비록 도덕과 무관하다고 할 수는 없지만, 불교에서의 리는 인의예지와 천리를 내용으로 하는 실리적 혹은 규범적 성격의 원리가 아니라 공관空觀에 기초한 공리空理를 지칭한다. 소승과 대승 그리고 중국불교의 삼종인 천태와 화엄 및 선종에서도 리는 무자성無自性[10]의 '공'을 내용으로 한다. 무엇으로도 제한당하지 않고, 분별도 없는 '공'의 세계가 바로 리의 본래 모습이다. 불교에서의 리는 결코 시비선악의 분별 근거로서의 실체가 아니다. 반면 왕수인의 리는 일상적인 활동에서 시비선악을 판별하는 도덕실체이다. 그러나 리의 성격이 다름에도 불구하고 육왕과 불교 모두 리를 외재의 사물이 아닌 마음에서 찾는다. 이 점이 바로 조선 성리학자들이 양명학을 선학으로 규정한 근거이다. 만일 조선의 성리학자들이 육왕의 심즉리에서 리의 성격을 올바르게 이해하였다면, 심즉리를 근본으로 한 육왕학을 주희철학과 다른 하나의 유학계통으로 긍정할 수도 있었을 것이다. 그러나 그들에게 있어 심은 단지 형이하자인 기의 영역에 속한 식심일 뿐이었다. 이러한 식심은 유식종의 제8식인 아뢰야식에 해당한다. 설령 이 심으로부터 가치를 설명할 수 있다고 할지라도 조선 성리학자에게 있어 심은 『대승기신론』의 일심개이문一心開二門에서의 일심 이상은 아니었을 것이다. 일심으로부터 진여문과 생

---

10) 선종에서는 自性을 긍정하지만, 선종의 自性은 '直指人心, 見性成佛'에서 性이 心의 本來面目이라는 의미이다. 이것과 時空의 영원성과 무한성 그리고 독립성을 부정하는 無自性은 서로 다른 차원의 개념이다.

멸문이 분화된다. 비록 자성청정심을 긍정한다고 할지라도 생멸문 역시 이 일심으로부터 생출되기 때문에 심즉리의 심을 진여와 생멸의 근원인 일심으로 이해할 수밖에 없었을 것이다. 혹자는 육왕학의 심외무사心外無事와 심외무물을 불교의 일체유심조와 동일한 것으로 이해하기도 하는데, 이 역시 진여와 생멸의 근원인 일심을 근거로 육왕학의 심을 이해하였기 때문이다.

그러나 우리가 한 가지 주의해야 할 점은 불교의 심과 유가철학자들의 눈에 비친 불교의 심은 다를 수 있다는 점이다. 송명리학자뿐만 아니라 조선의 성리학자들은 대체로 성불의 근거인 자성청정심의 존재를 적극으로 긍정하지 않는다. 다시 말하면 진여문보다는 생멸문의 근원으로 심을 이해하기 때문에 심은 식심, 즉 허망의 존재로 본다. 그러나 중국의 진상심 계통의 천태와 화엄 그리고 선종에서는 자성청정심을 심의 본래면목으로 이해하고, 이 자성청정심을 근거로 성불의 가능성을 적극적으로 제시한다.

육왕의 심을 외형적으로만 보면, 『대승기신론』의 일심과 유사하고, 선종의 즉심즉불卽心卽佛과도 유사하다. 그러나 분명히 다른 점은 육왕의 심은 인의예지를 내용으로 하는 도덕심이고, 가치의 근원이며, 선험적인 존재이다. 때문에 왕수인은 "이 순수한 천리의 마음이 부모를 섬기는 곳에 발하면 효이고, 군주를 섬기는 곳에 발하면 충이며, 친구를 사귀고 백성을 다스리는 곳에 발하면 신과 인이다"[11]라고 한 것이다. 이는 왕수인이 리를 단순히 심에서 추구하는 것에만 그치지 않고 심에서 추구한 리를 구체적인 도덕실천에서 실현하고 있음을 보여 준다. 반면 불교의 자성청정심은 성불의 근거이지만, 인의예지라는 객관적인 규범을 내용으로 하는 도덕심은 아니다. 즉

11) 『傳習錄』 上, "以此純乎天理之心, 發之事父, 便是孝, 發之事君, 便是忠, 發之交友治民, 便是信與仁."

구체적인 일상생활에서 시비선악의 판단 근거로서 작용하는 선의지도 아니고, 행위에 가치를 부여하는 천리 혹은 실리로서의 심도 아니다. 불교의 심은 부처와 중생, 진여와 생멸, 그리고 차별적인 법계를 드러내는 주체이다. 심의 깨달음이 곧 부처고, 미망은 중생이다. 진여와 생멸이 모두 일심의 현현이고, 이법계와 사법계 그리고 이사무애법계와 사사무애법계가 모두 일심의 서로 다른 현현이다. 비록 왕수인이 '심외무사'와 '심외무물'을 긍정하였지만, 이때의 '사'와 '물'은 천리가 관주貫注된 도덕행위와 그 대상으로서의 존재를 지칭할 뿐이다. 또 불교의 심은 선험적인 고유[12]의 실체라고 하기 어렵다. 불교에서는 모든 중생이 불성을 갖추고 있다는 보편성을 강조하지만, 이는 어디까지나 성불의 가능성에 대한 긍정을 표현한 것일 뿐, 불성의 고유성 즉 선험성에 대한 적극적인 긍정은 아닌 것 같다. 왜냐하면 불성의 선험성(固有)을 긍정하게 되면 자성청정심의 독립성을 긍정하는 것과 같게 되기 때문이다.[13] 혹자는 자성청정심의 독립성을 긍정하기도 하지만 불교학계의 중론은 아닌 것 같다. 즉 성불의 보편성은 적극적으로 긍정하지만, 불성의 고유성(선험성)에 대해서는 말을 아끼는 편이다. 육왕학의 심즉리 체계를 외형적으로만 보면 불교와 유사하다. 그러나 외형적인 유사성만 보자면 주희철학도 예외가 아니다.[14]

둘째, 이황은 "진백사와 왕양명의 학문은 모두 상산의 학문으로부터 나

---

12) 맹자는 본성의 선험성을 '固有'로, 보편성을 '皆有'로, 절대성을 '天所與我者'로 표현하였다.

13) 불교의 三法印 중 諸法無我와 논리적 모순이다.

14) 주자학과 불교의 유사성에서 가장 많이 논의되는 것이 바로 주희의 理氣論과 華嚴의 法界觀이다. 화엄에서 理와 事는 相卽不離의 無碍관계(理事無碍)이다. 이론의 구조적인 측면만을 보면, 이것과 주희의 理氣不離不雜說은 매우 유사하다. 또 정이의 體用一源과 顯微無間도 불교의 理事無碍와 卽體卽用과 유사하고, 理一分殊 역시 불교의 理遍於事와 一多相卽과 유사하다. 뿐만 아니라 송명리학의 道統도 불교의 祖統과 유사하다.

왔으며, 심을 종으로 삼으니 선학이다"[15]라고 비판하였다. 이황의 이 비판은 왕수인이 오로지 심만을 말하고 리를 강조하지 않았다는 의미가 아니라, 왕수인이 오로지 심에서만 리를 추구할 뿐 사사물물의 리를 중시하지 않았다는 것을 의미한다. 이황의 이러한 비판은 그르지 않다. 그러나 리를 심의 자율성에서 찾는 것과 선학은 내용적으로도 무관하고, 그 근원 역시 다르다. 왕수인의 반구어심反求於心(양지)은 사실 공맹이 강조하는 도덕의지의 자율성에 대한 또 다른 표현에 불과하다. 공자는 "인이 먼 곳에 떨어져 있는가? 내가 인을 실현하고자 하면 그 인은 바로 다가오는 것이다"[16]라고 하였고, 맹자는 "군자가 성이라고 생각하는 인의예지는 심을 근본으로 한다"[17]라고 하였다. 또한 고자와의 변론에서 인의의 내재성을 긍정하였는데, 인의의 내재는 '인의라는 도덕규범이 심에 선천적으로 내재되어 있다'(仁義內在於心)는 것을 의미한다. 도덕규범은 인의의 도덕심에 의하여 결정되고, 또 실현된다. 심은 도덕규범에 대한 입법의 기능을 가진 실체이다. 따라서 공맹을 근본으로 한 심학 계통에서 도덕가치의 실현은 일심의 순선성 여부에 의해 결정된다. 복기본심과 발명본심 혹은 치양지를 강조한 이유가 바로 여기에 있다.

셋째, 이황은 "격물궁리공부를 싫어하니 석씨의 학문과 다를 바 없다"[18]라고 하였다. 사실 이황뿐만 아니라 왕수인과 변론한 고동교顧東橋 역시 양명학에 대하여 "이론이 너무나 높고 공부가 너무 빨라 후생들이 서로

15) 『退溪先生文集』, 권41, 「雜著」, "陳白沙・王陽明之學, 皆出於象山, 而以本心爲宗, 蓋皆禪學也."
16) 『論語』, 「述而」, "仁遠乎哉? 我欲仁, 斯仁至矣."
17) 『孟子』, 「盡心上」, "君子所性, 仁義禮智根於心."
18) 『退溪先生文集』, 권41, 「雜著・傳習錄論辯」, "其深厭窮格之功, 不假存養之實, 要歸於一超頓悟之法則無不脗合. 決是仙佛家脈絡作用眞實明白."

전함에 있어 오류를 범할 수 있을 것 같아 불교의 명심견성明心見性과 정혜돈오定慧頓悟에 빠짐을 면하기 어려울 것 같다"[19]라고 한 것을 보면, 왕수인의 학문을 선학으로 본 것은 정주학 계통의 학자뿐만 아니라 당시 유학자의 일반적인 견해였던 것 같다. 왕수인은 "사사물물에서 지선을 추구하는 것은 의를 밖에서 찾는 것이다", "밖에서 (리를) 추구할 필요가 없다"[20]라고 하였고, 육조혜능 역시 "부처는 자성으로 하는 것이지 몸 밖에서 추구하는 것이 아니다", "보리는 단지 마음에서 찾는 것이지 어찌 힘들게 밖에서 현묘함을 찾는가"[21]라고 하였으며, 마조馬祖도 "모든 것은 다 (마음에) 갖추어져 있고, 부족한 것이 없다. 사용이 자재로운데, 어찌 밖에서 찾는가"[22]라고 하였다. 심과 리, 그리고 리를 추구하는 외형적인 틀만 보면 육왕학과 선학은 서로 유사함을 넘어서 완전히 일치한다. 그러나 앞에서 설명한 바와 같이 육왕과 선학의 심과 리는 내용과 성격이 전혀 다르다. 또 육왕이 격물궁리를 중시하지 않는 것은 심의 자율성을 긍정하기 때문이다. 따라서 육왕철학에서 보면 주희식의 격물궁리는 부차적인 공부임이 당연하다. 만일 이황이 주희식의 격물궁리를 경시한 육왕 도덕론의 객관성 결여를 문제 삼아 비판한다면 이는 당연히 수용해야 한다. 그러나 격물궁리를 중시하지 않는 것과 선학은 본질적으로 무관하다.

넷째, 한원진은 "양명의 양지가 곧 천리라는 설은 선학에 빠진 것으로, 이는 기를 리로 인식한 것이다"[23]라고 하였고, 또 "석씨의 학술은 오로지

---

19) 『傳習錄』 中, "但恐立說太高, 用功太捷, 後生師傳, 影響謬誤, 未免墜於佛氏明心見性, 定慧頓悟之機."

20) 『傳習錄』 上, "於事事物物上求至善, 覺是義外也."; "不假外求."

21) [宗寶本] 『壇經』, 「疑問第三」, "佛自性作, 莫向身外求."; "菩提只向心覓, 何勞向外求玄?"

22) 『五燈會元』, 권3, "一切具足, 更無欠少. 使用自在, 何假外求?"

그 영각의 마음만을 존양하는 것으로, 이는 의리가 있음을 모르는 것이다. 영각의 마음도 기질이다. 기에는 선악이 있기 때문에 심이 하고자 하는 것을 따르면 기질의 치우침을 따르는 것에 불과하다"[24]라고 하였다. 정주철학 계통에서 심은 형이하자로서 기에 속한다. 이 심의 인식 기능이 바로 양지이기 때문에 양지 역시 기의 작용이다. 왕수인은 이러한 양지를 천리로 인식하였으니 정주철학 계통에서 보면 양지가 곧 천리라는 왕수인의 학설은 당연히 기를 리로 인식한 것이다. 한원진은 육왕의 심을 불교의 식심으로 인식하고, 허망의 근원을 이 식심에서 찾으니, 기를 리로 인식한 왕수인 철학은 바로 선학인 것이다. 그러나 이는 왕수인철학에 대한 한원진의 오해일 뿐이다.

또한 육왕학을 고자의 학문이라고 비평한 것도 심즉리의 심을 인의예지를 내용으로 하는 도덕심으로 인식하지 않고 식심으로 이해한 것으로부터 발생된 오해이다. 왜냐하면 고자가 말한 '생지위성'의 성은 '선도 없고 악도 없는'(無善無惡) 성이고, 또 '선으로도 될 수 있고, 악으로도 될 수 있는'(可爲善而可爲惡)의 가치중립자로서, 주희철학의 기심과 지위가 유사하기 때문이다. 왕수인 역시 주희철학을 고자 학설이라고 비판한 적이 있다. 왕수인은 『전습록』 중中에서 "무릇 심과 리를 둘로 나누는 것은 고자의 의외설이다"라고 하였다. 왕수인은 주희가 리를 안(심)에서 찾지 않고 밖(물)에서 찾는다고 생각하여 격물궁리를 수양론의 근본으로 삼은 주희철학을 고자의 '의외설'이라고 비판하였다. 이는 주희철학에 대한 왕수인의 오해이다. 비록 주희가

23) 『南塘先生文集』, 권22, 「書」, "王陽明良知卽天理之說, 陷於禪學者, 以其認氣爲理也."

24) 『南塘先生文集』, 권6, 「筵說」, "釋氏之學, 惟務存養其靈覺之心, 而不知有義理. 靈覺之心, 亦氣質也. 氣便有善惡, 故從其心之所欲者, 不過循其氣質之偏矣."

심즉리는 긍정하지 않았지만 성즉리를 긍정하였기 때문에, 주희철학의 도덕론을 고자의 '의외설'로 비판한 것은 정도를 잃은 것이다. 한원진도 주희의 심과 왕수인의 심을 동일시하여, 왕수인의 심을 식심으로 이해하였고, 이러한 식심을 본체(性)로 삼은 왕수인의 학문을 고자의 학설이라고 비평한 것이다.

이상의 논거 외에도 양명학을 선학으로 규정한 근거는 다양하다. 혹자는 교법敎法을 근거로 양명학을 선학으로 규정하였고, 혹자는 거울을 비유로 삼은 것을 근거로 선학이라고 비평하였으며,[25] 혹자는 육왕이 주희의 격물궁리를 지리하여 밖으로 내달리는 것[26]으로 비평하였으니 선학임이 분명하다고 하였다. 이상의 근거는 모두 육왕의 심을 맹자학이 아닌 철저하게 주희철학으로 이해하였기 때문이다.

제2절. 조선 성리학자의 양명학 비판의 주요 논거

양명학의 중심 의리는 치양지이다. 그러나 조선 성리학자의 양명학 비판은 치양지보다는 심즉리와 양지 그리고 지행합일과 친민에 집중되어 있

25) 왕수인은 『전습록』에서 몇 차례 명경을 비유로 들어 심의 작용을 설명하였다. 이에 대하여 이정직은 "옛 유자들의 말씀에도 거울로써 마음을 비유하는 경우가 있었다. 그렇지만 거울로써 비유하는 것은 대개 (그 마음의) 허명한 작용을 비유했을 뿐이다. 사실 성인의 마음은 안과 밖이 확 트여 통달되어 있기 때문에 거울로써 비유할 수 있는 대상이 아니다. 오직 불가에서 말하는 마음만이 거울로써 비유할 수 있을 것이다"(『石亭集』, 권5, 「論王陽明」, "先儒之言, 亦有以鏡喩心者. 不過借鏡畧譬其虛明而已. 其實則聖人之心, 內外洞達, 非鏡之所可得而喩也. 惟佛氏之言心, 乃可以鏡喩之也.")라고 하였다.

26) 『西匡先生文集』, 권15, 「雜著」, "王陽明專以致良知爲學. 以反詆朱子之論爲支離外馳. 正釋氏之說也."

다. 따라서 필자도 그 주제에 따라서 이 장을 전개하겠다.

1. 심즉리에 대한 이해

심즉리는 리학과 심학 논쟁의 핵심이다. 앞에서 해설한 바와 같이 일반적으로 '성이 곧 리이다'(性卽理)와 '심이 곧 리이다'(心卽理)라는 두 진술로써 정주학과 육왕학의 차이를 설명하지만, 심즉리와 성즉리는 정주학과 육왕학의 심성론에 대한 본질적 차이를 표현한 진술이 아니다. 왜냐하면 정주학에서는 오로지 성즉리만을 긍정하지만, 육왕학에서는 성즉리와 심즉리를 동시에 긍정하기 때문이다.[27] 심학자들은 단지 일심의 주체 자율성을 강조하기 위하여 성즉리보다는 심즉리를 즐겨 사용했을 뿐이다.

주희철학에서 성과 리는 동일자이다. 리가 천지의 만물이 준수해야 할 법칙 · 원리 · 규범으로서 인간계와 자연계에 보편적으로 적용되는 합리적인 질서원리를 지칭한다면, 성은 보편적 질서 의미보다는 자연계를 구성하고 있는 각각의 개체에 적용되는 합리적 질서 개념이다. 성은 '나'라는 개체의 생성과 관계를 맺고 있다. 즉 '나'라는 개체 존재가 생성되면서 갖추고 있는 도리이다. 이는 각각의 개체에 선천적으로 합리적 질서가 갖추어져(內具) 있다는 의미와 아울러 합리적 질서의 근원이 천지에 있음을 나타내고 있다. 그러나 이는 성과 리의 형식적인 분계일 뿐이다.

주희가 발명본심 혹은 복기본심의 공부를 주로 삼지 않고 거경함양과 격물치지를 채택한 근본적인 원인은 성리의 특성에 있다. 주희는 성을 설명

27) 『傳習錄』 上, "心卽性, 性卽理."

할 때 '성은 단지 리일 뿐이다'(性只是理而已)라는 점을 여러 차례 강조한다. 이 진술은 주희철학 본체론의 특성을 가장 정확히 표현하고 있다. '성은 단지 리일 뿐이다'라는 말은 '성' 자에 포함되어 있는 여러 의미를 제거하고서 오로지 성의 법칙성·원리성·규범성만을 강조한 표현이다. 맹자가 심선으로써 성선을 증명한 성과 육왕의 심즉성의 성에는 자각성 혹은 자율성 등의 동태적 의미가 포함되어 있다. 그러나 주희는 성을 오로지 리에 한정시켜 이해하였다. 이는 성즉리의 성이 동태적 존재 원리가 아닌 정태적 원리임을 의미한다. 모종삼이 주희의 성리를 '단지 존유만 할 뿐 활동하지 못하는 실체'(只存有而不活動)로 규정한 이유가 바로 여기에 있다.[28] 성리가 불활동의

28) 필자는 주희의 성리에 대한 모종삼의 규정에 대하여 다른 견해를 갖고 있다. 모종삼은 『心體與性體』 第1冊에서 유가철학에서 긍정하는 천도는 세 가지 기본적인 의미를 포함하고 있다고 한다. 하나는 於穆不已의 창생성이고, 다른 하나는 기화의 유행성이며, 마지막 하나는 질서성이다. 그중 본체의 역동성을 나타내는 것이 바로 '오목불이'의 창생성이다. '오목불이'는 『시경』에 처음 출현한 것으로 천도의 작용에 대한 형용이다. 모종삼은 '오목불이'를 천명에 대한 중국 고대인들의 洞見이라고 생각하였다. 만일 본체의 동태성과 정태성을 '오목불이'한 작용을 근거로 구별한다면 주희가 긍정한 본체는 정태성의 실체 혹은 원리임이 분명하다. 그러나 필자는 비록 주희가 긍정한 본체에 '오목불이'한 역동성은 갖추어져 있지 않다고 할지라도, 그것과 다른 성격의 동태성을 갖고 있다고 생각한다. 필자는 주희가 긍정한 본체(性理)는 아리스토텔레스의 신과 유사한 성격을 갖고 있다고 생각한다. 즉 '부동의 동자'의 성격을 갖고 있다. 역동성은 그 자체의 활동성으로도 해석할 수 있지만, 무엇을 유인하는 능력으로도 해석할 수 있다. 아리스토텔레스 철학에서 최고선인 신은 질료를 전제하지 않는 형상이기 때문에 그 자체의 변화 가능성은 없지만, 저차적인 형상과 질료로 구성된 모든 현상의 자기변화의 모델이다. 질료를 갖는 현상은 신을 닮고자 하기 때문에 자신을 변화시킨다. 유명 연예인의 패션은 그것과 닮고자 하는 대중들의 욕구를 자극하여 그들을 움직이게 한다. 꿀과 벌의 관계를 통하여 심과 성리의 관계를 설명할 수도 있다. 벌은 꿀에 대하여 본능적으로 희열의 느낌을 갖고, 꿀은 자체적으로는 정태적이지만 꿀의 향기로써 벌을 끊임없이 유혹한다. 양자의 관계에는 주동과 피동의 구별이 없다. 이곳에서 하나의 질문을 해 보자. 심은 왜 본능적으로 성리를 인식하려고 하는가? 심은 왜 성리에 대하여 감응의 매력을 느끼는가? 만일 성리가 심을 자극할 수 있는 어떤 요소도 갖추고 있지 않다면, 심은 성리를 인식할 필요도 없고, 인식하려고도 하지 않을 것이다. 『朱子語類』, 권59에서는 『맹자』, 「富歲子弟多賴」장의 '理義之悅我心'에 관한 질문에 대하여 주

정태적 존재 혹은 원리라면, 성리의 자발적 활동에 의한 가치 창출은 기대할 수 없다. 따라서 성리를 발현시킬 수 있는 타자의 도움이 필요한데, 이것이 바로 심이고, 심이 성리의 가치를 실현하는 방법이 거경함양과 격물치지이다.

그러나 주희철학에서 심과 성리의 관계는 약간의 복잡한 사유를 요구한다. 앞에서 밝힌 바와 같이 성리는 심의 존재 원리이다. 비록 양자의 관계가 능지자能知者(主)와 소지자所知者(客)의 관계로 설정되었지만, 성리는 심의 존재 원리임과 동시에 심의 활동 표준이다. 즉 심이 반드시 준수해야 하고 따라야 할 법칙이다. 또 비록 심이 향외로 격물하여 리를 인식(窮理)하지만, 사물의 리와 심의 존재 원리로서의 리는 서로 이질적인 리가 아니다. 따라서 격물궁리는 단순히 외적인 존재의 리를 인식하여 자신의 덕으로 삼는 것이 아니라, 외물에 즉卽하여 자신에게 갖추어져 있는 리를 인증하는 과정이다. 격물궁리를 통하여 자신에 갖추어진 리를 인증하였을 때 리는 심의 덕으로서의 지위를 갖는다. 『주자어류』에 "무릇 도리는 모두 내게 본래부터 갖추어진 것이지 밖으로부터 온 것이 아니다. 이른바 지각한다는 것은 단지 나의 도리를 지각한다는 것이지 나의 지각 작용으로써 저 도리를 지각

희가 "리의가 내 마음을 기쁘게 하는 것은 필연적이다"(理義悅我心, 必矣)라고 하였다. 그렇다면 성리의 어떤 요소가 心의 인식 기능을 자극하는가? 그것은 다름 아닌 성리가 갖고 있는 법칙성(규범성)과 지선성이다. 성리에 이 두 성격이 갖추어져 있는 이상 심을 시시각각 자극할 것이다. 심 또한 성리에 대한 지각 기능을 상실하지 않는다면 끊임없이 성리에 대하여 희열의 느낌을 가질 것이다. 모종삼은 주희의 '심과 리는 둘이다'(心理爲二)를 근거로 주희 도덕론을 자율이 아닌 타율 형태의 도덕론이라고 평하였다. 즉 도덕규범에 대한 의지의 입법성을 긍정하는 공맹의 전통과 이질적이라는 것이다. 그러나 비록 심성이 二者의 관계로 정립되어 있지만, 심에 대한 성리의 유혹과 성리에 대한 심의 무조건적 희열은 육왕철학과는 또 다른 계통의 자율도덕론으로 정립될 수 있다.

한다는 것이 아니다. 도리는 본래부터 스스로 있는 것이어서 지각 작용이 발현될 때 비로소 출현된다"[29]라는 기록이 있다. 이 문장을 보면 주희의 격물궁리가 결코 외적인 사물의 리를 인식하여 그것을 자신의 덕으로 삼는 것이 아님을 알 수 있다. 그러나 왕수인은 주희의 격물궁리를 다음과 같이 오해한다.

> 주자의 이른바 격물 운운하는 것은 사물에 접하여서 그 사물의 이치를 궁구하는 것이다.…… 무릇 사사물물에서 그 이치를 추구하는 것은 마치 부모에게서 효의 이치를 추구하는 것과 같음을 말함이다. 부모에게서 효의 이치를 추구한다면 효의 이치는 나의 마음에 있는가? 아니면 부모의 몸에 있는가? 만일 부모의 몸에 있다면 부모가 죽은 후에 내 마음에도 효의 이치가 없다는 말인가?[30]

이러한 표현은 『전습록』 곳곳에서 발견된다. 만일 왕수인이 심즉리의 자율성을 강조하기 위하여 이러한 비유를 드는 것이라면 반대할 수 없지만, 주희의 심리 관계를 오해하고서 이를 자신 학설의 정당성을 확보하기 위해 사용하는 것이라면 안 된다. 격물궁리에 대한 왕수인 오해의 원인은 그가 주희철학의 심과 리의 관계를 지나치게 단선적으로 이해하였기 때문이다. 왕수인의 심즉리를 비판한 조선 성리학자들의 불만은 바로 이곳에 집중되어 있다. 이황과 이정직은 다음과 같이 비판한다.

---

29) 『朱子語類』, 권17, "凡道理皆是我自有之物, 非從外得. 所謂知者, 便只是知得我底道理, 非是以我之知去知彼道理也. 道理本自有, 用知方發得出來."

30) 『傳習錄』 中, "朱子所謂格物云者, 在卽物而窮其理也.……夫求理於事事物物者, 如求孝之理於其親之謂也. 求孝之理於其親, 則孝之理其果在於吾之心邪? 抑果在於親之身邪? 假如果在於親之身, 則親沒之後, 吾心遂無孝之理歟?"

> 양명의 무리들은 외물이 심에 누를 끼칠까 두려워하였다. 이는 사람이 지켜야 할 불변의 도리, 즉 참되고 지극한 도리는 내 마음에 본래 갖추어진 도리임을 모른 것이다. 학문을 말하고 궁리하는 것은 바로 본심의 체를 밝히고, 본심의 쓰임을 다하기 위함이다.[31]

> 양명은 어찌 (주자의 격물설을) 비난하면서 "사사물물에서 그 이치를 추구하는 것은 마치 부모에게서 효의 이치를 추구하는 것과 같음을 말함이다"라고 하는가? 주자가 언제 격물의 물을 부모의 몸이라고 말하였는가? 부모를 격물의 물로 삼는 것은 양명이 스스로 그렇게 한 것이니, (양명이) 말한 "부모가 죽은 후에 내 마음에도 효의 이치가 없다는 말인가"라는 말은 스스로를 곤경에 빠뜨린 것이 아닌가?[32]

이황은 '참되고 지극한 도리는 내 마음에 본래 갖추어진 도리'임을 강조하고서, 강학과 궁리를 통하여 본심의 체인 리를 밝혀 본심의 쓰임을 다해야 한다고 주장한다. 이황이 말한 '본심의 체'란 다름 아닌 '심의 덕'으로서의 리이다. 이정직 역시 "만일 부모의 몸에 있다면 부모가 죽은 후에 내 마음에도 효의 이치가 없다는 말인가"라는 왕수인의 의문에 대하여 격물은 부모의 몸에서 도리를 추구하는 것이 아님을 강조하고 있다. 만일 격물궁리가 외물에서 도리를 찾는 것이라면 왕수인의 지적처럼 부모가 죽으면 효의 도리도 함께 사라지게 될 것이다. 그러나 부모의 생사존망과 관계없이 효의 도리는 영원이 내 마음에 간직되어 있다. 부모가 죽는다는 것은 효의 도리

---

31) 『退溪先生文集』, 권41, 「雜著 · 傳習錄論辯」, "陽明徒患外物之爲心累. 不知民彝物則眞至之理, 卽吾心本具之理. 講學窮理, 正所以明本心之體, 達本心之用."

32) 『石亭集』, 권5, 「論王陽明」, "彼奚以難之曰以求理於事事物物者, 如求之孝理於其親之謂哉也? 朱子何嘗以卽物之物指親之身而言之邪? 夫以親爲卽物之物者, 出於陽明之自撰, 則彼爲謂親沒之後, 吾心遂無孝之理云者, 非自窘也邪?"

가 표현되어야 할 대상이 없어진다는 것에 불과하다. 주희의 심과 리의 관계에 대한 이해는 왕수인보다 이황과 이정직의 이해가 더욱 정확하다. 이황과 이정직은 주희의 격물궁리가 단순하게 외적인 사물에서 행위의 표준을 찾는 것이 아님을 올바르게 이해하고 있다.

한원진은 『서경』 「대우모大禹謨」의 인심과 도심을 근거로 왕수인의 심즉리를 비평한다.

> 인심은 위태롭고, 도심은 은미하다. 인심을 리로 보아서는 안 된다. 도심이라는 말은 도의 마음이 아닌 것이 있다는 것이다. 심이 리라면 심이 곧 도일 텐데, 또다시 도심이라는 이름이 필요하겠는가?[33)]

왕수인 역시 인심과 도심에 관한 설명을 한 적이 있다. 『상산전집』 「서」에서 다음과 같이 말하였다.

> 성인의 학문은 심학이다. 요·순·우는 도를 전수하면서 다음과 같이 말하였다. "인심은 위태롭고 도심은 은밀하니 오로지 사욕을 버리고 마음을 하나로 하여 진실로 그 중용의 도를 잘 잡아 행하여야 한다. 이것이 바로 심학의 근원이다. 공맹의 학문은 오로지 인을 추구하는 곳에 힘을 쓴 순수한 학문의 전통이다.…… 심과 리를 이분하여 서로 다른 것으로 간주하면 그 순수한 학문은 무너져 망하게 된다. 지금의 유학자가 지리한 것은 밖으로 형명기수의 말末에서 소위 물리라는 것을 추구하여 밝히려고만 할 뿐, 이 물리가 바로 나의 본심이어서 처음부터 밖에서 찾을 필요가 없었음에도 불구하고 그것을 몰랐기 때문이다. 불로가 공허한 것은 인륜과 사물의 상리를 버

33) 『南塘先生文集』, 권27, 「雜著·王陽明集辨」, "人心惟危, 道心惟微. 人心旣不可作理看. 而謂之道心, 以其有非道之心也. 心果是理, 則心卽是道, 又何更名道心耶?"

리면서 소위 내 마음이라는 것만을 추구할 뿐, 물리가 바로 내 마음이며 이 물리를 버려서는 안 된다는 것을 모르기 때문이다."[34]

한원진과 왕수인의 인심도심에 관한 논변을 보면, 양자 모두 자신의 입장에서 상대방 학문을 아전인수식으로 해석하고 있음을 발견할 수 있다. 먼저 한원진의 변론을 살펴보자. 한원진은 "도심이라는 말은 도의 마음이 아닌 것이 있다"는 것을 의미하기 때문에 인심이 곧 도심이 아님은 분명하다는 것이다. 그런데 왕수인처럼 심즉리라고 한다면 인심이 곧 도리, 즉 도심이기 때문에 도심이라는 말이 필요 없게 된다. 한원진이 이해한 심은 심즉리의 심보다 광의적인 의미의 심이다. 왕수인이 긍정한 심즉리의 심은 심의 본체로서 지선한 도심을 지칭한다. 왕수인철학에서 인심과 도심은 서로 다른 두 마음이 아니다. 심의 본체는 지선하다. 이 지선한 심이 바로 도심이고, 기질의 욕념에 의하여 발동하면 이것이 바로 인심이다. 그러나 인심은 심의 본래 모습이 아니다. 따라서 공부는 인심을 제거하여 본심의 본래 모습을 회복하는 것에 있다. 왕수인이 말한 "공부는 반드시 심에서 힘을 써야 한다. 무릇 알 수 없고 행할 수 없는 것은 반드시 돌이켜 보아 자기의 마음에 합당하도록 체찰하면 곧 통달할 수 있을 것이다. 사서오경이란 다른 것이 아니라 이 심체에 대한 해설에 불과하다. 이 심체가 바로 소위 도심이란 것이며, 또 이 본체가 밝으면 도체도 역시 밝게 되므로 양자는 다른 것이 아니다. 이것이 학문을 하는 중심 요점이다"[35]는 바로 인심밖에

---

34) 『象山全集』, 「序」, "聖人之學, 心學也. 堯舜禹之相授受曰: 人心惟危, 道心惟微, 惟精惟一, 允執厥中. 此心學之源也. 孔孟之學, 惟務求仁, 蓋精一之傳也.……析心與理而爲二, 而精一之學亡. 世儒之支離, 外索於刑名器數之末, 以求明其所謂物理者, 而不知吾心卽物理, 初無假於外也. 佛老之空虛, 遺棄其人倫事物之常, 以求明其所謂吾心者, 而不知物理卽吾心, 不可得而遺也."

도심이 따로 있지 않음을 말한 것이며, 치양지는 인심의 본체, 즉 도심을 드러내 밝히는 공부임을 말한 것이다.

주희의 인심도심설에 대하여 오해하기는 왕수인도 마찬가지이다. 그는 주희의 심리 관계를 오해하여 불로의 학설이라고 비판한다. 그러나 주희철학에서도 인심과 도심은 둘이 아니다. 심이 격물궁리를 통하여 심의 리를 자신의 덕으로 삼으면 그것이 바로 도심이고, 리와 심이 합일되지 않으면 그것이 바로 인심이다. 왕수인철학에서 허망한 인심을 걷어내고서 도심을 회복하는 공부가 바로 치양지이다. '치'는 자각을 시점으로 확충하는 과정에서 인심을 살펴 도심으로 회귀시키는 공부이다. 반면 주희철학에서는 거경함양과 격물궁리가 인심을 극복하고서 도심을 현현시키는 공부이다.

왕수인이 주희의 격물설을 오해한 것과 조선 성리학자들이 왕수인의 심즉리를 불교의 심즉불로 이해한 것은 서로 다른 차원의 문제이다. 조선 성리학자들이 주희철학에 대한 왕수인의 잘못된 이해를 교정한 것은 수용할 수 있지만, 심즉리와 심즉불을 동일한 성격의 명제로 이해한 것은 왕수인철학에 대한 조선 성리학자들의 또 다른 곡절이다.

2. 양지에 대한 이해

먼저 양지에 대한 맹자의 설명과 주희의 이해를 살펴보자. 맹자는 "사람이 배우지 않고서도 할 수 있는 것은 양능이 있기 때문이고, 생각하지 않고서도 알 수 있는 것은 양지가 있기 때문이다"[36]라고 하였다. 이에 대하

35) 『傳習錄』 上, "須在心體上用功. 凡明不得, 行不去, 須反在自心上體當, 卽可通. 蓋四書五經, 不過說這心體. 這心體卽所謂道心, 體明卽是道明, 更無二. 此是爲學頭腦處."

여 주희는 "양이라는 것은 본연의 선을 의미한다. 정자(이천)는 '양지와 양능은 후천적인 학습을 통하여 이루어진 것이 아니라 천으로부터 나온 것이지, 인위적인 것과 관련이 없다'고 하였다"[37]라고 주해하였다. 이는 주희 역시 왕수인과 마찬가지로 양지와 양능을 후천적인 학습을 통하여 배양한 능력으로 이해하지 않고 도덕판단과 실천의 선천적인 능력으로 이해하고 있음을 의미한다. 그러나 주희는 성리에 대한 심의 지각능력은 긍정하였지만, 양지를 들어 심의 지각 작용을 적극적으로 내세우지는 않는다. 즉 주희는 양지의 작용을 전면에 내세우지 않는다. 그 이유는 아마 도덕판단과 실천에 관한 선천적인 능력을 적극적으로 긍정하게 되었을 때 주희 공부론의 핵심인 격물궁리론의 중요성이 퇴색할 가능성이 있기 때문일 것이다. 그렇다고 양지의 지각 작용을 일괄적으로 부정하기도 어려웠을 것이다. 만일 양지의 작용을 부정한다면 성리에 대한 심의 인식 기능을 설명하기 어렵게 된다. 주희의 고민은 바로 여기에 있다. 맹자철학에서 양지는 성리에 대한 인식 능력 의미보다는 도덕규범에 대한 자율성으로서의 능력을 의미한다. 따라서 주희가 양지의 작용을 적극적으로 긍정하면 향외의 격물궁리를 필연적인 공부론으로 설정하기 어렵게 된다. 그러나 성리에 대한 판단능력은 보장해 주어야 한다. 때문에 주희는 양지를 제한적으로 사용하였다.[38] 그렇지만 심학자들은 시비선악의 판단 능력인 양지와 호선오악의 실현 능력인 양능을 근거로 격물궁리의 불필요성을 강조한다. 육구연이 "내가 비록 문자를 한 자도 모른다고 할지라도 나는 당당하게 도덕군자의 인품을 이룰 수 있

36) 『孟子』, 「盡心上」, "人之所不學而能者, 其良能也, 所不慮而知者, 其良知也."
37) 『孟子章句』, 「盡心上」, "良者, 本然之善也. 程子曰, 良知良能皆無所由, 乃出於天, 不繫於人."
38) 조남호, 「조선 주자학자들의 양지에 대한 논쟁」, 『양명학』 제2호(1998), 76~78 참고.

다"[39]라고 한 것은 바로 양지와 양능 작용에 대한 신뢰 때문이다.

양지의 의미와 지위는 왕수인에 이르러 치양지를 전면으로 내세우면서 다시 새로운 면모를 갖추게 된다. 치양지의 양지는 맹자의 양지설을 근본으로 하여 확장된 개념이다. 다시 말하면 왕수인은 맹자가 주장한 양지뿐만 아니라 양능의 의미, 그리고 사단지심의 의미까지도 하나의 양지 속에 포함시켜 이해하고 있다.[40] 그러나 이정직은 "지금 양명은 오로지 양지만을 들어, 거기에 '치' 자를 더하고, 『대학』의 치지에 붙였다. 그렇게 한 까닭에 관해서 '양지는 맹자가 말한 시비지심으로서 모든 사람이 다 갖추고 있는 것이다. 시비지심은 사려하지 않아도 알고, 배우지 않아도 할 수 있는 것이다. 때문에 양지는 하늘이 우리에게 내린 성이다'라고 말하였다. 그 견강부회함이 교묘하면 교묘할수록 졸렬함이 더욱 심하게 됨은 어떤 이유에서인가? 맹자는 '측은지심은 인의 단서이고, 수오지심은 의의 단서이며, 사양지심은 예의 단서이고, 시비지심은 지의 단서이다. 사람에게 이 사단이 있는 것은 마치 사체가 있는 것과 같다'고 하였다. 지금 양명은 그 삼단三端(측은지심·수오지심·사양지심)은 버리고 오로지 시비지심만을 들고 있으니, 어찌 하늘이 우리에게 내린 성의 전체라고 말할 수 있겠는가? 저 양명은 오로지 시비지심만을 들어 치양지설을 꾸미려고 한다. 그러나 맹자가 말한 양지에 인의예의 의미는 없고 오직 시비지심의 의미만 있다는 말인가"[41]라고 변척

---

39) 『象山全集』, 권35, "若某則雖不識一字, 亦須還我堂堂地做個人."

40) 『傳習錄』 中, "良知者, 孟子所謂是非之心, 人皆有之者也. 是非之心, 不待慮而知, 不待學而能, 是故謂之良知. 是乃天命之性, 吾心之本體, 自然靈照明覺者也."; 『陽明全書』, 권26, "良知只是個是非之心, 是非只是個好惡."; 『傳習錄』 下, "良知只是一個天理自然明覺發見處, 只是一個眞誠惻怛, 便是他本體."

41) 『石亭集』, 권5, 「論王陽明」, "若其致良知說, 其原非不出於孟子之言, 而孟子則曰人之所不學而能者其良能也, 所不慮而知者其良知也. 孩提之童無不知愛其親也, 及其長也, 無不知敬其兄也.

하였다. 이는 왕수인의 양지가 맹자의 양지와 양능 그리고 사단지심을 총괄한 도덕본성임을 이해하지 못하고서 조롱한 것이다. 맹자는 양지와 양능을 분리하여 설명하였지만, 도덕실천의 과정에서 이 양자는 동시에 드러난다. 다시 말하면 시비선악에 대한 자각 판단은 호선오악의 정감을 반드시 수반한다. 왕수인이 치양지 과정에서 지행합일을 주장한 근거도 바로 지선지악과 호선오악이 동시에 발생한다는 것에 있다. 또 호선오악은 단순한 정감이 아니라 도덕적인 내용을 포함하고 있다. 이것이 바로 진성측달眞誠惻怛이다. 때문에 왕수인은 '양지를 천리의 자연스러운 명각처'로 이해한 것이다.

양지에 대해 가장 적극적인 비판을 가한 학자는 한원진이다. 한원진은 왕수인의 '양지즉천리'설을 선학이라고 폄하한다. 그는 "양지와 양능은 천리가 아니라 천리의 발현처라고 하였다. 따라서 천리와 인욕 측면에서 보면 양지양능은 천리 쪽에 속하고, 심성리기에서 말하면 양지양능은 심과 기에 속하지 성과 리에 속하지 않는다"[42]라고 한다. 한원진의 '양지양능은 천리의 발현처'라는 주장을 외형적으로 보면 왕수인의 학설과 유사하다. 그러나 한원진이 말한 '발현처'는 천리에 대한 자율성으로서의 현현이 아니라, 성리에 대한 심의 인식을 통한 발현일 것이다. 또 "양지를 통하여 천하의 도

夫所謂良知者, 其本然之知也. 良能者, 其本然之能也.……而其知愛且敬者以有本然之知也. 其能愛且敬者以有本然之能也. 若復慮而審學而進, 則其知與能有不可勝言者矣. 而今陽明偏擧良知加一致字以附於大學之致知. 其所以爲說則曰良知, 孟子所謂是非之心人皆有之者也. 是非之心不待慮而知, 不待學而能. 是故謂之良知, 是乃天命之性. 彼其傅會愈巧, 而破錠愈甚何者? 孟子曰惻隱之心仁之端也, 羞惡之心義之端也, 辭讓之心禮之端也, 是非之心智之端也. 人之有是四端也, 猶其有四體也. 今陽明去其三端而偏擧是非之心, 豈曰天命之性之全者邪? 彼之偏擧是非之心者, 將以文夫致良知之說也. 而孟子之所云良知者, 豈遺其仁義禮而獨指其是非之心之智者邪?"

42) 『南塘先生文集』, 권22, 「書」, "良知良能一也. 王陽明良知, 卽天理之說, 陷於禪學者. 以其認氣爲理也. 良知非天理, 則良能何獨爲理耶? 盖良知良能, 非天理也, 是天理之所發見處也. 故以天理人欲對言, 則良知良能, 固屬天理邊, 而以心性理氣之辨言, 則良知良能, 是心也氣也, 非性也理也."

리를 알 수 있지만, 반드시 궁리를 통해서만 양지의 작용을 확충할 수 있으며, 만일 궁리하지 않으면 양지와 양지가 아닌 것(非良知)을 알 수 없다. 선학의 잘못은 치양지에 있는 것이 아니라 양지가 아닌 것을 치한 것에 있다"[43] 라고 한다. 이러한 한원진의 입장은 철저히 주희의 심성론을 대변한 것이다. 그러나 앞에서 이미 밝힌 바와 같이 양지를 천리로 이해하는 왕수인의 양지설이 주희철학과는 이질적이지만, 그것을 선학으로 폄하한 것에는 객관적인 근거가 전혀 없다. 혹자는 선학의 불성론을 양지와 연결시켜 이해할 수도 있을 것이다. 그러나 앞에서 밝힌 바와 같이 선학에서는 불성이 성불의 가능성이지 결코 인의예지를 내용으로 하는 가치판단의 근거도 아니고, 선을 좋아하고 악을 싫어하는 호선오악의 실정實情도 아니다. 또 선학에서는 치양지를 주장하지도 않고, 설령 있다고 하더라도 선학의 치양지가 양지가 아닌 것을 '치'한 것도 아니며, 이것이 곧 선학과 양명학의 동일성을 증명하는 것도 아니다.

3. 지행합일설에 대한 이해

지행합일설은 양명학의 대표적인 이론으로 알려져 있지만, 양명학에서 지행합일설의 지위는 치양지에 종속된 부차적인 이론에 불과하다. 지행합일설은 양명학의 초기 이론이다. 왕수인은 38세에 귀양서원에서 강의하면서 처음 지행합일을 내세워 제자들을 가르쳤다. 그러나 지행합일의 의미와

---

43) 『南塘先生文集』, 권23, 「雜著」, "凡天下之理, 無不知之. 而知爲善以去惡者, 皆良知也. 故惟窮理, 爲能有此知而能擴充之, 苟不窮理, 何以知其良知與非良知也. 此禪學之誤, 不在於致良知, 而在於所致非良知也."

지행의 본체에 대한 불필요한 이설異說들이 등장하였다. 왕수인은 50세 이후 남창南昌에 거주하면서 치양지를 본격적으로 주창하였고, 이때부터 지행합일에 대해서는 거의 언급하지 않았다. 왜냐하면 지행합일에서의 '지'와 '행'은 모두 치양지의 '치'의 과정이고, 치양지가 실현되면 '지'와 '행'은 필연적으로 합일되는 것이기 때문에 또다시 지행합일을 강조할 필요성을 느끼지 못한 것이다. 그러나 주희의 선지후행과 대비되면서 지행합일설은 치양지보다 세인들의 주목을 받게 되었다.

왕수인의 지행합일설에 대한 비평의 중심인물은 이황이다. 먼저 지행합일에 관한 왕수인의 본의를 주희의 선지후행론과 비교하여 간단하게 소개하고, 다음 왕수인의 지행론에 대한 이황의 비평을 소개하고서, 다시 양명학의 입장에서 그 비평의 적부성을 논하겠다.

왕수인의 지행합일설에 대한 조선 성리학자들의 비평 소재는 대부분 왕수인이 지와 행의 합일을 비유적으로 설명한 예화가 주를 이룬다. 비유는 단지 비유에 불과하고, 또 보는 각도에 따라서 서로 다른 의미로 해석될 수 있다. 따라서 비유를 소재로 한 공격은 그 자체가 비생산적인 논쟁이다.

지행의 합일은 유가철학자들이 공통적으로 추구하는 이상이다. 그러나 '지'와 '행'의 관계, '지'를 추구하는 방법, 그리고 '지'와 '행'의 결합에 대해서는 주희와 왕수인이 서로 다르다. 주희철학에서 보면 '지'를 추구하는 방법은 격물치지이다. 구체적인 사물에 격하여 소이연지리와 소당연지칙을 지각하는 것이 '지'이고, 심이 지각한 리의 조리에 의거하여 의념을 순화하고 선한 정감을 발현하는 것이 '행'이다. 주희는 행위의 시작인 의념을 진실무망하게 하려면 반드시 성리에 대한 인식이 전제되어야 한다고 생각한다. 따라서 격물궁리의 '지'가 선이고, 성의의 '행'이 후이다. 비록 지경행중과 지행병중도 긍정하였지만, 의리의 기본 골격은 선지후행이다.

왕수인은 지행합일설을 주장하면서 먼저 '지'와 '행'이 합일되지 않는 원인을 제시한다. 첫째는 의지가 자신에 대하여 일종의 법칙이 아닌 경우이다. 즉 심즉리를 긍정하지 않는 경우이다.[44] 이는 이론에 관한 문제이다. 도덕규범에 대하여 의지가 자율성을 갖고 있지 않으면 반드시 의지(心) 밖에서 표준을 추구해야 한다. 주희철학에서 보면 치지 활동의 결과(知至)와 의념의 순일(意誠)은 이질적인 결합이다. 따라서 합일이 자연스럽지 못하다. 둘째는 양지를 확충하지 못하였을 경우이다. 양지가 드러나지 못하면 의념의 선악 여부를 판단할 수 없다. 반드시 양지의 자각을 시초로 확충되어야만 비로소 지선지악과 동시에 호선오악의 정감이 실현된다.

왕수인의 지행론에서 '지'는 도덕가치 판단 즉 도덕실천의 방향을 결정하는 것이다. '행'은 의념이 발동하여 구체적인 행위로 완성되는 전 과정이다. 많은 학자가 왕수인의 지행합일설을 오해하는데, 그것은 바로 '지'와 '행'의 전 과정을 시간적인 '동시'의 의미로 이해하기 때문이다. 왕수인의 지행합일에서의 '합일'은 지선지악의 판단과 호선오악(내부 의념의 行)의 정감이 동시에 발생한다는 것으로부터 출발한다. 지선지악은 판단이고, 호선오악은 의념의 순화이다. 이 양자가 동시에 발생해야만 그 앎이 진실한 앎이라고 할 수 있다. 만일 완성처에서 합일을 찾는다면 '지'와 '행'은 당연히 시간적인 선후관계에 놓이게 된다. 지선지악의 '지'와 호선오악의 '행'은 내 마음의 양지가 동시에 발현한 것이기 때문에 양자 사이에 시간적인 선후는 없고 단지 논리적인 선후만이 존재한다. 그러나 양지의 지선지악과 실제적

44) 『傳習錄』 中, "外心以求理, 此知行之所以二也. 求理於吾心, 此聖門知行合一之教, 吾子又何疑乎?"

인 도덕행위 사이에는 시간적인 선후관계가 성립할 수밖에 없다.

왕수인은 『대학』의 '아름다운 색을 보는 것과 좋아함, 그리고 악취를 맡는 것과 싫어함'을 비유로 지행합일을 설명하였다. 사실 자연생명의 반응에는 필연성이 없다. 타인이 '아름답다'고 판단한 것에 대하여 나 역시 반드시 '아름답다'고 판단하는 것은 아니기 때문이다. 그러나 이는 비유에 불과하다. 우리는 아름다운 색에 대하여 '아름답다'고 판단하거나 악취에 대하여 '역겹다'는 판단을 함과 동시에, 아름다운 색을 좋아하고 악취를 싫어하는 마음이 든다. 이때 '아름답다'거나 '역겹다'는 판단이 바로 지행의 '지'이고 '아름다운 색을 좋아하거나 악취를 싫어하는 마음'이 바로 '행'이다. 아름다운 색을 좋아하고 악취를 싫어하는 것은 일종의 긍정과 부정의 표현이다. 만일 '아름답다'와 '역겹다'는 판단을 하였는데, 이에 대하여 받아들임과 거부의 반응이 없다면, 그 판단은 진실하지 못한 것이다. 마찬가지로 시비선악에 대하여 판단을 하였는데, 호선오악의 정감이 즉각적으로 수반되지 않는다면, 그 판단의 진실성은 당연히 의심을 받게 된다. 이로써 보면 왕수인의 지행합일에서의 '지'는 자세한 절목에 대한 앎이 아니라, 동기의 순수성과 판단의 지선성 확보임을 알 수 있다.

이황의 「전습록논변」에서 지행합일설에 대한 변척 내용이 가장 길다. 이황은 「전습록논변」에서 왕수인이 그저 도리만을 알고 실천으로 옮기지 않는 당시 유학자들의 병폐를 바로잡고자 지행합일을 주창한 것이라고 하면서 일단 긍정을 한다. 그러나 아름다운 색을 보는 것(見好色)과 악취를 맡는 것(聞惡臭)을 '지'로 비유하고, 아름다운 색을 좋아하는 것(好好色)과 악취를 싫어하는 것(惡惡臭)을 '행'으로 비유한 왕수인의 지행론에 관해서는 통격을 가한다. 이황은 견호색見好色과 호호색好好色 그리고 문악취聞惡臭와 오악취惡

惡臭가 동시에 발생하는 것은 형기 생명의 작용에 속하는 것이지, 결코 의리 생명에 속하는 것이 아니라고 한다. 의리 생명에서는 선을 보고도 선을 모르는 자가 있고, 선을 알고도 마음으로 선을 좋아하지 않는 자가 있다. 그런데도 어찌 선을 보았을 때 이미 그 선을 좋아한다고 말할 수 있는가? 악의 경우도 마찬가지이다. 또 이황은 본래 성현의 학문은 마음에 근본을 두고서 사물의 이치를 관통하는 것인데, 오로지 본심에만 두고서 조금이라도 사물에 연루될까 두려워 오직 본심에서만 지행이 하나라고 생각하였다고 한다.[45] 이황의 비평은 외형상으로 보면 왕수인 지행론의 허구성을 간파한 것 같다.

그러나 이황의 지적에 대하여 필자는 세 측면에서 반박하고 싶다.

첫째, 비유에 대한 지나친 집착이다. 비유는 그저 비유에 불과하다. 맹자 역시 "리와 의가 내 마음을 기쁘게 해 주는 것은 마치 맛있는 고기 요리가 내 입을 즐겁게 해 주는 것과 같다"[46]라고 하였다. 이황의 비평 논거를 따르면, 맛있는 고기 요리가 내 입을 즐겁게 해 주는 것은 형기의 작용에

45) 『退溪先生文集』, 권41, 「雜著・傳習錄論辯」, "其以見好色聞惡臭屬知, 好好色惡惡臭屬行. 謂見聞時已自好惡了, 不是見了後又立箇心去好, 不是聞了後別立箇心去惡. 以此爲知行合一之證者似矣. 然而陽明信以爲人之見善而好之. 果能如見好色自能好之之誠乎? 人之見不善而惡之. 果能如聞惡臭自能惡之之實乎?……蓋人之心發於形氣者, 則不學而自知, 不勉而自能. 好惡所在, 表裏如一, 故才見好色. 卽知其好而心誠好之, 才聞惡臭, 卽知其惡而心實惡之. 雖曰行寓於知, 猶之可也. 至於義理則不然也. 不學則不知, 不勉則不能. 其行於外者, 未必誠於內, 故見善而不知善者有之. 知善而心不好者有之. 謂之見善時已自好, 可乎? 見不善而不知惡者有之, 知惡而心不惡者有之, 謂之知惡時已自惡, 可乎? 故大學, 借彼表裏如一之好惡, 以勸學者之毋自欺則可. 陽明乃欲引彼形氣之所爲, 以明此義理知行之說則大不可. 故義理之知行, 合而言之. 固相須竝行而不可缺一. 分而言之, 知不可謂之行, 猶行不可謂之知也. 豈可合而爲一乎?……且聖賢之學, 本諸心而貫事物. 故好善則不但心好之, 必遂其善於行事. 如好好色而求必得之也. 惡惡則不但心惡之, 必去其惡於行事. 如惡惡臭而務決去之也. 陽明之見, 專在本心, 怕有一毫外涉於事物, 故只就本心上認知行爲一."

46) 『孟子』, 「告子上」, "故理義之悅我心, 猶芻豢之悅我口."

속한 것으로서, 맛있는 고기를 보자마자(見好色-知) 먹고 싶다는 욕구(好好色-行)가 든다. 그러나 리의에 대한 인식과 리의를 좋아하는 마음의 관계는 격물궁리와 성의의 관계이기 때문에, 리의를 보는 것(인식-知)과 리의에 대한 좋아함(行)의 표현 사이에는 시간적인 선후가 필연적으로 있을 수밖에 없다. 그런데 왜 이황이 그토록 추앙한 맹자는 시간적 선후가 분명한 리의에 대한 인식과 리의를 좋아하는 마음의 관계를 시간적 선후가 없는 추환芻豢과 입(口)의 반응을 예로 들어 설명하였는가? 이와 비슷한 예화가 『맹자』에 자주 출현한다.

둘째, 이황이 지행합일에서 합일에 집착하여 치양지의 '치'를 올바르게 이해하지 못했다는 것이다. 왕수인의 지행합일설은 원론적인 입장에서 말한 것이다. 현실에서 보면 견호색과 호호색의 자연스러움처럼 '지'와 '행'이 모두 자연스럽게 합일되는 것은 아니다. 그렇기 때문에 치양지가 필요한 것이다. '치'는 바로 '지'와 '행'의 부자연스러운 관계를 자연스러운 결합으로 재설정해 주는 공부이다.

셋째, 왕수인이 결코 사물의 이치를 소홀히 하지 않았다는 점이다. 왕수인의 제자인 서애의 의문처럼 '지'와 '행'을 분리하여 이해하기 쉽다. 즉 먼저 도리를 지각하고서, 다음 도리에 입각하여 실천이 이루어지기 때문이다. 이는 일반적인 상식이다. 그러나 앞에서 밝힌 것처럼 왕수인의 지행합일에서의 '지'는 도덕실천의 가능 근거를 올바르게 세우는 근본지根本知에 관한 것이다. 왕수인의 입장에서 보면 세세한 절목 등의 사물에 관한 지식은 근본지 확립 이후의 일이다. 왕수인은 "성인은 알지 못하는 바가 없다고 하는데 이는 단지 양지의 천리를 안다는 의미이고, 성인은 하지 못하는 것이 없다고 하는데 이는 단지 양지의 천리에 따라서 모든 것을 처리할 수 있다는 것을 의미한다. 성인은 양지의 본체를 분명하게 알고 있기 때문에 모든 일마다 그 천리의 소재(마땅히 해야 할 도리)를 알며, 또 그 천리를 다하게 되는 것이지, 본체를 분명하게 인식하고 난 후에 천하의 사물들에 대해서 모두 알게 되고 할 수 있게 되는 것이 아니다. 천하의 사물이란 명칭 · 기물 · 제도 · 법칙 · 풀 · 나무 · 금수 등 종류가 복잡하기 이를 데 없다. 성인이 비록 본체를 명백하게 알고 있다 하더라도 무슨 방법으로 이러한 것들을 다 알 수 있겠는가? 알 필요가 없는 것은 성인은 스스로 알려고 하지를 않는다. 마땅히 알아야 할 것이 있다면 성인은 스스로 사람들에게 잘 묻는다. 이것은 마치 '공자가 태묘太廟에 들어갈 때는 매사를 물었다'는 것과 같은 것이다"[47]라고 하였다. 이곳에서 왕수인은 지행합일의 '지'와 사물의 이치에 대한 '지'의 차이를 분명하게 설명하고 있다. 지행합일의 '지'는 양지의 천리에 대한 자각이다. 따라서 외물에서 추구할 필요 없이 본심에서 찾으면 당장에서 양지의 천리는 드러난다. 그러나 사물의 경험적 지식 측면에서 말하자면 성인도 역시 모르는 것이 있으며 또한 할 수 없는 것도 있다. 그가 모르는 것과 할 수 없는 것이 만약 도리에 비춰 보아 마땅히 알아야 하고 마땅히 해야 할 것이라고 판단되면 성인은 스스로 자신의 양지 판단 결정에 따라서 다른 사람에게 가르침을 청하기도 하고 또 배움을 청하기도 한다. 이에 관한 지식이 습득되었으면 양지의 판단에 따라 그것을 구체적으로 실현한다.

필자는 양명학에 관한 이황의 논변을 보면서 이황이 양명학을 심도 있게 살펴보지 않았음을 어렵지 않게 살필 수 있었다. 이황이 왕수인의 『전습

47) 『傳習錄』 下, "聖人無所不知, 只是知個天理, 無所不能, 只是能個天理. 聖人本體明白, 故事事知個天理所在, 便去盡個天理, 不是本體明後, 却於天下事物, 都便知得, 便做得來也. 天下事物, 如名物度數, 草木禽獸之類, 不勝其煩. 聖人須是本體明了, 亦何緣盡知得? 但不必知的, 自不消去知. 其所當知的, 聖人自能問人. 如子入太廟, 每事問之類."

록』을 상세하게 살펴보지 않은 이유는 여러 가지가 있을 수 있다. 필자는 대표적인 이유로서 정주학 이외의 학술에 대한 이황의 의식구조를 들고 싶다. 학봉鶴峯 김성일金誠一의 기록에 의하면, 이황은 이단을 음탕한 노래나 예쁜 계집처럼 엄격하게 끊기가 어려울까 두려워하면서 항상 "내가 불교서적을 읽고 그 잘못된 점을 비판하고자 하나 물을 건너는 자가 처음에 얕고 깊은지를 시험해 보고자 하다가 마침내 물에 빠지는 일이 있는 것처럼 될까 두려워 그렇게 하지 못할 뿐이니, 학자는 마땅히 성현의 글만 읽고 그것을 이해하기만 하면 되므로 이단의 문자는 전혀 몰라도 방해가 되지 않는다"[48]고 하였다. 이황의 이러한 의식구조는 양명학에도 동일하게 적용되었을 것이다. 왕수인이 주희를 오해한 것처럼 주희철학을 종지로 한 이황이 왕수인의 지행합일설을 비평할 수는 있다. 만일 의리상 문제가 있고, 혹 비현실성이 발견되면 마땅히 수용해야 한다. 그러나 그 비평이 정당성을 확보하려면 지행합일설에 대한 곡해가 없어야 한다.

4. 친민과 신민에 관한 논쟁

조선시대 반양명학자들의 양명학 비판의 핵심 주제는 심즉리와 양지 그리고 지행합일설, 마지막으로 친민과 신민에 관한 논쟁이 있다. 필자가 보기에 양명학과 조선 성리학자의 논의 중에서 객관적인 논거를 중심으로 전개된 유일한 주제가 바로 친민설과 신민설인 것 같다.

『대학』의 3강령인 명명덕明明德과 친민親民(新民) 그리고 지어지선止於至善

48) 신귀현, 「이퇴계의 전습록논변과 육왕학에 관한 비판」, 『퇴계학연구』 제8집(1994), 5쪽 재인용.

중의 두 번째 강령인 친민親民(新民)에 대한 주희와 왕수인의 입장은 서로 대립된다. 이 논쟁의 원인 제공자는 주희이지 왕수인이 아니다. 왜냐하면 『고본대학』의 친민을 신민으로 수정한 사람이 주희이기 때문이다. 주희는 「대학장구서」에서 "그 책(『대학』)을 되돌아보니 잘못된 부분이 상당히 있는 것 같아 그 고루함을 잊고 가려내 모았다. 그 사이에 나의 의견을 붙이고 빠진 부분을 보충하여 후세의 군자를 기다리고자 한다"[49]고 하면서 『고본대학』의 친민을 신민으로 고쳤다. 그러나 왕수인은 주희의 신민설에 반대하면서 『고본대학』의 친민을 고수하였다. 주희와 왕수인은 자신의 주장을 합리화하기 위하여 『대학』의 전문에서 그 근거를 확보하였다. 주희 신민설의 전문 근거는 "구일신苟日新, 일일신日日新, 우일신又日新"과 "작신민作新民" 그리고 "주수구방周雖舊邦, 기명유신其命維新"이고, 왕수인 친민설의 전문 근거는 "군자현기현君子賢其賢, 이친기친而親其親"과 "여보적자如保赤子, 민지소호民之所好"이다. 이후 다시 조선에서 이황과 한원진이 왕수인의 친민설을 비판하면서, 친민과 신민은 리학과 심학 논쟁의 중심 주제로 부각되었다. 필자는 신민설과 친민설에 관한 중국과 국내의 연구 논문을 살펴보았는데, 연구자가 근본을 주희철학에 두고 있으면 대부분 신민설을 지지하고, 근본을 왕수인에게 두고 있으면 친민설을 지지하는 경향을 보였다.

필자는 신민설과 친민설의 논쟁은 이미 주자학과 양명학의 성격에 의하여 결정되었기 때문에 주자학과 양명학을 통한 논쟁은 별다른 의미를 갖지 못한다고 생각한다. 『대학』은 주희철학과 왕수인철학 체계 구성에 절대적인 영향을 끼쳤다. 주희의 격물치지는 『대학』에서 온 것이고, 왕수인의 치

49) 「大學章句序」, "顧其爲書, 猶頗放失, 是以忘其固陋, 采而輯之. 間亦竊附己意, 補其闕略, 以俟後之君子."

양지는 『대학』의 치지가 기본 틀이다. 그러나 주희의 격물궁리는 사물의 이치를 파악하는 경로를 통하여 자신에게 갖추어진 도리를 인식하는 것이기 때문에 후천적인 배움, 즉 학습과 적습이 주를 이룬다. 주희는 『대학장구』에서 "신은 옛것을 고침을 말한 것이다. 이미 스스로 그 명덕을 밝혔으면, 또 마땅히 미루어 남에게 미치어 그로 하여금 옛날에 물든 더러움을 제거하도록 하는 것이다"[50]라고 하였다. 명명덕을 개인의 학습으로, 친민을 명명덕을 통한 백성들의 교화로 인식하여 친민을 신민으로 고쳤다. 그렇다면 '지어지선'은 개인뿐만 아니라 전 백성이 교화되어 자신의 명덕을 충분히 실현하는 경지라고 할 수 있을 것이다. 백성의 교화에도 사랑의 '친' 의미가 포함되어 있지만, 주는 교육을 통한 학습이기 때문에 '친'보다는 '신'이 적절하다고 생각한 것이다.

그러나 왕수인은 양지의 특성을 근거로 친민설을 견지한다. 왕수인은 『대학문大學問』에서 "명덕을 밝히는 것은 천지만물과 일체를 이루는 체를 세우는 것이고, 민중을 사랑한다는 것은 천지만물과 일체를 이루는 용을 달성하는 것이다"[51]라고 하면서, "천지만물과 일체를 이루려고 하는 것은 의도적으로 그렇게 한 것이 아니라 원래 그 마음의 '인'이 천지만물과 일체이기 때문이다"[52]라고 한다. 왕수인은 천지만물의 일체를 양지, 즉 심의 특성에서 찾는다. 심즉양지心卽良知의 특성은 바로 감통무격感通無隔과 각륜무방覺潤無方[53]이다. 따라서 무한의 영역으로 자신의 감응 작용을 실현해 간

---

50) 『大學章句』, "新者, 革其舊之謂也. 言旣自明其明德, 又當推以及人, 使之亦有以去其舊染之汚也."

51) 『大學問』, "明明德者, 立其天地萬物一體也, 親民者, 達其天地萬物一體之用也."

52) 『大學問』, "大人者, 以天地萬物爲一體者也. 其視天下猶一家, 中國猶一人. 若夫間形骸而分爾我者, 小人矣. 大人之能以天地萬物爲一體也, 非意之也, 其心之仁, 本若是其與天地萬物而爲一也."

53) 感通無隔은 양지 즉 주체가 막힘없이 실현된다는 의미이고, 覺潤無方은 주체의 감응대

다. 양지의 감응은 다름 아닌 타자와의 일체, 즉 사랑의 실현이다. 따라서 왕수인철학에서 명명덕은 양지인 명덕을 자각하여 실현하는 것이고, 친민은 민중과 감응하고 더 나아가 천지만물과 감응하는 확충의 과정이며, 지어지선은 천지만물과 일체를 이루는 지극의 경지이다. 다시 말하면 명덕인 양지를 실현하여 타자와 일체를 이루는 것이 곧 친민이고, 이 친민의 완전실현 즉 천지만물일체가 바로 지어지선이다. 한원진은 왕수인이 『고본대학』을 좇아 친민설을 내세우는 것을 "오로지 주자와 다른 이론을 내세우는 곳에만 힘을 썼으니 그 마음이 참으로 나쁘다(可惡)"[54]고 하였는데, 이러한 한원진의 생각이야말로 양명학의 양지 특성에 대한 무지에서 비롯된 더욱 나쁜 견해이다.

왕수인의 친민설에 대해 비판한 조선 성리학의 대표자는 이황과 한원진이다. 이 양자의 논거는 주희철학이기 때문에, 실제로 왕수인의 주희 신민설 비판에 대한 주희의 재반론이라고 할 수 있다. 이황은 「전습록논변」에서 왕수인의 친민설에 대하여 다음과 같이 비판한다.

> 이 장 구절에서 말하기를, "『대학』의 도는 명덕을 밝힘에 있다"고 하는 것은 자기의 배움으로 말미암아 그 덕을 밝힘을 말하는 것이다. 이어 말하기를, "신민에 있다"는 것은 자기의 배움을 미루어 백성들에게 미치게 하여 백성들로 하여금 그 덕을 얻게 하는 것이다. 명명덕과 신민은 모두 배움의 의미를 띠고 있어, 그 양자가 일관되게 연결되어 있다. 따라서 백성을 기르고 사랑하는 의미와는 처음부터 관련이 없다.[55]

상에 제한이 없다는 의미이다.

54) 『經義記聞錄』, 권1, 「大學・二王說辨」, "惟以立異朱子爲務, 其心誠可惡也."

55) 『退溪先生文集』, 권41, 「傳習錄論辯」, "此章首曰, 大學之道在明明德者, 言己之由學以明其德

이는 왕수인이 서애와의 문답에서 "『대학』 전문 중의 작신민作新民의 '신'은 스스로 새로워지는 백성이니, 신민의 '신'과는 다르다. 그 아래에 나오는 치국평천하에서도 모두 '신' 자에 관한 설명이 없다"[56]는 말에 대한 반론이다. 왕수인에 의하면 주희가 신민설의 근거로 사용하였던 '작신민'의 '신'은 교화를 통하여 새로워진다는 의미가 아니라 스스로 새로워지는 백성을 지칭한다. 따라서 이를 신민의 근거로 사용해서는 안 된다는 것이다. 이황은 명명덕으로부터 신민 그리고 지어지선의 전개 과정을 학學의 관점에서 해석한다. 자기의 배움을 통하여 자신을 새롭게 하는 것이 명명덕이고, 나아가 그것이 타인에게 미쳐 타인을 새롭게 하는 것이 신민이며, 그 경계가 바로 지어지선이다. 이황의 이러한 해석은 철저하게 주희철학의 격물궁리를 근본으로 한 점교적 학습론에 근거한 것이다. 반면 왕수인의 친민설은 사랑이라는 도덕적 정감을 바탕으로 타자와의 정감적 교류를 중심으로 한 것이며, 학습보다는 실천에 치우친 『대학』 강령 해석이다.

『대학』을 치자의 관점에서 이해하더라도 주희와 왕수인의 입장은 확연하게 대비된다. 주희의 『대학』 강령에 대한 이해의 중심은 교敎이다. 이를 치자의 입장에서 보면 맹자의 교민설敎民說과 일치한다. 반면 왕수인의 『대학』 강령에 대한 이해의 중심은 사랑, 즉 양養이다. 이는 맹자의 양민설養民說과 일치한다. 그러나 치자의 입장에서 '교'와 '양'의 관계를 선후본말로 정립할 수는 있지만, 어느 한 면만을 취하고 다른 한 면을 버릴 수는 없다. 따라서 왕수인은 "친민이라고 말하면 거기에는 교와 양의 의미를 모두 갖

也. 繼之曰, 在新民者, 言推己學以及民, 使之亦新其德也. 二者皆帶學字意, 作一串說. 與養之親之之意, 初不相涉."

56) 『退溪先生文集』, 권41, 「傳習錄論辯」, "愛問在親民. 先生以爲宜從舊本. 何? 先生曰, 傳中作新民之新, 是自新之民與在新民之新不同. 下面治國平天下處, 皆於新字無發明."

추고 있지만, 신민이라고 말하면 한쪽으로 치우친 것 같다"[57]고 하였다. 그러나 주희철학 계통의 학자들 견해는 다르다. 한원진은 "'신'이라는 것은 '교'를 말한 것이고, '친'이라는 것은 '양'을 말한 것이다. 군자가 백성에 임하는 도는 본래 '교'와 '양'의 두 가지 일을 벗어나지 않는 것으로, 이 두 가지 일에서 경중을 논하자면, '교'는 '양'을 수반할 수 있지만, '양'은 '교'를 반드시 수반하는 것은 아니다"[58]라고 하였다. 유가의 정치론에서 교민과 양민은 두 축이다. 교민을 배제한 양민은 우민정치일 것이고, 양민을 배제한 교민은 민생을 도외시한 도덕정치에 불과할 것이다. 이 점에서 본다면 주희의 신민설과 왕수인의 친민설은 대립보다는 주종 혹은 본말의 관계로서의 겸구兼具의 방향으로 재정립되어야 할 것 같다.

『대학』의 친민과 신민은 『대학』 전체의 의리를 근거로 판단해야 한다. 만일 『대학』의 친민(신민)의 구절에 주자학과 양명학의 성심成心이 자리 잡고 있다면, 『대학』의 전문에서 신민과 친민에 부합하는 근거만을 찾아 자의적인 해석을 할 것이다. 이황과 한원진이 왕수인의 친민설을 비판한 것도 바로 그런 경우이다.

제3절. 조선 성리학자의 양명학 비판에 대한 정리 및 평가

양명학에 대한 조선 성리학자들의 비판 논거는 이상의 4가지에 그치지

57) 『傳習錄』 上, "說親民, 便是兼有敎養意, 說新民, 便覺偏了."
58) 『經義記聞錄』, 권1, 「大學 · 二王說辨」, "新者敎之謂也, 親者養之謂也. 君子臨民之道, 固不出敎養二事, 而就二事論輕重, 則敎者必能養, 而養者未必敎也."

않는다. 상당히 다양한 편이다. 이정직은 『석정집』 권5 「논왕양명」 첫머리에서부터 교법을 문제 삼아 왕수인의 학문은 유학이 아니라고 하였다. 그는 왕수인의 학문을 '본원으로부터 직접 깨우쳐 들어간다'(從本源悟入)로 규정하고서, 이는 '본체를 공부로 삼는 것'으로서 상근자上根者에게는 적용될 수 있을지라도 중근자中根者 이하에게는 적용될 수 없기 때문에 일반적인 교법으로 삼을 수 없다고 비판한다. 그러나 이러한 비판은 왕수인의 교법에 대한 이정직의 무지에서 비롯된 것이다. 왕수인은 왕기가 긍정한 사무교四無敎가 상근자에게는 해당될 수 있지만, 중근자 이하에게는 해당될 수 없기 때문에 철상철하의 공부가 될 수 없음을 『전습록』 하下에 명확히 밝히고 있다. 그럼에도 불구하고 이정직은 '본원으로부터 직접 깨우쳐 들어간다'가 왕수인이 긍정한 일반적인 교법이라고 우기면서 "성인의 언설과 합일되지 않는 하나같이 미친 사람의 소리이니 논변해서 무엇하겠는가"[59]라고 한다. 또 이황과 그 후학들은 정좌의 수양 방법을 예로 들어 왕수인학을 선학이라고 비평한다. 『연보』 39세의 기록을 보면 왕수인이 용장에서 오도悟道한 후에 지행합일설을 내세우자 학자들이 지행의 본체를 발견하지 못하고 헤매는 모습을 보였다. 그러자 왕수인이 지행의 본체를 체득하기 위한 수단으로서 정좌를 제시하였다. 정좌는 안으로 수렴하고 함양하기 위한 공부이다. 그러나 왕수인은 정좌의 공부에 대하여 경계심을 갖고 있었다. 왕수인은 39세에 "단지 쉬운 것만을 좋아하고 어려운 것을 싫어하게 되어 선학으로 흐를까봐 걱정이 된다"[60]고 하였다. 왕수인의 이러한 걱정은 현실화되었다. 정좌의 대표적인 병폐가 수렴만을 선호하고 실천을 기피하는 희정염동喜靜厭動

59) 『石亭集』, 권5, 「論王陽明」, "果不與聖人合, 則一妄人也已矣, 何足論哉?"
60) 『年譜』, 39세, "恐好易惡難, 便流入禪釋去也."

이었다. 『연보』 43세에는 왕수인이 희정염동의 병폐를 보인 정좌의 공부를 다시는 강조하지 않고 오로지 존천리거인욕만을 강조하였음이 기록되어 있다. 이때부터 왕수인의 학술이 실천을 중시하는 치양지로 나아가게 된 것이다. 따라서 이황의 문인들이 왕수인의 정좌 방법을 들어 선학이라고 비평한 것이 전적으로 그르다고는 할 수 없지만, 이는 초년기의 모습을 지적한 것일 뿐 왕수인학술 전체에 대한 올바른 평가라고 할 수 없다.

조선 성리학자의 왕수인 비판은 학술사상에만 그치지 않는다. 그들은 매우 자극적인 용어를 사용하여 왕수인 심술의 부정직성을 문제 삼는다. 왕수인 역시 주자학을 불가·노장·양묵과 병론하기도 하였지만, 주희의 인품에 영향을 미치는 발언은 삼갔다.

필자는 이곳에서 양명학의 주요 주제와 이에 대한 조선 성리학자의 반대 논거를 비판적 입장에서 고찰해 보았다. 양명학 비판은 대부분 양명학 의리에 대한 이해 부족에서 비롯된 오해이지만, 오해할 수밖에 없는 외연적 조건이 이미 정립되어 있었기 때문에 그들의 비평은 필연적인 결과였는지도 모르겠다. 정덕희 교수에 의하면,[61] 16세기 중국에서도 양명학에 대한 관학(주자학)의 비토가 조직적으로 전개되어 세 차례에 걸쳐 '양명학 전습금지령'이 공표되었고, 나흠순의 『곤지기』와 진건의 『학부통변』 그리고 첨릉詹陵의 『이단변정異端辨正』을 중심으로 양명학 비판 서적이 등장하였다. 16세기 중국의 양명학 비판의 사회적 배경은 조선의 그것과 상당히 유사하다. 양명 심학 부흥의 궤적과 함께 선학도 부흥할 조짐을 보여 주희철학 중심의 관학파들이 당시 학술계의 상황을 상당히 우려하였다고 한다. 이황이 활동

61) 정덕희, 「16세기 明의 陽明學批判書籍 評釋」, 『양명학』 제2호(1998), 194쪽.

하였던 조선은 기묘사화와 을사사화로 인해 정치사회적으로 혼란한 시기였고, 이때를 즈음하여 불교 중흥의 움직임이 있었기 때문에 정주학자들의 위기감이 고조되었다.[62)]

이러한 학술계의 변화 외에도 심학이 제도권의 비판을 받을 수밖에 없는 원인이 있는데, 그것은 바로 심학의 특성 때문이다. 앞 장에서 이미 밝힌 바와 같이 리학에서의 규범은 심의 활동과 관계없이 주어진 것이다. 규범은 심에 의하여 결정되지 않고 인식될 뿐이며, 반드시 준수해야 할 불변의 원칙이다. 천리의 실현이 심과 관련을 맺고 있지만, 천리의 존재성은 심으로부터 독립적이다. 반면 심학의 최대 특성은 바로 규범(禮)에 대한 의지의 자율성이다. 물론 천리의 선험성을 긍정하지만, 이 천리는 심과 독립적이지 않다. 즉 심외무리이다. 천리에 대한 자율성뿐만 아니라, 천리 실현의 방법론에까지 자율성을 적극적으로 부여한다. 이러한 윤리학 체계는 민중의 입장에서는 크게 환영받을 수 있지만, 통치자의 입장에서 보면 매우 위협적이다. 통치자 계급은 천명 혹은 예 등의 비교적 변화의 틀이 좁은 원칙을 가지고 민중을 지배해 왔고, 상당히 유효한 결과를 가져다주었다. 반면 규범에 대한 입법성을 적극적으로 내세우는 심학은 변화의 틀이 다양하고 클 수밖에 없다.

그러나 정치적인 요소와 학문 체계의 특성 외에 근본적인 원인이 있는데, 그것은 바로 지식에 대한 현자들의 집착과 의식구조의 편협함이다. 이는 조선 성리학자에게만 적용되지 않고 동서고금 거의 대부분의 학자들에게 적용된다. 필자는 주희와 육구연의 비생산적인 논쟁, 주자학에 대한 왕

62) 김용재, 「퇴계의 양명학 비판에 대한 고찰」, 『양명학』 제3호(1999), 26쪽 참고.

수인의 오해 그리고 양명학에 대한 중국과 조선 성리학자들의 비판을 분석하면서, 지식인들의 편협함을 간파하여 지적한 맹자의 말이 생각한다. 맹자는 "입이 맛있는 음식을 좋아하고, 눈이 아름다운 색을 좋아하고, 귀가 아름다운 소리를 좋아하고, 코가 향기로운 냄새를 좋아하고, 사지가 편안함을 추구하는 것은 본성이기는 하나, 그곳에는 운명적인 요소가 있기 때문에 군자는 성이라고 하지 않는다. 인이 부자간에 실현되고, 의는 군신 간에 있어야 하며, 예가 손님과 주인 간에 지켜져야 하고, 지혜로움은 현자가 밝히고, 성인이 천도를 실현하는 것은 운명이기는 하지만, 그곳에는 인간의 본성이 내재되어 있기 때문에 군자는 운명이라고 하지 않는다"[63]고 하였다. 맹자는, '구지어미口之於味'·'목지어색目之於色'·'이지어성耳之於聲'·'비지어취鼻之於臭'·'사지어안일四肢於安佚'은 자율성이 결여되었기 때문에 성性이 아닌 명命이라고 하였다. 그러나 '인지어부자仁之於父子'·'의지어군신義之於君臣'·'예지어빈주禮之於賓主'·'지지어현자智之於賢者'·'성인지어천도聖人之於天道'에 대해서도 일단 '명'이라고 하였다. 물론 "군자는 이를 운명이라고 여기지 않는다"라고 하였기 때문에 의지로써 극복할 수 없는 객관적인 제한은 아니다. 그러나 맹자가 먼저 '명'이라고 한 것은 그곳에도 어느 정도의 객관적인 제한성이 작용하고 있음을 긍정했기 때문이다. 육체 생명의 유한성, 그리고 감관작용의 차별성은 물론이고, 부자와 군신 및 빈주 관계에도 어느 정도의 운명적인 제한 요소가 작용한다. 효자와 자애로운 부모 간의 결합에는 필연성이 없다. 순임금과 고수의 경우가 그렇다. 충신과 어진 군주의 결

63) 『孟子』, 「盡心下」, "口之於味也, 目之於色也, 耳之於聲也, 鼻之於臭也, 四肢於安佚也, 性也, 有命焉, 君子不謂性也. 仁之於父子也, 義之於君臣也, 禮之於賓主也, 智之於賢者也, 聖人之於天道也, 命也, 有性焉, 君子不謂命也."

합도 필연성이 없기는 마찬가지이다. 수많은 충신이 출현한 것을 역으로 보면 충신과 어진 군주의 결합이 매우 드물었기 때문이다. 유비와 제갈공명, 당 태종과 위징의 만남은 극히 예외적인 상황이다. 주희와 육구연은 모두 성품이 고매하고 학문이 탁월하였지만 서로 상대방의 학술적 가치를 이해하지 못했다. 이 또한 운명이 아니겠는가? 성인이 비록 유한적인 생명으로써 무한가치의 천도를 실현하였다고 할지라도 유한성을 벗어나기는 어렵다. 공자와 석가모니 그리고 예수도 모두 성인의 원만무애한 인격을 드러냈지만, 민족의 습성과 문화전통 그리고 기질적인 심리의 차이로 말미암아 천도를 실현하는 통로가 서로 달랐다. 따라서 그들이 실현한 천도에는 서로 다른 특수한 형상이 없을 수 없었던 것이다. 이것이 그들의 '명'이다. 현자에게서 극복하기 어려운 '명'은 가치관과 세계관에 대한 지나친 집착이다. 조선 성리학자들의 양명학에 대한 오해와 비판에 대해서도 이러한 운명적인 요소를 가미시켜 이해하면 양명학에 대한 그들의 태도를 어느 정도는 포용할 수 있을 것 같다.

그러나 리학과 심학의 의리를 보면, 양자는 상호대립보다는 보완적인 관계를 맺고 있다. 필자는 심즉리를 주로 하는 왕수인의 도덕론과 성즉리를 주로 하는 주희의 도덕론에는 장단점이 있다고 생각한다. 심즉리의 최대 특성이 비록 규범에 대한 의지의 자율성 긍정이지만, 심즉리는 도덕판단의 객관성과 보편성 확보에 문제가 있을 수 있다. 다시 말하면 심이 비록 자발적으로 선을 지향하지만, 특수한 기연機緣 차이로 말미암아 선의 표상이 얼마든지 다르게 드러날 수 있다. 극단적인 표상의 차이는 합리성과 객관성에 대한 회의를 수반한다. 심즉리가 갖고 있는 단점은 주희철학에서는 오히려 장점으로 부각될 수 있다. 주희철학에서 격물과 치지의 과정은 도덕판단의 객관성 확보 과정이다. 주희는 일시적인 깨달음보다는 점진적인 학습을 통하여 누적된 지식을 근거로 시비선악에 대한 객관성을 확보해 나간다. 주희는 오늘 일분一分 누적하고, 내일 또 일분一分 적습함으로써 객관성과 보편성을 갖춘 진지에 이를 수 있음을 강조한다. 이것이 격물궁리를 방법론으로 삼은 성즉리 철학의 장점이다. 그러나 규범에 대한 의지의 자율성을 확보할 수 없다는 난제를 갖고 있다.[64]

양명학 연구자 상당수가 조선에서 양명학이 유행하지 못한 원인을 이황에게서 찾고, 혹자는 더 나아가 이황은 마땅히 한국이 근대화 과정에서 뒤쳐지게 된 책임을 느껴야 한다고 비판하기도 하였지만,[65] 이 또한 이황의 양명학 비판에 대한 과도한 비판인 것 같다. 금장태 교수는 "퇴계의 심학 비판은 그만큼 퇴계가 그 시대에서 도학의 정통이념을 확립하고자 하는 사명의식을 발휘하였던 것으로 보아야 한다"[66]고 주장한다. 이황의 양명학 비판에는 의식구조 그리고 진리관(가치관)과 아울러 시대의 사명의식이 작용하였을 것이다. 따라서 양명학이 소개되어야 할 당위성이 충분히 있었다면 그것을 유행시키지 못한 1차적인 책임은 양명학자에게서 찾아야 할 것이다. 또 근대화에 관한 비판도 마찬가지이다. 만일 이황이 후과를 충분히 예견하고서 비판하였다면 모르겠지만, 이황이 학문적 의리에 비추어 양명학을 비판하였고, 비판할 수밖에 없는 상황적 요소가 충분하였다면 근대화와 이황은 무관하다. 다시 말하면 한국의 근대화와 이황의 양명학 비판은 충분관계가 아니다.

---

64) 이러한 필자의 판단은 오로지 맹자학을 道統(宗)으로 삼았을 경우에만 적용된다.

65) 황병태, 『儒學與現代文化』(중국사회과학문헌출판사), 387쪽.(김용재, 「퇴계의 양명학 비판에 대한 고찰」, 『양명학』 제3호, 1999, 21쪽 재인용)

66) 금장태, 「퇴계문하의 양명학 이해와 비판」, 『양명학』 제2호(1998), 51쪽.

필자는 이곳에서 외연적인 요소를 배제하고서 순수한 의리적 측면에서 조선시대 반양명학자의 양명학 비판의 적부성을 살펴보았다. 이는 제1차적인 연구 작업이다. 이것을 기초로 제2차적인 연구가 개진되어야 할 것이다. 즉 외연적인 요소와 의리를 결부시켜 양명학 비판의 정당성 유무 문제를 좀 더 심각하게 논의할 필요가 있다. 또한 더 나아가 주륙지변에서 전모가 드러난 리학과 심학의 종합 가능성을 타진하고, 어떤 형태로든지 종합하는 것이 필요하다고 생각한다. 종합의 방식은 여러 가지가 있을 수 있다. 이 문제에 관해서는 제6장에서 논의할 것이다.

제6장
리학과 심학의 종합 가능성
—격물치지와 치양지를 중심으로—

유가철학이 대상에 대한 인식을 위주로 한 지식계통 학문이 아니라 도덕적 판단을 전제로 한 실천 중심의 행위(도덕실천)계통 학문이라는 점은 주지의 사실이다. 비록 불편부당不偏不黨하고 화해적인 도덕실천이 가능하기 위해서는 주체와 대상 사이에 대한 종합적 인식이 전제되어야 하지만, 판단 혹은 인식의 상태에서 종료된다면, 그것의 활동과 결과에 대하여 어떤 가치도 부여하지 않는 것이 유가철학의 특질이다. 판단과 인식은 반드시 주체의 자기진동(知善知惡 · 好善惡惡)을 통하여 행위의 당사자를 격려시키고, 다시 구체적인 도덕행위라는 현상으로 표현되어야 하며, 또 주체가 지향하고 있는 대상과 모종의 화해적 관계를 성립시켰을 때 비로소 완성(成己成物)이라는 평가는 받는다. 때문에 '선지후행' 혹은 '지행병진'을 긍정하더라도 모두 역행을 지극히 강조한다.

행위(실천) 중심의 학문 전통은 공자에서부터 시작되어 현대 유가에 이르기까지 불변하고 있다. 유가철학에서의 앎(知)은 행위주체와 행위대상 사이에 마땅히 있어야 할 조화의 원리(도덕규범－理)와 상황을 명확히 판단하는 것이고, 실천은 앎을 기초로 동기를 순화하고, 다시 구체적인 실천을 통하여 대상과 감응함과 동시에 대상의 본래적 가치를 회복시키며, 더 나아가 대상과 일체를 이루는 일련의 과정이다. 이러한 판단과 인식 그리고 실천에 관련된 이론이 바로 공부론(수양론)이다.

2500년 동안 유가철학 발전사에서 다양한 공부론이 출현하였다. 그중 선진시대에는 공자의 '천인지천踐仁知天'과 맹자의 '진심지성지천盡心知性知天', 그리고 순자의 '화성기위化性起僞'가 공부론의 중심이었고, 송명리학에서는 주희의 격물치지와 거경함양, 그리고 왕수인의 치양지가 공부론의 중심을 이루었다. 주희와 왕수인은 모두 선진유가철학을 근본으로 자신의 철학이론을 전개하였지만, 성즉리와 심즉리라는 본체에 대한 현격한 이해 차이로 말미암아 서로 다른 형태의 공부론을 제시하였다. 사실 리학자와 심학자의 공부론 차이는 공부론 자체에 있는 것이 아니라, 본체에 대한 규정에 의하여 결정되었다. 다시 말하면 주희와 왕수인의 공부론 차이는 성즉리와 심즉리라는 본체에 대한 규정에 의하여 결정된 것이다.

본체에 대한 이해 차이가 공부론을 결정하였다면, 본체에 대한 이해를 통일하지 않는 한 공부론의 종합은 불가할 것 같다.[1] 그러나 필자의 생각은 다르다. 필자는 기본적으로 주희와 왕수인의 공부론은 서로 종합될 수 있는 여지가 충분하다고 생각한다. 또 종합의 필요성도 요청된다. 왜냐하면 양자

---

1) 모종삼은, 필자와의 관점과는 약간 다르지만, 리학과 심학의 종합 가능성을 긍정하고 필요성을 요청하고 있다. 모종삼은 심학을 縱貫系統으로 규정하고, 리학을 橫攝系統으로 규정하고서, 두 계통의 학문이 결합을 해야 한다면 종관계통을 본으로 하고, 횡섭계통을 말로 해야 한다고 한다. 그렇게 해야만 횡섭계통은 귀속처를 올바르게 찾을 수 있고, 종관계통은 충실해질 수 있다고 한다. 필자는 이러한 모종삼의 견해에 동의한다. 필자가 이곳에서 이용하고 있는 기본 소재와 이해는 약간 다를 수 있지만 기본적인 결합 방향은 모종삼과 거의 일치한다고 할 수 있다.(牟宗三, 『心體與性體』 第3冊, 49쪽)

의 공부론은 모두 자체적으로 일정한 한계를 갖고 있으며, 그 한계 극복의 대안으로 상대방 관점의 수용이 요청되기 때문이다. 그러나 양자 공부론의 종합에는 다음과 같은 전제가 있어야 한다.

첫째, 주희와 왕수인 공부론의 종합에서 본말관계를 정확하게 정립해야 하고, 그것에는 누구나 수용할 수 있는 보편적 근거가 있어야 한다. 만일 본말관계를 정립함에 있어 학자 개인의 의식구조나 주관적인 가치관만을 근거로 내세운다면, 리학자는 정주학을 본으로 하고 육왕학을 말로 삼을 것이며, 심학자는 그 반대의 입장을 취할 것이다. 따라서 본말 정립의 주요 근거로 유학의 본질과 양자가 모두 긍정하는 도통을 내세울 수밖에 없다. 다행히 주희와 왕수인 모두 맹자를 공자학 전승자로 인식하고 있기 때문에 맹자의 도덕론을 본말 정립의 핵심 근거로 삼아야 한다.

둘째, 주희와 왕수인 철학의 내용과 구조 형태를 모두 수용할 필요는 없다. 때로는 기본적인 형태만을 수용하고서 그 내용을 약간 변질시킬 수도 있어야 한다. 예를 들어 주희 격물치지의 근본 목적이 소당연지칙과 소이연지리[2]에 대한 인식이지만, 그 목적을 행위주체와 행위대상 간의 상황을 인식하여 행위주체에 적절한 행위 방식을 제공하는 활동으로 전용할 수도 있다. 또 왕수인의 치양지를 오로지 행위자의 도덕실천 동기 순화와 실천력의 지속성 유지에만 국한시키고, 행위자와 대상과의 합리적 화해관계에 대한 판단 그리고 이에 필요한 지식 등은 모두 격물치지 활동으로 귀속시킬 수도 있다. 이처럼 필자는 양자의 공부론을 약간 변용하여, 상호 보완과 종합의 가능성을 탐색해 보고자 한다.[3]

---

2) 『朱子語類』, 권5, "理不外物, 若以物爲道則不可. 物只是物, 所以爲物之理乃道."
3) 필자는 제4장 첫머리 부분에서 "공맹철학을 유가철학의 기본 방향으로 공인한다면,

제1절. 주희와 왕수인 공부론 종합의 필요성

주희 공부론의 핵심은 거경함양과 격물치지이고, 왕수인 공부론의 핵심은 치양지이다. 지금까지 주희와 왕수인의 공부론에 관해서는 많은 연구가 있었고, 정묘한 해설들이 풍부하게 출현하기도 하였다. 그러나 양자 이론의 종합 가능성에 관한 연구는 별로 많지 않다. 필자는 이곳에서 주희와 왕수인 공부론의 특성을 밝히고, 다시 그 공부론이 안고 있는 강점과 한계를 정확하게 추출하며, 마지막으로 양자 이론의 종합의 가능성을 제시하고자 한다. 먼저 주희와 왕수인 공부론 종합의 필요성을 제기해 보겠다. 필자는 주희와 왕수인 공부론의 종합 필요성을 다음 세 가지 측면에서 제기하고자 한다.

첫째, 치양지의 주관성[4] 극복 대안으로 격물치지가 요청된다.

둘째, '격물치지의 결과로써 성의한다'(致知而誠意)는 주희의 입장은 맹자의 도덕론 체계와 일치하지 않는다.

셋째, 과연 치양지로써 현대사회의 윤리문제 해결에 유효한 방향과 방

주희와 육구연의 학술 중에서 어느 일방을 전면적으로 재수정하여 주종 혹은 본말의 관계로 정립하고서 양자의 종합을 시도하고자 한다. 이러한 시도가 리학과 심학 중 어느 일방 혹은 양방 모두의 불만을 초래할 수 있을지라도 시대정신에 비춰 볼 때 일정 부분 정당성을 확보할 수 있다면 의미 있는 작업이라고 생각된다"는 점을 이미 제시하였다.

4) 필자가 사용한 致良知의 주관성에 대해서는 약간의 설명이 필요하다. 왕수인철학에서 양지는 주관임과 동시에 객관이고 또 절대이다. 주관은 '주체'의 측면에서 말한 것이고, 객관은 심즉리의 '리' 측면에서 말한 것이며, 절대는 '양지즉천리' 측면에서 말한 것이다. 그러나 필자가 이곳에서 말한 '주관성 극복'의 주관성 의미는 주체 측면에서 말한 주관성이 아니라 양지가 현상으로 드러난 표상 측면에서 말한 것이다. 이 점에 관해서는 뒤에서 상세하게 논의하겠다.

법을 제시할 수 있는가?

먼저 치양지의 극복 대안으로 격물치지가 요청된다는 문제 제기에 대하여 살펴보자. 왕수인철학은 치양지에서 시작하여 치양지로 종결된다. 치양지는 왕수인철학의 종지이고 핵심이다. 왕수인철학에서 '치'는 양지의 자각으로부터 시작되어 주체와 대상 간의 화해적 관계설정 그리고 대상의 존재가치 회복(正物)에서 완성된다. 왕수인에 의하면 양지는 적어도 도덕가치 실현과 관련된 행위 일체에서 무소부지無所不知(知善知惡과 知是知非)이면서 무소불능無所不能(好善惡惡과 爲善去惡)의 작용을 구비한 도덕실체이다. 양지는 부모라는 대상에 직면하여 스스로 효심을 결정하여 드러내고, 효행을 통하여 구체적인 사물(事親과 親－正物)을 완성한다. 양지가 자각하여 드러낸 효심에는 양지가 마땅히 지향해야 할 방향이 내재되어 있기 때문에 효의 리는 '양지의 당연한 자기지향성'이라고 할 수 있다. 이곳에서 하나의 질문을 해 보자. 효행은 부모와 나의 관계에서 이루어지는 행위이다. 이때 양지의 활동영역은 어디까지인가? 부모에 대하여 효심을 발동하고, 그것의 순선성에 대하여 성찰하고 순화하며, 그 순선의 상태를 유지하고 실현하는 것이 양지의 활동이다. 그러나 이것만으로는 유가철학에서 지향하고 있는 주체와 대상의 화해적 관계 설정을 만족시킬 수 없다. 반드시 상황에 대한 인식이 전제되어야 한다. 상황에 대한 인식은 주객대립의 형국으로 진행되기 때문에 양지의 활동 형식과 다르다. 양지 이외의 또 하나의 주체 활동이 요구된다. 즉 대상과 상황이라는 사물을 접하고서, 이 상황에 대한 양지의 적절한 표현 방식을 인식해야 한다. 이것은 양지가 결정한 효의 지식(덕성지식－理)과 다른 성격의 지식이다. 예를 들어 겨울에는 따뜻하게 해 드리고, 여름에는 시원하게 해 드리는 절목들이 이에 해당하는데, 이러한 절목은 양지의 자기

성찰을 통하여 도출되지 않고, 반드시 접물을 통하여 이루어지기 때문에 격물치지의 형식이 요청될 수밖에 없다.

다음 '격물치지의 결과로써 성의한다'(致知而誠意)는 주희의 입장이 맹자의 도덕정신과 부합하는가? 사실 이 문제는 한두 편의 문장으로 해결될 수 있는 성격이 아니다. 육구연과 주희에게서부터 시작되어 지금까지 학계에서 논쟁이 지속되고 있다. 필자는 문제를 축약시켜 맹자의 지행론이 과연 격물치지를 시초로 삼는가에 관해서만 논의하겠다. 맹자 지행론에서는 기본적으로 선험적인 '지知'와 '능能'의 작용을 예설하고 있다. 즉 인위적으로 생각하지 않아도 알 수 있는 양지와, 후천적인 학습을 통하여 배우고 연마하지 않아도 할 수 있는 양능의 작용을 긍정한다. 맹자 지행론에서 '지'의 주체는 양지이고, '행'의 주체는 양능이다. 양지와 양능은 개념적으로는 두 종류의 작용이지만, 실제로는 하나인 심성의 동시적 작용이다. 즉 양지의 판단은 하나의 정감을 필연적으로 수반하는데, 그것이 바로 선에 대한 희열과 악에 대한 혐오인 호선오악이다. 이것은 양능의 작용이다. 호선오악에는 이미 지선지악의 판단이 내재되어 있고, 지선지악은 필연적으로 호선오악의 정감으로 표현되기 때문에, 지선지악과 호선오악은 한 가지 일의 양면이라고 할 수 있다. 이처럼 맹자의 지행론에서는 심성의 자기성찰을 기초로 '지'와 '행'의 방향이 이루어지고 지속되기 때문에 호선오악의 성의가 격물치지의 결과라고 말하기 어렵다. 맹자의 도덕론을 본으로 삼는다면, 주희의 격물치지보다는 왕수인의 치양지가 맹자의 도덕론과 일치한다고 할 수 있다. 따라서 주희와 왕수인이 맹자학을 도통으로 인식한다면 주희와 왕수인 공부론 종합에서 치양지가 본, 격물치지가 말로 설정되어야 할 것이다.[5)]

마지막으로 과연 치양지로써 현대사회의 윤리문제 해결에 유효한 방향을 제시할 수 있겠는가? 필자가 주희와 왕수인 공부론 종합의 필요성을 가장 강하게 요구하는 까닭이 바로 여기에 있다. 특히 현대사회에서 새롭게 부각되고 있는 응용윤리는 타자에 대한 행위주체의 도덕적 고려 외에 사실관계에 대한 충분한 지식 습득을 요구한다. 다시 말하면 응용윤리 전문가는 논의되고 있는 윤리적 문제뿐만 아니라 사실 문제에 관해서도 전문가적 수준의 지식을 가져야 한다. 사실에 관한 지식 없이는 구체적인 도덕 문제를 해결하기 어렵다. 응용윤리학자는 생물학·환경학·정보지식·인간복제기술과 과정·생물의학·유전공학 등에 관한 기초적인 지식을 갖추고 있어야 할 뿐만 아니라 그 과학기술이 수반할 수 있는 역작용에 대해서도 예측할 수 있어야 한다. 이러한 전문가적 수준의 지식을 갖고 있지 않으면 위험성을 경고할 수 없다. 비록 왕수인이 『전습록』 하下에서 "하나의 천리를 알면 곧 스스로 여러 가지 사소한 일들과 제도, 규칙을 알 수가 있다"[6]라고 하였지만, 이 말은 양지에 의해 견문지식의 용처를 올바르게 주재할 수 있다는 의미일 뿐이다. 견문지식의 습득은 반드시 주객대립의 형식으로 진행되는 격물치지의 통로로써 진행될 수밖에 없다. 따라서 치양지의 원만한 실현과정에는 격물치지의 방법론이 반드시 함께 운용되어야 한다.

---

5) 공자와 맹자 도덕론의 핵심은 도덕규범에 대한 의지의 입법성 긍정에 있다. 즉 의지의 자율성이 공맹도덕론의 본질인 것이다. 따라서 공맹철학을 道統으로 삼는다면, 리학과 심학의 綜合 혹은 和會에서 도덕규범에 대한 의지의 자율성을 기초로 한 공부론이 本領으로 제시되어야 할 것이다.

6) 『傳習錄』 下, "然他知得一個天理, 便自有許多節文度數出來."

제2절. 주희와 왕수인 공부론의 동이와 한계

필자는 이 절에서 격물치지와 성의의 관계를 중심으로 유가철학에서 격물치지가 갖고 있는 긍정적 의미와 한계를 서술하고, 치양지에 대해서도 동일한 입장에서 논의하겠다.

1. 주희의 격물치지

주희철학에서 격물치지의 목적은 궁리에 있다. 즉 구체적인 현상(物과 事)과의 접촉을 통하여 행위의 이칙理則을 인식함에 그 목적이 있다. 그렇지만 이는 격물치지의 1차적 목적이고, 궁극적인 목적은 불편부당한 도덕원리를 인식함으로써 행위의 시작인 의념을 순화하고, 나아가 그 원리에 입각하여 주체와 대상 간의 합리적 관계를 설정하고 지속함에 있다.[7] 주희가 '격'을 단순히 현상과의 '접'으로만 해석하지 않고, 궁구(지각의 과정)와 지극(至-지각의 결과, 즉 완전지)이라는 3단계의 종합적 의미로 해석한 것 그리고 치지의 여부에 따라서 의념의 성불성誠不誠을 결정한 것에 이미 격물의 목적과 의도가 담겨져 있다.

필자는, 격물의 1단계인 사물과의 '접'에는 추상적 도덕원리인 리를 주체의 자기비춤(反求諸己)만으로 결정하지 않고 객관적인 표상과의 사실적 접촉을 통하여 주체와 대상 간의 합리적 조화원리를 파악하려는 주희의 의도가 내재되어 있다고 생각한다. 궁구는 고찰과 탐색 그리고 유추의 방법으로

---

7) 『朱文公文集』, 권64, "窮理者, 欲知事物之所以然與其所當然者而已. 知其所以然故志不惑, 知其所當然故行不謬."

써 지식을 질적으로는 순일하게 제고하고, 양적으로는 확장하는 활동, 즉 적습의 과정이다. 지극은 두 방면으로 나누어 설명할 수 있다. 하나는 분수지리에 대한 온전한 인식이고, 다른 하나는 통체지리에 대한 인식이다. 물론 지지知至의 궁극점은 통체지리에 대한 인식, 즉 활연관통이다. 그러나 각각의 행위 원리는 분수지리이기 때문에 하나의 행위에서 격물치지의 1차적 지극은 분수지리에 대한 완전지일 것이다. 다음 분수지리의 특수한 형상(孝悌忠信 등)이 리의 다름에 있지 않고, 현상(器)의 차별에 기인하며, 모든 분수지리가 본성에 구족되어 있고, 이 본성과 우주의 본성이 서로 일자임을 체득한 경지가 바로 궁극적인 지극, 즉 활연관통일 것이다.

혹자는 이러한 주희의 격물궁리를 단순히 향외로의 인식활동으로만 이해하기도 하는데, 사실 주희의 격물궁리에는 사물의 원리에 대한 지각과 함께 반성적 성격의 자각 의미도 포함되어 있다. 왜냐하면 격물을 통하여 얻은 지식(理)이 인식의 주체인 심의 덕, 즉 성리(심의 소이연지리)와 이질적인 리가 아니기 때문이다.[8] 따라서 격물치지는 격물이라는 향외의 과정을 통하여 자신의 덕인 성리를 인증하는 과정이라고 할 수 있다.

주희의 격물치지 과정을 단순화시켜 보면, 1단계가 현상과의 접촉이고, 2단계는 확장이며, 3단계는 차별로부터의 초승 즉 하나로의 관통이다.[9] 3단계의 관통을 돈頓으로 표현할 수 있지만, 이때의 '돈'에는 반드시 점漸의 과

8) 『朱子語類』, 권17, "大凡道理皆是我自有之物, 非從外得. 所謂知者, 便只是知得我底道理, 非是以我之知去知彼道理也. 道理本自有, 用知方發得出來."

9) 비록 주희철학에서 豁然貫通이 적습의 과정을 통하여 이루어지지만 이는 귀납을 통한 지식의 보편화 혹은 일반화와는 성격이 다르다. 귀납의 방법을 통하여 일반화된 지식은 단지 개연성만을 가질 뿐이다. 다시 말하면 그 지식 자체가 바로 보편성은 아니다. 그러나 활연관통은 절대적 보편자인 理에 대한 완전지이기 때문에 知 자체가 바로 보편성이라고 할 수 있다.

정이 전제된다.[10] 다시 말하면 주희는 1단계의 접촉에서 곧 활연관통의 '돈'에 이를 수 있음을 긍정하지 않는다. 필자는 주희의 격물치지에 비록 다양한 의미가 포함되어 있지만, 주희가 격물치지를 통하여 추구하고자 한 목적은 바로 도덕판단의 객관성 제고에 있다고 생각한다. 주희는 격물치지의 방법론을 이용하여 도덕시비선악 판단의 주관성을 극복하고, 이것으로써 유가철학과 선학의 차별성을 시도하고자 한 것이다.

그러나 앞에서 서술한 바와 같이 격물치지의 궁극적인 목적은 축적된 지식을 근거로 행위의 시작인 의념을 순화하고, 나아가 그 원리에 입각하여 주체와 대상 간의 합리적 관계를 설정하고 지속함, 즉 '행'에 있다. 실천으로 표현되지 못하면, 지식은 그 용처가 없는 지적 세계에 대한 완농에 불과하게 된다. 주희의 도덕론에서 리에 대한 인식, 즉 지식의 용처는 바로 의념의 순화인 성의에 있다. 왜냐하면 모든 행위의 선악은 의념의 진실함과 진실하지 못함에서부터 비롯되기 때문이다. "격물은 혼몽과 깨우침의 관문이고, 성의는 선과 악의 관문이다"[11]라는 주희의 말은 바로 이 점을 표현한 것이다.

주희 도덕론에서 의념의 순화, 즉 성의의 조건은 격물치지이다.[12] 따라서 격물치지하여 축적한 지식의 질과 양이 바로 의념의 순화 정도를 결정한다고 할 수 있다. 즉 '지知'의 지극함(至)과 지극하지 못함(未至)이 의념의 성誠과 미성未誠을 결정한다. 필자는 주희가 격물치지의 결과로써 의념을 순화하려고 한 것은 심의 자기비춤을 통한 자기순화로는 객관성을 담보할 수

10) 『朱子語類』, 권18, "天下豈有一理通便解萬理皆通. 也有積累將去. 學問却有漸, 無急迫之理."
11) 『朱子語類』, 권15, "格物是夢覺關, 誠意是善惡關."
12) 『朱文公文集』, 권60, "意不能以自誠, 故欲誠其意, 必以格物致知爲先."

없다고 판단하였기 때문이라고 생각한다.

필자는 유가도덕론에서 격물치지의 최대 공헌은 도덕시비선악 판단에 대한 객관성 제고라고 생각한다. 그러나 격물치지의 여부로써 의념의 성불성誠不誠 결정은 유가철학의 전통에 비추어 볼 때 다음과 같은 문제점을 안고 있다. 유가철학에서 도덕행위의 과정은 다음 4단계로 나누어 설명한다. 1단계는 의념 혹은 의지의 발동이다. 이는 단지 지향성으로서 이때는 선악 미분未分의 상태이다. 2단계는 지향성의 선악 판단이다. 맹자의 의리義利, 육구연의 변지와 의리지변, 그리고 『대학』의 성의가 이 단계이다. 주희를 포함한 거의 대부분의 유학자들은 독지[13]의 작용을 긍정한다. 맹자와 육구연 그리고 왕수인에 의하면, 선험적 자각주체인 양지는 지향성의 선악 여부를 의념이 발동한 바로 그곳(當下)에서 판별할 수 있다고 한다. 자신의 지향성이 '선(公－義)인지', 아니면 '악(私－利)인지'는 바로 그곳에서 판별할 수 있을 것 같다. 왜냐하면 행위의 결과와 관계없이 동기의 선악에 대해서 희열과 불안감이 즉각적으로 들기 때문이다. 유학자들이 견호색과 호호색, 그리고 문악취와 오악취의 동시적 반응을 비유로 삼는 까닭이 바로 여기에 있다. 오직 주희만이 2단계를 격물치지로써 설명한다. 3단계는 적절성의 고려이다. 즉 대상과 대상이 처한 상황을 종합적으로 고려하여 양지의 결정을 원

---

13) 이 '타인은 알지 못하지만, 자기만이 오로지 알 수 있다'(人所不知, 己所獨知)라는 獨知에 대한 해석은 주희와 왕수인이 유사하지만, 전체적인 사유체계에서 볼 때 약간의 차이가 있다. 왕수인은 심의 작용인 양지의 절대성을 긍정하기 때문에, 굳이 향외의 격물치지 과정 없이 반구저기(양지)하면 그곳에서 의념의 시비선악을 판별하여 善念은 드러내고 惡念은 제거할 수 있다. 그러나 주희는 독지의 작용은 긍정하지만 독지 스스로의 자기비춤을 통하여 성의하려고 하지 않고 반드시 향외의 격물과정을 통하여 성의하려고 한다. 이는 주희가 심의 작용인 양지를 기의 정상 혹은 령으로는 긍정하지만 至善者로는 긍정하지 않고 있음을 나타낸다.

만하게 수행하게 한다. 이때 필요한 것이 바로 격물치지(주희 격물치지의 목적과 다른 성격의 격물치지)이다. 공맹이 긍정한 시중時中과 경권經權 가운데 '시'와 '권'의 방편은 바로 격물치지의 활동에 의해 결정된다. 4단계는 신체의 행위 시작과 지속성 유지이다. 왕수인의 치양지와 주희의 낙행樂行이 여기에 해당한다.

이처럼 유가철학의 전통적 의리에 비춰 볼 때, 격물치지의 활동을 실질적으로 긍정하고 있고 또 요청하고 있지만, 행위의 시작인 의념의 순화에서 1차적 활동주체는 양지와 양능이고, 그 활동방식도 격물치지가 아닌 반구저기(思)이다. 양지의 자각 기능과 양능의 자능自能 활동은 유가철학 탄생에서부터 긍정하고 있는 선의지의 두 작용이고, 이 두 작용은 요청 혹은 가설이 아닌 사실적 심리작용이다. 따라서 유가철학의 도덕론에서 주희의 격물치지는 행위의 시작인 의념의 순화에서 요청되는 공부가 아닌,[14] 상황에 대한 인식과 시·권(방편)에 대한 종합적 지식을 섭취攝取하는 공부론으로 안착시켜야 한다는 것이 필자의 생각이다.

2. 왕수인의 치양지

왕수인철학은 치양지致良知에서 시작하여 치양지로 종결된다. 비록 왕수인이 지행합일과 신독 그리고 극기와 하사하려何思何慮 등 다양한 개별적 수양공부론을 제시하였지만, 그 모든 것은 치양지에 귀속된다. 왕수인이 제시한 양지는 맹자의 양지와 양능, 그리고 사단지심을 포괄하고 있는 도덕주체

14) 모종삼은 격물치지의 결과로써 성의하는 주희의 형태를 知와 意의 타율적 관련이라고 한다.(『心體與性體』 第3冊, 402쪽)

이다. 따라서 양지는 자각의 주체일 뿐만 아니라 실천의 동력이다. 왕수인은 기존의 양지 개념을 확장해서 『대학』의 치지 형태를 원용하여 치양지설을 정립하였다.

일반적으로 치양지의 '치'를 실천을 통한 향외로의 확충으로만 이해하는데, 실제로 '치'는 두 방향으로 전개된다. 하나는 안으로의 자각이고, 다른 하나는 밖으로의 충기극充其極이다. 안으로의 자각은 일종의 반구저기로서, 의념이 발동할 때에 의념의 선성 여부를 양지에 호소하여 판별하는 것이다. 밖으로의 '충기극'은 악한 의념을 제거하는 것과 선한 의념을 존양하고 유지하는 과정, 그리고 대상에 대한 이법理法을 결정하고, 결정한 이법에 따라서 대상과 주체를 화해의 관계로 유지하는 정물正物까지 포함한다. 필자는 이곳에서 치양지에 관한 제설은 생략하고, 왕수인이 치양지 체계에서 덕성지식과 견문지식의 관계를 어떻게 설정하고 있는가를 설명하고서 격물치지의 필요성을 제시하겠다.

덕성지식과 견문지식의 분별은 장재에 의해서 제시되었다. 장재는 "견문지식은 사물과 교류하여 아는 것이고, 이는 덕성이 알아야 할 지식이 아니다. 덕성이 알아야 할 지식은 견문으로부터 발생되지 않는다"[15]라고 하였으며, "성명이 알아야 할 지식은 천덕의 양지이지 견문의 소지가 아니다"[16]라고 하였다. 이는 두 지식의 기본 성격과 근원에 관한 설명일 뿐 양자의 운용관계에 대한 설명은 아니다. 왕수인은 양지와 견문지식의 관계에 대하여 다음과 같이 설명하였다.

---

15) 『正蒙』, 「大心篇」, "見聞之知乃物交而知, 非德性所知. 德性所知, 不萌於見聞."
16) 『正蒙』, 「誠明篇」, "誠明所知, 乃天德良知, 非見聞小知而已."

> 양지는 견문에 의해서 있는 것은 아니지만 견문은 양지의 작용이 아닌 바가 없다. 그러므로 양지는 견문에 얽매여 있지 않고 동시에 견문을 떠나서 활동하지도 않는다. 공자는 "내가 아는 것이 있는가? 나는 아는 것이 없다"라고 말하였지만 그것은 양지 외에 다른 것에 대하여 아는 바가 없다는 것을 표시하는 것이다. 그러므로 양지는 학문의 근본 중심(大頭腦)이고, 성인이 사람을 가르치고 인도함에 있어 제일 먼저 깨닫게 해야 할 것이다. 만약 오직 학문의 말인 견문만을 추구한다면 이것은 곧 학문의 근본 중심을 잃어버리는 것이기 때문에 이미 본질 밖으로 멀어져 간 것이다. 요사이 동지 중에는 치양지학설을 모르는 사람이 없지만, 그러나 그 공부가 아직 깨달음의 경지에 이르지 못한 것은 바로 이 점을 알지 못하기 때문이다. 대저 학문공부는 단지 근본을 옳게 하는 것에 주의를 하면 된다. 만약 근본을 주의하고 오로지 양지를 확충하여 이를 실제의 행위로 표현하면 무릇 많이 듣고 많이 보는 경험은 치양지의 공이 아닌 것이 없게 된다.[17]

이곳에서 왕수인은 양지와 견문지식의 관계를 "양지는 견문에 의해서 있는 것은 아니지만 견문은 양지의 작용이 아닌 바가 없다. 그러므로 양지는 견문에 얽매여 있지 않고 동시에 견문을 떠나서 활동하지도 않는다"고 표현하였다. 이는 도덕과 관련된 모든 지식은 반드시 양지에 의해 주재되어 운용되어야 함을 강조한 것이다. 때문에 학문의 관건은 근본 중심(大頭腦)인 양지를 올바르게 수립함에 있다. 그러나 왕수인은 "만약 근본을 주의하고 오로지 양지를 확충하여 이를 실제의 행위로 표현하면 무릇 많이 듣고 많이

---

17) 『傳習錄』 中, "良知不由見聞而有, 而見聞莫非良知之用. 故良知不滯於見聞, 而亦不離於見聞. 孔子云, 吾有知乎哉? 無知也, 良知之外, 別無知矣. 故良知是學問大頭腦, 是聖人教人第一義. 若云專求之見聞之末, 則是失却頭腦, 而已落於第二義矣. 近時同志中, 蓋已莫不知有致良知之說, 然其工夫尙鶻突者, 正是欠此一問. 大抵學問工夫, 只要主意頭腦是當. 若主意頭腦專以致良知爲事, 則凡多聞多見, 莫非致良知之功."

보는 경험은 치양지의 공이 아닌 것이 없게 된다"고 하여 견문지식의 창출에 관해서는 상식적인 입장에서만 설명하고 있을 뿐이다.

> 서애가 물었다. "아버지를 섬기는 한 가지 일을 예로 들더라도 그 속에는 추위에는 따뜻하게 해 드리고 더위에는 시원하게 해 드리고 아침저녁으로는 문안드리는 일과 같은 작고 구체적인 절목들이 허다합니다. 이러한 절목들도 강구를 해야만 합니까?" 선생께서 답하였다. "어떻게 강구하지 않을 수 있겠는가? 다만 거기에는 중심된 조리가 있을 뿐이다. 단지 자기의 마음에서 자신의 사욕을 제거하고 천리만을 보존하도록 강구해야 할 것이다.…… 만약 자기의 마음에 사욕이 없어져 순수한 천리만이 있게 된다면 효친의 마음은 순수무잡하게 되어 겨울에는 자연히 부모의 추위를 생각하여 따뜻하게 해 드릴 방법을 강구할 것이다. 여름에는 자연히 부모의 더위를 생각하여 시원하게 해 드릴 방법을 강구하게 될 것이다. 이것은 모두 그 순선무잡한 효심에서 발현되는 조건들이다."[18]

이곳에서 왕수인은 절목에 관한 지식을 강구할 것을 강조한다. 그렇다면 절목에 관한 지식을 추구하는 방법은 무엇인가? 치양지의 형태로 진행할 수는 없다. 절목은 대상으로부터 얻어지는 지식이지 양지라는 도덕주체가 결정하여 내놓을 수 있는 지식이 아니다. 다시 말하면 인식주체가 격물(接物·從物)해서 물에 관한 지식을 습득하여 양지에 제공하고, 양지는 이를 짐작하여 자신의 활동 방향을 고려한다. 따라서 전체적으로 보면 절목에

18) 『傳習錄』 上, "'如事父一事, 其間溫凊定省之類, 有許多節目. 亦須講求否?' 先生曰: '如何不講求? 只是有個頭腦. 只是就此心去人欲存天理上講求.……此心若無人欲, 純是天理, 是個誠於孝親的心, 冬時自然思量父母的寒, 便自要去求個溫的道理. 夏時自然思量父母的熱, 便自要去求個凊的道理. 這都是那誠孝之心發出來的條件.'"

관한 지식 추구도 치양지의 한 과정이라고는 할 수 있지만, 직접 지식을 획득하는 주체는 양지가 아니다.

왕수인은 "천하의 사물이란 명칭 · 기물 · 제도 · 법칙 · 풀 · 나무 · 금수 등 종류가 복잡하기 이를 데 없다. 성인이 비록 본체를 명백하게 알고 있다하더라도 무슨 방법으로 이러한 것들을 다 알 수 있겠는가? 알 필요가 없는 것은 성인은 스스로 알려고 하지를 않는다. 마땅히 알아야 할 것이 있다면 성인은 스스로 사람들에게 잘 묻는다. 이것은 마치 '공자가 태묘에 들어갈 때는 매사를 물었다'는 것과 같은 것이다.…… 성인은 예악 · 명칭 · 기물에 대해서 다 알 필요가 없는 것이지만 하나의 천리를 알면 곧 스스로 여러 가지 사소한 일들과 제도, 규칙을 알 수가 있다"[19]라고 하였다. 그러나 비록 왕수인이 "하나의 천리를 알면 곧 스스로 여러 가지 사소한 일들과 제도, 규칙을 알 수가 있다"고 하였지만, 엄격하게 말하자면 천리의 자각과 복잡다양한 견문지식의 습득은 직접적 관련이 없다. 단지 관계적 연관만이 있을 뿐이다. 즉 견문지식은 양지 이외의 또 하나의 인식주체의 활동에 의해 이루어지고, 양지는 단지 인식주체의 활동에 동기를 부여하고 그 결과를 이용할 뿐이다. 사실 공자가 태묘에서 매사를 묻는 것과 명칭 · 기물 · 제도 · 법칙 · 풀 · 나무 · 금수에 관한 지식을 취득하는 것은 모두 격물을 통하여 이루어진다. 이는 왕수인도 실질적으로 격물을 긍정하고 있음을 의미한다. 단지 당시 '리재물理在物'의 입장에서 성의가 결정되는 주희의 격물을 반대하였을 뿐이다. 양지의 활동은 견문지식의 도움 없이 결코 현실에 안착될 수 없다.

19) 『傳習錄』 下, "天下事物, 如名物度數, 草木禽獸之類, 不勝其煩. 聖人須是本體明了, 亦何緣盡知得? 但不必知的, 自不消去知. 其所當知的, 聖人自能問人. 如子入太廟, 每事問之類.……聖人於禮樂名物不必盡知, 然他知得一個天理, 便自有許多節文度數出來."

따라서 치양지라는 기본 틀을 유지하더라도, 양지와 다른 성격의 인지주체를 긍정해야 하고, 또 주객대립의 격물 형식을 수용해야 한다. 다시 말하면 치양지의 범위에서 인지주체의 활동을 적극적으로 요청해야 하고, 주객대립의 형식을 통하여 얻어진 지식을 양지 실현의 방편 지식으로 삼아야 한다.

제3절. 주희와 왕수인 공부론의 종합에 관한 선행연구의 특성과 한계

필자는 이 절에서 주희와 왕수인 공부론의 종합에 관한 선행연구 사례를 웅십력과 모종삼을 중심으로 전개하고자 한다. 웅십력은 『독경시요讀經示要』 권1[20]에서 『대학』의 치지와 격물에 대해 치지는 왕수인의 치양지를 취하여 해설하였고, 격물의 격은 양탁量度[21]으로 해석하여 양자의 장점을 겸하려고 하였다. 또한 모종삼은 양지감함설良知坎陷說을 내세워 도덕실천 시에 요청할 수밖에 없는 지식의 문제를 해결하려고 시도하였다. 먼저 웅십력의 주장을 살펴보자.

1. 웅십력의 양탁격물론

웅십력은 『대학』의 치지와 격물을 해설하면서, 치지는 왕수인의 치양지

20) 『熊十力全集』(湖北敎育出版社, 2001), 권3.
21) 量度은 '가늠하고 헤아린다'의 의미로서, 궁구 · 고찰 · 유추 등 지식추구의 종합적 활동이다.(『熊十力全集』[湖北敎育出版社, 2001], 권3, 668쪽)

를 취하여 해설하였고, 격물은 주희의 입장을 취하여 해설하였다. 그러나 웅십력은 왕수인의 치양지와 주희의 격물을 본말의 구별 없이 수평적인 입장에서 바라보지 않고, 왕수인의 치양지를 근본으로 하고서 치양지의 활동 속에 격물의 과정을 수용하려고 하였다. 웅십력에 의하면, 중국철학은 실천을 중시하고, 실천의 시작은 먼저 진정한 본체(眞體)를 깨달아야 하기 때문에, 치양지를 본으로 하고 격물을 보조 공부로 삼아야 한다는 것이다.

웅십력은 주희의 치지의 '지'를 지식으로 이해하였고, 왕수인의 치지(치양지)의 '지'를 본심 즉 본체로 이해하였다.[22] 비록 주희의 치지가 『대학』의 본의와는 부합하지 않지만, 지식을 중시하는 태도는 도가의 반지설反知說과 불가의 종교 편중 정신의 폐단을 구할 수 있고 근세 이후의 과학지식 중시의 풍조를 일으킬 수 있다는 것이다. 또한 왕수인의 치지는 『대학』의 종지를 심득하였을 뿐만 아니라 육경의 종지와도 부합한다고 생각하여, 먼저 치양지를 통하여 대두뇌인 본체를 올바르게 정립하고서, 다시 본체의 묘용妙用에 의거하여 격물에 종사해야만 비로소 지식이 공허하지 않을 수 있다고 한다. 만일 치양지를 근본으로 삼지 않고서 격물궁리하여 지식을 추구하면 이는 대두뇌를 잃는 것이기 때문에 지리[23]하다는 것이다. 이처럼 치양지의 활동에 격물을 통섭하게 되면, 격물은 양지와 다른 인식심의 작용을 통하여 이루어지는 것이 아니라 모두 하나의 양지의 발용으로 진행되기 때문에 '지리하다'는 결점이 발생하지 않는다는 것이다. 그러나 웅십력의 주장은 다음과 같은 문제점을 안고 있다.

---

22) 『熊十力全集』(湖北教育出版社, 2001), 권3, 666쪽.

23) 웅십력과 모종삼은 육구연이 주희의 격물궁리설을 비평하면서 말한 支離를 도덕과 不相干의 의미로 해석한다.

첫째, 웅십력은 주희의 치지의 '지'를 지식이라고 해석하였는데, 이는 치지의 '지'에 대한 절반의 해설이다. 주희철학에서 치지의 '지'는 주체와 지식 양자를 모두 포함한다. 주체로서의 '지'는 기의 정상 혹은 령인 심이고, 지식으로서의 '지'는 궁리의 결과이다. 웅십력에 의하면, 유가철학에서는 도덕실천을 중시하기 때문에 먼저 도덕본체를 깨달아야 하고, 도덕본체에 대한 깨달음은 지식을 통하여 이루어지지 않고 본체 스스로 자기증명(自證)을 통하여 이루어진다. 이러한 자증自證에는 주관(能)과 객관(所)의 형상이 없기 때문에 주객무대립의 형국으로 진행되는 치양지가 시始 혹은 본本이어야 하고, 다시 양지가 사물의 이치를 양탁하여 질적으로는 정묘하고 양적으로는 증대하면 과실이 없게 되기 때문에 '지지 후에 의념이 진실하게 된다'(知至而後意誠)는 것이다. 그러나 양지는 주객무대립의 형국에서 스스로 자기를 자각하여 의념을 순화할 수는 있지만, 또 어떻게 주객대립의 형국에서 물리를 양탁할 수 있는가?

둘째, 웅십력은 비록 주희의 학설을 취하여 격물을 해설하였다고는 하지만, 이는 단지 격물의 방법만을 취한 것이지 주희 격물설의 전체적 의미를 취한 것이 아니다. 왜냐하면 주희 격물설에서 격물의 주체는 인식심인 기의 령이지 결코 양지가 아니기 때문이다.

셋째, 웅십력은, 양지는 무소부지의 주체로서 치지를 근본으로 하여 격물에 종사하면 모든 지식은 양지의 묘용이 아닌 것이 없다고 한다.[24] 물론 모든 지식을 양지의 묘용으로 해석할 수는 있지만, 이때의 묘용 역시 관련적인 묘용일 뿐 결코 양지 자신의 직접적 묘용은 아니다. 왜냐하면 양지는

24) 『熊十力全集』(湖北教育出版社, 2001), 권3, 669쪽.

주객대립의 형국에서 활동하는 주체가 아니기 때문이다. 양지와 지식 간에 직접적 관련이 이루어지려면 양지가 지성주체로 전화해야 한다.

필자의 추측이지만, 모종삼이 양지감함설을 내세운 원인은 바로 여기에 있다고 생각한다. 왜 모종삼은 주객무대립의 형국에서 활동하는 양지에 인식심으로 전화하는 감함이라는 과정을 설정하였을까? 필자는 양지감함설을 통하여 이 문제에 대한 모종삼의 고민과 방법을 소개하겠다.

2. 모종삼의 양지감함론

필자는 선행논문[25]에서 모종삼의 양지감함설의 대의를 제시하였다. 그러나 선행논문에서는 한 가지의 문제점을 간과하였다. 즉 유학자들은 하나의 심에서 두 가지 서로 다른 주체의 작용을 긍정하지 않으려 한다는 점을 발견하지 못했다. 먼저 양지감함설의 목적과 내용을 간단하게 설명하고서 웅십력의 견해와 연결하여 전개하겠다.

모종삼은 현대 신유가의 한 사람으로서 문화적 사명의 내용을 도통道統과 정통政統 및 학통學統의 재정립으로 삼았다. 양지감함설은 학통의 재정립과 관계가 있다. 모종삼은 중국 근대화의 최대 약점인 과학지식을 적극적으로 창출하려면 먼저 인지일체仁智一體라는 주객무대립과 다른 주객대립의 이성의 구조 형태를 긍정하지 않으면 안 된다고 생각하였다. 그는 "하나의 문화생명에서 '지知'의 지성 형태를 제시하지 못하면 논리 · 수학 · 과학은 출현할 수 없다"[26]고 하였다. 그러나 왜 주객무대립의 덕성 형태와는 다른

25) 황갑연, 「모종삼의 良知坎陷論 연구」, 『중국학보』 52권.
26) 牟宗三, 『歷史哲學』(홍콩: 人生出版社, 1962), 180~181쪽.

지성 형태를 건립하려고 하면서 양지의 감함을 주장하는가? 양지가 스스로 자신을 감함하여 지성주체로 전환하지 않아도, 우리는 양지와 다른 성격의 지성주체를 긍정할 수도 있고 또 이 지성주체의 작용에 의하여 지금까지 많은 과학지식을 창출하였다.

필자는 그 원인을 웅십력의 양지양탁설에서 찾았다. 다시 말하면 웅십력은 치양지를 근본으로 하고 주희의 격물을 보조 공부로 삼았지만, 웅십력의 격물의 주체는 지성주체가 아닌 덕성주체 즉 양지이다. 그러나 덕성주체인 양지는 주객무대립의 형식에서 활동하는 도덕이성이기 때문에 양지의 작용에 의거하여 물리를 양탁한다는 웅십력의 주장은 모종삼에게 수용되기 어렵다. 따라서 물리를 양탁함에 있어 덕성주체와 다른 성격인 또 하나의 지성주체를 요청하지 않을 수 없었는데, 모종삼은 그것을 양지 밖에서 찾지 않고 양지의 자기전화轉化를 통하여 수립하려고 하였다. 이렇게 되면 양지의 감함은 타자의 요구에 의해 이루어지는 것이 아니라 양지 자기 스스로의 요청에 의해서 이루어지는 자기추락인 것이다.[27)]

모종삼이 전화라는 용어를 사용하지 않고 굳이 감함이라는 용어를 사용한 까닭이 바로 여기에 있다. 감함이라는 말은 『역』「설괘」"감坎, 함야陷也"에서 유래한 것이다. 문자적 의미만 보면, 감함을 '험난' 혹은 '위험'이라고 해석할 수 있지만, 필자는 그것보다는 '어쩔 수 없음' 혹은 '부자연스러움'[28)]

---

27) 필자가 추락이라는 용어를 사용하였지만 이는 질적으로 向下의 타락이 아니다. '빠지다'의 '陷' 자와 연결시켜 형이상의 도덕이성으로부터 형이하의 인식심으로의 하락이라는 측면에서 추락의 용어를 사용하였다.

28) 필자는 대만 유학 시절 모종삼의 특강 시간에 양지의 감함설에 대하여 의문을 제기한 적이 있다. 당시 모종삼은, 양지는 초월층의 존재로서 주객무대립의 형국에서 활동하는 도덕이성이지만, 과학지식 창출이라는 또 하나의 시대적 과제에 직면하여 어쩔 수 없이 인지주체로 전화되어 지식 창출을 담당하지 않을 수 없다고 하였다. 당시 모종삼

으로 해석하는 것이 더욱 적절하다고 생각한다.

원래 덕성주체인 양지와 지성주체인 인식심은 하나의 심의 작용이지만, 서로 다른 성격의 두 작용이다. 대표적인 차이는 두 가지로 설명할 수 있다. 하나는 주객무대립과 주객대립의 차이이고, 다른 하나는 양지는 반구저기하여 자신에게서 지식을 획득한 반면, 지성주체는 지식을 자신이 아닌 대상 즉 사물에서 획득한다는 것이다. 이러한 모종삼의 양지감함설에 대해서는 중국과 대만 및 홍콩을 중심으로 비판론자와 지지론자들이 상당한 세를 형성하고 있다.[29] 이곳에서는 이 문제를 언급하지 않겠다.

물론 필자는 모종삼의 의도에 대해서도 상당히 공감한다. 중국 근대 이후 서세동점은 현대 중국신유가 철학자들이 반드시 극복해야 할 핵심 과제였다. 그중에서도 민주와 과학은 내성 중심의 송명리학의 전통을 탈피하면서 지향해야 할 신외왕의 중심 내용이었다. 따라서 모종삼은 양지감함설을 내세워 민주와 과학지식을 창출하고, 또 민주와 과학정신을 유가의 학통에 착근시키기 위하여 덕성주체와 지성주체를 서로 다른 별개의 주체로 인식하지 않고 하나의 주체의 자기전화에 의해 드러난 형태로 정립한 것이다. 이렇게 함으로써 민주와 과학은 도덕적 인성론의 기초를 확보할 수 있고, 더 나아가 과학과 도덕 그리고 존재계와 가치계는 하나의 통일적 세계에서 운용될 수 있다는 것이다.

그러나 필자는 모종삼의 의도를 수용한다고 할지라도 한 가지 유감을 지울 수 없다. 즉 도덕과 지식은 왜 반드시 하나의 주체 작용으로 설명해야 하는가? 심의 두 가지 서로 다른 작용으로 해석하고, 가치계의 지식으로써

은 '無奈'라는 말을 사용하였는데, 그 의미가 바로 '어쩔 수 없다'는 뜻이다.

29) 황갑연, 「모종삼의 良知坎陷論 연구」, 『중국학보』 52권 참고.

사실계의 지식을 주도하고 운용해야 한다고 설정하면 안 되는가? 그 이유는 지금까지 유학자들이 하나의 심에서 두 가지 서로 다른 주체의 작용을 적극적으로 인정하지 않았기 때문이다. 맹자는 사단지심으로서의 도덕심만을 긍정하였고, 순자는 그중에서 인지심만을 긍정하였다. 그 형태는 주희와 육구연 그리고 왕수인에게서 다시 반복되었다. 사실 유가철학에서 주체의 실증은 작용을 통해서 이루어지기 때문에 작용이 바로 주체이다.[30] 가치판단과 사실인식이 하나의 심에서 이루어지지만, 그 작용은 서로 다르게 진행될 수 있고, 그 위상은 그것들이 추구하는 궁극적 목적이 무엇인가에 의하여 정립될 수 있다. 유가철학에서는 삶의 궁극 목적을 가치 창출을 통한 성기와 성물에 두고 있기 때문에 도덕주체의 활동을 상위로 두고서 지성주체의 활동을 격려하고 또 주재할 수 있으며, 더 나아가 지성주체의 활동을 방편으로 삼아 자신의 활동을 더욱 객관화할 수 있다.

제4절. 치양지와 격물치지의 상호 보완에 대한 종합적 검토

앞에서 필자는 치양지와 격물치지의 상호 보완이라는 문제를 논하면서 가용할 수 있는 몇 가지 원칙을 제시하였다. 첫째, 주희와 왕수인 공부론의 종합에서 본말관계를 정립하는 것이다. 필자는 본말 정립의 근거를 도통으

---

30) 필자의 이 표현에 대해서 오해가 없기 바란다. 만일 體卽用을 먼저 긍정하지 않고, 用卽體만을 긍정하면 유가철학의 본의와 어긋날 수 있다. 즉 불교로 오해할 수도 있다. 필자가 비록 '작용이 곧 주체이다'라고 하였지만, 이는 주체가 반드시 작용으로 드러난다는 體卽用이 전제된 표현이다.

로 삼았다. 둘째, 격물의 기본적인 형태를 수용하고, 본래의 취지와 내용 및 목적을 변용시키는 것이다.

주희와 왕수인 모두 맹자학을 공자학의 적통으로 간주하기 때문에 맹자 철학의 사로思路와 일치하는 공부론을 본으로 삼아야 한다. 맹자는 양지의 자각(思)을 통하여 행위의 기본 방향을 정립하고, 양능의 동력을 근거로 향선의 의지를 유지하고 실현한다. 양지의 자각은 밖으로의 '즉사이궁리卽事以窮理' 형태가 아닌 안으로의 자기비춤 혹은 자기진동, 즉 반구저기의 역각이다. 양지의 자각을 통하여 '지志'의 방향성을 향선으로 결정하고, 호선오악의 양능을 통하여 위선거악하면서 행위를 완성해 나간다. 왕수인의 치양지에서 '치'의 시작은 양지의 자각이고, '치'의 완성은 여물일체與物一體 혹은 정물이다. 양지의 자각인 지선지악은 필연적으로 호선오악의 도덕정감을 수반하는데, 호선오악은 선한 의념의 발동이고, 위선거악은 호선오악의 구체적 현상화 과정이다. 반면 주희는 행위의 시작인 의념의 순화를 내적인 심의 자각 작용에 의지하지 않고, '즉사이궁리'라는 사물로부터 얻은 지식을 근거로 의념을 순화하려고 한다. 물론 사물의 리를 궁구하고, 이를 근거로 주체의 덕(심이라는 존재물의 소이연지리)을 인증하여 심의 발동(의념)을 순화할 수도 있지만, 맹자철학의 사로와는 거리가 있다.

앞에서 서술한 바와 같이, 주희 격물치지의 최대 장점은 도덕판단의 객관성 확보, 그리고 행위주체와 대상 간의 합리적 화해관계 수립에 있다. 심즉리를 근본 의리로 하는 왕수인 치양지의 최대 특성은 규범에 대한 의지의 자율성이다. 규범 즉 행위의 방향이 주관적인 도덕의지에 의해 결정되고, 또 주어진 지식을 양지의 주재하에 운용하여 대상과의 합리적 조화를 이룰 수도 있을 것이다. 물론 행위의 기본 방향이 양지의 자각 작용에만 의지하여 이루어지면 동기의 순선성은 보장할 수 있을 것이다. 그러나 표상의 객관성과 보편성 확보에 문제가 있을 수 있다. 왜냐하면 양지의 자각 작용이 비록 선을 지향하지만, 상황과 고려 원칙의 차이로 말미암아 드러나는 선의 표상은 얼마든지 다를 수 있기 때문이다. 예를 들어 사형제도에 대해 혹자는 호생지덕好生之德에 근거하여 반대할 수 있고, 혹자는 건전하고 정의로운 사회 수립을 위하여 악인을 제거한다는 입장에서 찬성할 수도 있다. 이처럼 극단적인 표상의 차이는 합리성과 객관성에 대한 회의를 수반할 수 있다.

필자는 치양지의 주관성을 극복하기 위해서는 주희의 격물치지 형태를 적극적으로 수용해야 한다고 생각한다. 그러나 주희 격물치지의 대상과 목적을 전환시켜 적용해야 한다고 생각한다. 즉 의념의 순화와 향선의 방향은 도덕이성인 양지가 담당하여 주객무대립의 치양지 형태로 전개하고, 주체와 대상 사이의 합리적 조화를 추구할 수 있는 일체의 경험지식은 인식주체가 담당하여 주객대립의 격물치지 형태로 전개하여 취득한 지식을 양지에 제공하게 해야 한다. '물에 빠진 형수를 구해야 한다'는 맹자의 고사를 인용해 보자. '형수가 물에 빠졌을 때 구해야 한다'는 의념은 양지의 진동에 의하여 순화할 수 있다. 형수의 재산 등 일절 사적인 득실의 고려 없이 순선한 양지의 자각에 의하여 '형수를 구하려는 동기'를 순화할 수 있다. 그러나 물의 흐름과 방향 그리고 사용해야 하는 도구 및 시기 등은 양지가 제공할 수 없다. 이는 반드시 격물치지하여 그에 합당한 지식을 추구해야 한다. 주희는 "한여름에는 양목을 베어야 하고, 한겨울에는 음목을 베어야 한다. 스스로 이러한 도리를 알아 그것에 맞게 처리하면 된다"[31]라고 하였고, 또

31) 『朱子語類』, 권52, "仲夏斬陽木, 仲冬斬陰木. 自家知得這個道理, 處之而得其當, 便是."

"성현은 율력·형법·천문·지리·군사·관직 등과 같은 것에 대해서도 모두 이해해야 한다"[32]라고 하였다. 여름에는 양목을 벌목하고 겨울에는 음목을 벌목해야 하는 지식, 그리고 율력과 형법 등의 지식은 도덕가치의 소이연지리와 소당연지칙이 아닌 사실계의 경험과학지식이다. 이처럼 주희도 격물궁리의 대상을 소이연지리와 소당연지칙에 제한하지 않았다.

혹자는 필자의 주장에 대하여 다음과 같은 의견을 제시할 수 있을 것이다. 즉 하나의 마음에서 어떻게 두 개의 서로 다른 주체가 공존하여 작용할 수 있는가? 최근에 의학계에서는 '마음을 뇌의 기능'[33]으로 본다. 뇌는 하나의 구성물이고, 그 구성물의 기능이 마음을 통해 나타난다는 것이다. 그들은 "마음은 당연히 뇌에 있으며, 뇌는 마음이라고 하는 소프트웨어를 돌아가게 하는 하드웨어이다"[34]라고 한다. 뇌와 마음이 일체적 관계라면, 우리는 마음에서 기억과 추리 그리고 판단뿐만 아니라 의식의 작용까지 모두 설명이 가능하다. 다시 말하면 마음은 도덕가치에 대해 불안불인의 자각을 할 수 있을 뿐만 아니라, 경험을 통하여 지식을 축적할 수 있고, 기억하고 추리하여 새로운 지식을 창출할 수 있다. 또한 심리적 정서까지도 마음의 작용을 설명할 수 있다.

유가철학에서 긍정하는 주체는 작용과 격리된 공허한 실체가 아니다. 유가철학에서 본체는 작용을 근거로 규정한다. 유가철학에서 긍정하는 체즉용體卽用과 용즉체用卽體의 체용론에 이미 이 의미가 포함되어 있다. 마음에서는 가치의식과 인식작용이 선후관계로 진행되어 항상 서로 교차되면서

32) 『朱子語類』, 권117, "又如律曆·刑法·天文·地理·軍旅·官職之類, 都要理會."

33) 이영돈 저, 『마음』(예담, 2006), 22쪽.

34) 이영돈 저, 『마음』(예담, 2006), 22쪽.

발현된다. 다시 말하면 우리의 마음은 마땅히 선을 지향해야 할 때는 불안불인의 작용으로써 의념을 순화하고, 사실계에 대해서는 인식작용을 발현하여 지식을 습득한다. 그러나 유가철학에서는 도덕가치로써 인간의 존재근거를 삼기 때문에 두 작용에서 마땅히 도덕의식에 우월성을 두어 도덕의식에 의해 인식작용을 주재해야 할 것이다.

모종삼은 도덕지식과 견문지식의 불가분리성을 철저하게 인식하였기 때문에 주객무대립의 형국에서 활동하는 양지와 다른 성격의 주체를 요청하지 않을 수 없었다. 모종삼은 인식주체를 양지의 감함에서 찾았다. 양지가 감함할 수밖에 없는 원인은 바로 격물의 형식과 치지의 활동을 전제하지 않으면 도덕은 단지 명제에 불과할 뿐 사실로 구체화될 수 없기 때문이다. 모종삼은 양지의 감함에 발생할 수밖에 없는 논리적 결함을 설명하기 위하여 감함을 평면적인 '직直'의 형태가 아닌 '곡曲'의 형태라고 한다. 다시 말하면 양지가 직접 사실계의 지식을 창출할 수 없지만, 향선하는 양지의 특성에 비춰 볼 때 선의 완성에서 반드시 필요한 지식을 양지는 요청할 수밖에 없기 때문에 자기 스스로 전화를 결정하여 인식심으로 재현하지 않을 수 없다는 것이다. 모종삼은 이를 변증법적 발전이라고 한다. 그러나 이것보다도 중요한 문제점은 모든 지식 창출이 양지의 감함으로 이루어진다면, 일체의 지식은 도덕과 필연적 관련을 맺고 있어야 한다. 이는 지나친 범도덕주의로 지식의 독립성을 제한한다는 비평을 면할 수 없다. 필자 역시 경험과학지식의 인성론적 기초를 반드시 도덕이성으로 삼을 필요는 없다고 생각한다. 과학지식에는 도덕과 관련 없는 가치중립적인 지식이 있을 수 있고, 이러한 지식의 창출은 그 지식에 대한 인간의 매료, 즉 호기심과 열정에 의하여 이루어진다. 이러한 지적 탐구 욕망은 지역과 시간을 초월하여 모든 인류에게 보편적으로 갖추어져 있고, 인류 문명사에서 이루어진 수많은 과학적 업적은 이러한 순수한 지적 탐구 열정에 의하여 이루어졌다. 만일 반드시 양지의 감함을 예설하고, 이러한 양지를 경험과학지식의 인성론 근거로 삼는다면 오히려 과학지식의 창출을 억제할 수도 있다. 필자는 치양지와 격물치지(경험과학지식 취득 방법론)의 활동은 일합일리一合一離의 관계로 진행되는 것이 합리적이라고 생각한다. 일합은 양지의 요청에 의한 격물치지이고, 일리는 도덕과 관련 없는 가치중립의 지식 창출 시의 격물치지 활동이다.

필자가 제시한 치양지와 격물치지의 종합에서 치양지가 본(주)이고, 격물치지가 말(종)임은 당연하다. 뿐만 아니라 이곳에서 격물치지는 치양지의 요청에서 이루어진 경험과학지식 취득의 방법론이다. 따라서 주희의 격물치지 형식만을 차용한 것일 뿐 내용적으로 보면 주희철학과 상당한 괴리가 있음은 당연하다. 이는 분명 리학과 심학의 수평적 종합이 아니라, 심학의 치양지를 주로 하고 리학의 거경함양과 격물치지를 종으로 하는 주종 혹은 본말의 종합론이다. 따라서 리학과 심학의 종합에 대한 심학적 경향의 종합에 불과하다는 비평이 수반됨은 당연할 것이다. 심학적 경향의 종합에 대한 비평이 필연적으로 수반될 것이라는 점에 대해서는 필자 역시 이미 충분하게 인식하고 있다. 그럼에도 불구하고 치양지와 격물치지를 주종의 관계로 설정하는 것은 도덕규범에 대한 입법의 자율성을 긍정하는 맹자학을 주희와 왕수인 모두 도통으로 삼고 있기 때문이다.

또 한 가지는 지금까지 유가철학의 발전사에서 나타난 지성주체의 독특하면서도 모호한 규정을 탈피하기 위함이다. 다시 말하면 도덕가치계에서 활동하는 주체[35]를 모두 도덕주체에 귀속시키고, 가치의 선善의 성격이 아닌 사실의 진眞에 대한 희열의 성격을 갖는 진정한 지성주체의 독립적 영역을 확보하기 위해서는 그것과 가장 유사한 형식의 지식 취득의 방법론을 제시하지 않을 수 없었다. 유가철학 발전사에서 주희의 격물치지 혹은 격물궁리가 인식의 대상만을 전환한다면 사실계의 '진'에 대한 인식론 체계 정립에 가장 적합하다. 진영첩 역시 주희의 "격물궁리설은 분명 하나의 순수한 과학전통을 열 수 있는 방법으로 원용될 수 있는 길이다"[36]라고 하였다. 그렇지만 순자는 결코 심을 경험을 통하여 가치중립적인 지식을 습득하고 계통화하는 주체로 원용하지 않았고, 주희 역시 격물궁리를 과학지식 추구의 방법으로 사용하지 않았다. 즉 지성주체의 출현 가능성은 순자와 주희에 의하여 제시되었지만, 궁극적인 활동 영역은 가치계일 뿐 사실계가 아니었고, 그 목적 역시 사실의 '진'이 아니라 가치의 '선'에 있었다.

만일 모종삼처럼 양지의 감함에 의하여 지성주체가 제시된다면, 모든 경험과학지식 창출은 도덕주체인 양지의 요청에 의하여 이루어지고, 도덕주체인 양지가 경험과학지식의 인성론적 근거로 정립될 수밖에 없다. 이는 경험과학지식의 중립지대를 긍정하지 않는 것이기 때문에 범도덕주의라는 비판을 피할 수 없다. 필자는 모종삼의 고민에 대해서는 충분이 긍정하고, 학술적 성과에 대해서도 감탄을 금치 못하지만, 여전히 도덕주체에 의한 지성주체의 가치화(攝智歸仁) 혹은 예속화를 면치 못하고 있다고 생각한다. 여러 문제가 제기될 수 있지만, 그중 대표적인 것은 바로 공자에서부터 시작된 범도덕주의이다. 유가의 범도덕주의는 유가철학 문헌 곳곳에서 나타나지만, 그중 대표적인 것이 바로 공자의 "황급할 때에도 반드시 인에 의거

---

35) 필자가 이곳에서 언급하고 있는 주체의 범위에는 맹자는 물론이고 순자·주희·육구연·왕수인의 심이 모두 포함된다.

36) 陳榮捷, 『朱學論集』(臺灣: 學生書局, 1987), 342쪽.

해야만 하고, 위급할 때에도 반드시 인에 의거하여 행동해야 한다"[37]는 구절이다. 필자 역시 도덕과 과학의 분리만을 주장하는 것은 아니다. 앞에서 밝힌 바와 같이 과학지식과 기술의 부작용은 일반인들보다 과학자 자신이 보다 정확하게 예측할 수 있을 것이다. 따라서 과학자들은 연구 결과를 대중에게 전달하는 것일 뿐이라고 안위해서는 안 되고, 부차적으로 파생할 수 있는 문제를 해결할 수 있도록 기술적 자문과 지원을 다해야 하며, 위험성을 경고해야 한다. 즉 도덕과 과학지식은 결합해야 할 당위성을 갖고 있다. 그렇다고 해서 과학지식의 인성론적 근거를 반드시 도덕주체(양지의 감함)에서 찾아야 하는가? 과학지식의 대상은 우주 전체이고, 그들이 추구하는 것은 보편적인 우주 진리이다. 우주 전체에 관한 보편적인 진리는 수많은 사람들의 심령을 자극하였는데, 이 심령이 바로 과학지식의 인성론적 근거이다. 이러한 인성은 도덕적인 시비선악의 판단 주체로서의 도덕주체와 성격이 다른 지성주체로서의 인성이다. 또한 지성주체의 활동과 과학지식 성취의 방법론은 도덕주체와 확연히 다른데, 양지의 감함이라는 도덕적 사유틀 속에 과학의 방법론을 통합시키는 것은 오히려 과학의 확장을 저해할 수도 있다. 필자는 도덕주체와 지성주체를 독립적으로 정립해도 도덕과 과학의 결합에는 별 문제가 없다고 생각한다. 다시 말해서 도덕주체 즉 양지가 민멸泯滅되지 않고 보존되어 있다면, 과학지식의 목적과 문제점을 지성주체가 인식함과 동시에 양지는 선을 지향해야 한다는 명령을 지성주체에 내릴 수 있고, 지성주체는 도덕주체와 유기적 관련 속에서 지식을 합도덕적인 방향으로 운용할 수 있다.

---

37) 『論語』, 「里仁」, "造次必於是, 顚沛必於是."

나오는 말

필자는 '리학 · 심학 논쟁의 연원과 전개 그리고 득실'이라는 주제를 총 6장으로 나누어 서술해 보았다.

제1장에서는 리학과 심학 논쟁의 연원을 맹자와 순자에게서 찾았고, 또 그것의 연원을 공자의 '학'과 '사'의 작용을 담당하는 주체의 차이로 환원시켜 보았다. 비록 공자철학에서 자각주체와 지성주체의 분기점은 명확하게 드러나지 않지만, 맹자와 순자가 제시한 '심'의 성격과 작용을 면밀하게 분석해 보면, 공자가 강조한 '학'의 정신은 순자철학에서 지성주체와 예의(리)의 주객대립의 형식으로 확정되었고, '사'의 정신은 맹자철학에서 인의예지(리)에 대한 자각주체의 자율성이라는 주객무대립의 형식으로 정립되었다는 것이 필자의 판단이다. 송명리학에 이르러 순자의 사유체계에서 천론天論과 성론性論을 제외한 심리 관계와 공부론은 주희에 의해 계승 발전되었고, 맹자의 도덕론은 육구연의 심즉리와 왕수인의 양지즉천리로 발전되어 도덕주체의 자율성이 극대화되었다.

제2장의 주요 내용은 송명리학에 관한 일반적인 제설에 대한 필자의 인식이다. 필자는 제1절에서 먼저 송대 유학이 부흥함에 있어 시대적 배경과 유학자의 시대정신을 논하였고, 다음 송명리학을 신유학으로 칭하는데, 이때 '신'의 의미를 분석하였으며, 그 다음 송명리학의 계파에 관한 여러 가지 학설의 특성과 문제점을 해설하였고, 마지막으로 송대 유학 정립에 있어 근거로 삼은 경전을 소개하였다. 제2절에서는 송명리학과 불교의 교섭을

논하였는데, 필자는 이곳에서 송명리학, 그중에서도 주희철학과 화엄의 관계를 집중 조명하면서 양자의 관계를 음석양유陰釋陽儒가 아니라 원불입유援佛入儒로 규정하였다. 제3절에서는 주희의 리기론의 특성과 리기이원론 규정의 부당성을 논의하였다.

제3장이 본론이고 핵심, 즉 '주희의 리학과 육구연 심학 논쟁의 근거와 전개'이다. 필자는 총 6절로 나누어 리학과 심학의 차이와 분쟁의 소재를 밝혀 보았다. 양자의 차이는 성즉리와 심즉리라는 본체에 대한 엄격한 차이에서 비롯된 것이기 때문에 이론 그 자체만을 보면 화회의 가능성은 전혀 없다. 다시 말하면 성즉리라는 본체에 대한 인식은 필연적으로 격물치지의 공부론을 수반할 수밖에 없고, 심즉리는 발명본심과 복기본심을 본령의 공부로 내세울 수밖에 없다. 그러나 태간과 지리, 그리고 존덕성과 도문학의 논쟁에서는 적어도 태도상의 화회 가능성은 열려 있음에도 불구하고 상대방 학술에 대한 존중이 부재하였다는 것이 이후 유가철학 발전을 화회가 아닌 대립으로 정착시킨 근본 원인이었다. 제4장의 왕수인 심학 등장과 제5장에서 논의된 조선 성리학자들의 육왕학 비평이 바로 그것이다.

제4장의 주제는 '원·명대 철학'이다. 이곳에서 필자는 일반적으로 주륙화회론으로 규정하고 있는 원대 철학의 실상이 결코 주륙화회가 아닌 주희철학 중심이라는 점을 집중적으로 밝히려고 노력하였다. 또 '명대 유학의 특성과 왕수인의 심학'을 '리학과 심학 논쟁의 제2장'으로 규정하고서 '양명학 등장의 시대적 배경과 왕수인의 시대정신'을 소개하고, 다음 왕수인 심학의 주요 내용을 양지 개념과 치양지 및 지행합일을 중심으로 소개하였다. 마지막으로 실질적인 리학과 심학 논쟁의 제2장을 연 왕수인의 「주자만년정론」의 허구를 소개하였다.

제5장의 내용은 '조선 성리학자들의 육왕학 비평과 적부성에 관한 것'이다. 필자는 이를 '리학과 심학 논쟁의 제3장'으로 규정하였지만, 주희철학자에 의한 일방적인 비평이고 심학자의 반론이 부재한 상태였기 때문에 리학과 심학 논쟁의 제3장이라는 규정 자체가 어울리지 않을 수 있다. 제1절에서는 '조선 성리학자의 육왕학에 대한 일반적인 평가'를 서술하였고, 제2절에서는 '조선 성리학자의 양명학 비판의 주요 논거'를 '심즉리'·'양지'·'지행합일'·'친민과 신민'을 소재로 하여 전개하였다. 결론만을 말한다면 조선 성리학자의 양명학 비판은 대부분 주희철학을 종지로 삼고, 주희철학의 주요 개념을 공맹철학의 그것과 부합된 것으로 인식한 오해에서 비롯된 것이기 때문에, 그들의 비판은 정도를 상실한 것이다.

제6장의 '리학과 심학의 종합 가능성'에서는 격물치지와 치양지를 중심으로 서술하였다. 필자는 이곳에서 격물치지의 형식만을 취하고 내용은 전환시켜 치양지와 주종 혹은 본말의 관계로 정립시킴으로써 양자의 종합을 시도하였다. 필자는 주희와 왕수인 모두 도통으로 긍정하는 맹자학을 근거로 내세웠지만, 필자의 이러한 종합은 심학 중심의 종합이기 때문에 필자와 다른 대안이 있을 수 있음은 당연하다.

필자는 오랜 시간 동안 『주자어류』·『주문공문집』·『상산전집』·『전습록』을 탐독하면서 리학자와 심학자가 내성외왕이라는 동일한 목적 그리고 '만물과 일체를 이룬다'라는 세계관 및 성현의 인격세계를 추구하였으면서도 성즉리와 심즉리라는 인성관을 견지하고, 또 격물치지와 치양지라는 상이한 공부론을 제시했는지에 대해 많은 생각을 하였다. 필자는 우선 그 원인을 두 측면에서 찾았다. 하나는 시대정신이고, 다른 하나는 그들의 의식구조 차이이다.

시대정신에서 보면, 주희철학의 성즉리와 격물치지의 의미는 선학과의 차별성에서 찾을 수 있다. 선학의 근본 의리를 한 구절로 표현하면, 즉심즉불이다. 심의 자성自性이 바로 불성이고, 이를 깨치고 실현하는 자가 바로 해탈자인 것이다. 심을 떠나서는 부처도 없고, 중생도 없다. 철저하게 의지의 자유와 자율을 긍정하는 것이 바로 선학이다. 만일 주희가 당시 천하의 사상계를 지배하고 있는 선학의 풍조하에서 심선으로써 성선을 긍정하고, '인의의 도덕규범이 선험적으로 심에 내재되어 있다'(仁義禮智根於心)는 심즉리의 입장에서 양지양능의 자각 작용을 근거로 유학의 의리를 창현하려고 했다면, 선학과의 외형적 차별이 크게 부각되지 않았을 것이다. 오히려 성즉리와 격물치지를 축으로 삼고, 한편으로는 유학의 세계관을 견지하고, 다른 한편으로는 도덕규범(리)을 선험적 천리에 근거를 두고서 인식심의 지각과 인증 작용을 통하여 드러내는 것이 선학과의 차별성을 꾀하는 데 더욱 효과적이었을 것이다. 또 다른 이유로 주희의 주관적인 의식구조 차이를 들 수 있다. 주희가 격물치지의 전제 조건으로 거경함양을 강조한 것은 바로 의지의 순선성과 향선성을 적극적으로 긍정하지 않았기 때문이다. 만일 인간 의지의 향선성과 순선성을 적극적으로 긍정하였다면, 규범에 대한 의지의 입법 작용을 부정하지 않았을 것이고, 또 격물치지를 강조하였을지라도 심즉리의 육구연철학을 선학이라고 폄하하지 않았을 것이다. 주희의 의식구조는 철저한 점교주의였다.

반면 육구연의 시대정신은 맹자학의 계승과 수호였다. 비록 심즉리의 외형적인 형식이 선학과 유사하다는 것을 인식하였다고 할지라도 그는 그것에 대하여 별로 유념하지 않았던 것 같다. 왕수인이 치양지를 주창한 원인의 시대적 배경은 주희철학의 경화硬化에 있다. 특히 명 초부터 주희철학은 관학으로 정립되면서 학술사상뿐만 아니라 정치에서도 주도적 이데올로기였다. 명대의 학술사상은 초기부터 원대와 차별성을 부각시키기 위하여 복고주의와 민족주의를 내세웠다. 또한 주희철학이 과거의 주 교과목으로 채택되고, 팔고문의 형식에 따라서 시험지를 작성하는 등 사대부의 자율성과 창의성을 제약할 수 있는 방향으로 흐르고 있었다. 그러나 명 중기부터 전호佃戶의 신분 상승과 도시상공업자의 등장으로 신분관계의 변화가 일어나자 사민평등론이 제기되었고, 또 주희철학이 궁행보다는 궁리의 정태주의로 흐르자 유학의 기풍을 일신하자는 측면에서 실천을 강조하는 지행합일론이 출현한 것이다. 비록 주희가 지경행중과 지행병진을 강조하였지만, 선지후행과 진지낙행이라는 기본 의리에서는 '지'가 '행'의 선결 조건이기 때문에 '지'에 역점을 둘 개연성이 농후하다. 당시 학문의 풍조를 일시에 혁신하기 위해서는 당시 학풍의 근원자인 주희철학을 직접 공격할 수밖에 없다. 『전습록』을 보면 주희철학에 대하여 왕수인이 오해한 구절이 많이 출현한다. 그렇지만 왕수인의 입장에서 보면 그것 역시 '어찌할 수 없는 것'(無奈)이었다. 또 주관적인 의식구조를 보면, 왕수인은 소년시절부터 총명과 예지를 발산하였고, 그의 기질은 집착과 약동을 연속적으로 표현하였다. 이러한 주관적 기질은 행위의 규범을 주어진 형식으로 수용하기보다는 주제의 자율에 의하여 표현하기를 좋아한다. 왕수인이 '점'보다는 '돈'을 선호한 것도 바로 의식구조에서 기인한 것이라고 할 수 있다.

주희와 왕수인의 학술사상이 성즉리와 심즉리에 기인하지만, 그들의 공부론은 상호 간에 어느 정도는 이미 수용되어 진행되었다고 할 수 있다. 왕수인 역시 견문지식의 필요성을 긍정하였는데, 견문지식의 주체는 인식심이다. 단지 격물치지를 성의의 전제 조건으로 삼지 않았을 뿐이다. 주희 역시 사단지심의 자연스러운 유출을 긍정한다. 사단지심의 즉각적 출현에 번잡한 격물치지와 궁리하는 공부를 예설할 수 있겠는가? 비록 양자의 공부론을 인성론과 연계시켜 논하면 상호 간의 수용 가능성이 적어 보이지만, 인성론과 독립시켜 보면 그 형식은 서로 수용될 여지가 충분하다. 또한 치양지와 격물치지의 종합 당위성은 과거의 사실을 근거로 요청할 수 있다. 치양지의 주관성의 범람은 명 말의 광선에서 찾을 수 있고, 격물치지의 경화는 명 초·중·말기의 주자학자에게서 찾을 수 있다.

참고문헌

1. 원전류

『論語』.
『大學』.
『道德經』.
『孟子』.
『荀子』.
『莊子』.
『周易』.
『中庸』.
『華嚴經』, 서울: 民族社, 1997.
성백효 역주, 『大學章句』, 전통문화연구회, 1997.

顧炎武, 『日知錄』, 臺灣: 明倫書局, 1979.
羅欽順, 『羅整庵先生存稿』, 臺灣: 商務印書館, 1966.
______, 『困知記』, 巴蜀書社, 2000.
董仲舒, 『春秋繁露』, 中州古籍出版社, 2010.
普　濟, 『五燈會元』, 中華書局, 1984.
司馬遷, 『史記』, 臺灣: 鼎文書局, 1979.
謝枋得, 『謝疊山集』, 臺灣: 商務印書館, 1966.
蘇天爵, 『元朝名臣事略』, 臺灣: 中華書局, 1996.
吳　澄, 『吳文正集』, 臺灣: 商務印書館, 1971.
王　艮, 『王心齋全集』, 中文出版社, 1975.
王　畿, 『王龍溪全集』, 中文出版社, 1972.
王守仁, 『大學問』, 臺灣: 中華書局, 1970.
______, 『陽明全書』, 臺灣: 中華書局, 1970.
______, 『傳習錄』, 臺灣: 中華書局, 1980.
劉宗周, 『劉宗周全書』, 浙江古籍出版社, 2007.
陸九淵, 『象山全集』, 臺灣: 商務印書館, 1968.
李定稷, 『石亭集』.
張　載, 『正蒙』, 上海古籍出版社, 2000.
章學誠, 『文史通義』, 臺灣: 中華書局, 1989.
鄭思肖, 『鐵函心史』, 臺灣: 世界書局, 1984.

鄭　玉,『師山集』, 臺灣: 商務印書館, 1971.
程　顥·程　伊,『二程遺書』, 上海古籍出版社, 2000.
周敦頤,『周子全書』, 臺灣: 廣學社, 1975.
______,『太極圖說』, 上海古籍出版社, 1995.
______,『通書』, 청계, 2000.
朱　熹,『朱文公文集』, 臺灣: 商務印書館, 1979.
______,『朱子語類』, 臺灣: 商務印書館, 1983.
陳　建,『學蔀通辨』, 臺灣: 廣文書局, 1971.
陳正夫·何植靖,『許衡評傳』(『中國思想家評傳叢書』), 南京大學出版社, 1995.
詹　陵,『異端辨正』(『中國思想叢書』 1~29), 中央圖書, 1988.
郝　經,『陵川集』, 臺灣: 商務印書館, 1983.
許　衡,『魯齋遺書』, 臺灣: 商務印書館, 1971.
慧　能,『六祖壇經』.
胡　宏,『知言』, 臺灣: 商務印書館, 1971.
黃宗羲,『宋儒學案』, 臺灣: 商務印書館, 1968.
______,『明儒學案』, 中華書房, 1977.
熊十力,『熊十力全集』, 湖北敎育出版社, 2001.

『南溪先生集』(『韓國文集叢刊』 139), 민족문화추진회, 1990.
『南塘先生集』(『韓國文集叢刊』 201·202), 민족문화추진회, 1990.
『訥齋先生集附錄』(『韓國文集叢刊』 19), 민족문화추진회, 1990.
『眉巖先生集』(『韓國文集叢刊』 34), 민족문화추진회, 1990.
『西厓先生文集』(『韓國文集叢刊』 52), 민족문화추진회, 1990.
『十淸先生集』(『韓國文集叢刊』 18), 민족문화추진회, 1990.
『退溪先生文集』(『韓國文集叢刊』 30), 민족문화추진회, 1990.

2. 단행본 및 논문류

신채식,『동양사개론』, 삼영사, 1997.
이영돈,『마음』, 예담, 2006.
조영록,『중국 근세 지성의 이념과 운동』, 지식산업사, 2002.
황갑연,『공맹철학의 발전』, 서광사, 1998.
蕭公權 著, 최명·손문호 역,『중국정치사상사』, 서울대학교 출판부, 2004.
王邦雄 외 2인 저, 황갑연 역,『맹자철학』, 서광사, 1977.

勞思光,『中國哲學史』, 臺灣: 三民書局, 1981.
牟宗三,『歷史哲學』, 홍콩: 人生出版社, 1962; 臺灣: 樂天出版社, 1973.
______,『從陸象山到劉蕺山』, 臺灣: 學生書局, 1984.
______,『心體與性體』, 臺灣: 正中書局, 1985.
______,『圓善論』, 臺灣: 學生書局, 1985.
______,『名家與荀子』, 臺灣: 學生書局, 1985.
蒙培元,『理學的演變』, 福建人民出版社, 1998.
方旭東,『尊德性與道問學』, 北京: 人民出版社, 2005.
謝仲明,『儒學與現代世界』, 臺灣: 學生書局, 1986.
徐復觀,『中國人性論史』, 臺灣: 商務印書館, 1987.
吳汝鈞,『佛教思想大辭典』, 臺灣: 商務印書館, 1992.
袁保新,『孟子三辨之學的歷史省察與現代詮釋』, 臺灣: 文津出版社, 1992.
熊 琬,『宋代理學與佛學之探討』, 臺灣: 文津出版社, 1985.
劉長東,『宋代佛教政策論稿』, 四川巴蜀書社, 2005.
張立文,『走向心學之路』, 臺灣: 中華書局, 1992.
蔣義斌,『宋代儒釋調和論及排佛論之演進』, 臺灣: 商務印書館, 1988.
錢 穆,『國史大綱』 上冊, 臺灣: 商務印書館, 1981.
______,『朱子新學案』, 臺灣: 三民書局, 1982.
陳 來,『朱熹哲學研究』, 臺灣: 文津出版社, 1990.
陳榮捷,『朱學論集』, 臺灣: 學生書局, 1987.
中國人民大學書報資料社 編,『宋遼金元史』, 1984.
曾錦坤,『儒佛異同與儒佛交涉』, 臺灣: 谷風出版社, 1990.
蔡仁厚,『宋明理學』(南宋篇), 臺灣: 學生書局, 1983.
______,『孔孟荀哲學』, 臺灣: 學生書局, 1984.
彭永捷,『朱陸之辨』, 北京人民出版社, 2002.
馮友蘭,『中國哲學簡史』, 臺灣: 藍燈文化事業公司, 1993.

고재석,「주희와 육구연의 백록동서원 모임에 관한 연구」,『동양철학연구』 제61집, 2010.
권중달,「원 대의 유학과 그 전파」,『인문학연구』 제24집, 1996.
금장태,「퇴계문하의 양명학 이해와 비판」,『양명학』 제2호, 1998.
김병환,「신유학의 태극 개념 연구」,『동양철학』 제18집, 2002.
김성환,「정통과 이단에 대한 도가적 성찰」,『오늘의 동양사상』, 2003.
김승현,「오징의 심성론」,『동양철학』 제10집, 1998.
김용재,「퇴계의 양명학 비판에 대한 고찰」,『양명학』 제3호, 1999.
남상호,「화엄종의 상즉원융의 방법」,『양명학』 제25호, 2010.

신규탁, 「法界觀門의 觀의 기능에 관한 試論」, 『보조사상』 제28집, 2007.
신귀현, 「이퇴계의 전습록논변과 육왕학에 관한 비판」, 『퇴계학연구』 제8집, 1994.
안영석, 「주자 · 양명 · 상산의 격물치지설」, 『철학논총』 제21집 2000여름.
오석원, 「허형의 심성론」, 『동양철학』 제10집, 1998.
오종일, 「陽明傳習錄傳來考」, 『철학연구』 제5집, 1978.
유명종, 「한국양명학의 제 문제」, 『양명학』 제2호, 1998.
이광호, 「공자의 학문관」, 『동서철학연구』 제20호, 2000.
이동욱, 「주륙 무극태극 논쟁 연구」, 『동양철학』 제33집, 2010.
이동희, 「순자와 송명이학」, 『동양철학연구』 제15집, 1996.
______, 「원대 및 명초 주자학의 전개 양상」, 『동양철학연구』 제22집, 2000.
이상익, 「왕양명 주자만년정론에 대한 새로운 비판」, 『한국사상과 문화』 제18집, 2002.
장윤수, 「태극도설에 관한 주륙논변」, 『퇴계학과 한국문화』 제19호, 2011.
장세후, 「朱熹詩 硏究」, 영남대학교 박사학위논문, 1996.
정덕희, 「16세기 明의 陽明學批判書籍 評釋」, 『양명학』 제2호, 1998.
______, 「순자의 인간이해와 수양론」, 『한국교육사학』 제26권 제1호, 2004.
정동국, 「왕양명의 주자만년정론에 대한 일고」, 『중국어문학』 제34집, 1999.
정성희, 「원 대 유학의 주륙화회 사상」, 『양명학』 제3호, 1999.
정용환, 「맹자의 선천적이고 직관적인 선의 실행 가능성」, 『철학』 제82집, 2005.
조남호, 「조선 주자학자들의 양지에 대한 논쟁」, 『양명학』 제2호, 1998.
주광호, 「주희와 육구연의 무극태극 논쟁」, 『철학연구』 제36집, 2008.
최일범, 「정옥의 심성론」, 『동양철학』 제10집, 1998.
황갑연, 「주렴계의 『太極圖說』에 관한 고찰」, 『韓中哲學』 제3집, 1997.
______, 「형이상자와 형이하자 개념에 대한 주자의 이해」, 『범한철학』 제19집, 1999.
______, 「순자 도덕철학의 특성과 문제점」, 『양명학』 제3호, 1999.
______, 「맹자의 心性情才에 대한 주자의 이해」, 『철학논총』 제28집, 2002.
______, 「모종삼의 양지감함론 연구」, 『중국학보』 제52집, 2005.
______, 「석정 이정직의 '論王陽明'에 대한 비판적 고찰」, 『정신문화연구』 제29권 제2호, 2006.
______, 「시대정신에서 본 왕간철학의 의의」, 『양명학』 제18호, 2007.
______, 「명대 양명학자의 시대정신과 현대 양명학자의 과제에 관한 소고」, 『양명학』 제25호, 2010.
______, 「화엄 法界觀과 주희 理氣論의 異同을 통해서 본 儒佛의 交涉」, 『양명학』 제28호, 2011.
______, 「순자와 주자 도덕의식 구조의 유사성」, 『유학연구』 제28집, 2013.

張 璉, 「從流行價值論王艮思想的歷史平價」, 『華人文學報』 第4期, 2002.

■■ 찾아보기

지은이 **황갑연**黃甲淵

臺灣 東海大學 哲學研究所 박사.
전 국립 순천대학교 인문학부 부교수.
현 국립 전북대학교 철학과 교수 겸 출판문화원 원장.
대표 저서로 『공맹철학의 발전』, 『동양철학과 문자학』이 있고,
역서로 『심체와 성체』가 있다.

한국철학총서

조선 유학의 학파들　한국사상사연구회 편저, 688쪽, 24,000원
실학의 철학　한국사상사연구회 편저, 576쪽, 17,000원
퇴계의 생애와 학문　이상은 지음, 248쪽, 7,800원
율곡학의 선구와 후예　황의동 지음, 480쪽, 16,000원
조선유학의 개념들　한국사상사연구회 지음, 648쪽, 26,000원
성리학자 기대승, 프로이트를 만나다　김용신 지음, 188쪽, 7,000원
유교개혁사상과 이병헌　금장태 지음, 336쪽, 17,000원
남명학파와 영남우도의 사림　박병련 외 지음, 464쪽, 23,000원
쉽게 읽는 퇴계의 성학십도　최재목 지음, 152쪽, 7,000원
홍대용의 실학과 18세기 북학사상　김문용 지음, 288쪽, 12,000원
남명 조식의 학문과 선비정신　김충열 지음, 512쪽, 26,000원
명재 윤증의 학문연원과 가학　충남대학교 유학연구소 편, 320쪽, 17,000원
조선유학의 주역사상　금장태 지음, 320쪽, 16,000원
율곡학과 한국유학　충남대학교 유학연구소 편, 464쪽, 23,000원
한국유학의 악론　금장태 지음, 240쪽, 13,000원
심경부주와 조선유학　홍원식 외 지음, 328쪽, 20,000원
퇴계가 우리에게　이윤희 지음, 368쪽, 18,000원
조선의 유학자들, 켄타우로스를 상상하며 理와 氣를 논하다　이향준 지음, 400쪽, 25,000원
퇴계 이황의 철학　윤사순 지음, 320쪽, 24,000원

연구총서

논쟁으로 보는 중국철학　중국철학연구회 지음, 352쪽, 8,000원
논쟁으로 보는 한국철학　한국철학사상연구회 지음, 326쪽, 10,000원
반논어(論語新探)　趙紀彬 지음, 조남호・신정근 옮김, 768쪽, 25,000원
중국철학과 인식의 문제(中國古代哲學問題發展史)　方立天 지음, 이기훈 옮김, 208쪽, 6,000원
중국철학과 인성의 문제(中國古代哲學問題發展史)　方立天 지음, 박경환 옮김, 191쪽, 6,800원
현대의 위기 동양 철학의 모색　중국철학회 지음, 340쪽, 10,000원
역사 속의 중국철학　중국철학회 지음, 448쪽, 15,000원
중국철학의 이단자들　중국철학회 지음, 240쪽, 8,200원
공자의 철학(孔孟荀哲學)　蔡仁厚 지음, 천병돈 옮김, 240쪽, 8,500원
맹자의 철학(孔孟荀哲學)　蔡仁厚 지음, 천병돈 옮김, 224쪽, 8,000원
순자의 철학(孔孟荀哲學)　蔡仁厚 지음, 천병돈 옮김, 272쪽, 10,000원
유학은 어떻게 현실과 만났는가 — 선진 유학과 한대 경학　박원재 지음, 218쪽, 7,500원
유교와 현대의 대화　황의동 지음, 236쪽, 7,500원
동아시아의 사상　오이환 지음, 200쪽, 7,000원
역사 속에 살아있는 중국 사상(中國歷史に生きる思想)　시게자와 도시로 지음, 이혜경 옮김, 272쪽, 10,000원
덕치, 인치, 법치 — 노자, 공자, 한비자의 정치 사상　신동준 지음, 488쪽, 20,000원
육경과 공자 인학　남상호 지음, 312쪽, 15,000원
리의 철학(中國哲學範疇精髓叢書 — 理)　張立文 주편, 안유경 옮김, 524쪽, 25,000원
기의 철학(中國哲學範疇精髓叢書 — 氣)　張立文 주편, 김교빈 외 옮김, 572쪽, 27,000원
동양 천문사상, 하늘의 역사　김일권 지음, 480쪽, 24,000원
동양 천문사상, 인간의 역사　김일권 지음, 544쪽, 27,000원
공부론　임수무 외 지음, 544쪽, 27,000원
유학사상과 생태학(Confucianism and Ecology)　Mary Evelyn Tucker・John Berthrong 엮음, 오정선 옮김, 448쪽, 27,000원
공자曰, 공자는 이렇게 말했다　안재호 지음, 232쪽, 12,000원
중국중세철학사(Geschichte der Mittelalterischen Chinesischen Philosophie)　Alfred Forke 지음, 최해숙 옮김, 568쪽, 40,000원
북송 초기의 삼교회통론　김경수 지음, 352쪽, 26,000원
죽간・목간・백서, 중국 고대 간백자료의 세계 1　이승률 지음, 576쪽, 40,000원
중국근대철학사(Geschichte der Neueren Chinesischen Philosophie)　Alfred Forke 지음, 최해숙 옮김, 936쪽, 65,000원

역학총서

주역철학사(周易研究史)　廖名春・康學偉・梁韋弦 지음, 심경호 옮김, 944쪽, 30,000원
송재국 교수의 주역 풀이　송재국 지음, 380쪽, 10,000원
송재국 교수의 역학담론 — 하늘의 빛 正易, 땅의 소리 周易　송재국 지음, 536쪽, 32,000원
소강절의 선천역학　高懷民 지음, 곽신환 옮김, 368쪽, 23,000원
다산 정약용의 『주역사전』, 기호학으로 읽다　방인 지음, 704쪽, 50,000원

퇴계원전총서

고경중마방古鏡重磨方 — 퇴계 선생의 마음공부　이황 편저, 박상주 역해, 204쪽, 12,000원
활인심방活人心方 — 퇴계 선생의 마음으로 하는 몸공부　이황 편저, 이윤희 역해, 308쪽, 16,000원
이자수어李子粹語　퇴계 이황 지음, 성호 이익・순암 안정복 엮음, 이광호 옮김, 512쪽, 30,000원

인물사상총서

한주 이진상의 생애와 사상 홍원식 지음, 288쪽, 15,000원

일본사상총서

도쿠가와 시대의 철학사상 (德川思想小史) 미나모토 료엔 지음, 박규태・이용수 옮김, 260쪽, 8,500원
일본인은 왜 종교가 없다고 말하는가 (日本人はなぜ 無宗教のか) 아마 도시마로 지음, 정형 옮김, 208쪽, 6,500원
일본사상이야기 40 (日本がわかる思想入門) 나가오 다케시 지음, 박규태 옮김, 312쪽, 9,500원
사상으로 보는 일본문화사 (日本文化の歷史) 비토 마사히데 지음, 엄석인 옮김, 252쪽, 10,000원
일본도덕사상사 (日本道德思想史) 이에나가 사부로 지음, 세키네 히데유키・윤종갑 옮김, 328쪽, 13,000원
천황의 나라 일본 — 일본의 역사와 천황제 (天皇制と民衆) 고토 야스시 지음, 이남희 옮김, 312쪽, 13,000원
주자학과 근세일본사회 (近世日本社會と宋學) 와타나베 히로시 지음, 박홍규 옮김, 304쪽, 16,000원

예술철학총서

중국철학과 예술정신 조민환 지음, 464쪽, 17,000원
풍류정신으로 보는 중국문학사 최병규 지음, 400쪽, 15,000원

동양문화산책

공자와 노자, 그들은 물에서 무엇을 보았는가 사라 알란 지음, 오만종 옮김, 248쪽, 8,000원
주역산책 (易學漫步) 朱伯崑 외 지음, 김학권 옮김, 260쪽, 7,800원
동양을 위하여, 동양을 넘어서 홍원식 외 지음, 264쪽, 8,000원
서원, 한국사상의 숨결을 찾아서 안동대학교 안동문화연구소 지음, 344쪽, 10,000원
녹차문화 홍차문화 츠노야마 사가에 지음, 서은미 옮김, 232쪽, 7,000원
류짜이푸의 얼굴 찌푸리게 하는 25가지 인간유형 류짜이푸(劉再復) 지음, 이기면・문성자 옮김, 320쪽, 10,000원
안동 금계마을 — 천년불패의 땅 안동대학교 안동문화연구소 지음, 272쪽, 8,500원
안동 풍수 기행, 와혈의 땅과 인물 이완규 지음, 256쪽, 7,500원
안동 풍수 기행, 돌혈의 땅과 인물 이완규 지음, 328쪽, 9,500원
영양 주실마을 안동대학교 안동문화연구소 지음, 332쪽, 9,800원
예천 금당실・맛질 마을 — 정감록이 꼽은 길지 안동대학교 안동문화연구소 지음, 284쪽, 10,000원
터를 안고 仁을 펴다 — 퇴계가 굽어보는 하계마을 안동대학교 안동문화연구소 지음, 360쪽, 13,000원
안동 가일 마을 — 풍산들가에 의연히 서다 안동대학교 안동문화연구소 지음, 344쪽, 13,000원
중국 속에 일떠서는 한민족 — 한겨레신문 차한필 기자의 중국 동포사회 리포트 차한필 지음, 336쪽, 15,000원
신간도견문록 박진관 글・사진, 504쪽, 20,000원
안동 무실 마을 — 문헌의 향기로 남다 안동대학교 안동문화연구소 지음, 464쪽, 18,000원
선양과 세습 사라 알란 지음, 오만종 옮김, 318쪽, 17,000원
문경 산북의 마을들 — 서중리, 대상리, 대하리, 김룡리 안동대학교 안동문화연구소 지음, 376쪽, 18,000원
안동 원촌마을 — 선비들의 이상향 안동대학교 안동문화연구소 지음, 288쪽, 16,000원
안동 부포마을 — 물 위로 되살려 낸 천년의 영화 안동대학교 안동문화연구소 지음, 440쪽, 23,000원
독립운동의 큰 울림, 안동 전통마을 김희곤 지음, 384쪽, 26,000원

민연총서 — 한국사상

자료와 해설, 한국의 철학사상 고려대 민족문화연구원 한국사상연구소 편, 880쪽, 34,000원
여헌 장현광의 학문 세계, 우주와 인간 고려대 민족문화연구원 한국사상연구소 편, 424쪽, 20,000원
퇴옹 성철의 깨달음과 수행 — 성철의 선사상과 불교사적 위치 조성택 편, 432쪽, 23,000원
여헌 장현광의 학문 세계 2, 자연과 인간 고려대 민족문화연구원 한국사상연구소 편, 432쪽, 25,000원
여헌 장현광의 학문 세계 3, 태극론의 전개 고려대 민족문화연구원 한국사상연구소 편, 400쪽, 24,000원
역주와 해설 성학십도 고려대 민족문화연구원 한국사상연구소 편, 328쪽, 20,000원
여헌 장현광의 학문 세계 4, 여헌학의 전망과 계승 고려대학교 민족문화연구원 편, 384쪽, 30,000원

예문동양사상연구원총서

한국의 사상가 10人 — 원효 예문동양사상연구원/고영섭 편저, 572쪽, 23,000원
한국의 사상가 10人 — 의천 예문동양사상연구원/이병욱 편저, 464쪽, 20,000원
한국의 사상가 10人 — 지눌 예문동양사상연구원/이덕진 편저, 644쪽, 26,000원
한국의 사상가 10人 — 퇴계 이황 예문동양사상연구원/윤사순 편저, 464쪽, 20,000원
한국의 사상가 10人 — 남명 조식 예문동양사상연구원/오이환 편저, 576쪽, 23,000원
한국의 사상가 10人 — 율곡 이이 예문동양사상연구원/황의동 편저, 600쪽, 25,000원
한국의 사상가 10人 — 하곡 정제두 예문동양사상연구원/김교빈 편저, 432쪽, 22,000원
한국의 사상가 10人 — 다산 정약용 예문동양사상연구원/박홍식 편저, 572쪽, 29,000원
한국의 사상가 10人 — 혜강 최한기 예문동양사상연구원/김용헌 편저, 520쪽, 26,000원
한국의 사상가 10人 — 수운 최제우 예문동양사상연구원/오문환 편저, 464쪽, 23,000원

한의학총서

한의학, 보약을 말하다 — 이론과 활용의 비밀 김광중・하근호 지음, 280쪽, 15,000원